シーボルト日記　——再来日時の幕末見聞記

シーボルト日記

再来日時の幕末見聞記

石山禎一
牧　幸一　訳

八坂書房

解題　――序文にかえて

幕末に渡来した外国人の中で、ドイツ人医師フィリップ・フランツ・フォン・シーボルト（Philipp Franz von Siebold 1796-1866）ほど、洋学史上に大きな足跡を残した人物は他にいないといってもよいだろう。彼は一八二九（文政十二）年十二月、いわゆるシーボルト事件によって国外退去を申渡され、長崎を去ったが、安政条約締結後の一八五九（安政六）年八月、三十年ぶりに再び日本を訪れた。すでに開国してから以後、幕府は内外ともに混乱の時代になっていた。第一回の来日時は、二十八歳の若さで長崎出島商館の医官として、厳しい鎖国時代に経済が繁栄した豊かな日本を観察し、第二回の来日時は、オランダ通商会社の顧問として、十三歳になる息子アレクサンダー（Alexander von Siebold 1846-1911）を伴って、出島の水門から上陸した。シーボルトはすでに六十三歳の老年期を迎えていたが、鎖国から開国へという日本が、世界の中でその地位を模索している状況を目の当たりに見た、数少ない外国人のひとりでもあった。滞在期間は第一回が六年四ヵ月であるのに対して、第二回は二年九ヵ月と短く、オランダ通商会社に対して貿易に関する様々な提言を行なうものであったが、滞在二年後の一八六一（文久元）年三月、同会社との契約が切れると、やがて幕府の外国方顧問として招聘され、外交の助言と学術教授などの公的身分を帯びて活躍した。長尾正憲博士は「彼の胸中は来日当初から国際政治家として、開国日本の文明誘掖《ゆうえき》に寄与したいという希望ないし野心があったのは自明であろう」（『福沢屋諭吉の研究』思文閣出版　一九八八年　四九九頁）と述べておられる。

しかし、これとは別にシーボルト本来の目的は、大著『日本』（Nippon）、『日本植物誌』（Flora Japonica）の未刊部分の完成と、『日蘭英仏辞典』の作成、さらに第一回来日時のコレクション収集と同様に、再来日時も日本研究のためのコレクションを収集するといった学術上の課題があった。また、これに加えて生きた日本植物をオランダのライデン気候馴化園のシーボルト商会に移植栽培して、会社の発展にも寄与したいという、企業家としての側面を帯びた来日でもあった。このことは彼が再来日にあたって、友人たちに宛てた書簡や来日後に書き残した日記や覚書、メモ類からも窺い知ることができる。

シーボルトは長崎到着早々の一八五九（安政六）年八月からその日の出来事や見聞した事柄などを断片的に「日記風雑記」（Tagebuch-Fragmente）として、あるいは注目すべき事項は「草稿」（Manuskript）として洋紙に書き残している。翌（万延元）年八月、長崎出島のオランダ印刷所が設置されると、活版技師インデルマウル（G. Indermaur 生没年不詳）によって、『一八六一年出島版、蘭日便覧付日記帳』（Nederlandsche en Japansche Almanak voor het Jaar 1861, Desima. ter Nederlandsche Drukkerij 1861）と称する、オランダ人のための〝日記帳〟が出版された。この〝日記帳〟は濃灰色の麻布張りクロース、三六版くらいの大きさで、今日一般的に見られる西欧風日記帳の最初であるといわれているが、これはこの年限りの出版であった。この〝日記帳〟の存在と全体像を紹介した黒田源次博士は、「日記帳は一八六一年だけしか出版されておらず、その前年のものは見当たらないし、その翌年の一八六二年にも出版されていないとして、この一年だけしか出版されなかったのであろう」（「シーボルトの文久元年の日記について」（『日独文化講演集』第九輯　シーボルト記念号　日独文化協会　昭和十年十月刊　四二頁）と考察されている。したがって、シーボルトが〝日記帳〟を使用したのは、一八六一（文久元）年一月一日からの一年間だけであり、翌年一月以降帰国の途に着くまでの記録は、再び洋紙の断片に「日記風雑記」として書き綴ったのである。

シーボルトが使用した〝日記帳〟は、本書で訳出紹介の『独文日記』をはじめとして、ほかに『蘭文日記』と『蘭独混合日記』の三冊がある。一九三五（昭和十）年ベルリンの日本学会所蔵（Japan Institut）からシーボルト文献三百余点を借り受けた際に、「シーボルト資料展覧会」に展示されたもので、のちに三冊ともすべて日独文化協会が撮影し、写真版（フォット・シュタット版）を同協会が東洋文庫に寄贈し、学界の研究資料として提供されることになった。いずれも現在東洋文庫に所蔵されているが、その複製版は長崎県立長崎図書館にもある。三冊の〝日記帳〟は、次のような内容が記述されている。

・第一冊、『独文日記』（Tagebuch aus dem Jahr 1861）

基本的・総合的な性格を帯びた内容で、分量も多い。記事のある日数は一八六一年一月一日から翌年一月二日までの間の三二四日分となっている。内容は公的私的を問わず克明に記載しているが、『蘭文日記』と重複している部分も多い。時代の変わりゆく人々の生活をはじめ、地理学、天文学、動植物学、民族学の領域まで記事の幅を拡げている。また、日本人には当たり前の事として記録されず、そのまま消えてしまったものや、あるいは埋もれているものまで調査・研究して、知見の間隙を満たしてくれる。これを補うものが、後述の「日記風雑記」、「メモ類」で、まさに激動する幕末・維新史の上からも、きわめて重要な時期の記録であり、また彼の日本研究の貴重な史資料にもなっている。ただ、残念なことに私的日誌とはいえ、たき・イネ母子との再会や滞在中におけ る母子との関係記述などは、全く触れられていない。後日、日記そのものの出版を考えていたからなのか、それとも愛妻ヘレーネをはばかって、意図的に書かなかったのかは明らかではない。

一九八一（昭和五六）年になって、鹿子木敏範氏がドイツのボッフム大学東亜研究所に所蔵の原本『独文日記』を発見され、これをグレゴール・パウル氏と共に活字化して、"Ein Beitrag zur Geschichte der Medizin : Philipp Franz von Siebolds Tagebuch aus dem Jahr 1861. Text und Kommentar, Erster Teil. Bull. Const. Med. Kumamoto Univ. 31 : 297-379. 1981"を発表された。当初、鹿子木氏は翻訳を予定されていたようであったが、結局、実現するまでには至らなかった。この度、本書によって初めて訳出紹介した主要部分である。

・第二冊、『蘭文日記』

江戸幕府との関係を中心とした政治・外交上に関する、いわゆる「公務日記」の性格を帯びた内容で、記事のある日数は、一八六一年一月一日から十二月二十八日までの間の一四七日分が記述され、再来日時の国際政治的分野での活動に沿った日誌である。幕府高官と日本駐在の各国公使、領事、貿易商人等との豊富な人的交流、これまでの学術研究の成果と日本に関する豊かな知識とを駆使して、両者の間に立った仲介や調停の労をとるなどの記述が見られる。その点では『独文日記』よりも限定されたものとなっている。

この『蘭文日記』は、一九八八（昭和六二）年に出版された長尾正憲氏の著書『福沢屋諭吉の研究』（思文閣出版）の中で、「シーボルトの一八六一年蘭文日記」と題して翻訳紹介されている。

・第三冊、『蘭独混合日記』

月日を無視してノート風に記載した部分が多い。前述の二つの日記に対して、メモ帳・雑記帳というべきもので、出島保税倉庫や鳴滝別荘にある漆器、陶磁器、青銅器などの商品の在庫調べ、書籍、書簡などの下書き、帰国時の記録、日本の植物名、病名の記述等々、特に『独文日記』の補遺的な性格をもっている。しかしこの日記に関しては、未だ解読・訳出に至っていない。

ところでこれらの日記帳を補うものとして、戦前、日独文化協会の会員がシーボルト自筆の「日記風雑記」や「メモ類」原文を解読してタイプ化し、"Extracts from the Siebold's document at Mittelbiberach. 9. Tagebuch 1859-61 (Sachlich geordnete Reinschrift.)"〔一八五九年より六一年までの日記。要領よく整理された清書〕という表題で、東洋文庫に寄贈していることが判明した。この資料の存在は、シーボルト研究で著名な呉秀三博士をはじめ、その後の研究者もほとんどご存知なかったらしく、陽の目を見ることもなく、手つかず状態であった。近年、この原資料はフォン・ブランデンシュタイン家のシーボルト関係文書中に「日記風雑記」として所蔵されていることも明らかとなった。すでに長崎市教育委員会とシーボルト記念館では、これら資料を含めて約三万点のシーボルト関係の貴重な文書類を写真撮影して、『フォン・ブランデンシュタイン家シーボルト関係文書マイクロフィルム目録』（全二巻　二〇〇一年）の書名で出版している。これによって、原資料はマイクロフィルムからの閲覧が可能となったのである。

そこで訳者は、本書を著わすに当って『独文日記』を補う資料として、タイプ化された東洋文庫所蔵のものを中心に、シーボルト記念館所蔵のマイクロフィルムの原文との比較・検討を行い、同時に日記の日付に合わせて系統的に整理することから着手した。およそ四年の歳月を費やして複雑で難解なシーボルトの自筆文書の解読と翻訳、さらに注釈の作業を進めていった。その過程において、シーボルトがどのようなものに関心を抱き、どのような分析を加えたのか、例えば当時の日本をめぐる政治情勢や政治的事件、外交問題、自然や生活文化にどのような視線を向けていたのか、彼の学問領域の広さと記述内容の豊富さを改めて認識するとともに、再来日時における〝シーボルトの知られざる人間像〟を浮び上がらせる有力な手がかりを摑むまでに至ったのである。

従来、シーボルト再来日時における文献といえば、息子アレクサンダーが著した『シーボルト最後の日本旅行』"Philipp Franz von Siebold's Letzte Reise nach Japan, 1859-62"、東大史料編纂所にある「外務省引継ぎ書類」中の「一八六一年シーボルト書簡」、呉秀三著『シーボルト先生其生涯及功業』乙編に収載の「東大シーボルト文書」、オランダ・ハーグ国立中央文書館（Algemeen Rijksarchief）の植民省秘密記録（Kolonien,Geheim Verbaal）保存の「シーボルトの植民大臣宛書簡」などであったが、新たに長尾博士訳出の『蘭文日記』をはじめ、「フォン・ブランデンシュタイン家所蔵シーボルト関係文書」、保田孝一編著『文久元年の対露外交とシーボルト』（岡山大学吉備洋学資料研究会 一九九五年）なども加わり、シーボルトの政治・外交上の研究をさらに深める貴重な文献、史資料が見られることになった。

そしてさらに本書の刊行により、シーボルト晩年の自筆文書のひとつとして『独文日記』および「日記風雑記」が加わり、再来日時におけるシーボルトの幅広い活動が、今後より一層明らかにされるものと確信している。

補 なお『シーボルト日記』に関して、本書刊行後に明らかになった個所や、記述の訂正などは、八坂書房ホームページ（http://www.yasakashobo.co.jp）の書籍ページ「シーボルト日記」上で随時発信する。

第二刷においての記述の訂正以外の増補は、一八六二年五月七日および六月二十七日の注に『蘭独混合日記』からの記述を図版とともに追加した。

凡例

一、本書はフィリップ・フランツ・フォン・シーボルトの自筆**『独文日記』**（一八六一年一月一日から六二年一月二日まで）』の全訳を中心に、再来日の日から『独文日記』まで（一八五九年〜六〇年）を「**それ以前**」、『独文日記』終了から帰国の途につくまで（一八六二年一月〜六月十七日）を「**それ以後**」と題し、「日記風雑記」や「草稿」を訳出した。

一、本書で紹介の『独文日記』は、一九三五年ベルリンの日本学会所蔵（Japan Institut）にかかるシーボルト文献を借り受けた際、日独文化協会が撮影した写真版（フォット・シュタット版）で、同協会が東洋文庫に寄贈し所蔵されたものをもとに、併せて同文庫所蔵の写真複製の紙焼付け版で、長崎県立長崎図書館所蔵のものを用いて比較精査して解読し訳出した。解読に際して、一九八一年に鹿子木敏範氏がドイツのボッフム大学東亜学研究所で発見された日記の原本をグレゴール・パウル氏と共に活字化された「Toshinori Kanokogi und Gregor Paul : Ein Beitrag zur Geschichte der Medizin Philipp Franz von Siebold Tagebuch aus dem Jahr 1861. Text und Kommentar, Erster Teil. Bulletin of the Constitutional Medicin Kumamoto University Band 31 / 3 : 1981. pp. 297-379.「フィリップ・フランツ・フォン・シーボルト一八六一年の独文日記本文と解説」（『熊本大学保健医学研究紀要』第三十一号　一九八一年　二九七―三七九頁）を参照させていただいた。また、東洋文庫所蔵の紙焼付け版は一部図版としても掲載させていただいた。

一、「日記風雑記」については、東洋文庫所蔵「シーボルト資料目録」中のタイプ印刷「一八五九年より六一年の日記（要領よく整理された清書）“Tagebuch 1859-61(Sachlich geordnete Reinschrift)”（独文）」、および同文庫所蔵の複製本で長崎県立長崎図書館所蔵のものと併せて比較精査して訳出した。解読に際して、シーボルト記念館所蔵『フォン・ブランデンシュタイン家所蔵のシーボルト関係文書マイクロフィルム』所収の「日記風雑記」・「草稿」・「メモ類」等を参照した。

一、「日記風雑記」の中で『独文日記』中に関連記述があるものや、日付が明記されていないものは〔覚書〕と表記した。これらは日記をもとに後日記したものであろうが、日付と符合しない部分もある。訳者の責任で『独文日記』の日付にあわせて整理し訳出した。なお、日付のない〔覚書〕などは、すべて『独文日記』のあとにまとめて掲載することにした。また、これら原文の記述の中にある空白（未記入）部分は、訳文中で…〔未記入〕…として示した。また、記述の乱れや汚れ、にじみなどにより訳出不可能な部分や、難解なあまり意味不明な個所などには、訳文中で…〔判読不能〕…とした。

一、〔覚書〕には、『独文日記』と重複する記述も見られるが、シーボルトが注目すべき事項として取り上げているので、本書ではこれを比較するため紹介することにした。

一、本書との関連記述を比較するために、長尾正憲著『福沢屋諭吉の研究』（思文閣出版）所収の〔史料〕翻訳文「シーボルトの一八六一年蘭文日記」の一部を〔補注〕として引用したが、部分的に訳者の責任で補筆したところもある。その際、末尾に（*）としてまとめた。

一、本文中に掲げた「東大シーボルト文書」は、呉秀三著『シーボルト先生其生涯及功業』乙編所収（吐鳳堂　大正十五年）から引用した。

一、アレクサンダー・フォン・シーボルト著『シーボルト最後の日本旅行』（平凡社　一九八一年）には、『独文日記』および「日記風雑記」との関係記述が多く見られる。それぞれの記述内容を補うため、一部を引用した。

一、『独文日記』や「日記風雑記」を素材に執筆した「草稿」は、シーボルト記念館所蔵『フォン・ブランデンシュタイン家所蔵のシーボルト関係文書マイクロフィルム』の中にあるが、「草稿」“Lebende Bilder der Natur und des japanischen Volkes”（日本人の自然と日本人の生きた姿）には項目がないため、訳者の責任で仮項目を設定し、できるだけその日付に関係ある箇所にそれぞれ区分して掲載した。また、ほかに「草稿」“Mijne Buitenplaats te Nagasaki”（長崎近郊の鳴滝にある私の別荘）についても関連資料として、併せて掲げることにした。

一、「草稿」および「覚書」には、シーボルト自身の添削が随所にあり、解読困難な箇所や文章としての不完全なもの、未記入のものが多く見られる。このため、正確に訳出することは難しいので、本書では意訳にとどめることにした。

一、文章上の語句をはじめ動植物の学名、人名・地名・書名などは、できるだけ原綴りを併記した。また、原名が不明な場合に限りカタカナで記し、原綴りを併記した。さらに、記述中にはしばしば勘違いやスペルミスが見られるが、それも原綴りを併記し、できるだけ〔　〕をつけて修正した。これらの点を十分注意しながら解読・訳出することに心がけた。

一、原文中のシーボルト記載の植物学名（ラテン語）およびローマ字読みは、当時のものを表記した。和名については、Prolusio Florae Japonicae. scripsit F. A. Guil Miquel, in universitate rehenotraienctina Botanices professor, MUSEI BOTANICI LUGDUNO-BATABI DIRECTOR Accendunt Tabulae. MDCCCLX-MDCCCLXVII. の Jap（日本名）と併せて『増補版牧野日本植物図鑑』（北隆館　昭和三十二年）、『日本植物誌』顕花編（至文堂　昭和六十年）も参照した。原文中の学名で和名不詳のものは、学名の原綴りの前に〔和名不詳〕〔種名不詳〕などと記載した。

一、原文中のシーボルト記載の動物・昆虫の学名（ラテン語）およびローマ字読みは、当時のものを表記した。和名については『新編日本動物図鑑』（北隆館　一九七九年）、『原色日本昆虫図鑑』上・下（保育社　一九八四―一九八五年）、『日本幼虫図鑑』（北隆館　昭和五十九年）を参照し、原文中の学名で和名不詳のものは、学名の原綴りの前に〔和名不詳〕〔種名不詳〕などと記載した。

一、『独文日記』や〔覚書〕、〔補注〕に入れた注は一日ごとにまとめ、その日付けの最後に記した。また、本文中〔　〕に入れて示したものもある。

目次

一八六一年の独文日記

右：シーボルトと息子アレクサンダー再来日滞在中(1859～1862年)
『シーボルト先生渡来百年記念論文集』（大正13年、シーボルト先生渡来百年記念会発行）より。
シーボルトは1860年1月10日の火事による火傷の跡を隠すために髭を伸ばし始めたといわれている。また、親子は1862年1月14日が最後の別れであることから、この写真が撮影されたのは1860年1月以降、1862年1月以前であると考えられる。
左：右の写真を元にJ.D.Steurwaldが描いた石版画

一八六一年一月一日〜四月十三日
〔長崎滞在〕

一月一日[*1]（火曜日）万延元年十一月二十一日

私の門人や知人たちが来訪。長崎奉行〔岡部駿河守長常〕[*2]と長崎奉行支配組頭〔依田克之丞〕[*3]、ならびに幕府目付〔都築金三郎〕に宛てて日記帳Almanach[*4]を一冊ずつ、手紙を付けて送った。〔通詞〕楢林栄左衛門[*5]が危篤とのことで見舞いに行った。

カタクリKatakuri（Erythronium dens-canis）[*6]の球根から作った優れた澱粉Amylumの標本を入手した。

〔覚書〕**澱粉**

日本の東北地方や蝦夷に生育するカタクリの根から優れた澱粉が作られる。

〔補注〕『蘭文日記』一月一日（火）旧十一月二十一日には、

「万延元年十一月十三日〔一八六〇年十二月二十四日〕の長崎奉行の手紙一通を、オランダ総領事[*7]を経由して受けとった[*8]。この手紙は私が今後ある期間日本に滞在することを江戸の宮廷〔幕府〕が希望していると書いていた。」（五二三―二四頁）

と記している。〔　〕は長尾氏による。

＊1　日記にはないが、この日（一八六一年一月一日）に執筆された草稿『江戸幕府における私の使命』が、ブランデンシュタイン家所蔵文書（請求番号10902、オランダ語三五枚　シーボルト添削）にある。

＊2　ブランデンシュタイン家所蔵シーボルト関係文書マイクロフィルム目録　長崎市教育委員会・シーボルト記念館　二〇〇一年刊（以下、「ブランデンシュタイン家所蔵文書」とする）には、シーボルト発長崎奉行宛書簡〔下書き〕（請求番号101136　オランダ語一枚）がある。

＊3　ブランデンシュタイン家所蔵文書には、「シーボルト発長崎奉行支配組頭宛書簡」〔下書き　図版参照〕（請求番号101134　オランダ語二枚）がある。

＊4　この「日記帳」は、出島オランダ印刷所発行の『蘭日便覧付日記帳』"Nederlandsche en Japansche Almanak voor het Jaar 1861, Desima"のことであろう。『蘭文日記』もこれと同じ日記帳に記されている。日記帳の印刷部数は不明。なお、シーボルトが使用した日記帳は、『独文』・『蘭文』・『蘭独混

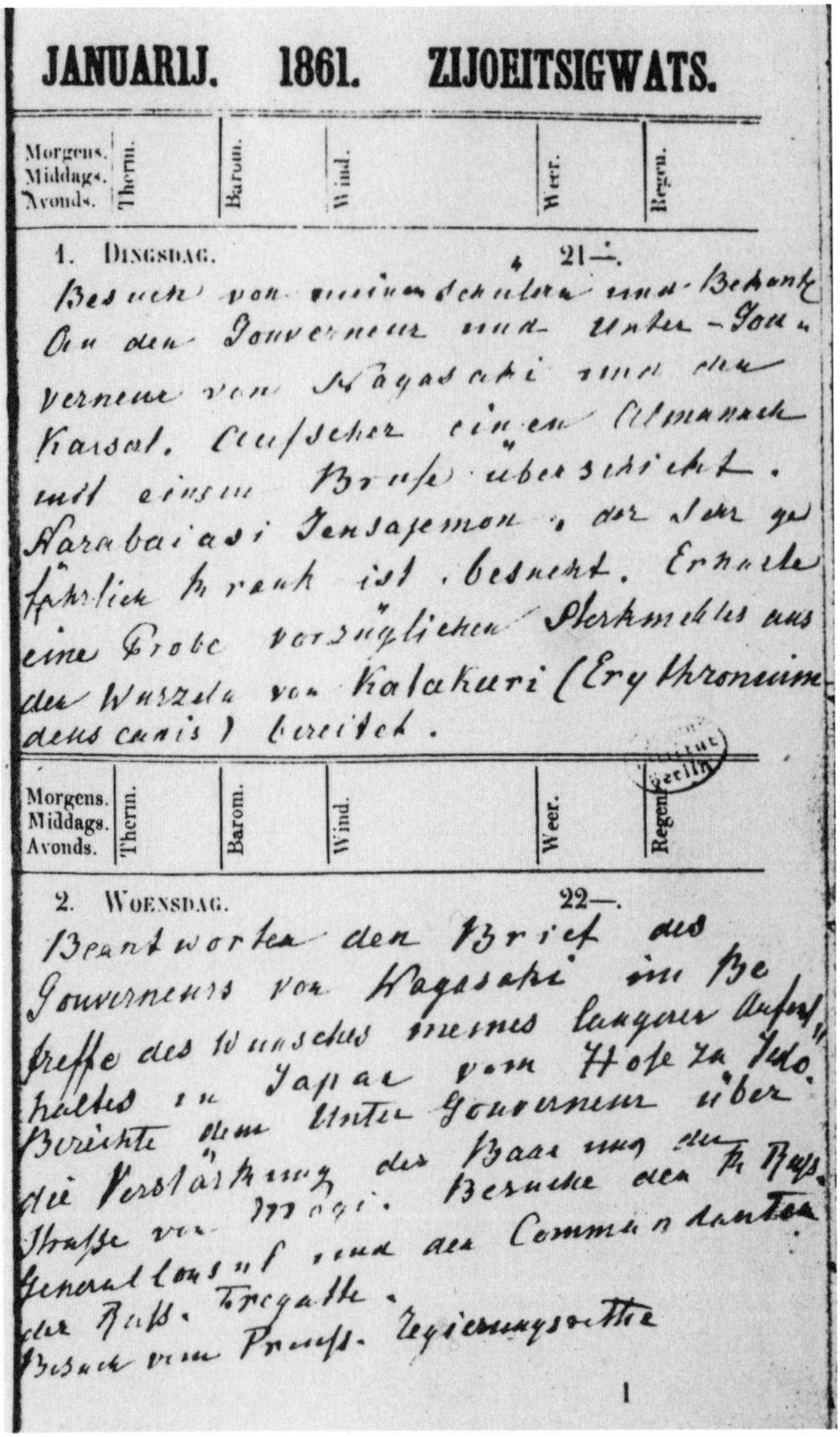

JANUARIJ. 1861. ZIJOEITSIGWATS.

Morgens. Middags. Avonds.	Therm.	Barom.	Wind.	Weer.	Regen.

1. DINGSDAG. 21—.

Besuch von meinen Schülern und Bekannt
An den Gouverneur und Unter-Gou
verneur von Nagasaki und den
Karsat. Aufseher einen Almanach
mit einem Briefe übersickt.
Narabaiasi Jensajemon, der sehr ge
fährlich krank ist, besucht. Ernacle
eine Probe vorzüglichen Stärkmehles aus
den Wurzeln von Katakuri (Erythronium
dens canis) bereitet.

Morgens. Middags. Avonds.	Therm.	Barom.	Wind.	Weer.	Regen.

2. WOENSDAG. 22—.

Beantworten den Brief des
Gouverneurs von Nagasaki im Be
treffe des Wunsches meines längeren Aufent
haltes in Japan vom Hofe zu Jedo.
Berichte dem Unter Gouverneur über
die Verstärkung der Baue und der
Straße von Mogi. Besuche den Kt. Russ.
General Consul und den Commandanten
der Russ. Fregatte.
Besuch vom Preuss. Regierungsrathe

1

1861年1月1日・2日の『独文日記』

合文』各一冊がドイツのボッフム大学東亜学研究所にある。また、オランダのライデン民族学博物館には、年に数行の書き込みのある一冊がある。その冒頭の、日付のない欄にシーボルト自筆の「梅毒について」の見聞事項（独文）が見られる。したがって、訳者の知る限り現存するシーボルト使用の『日記帳』は、合せて四冊ということになろう。他に、ハーグの市立植民地研究所に鉛筆で書き込みの『日記帳』が一冊あるが、これは誰の筆跡か明らかではない。

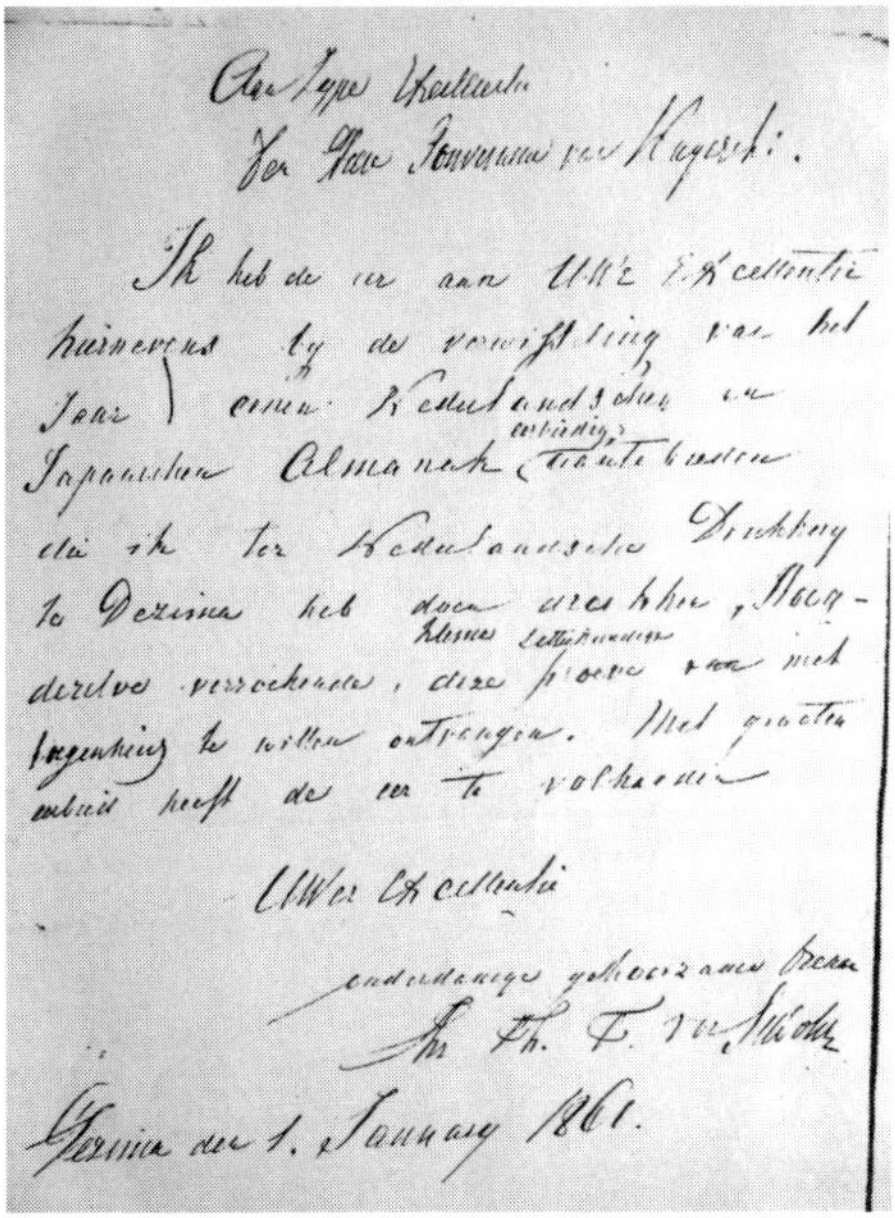
Aan Zyne Excellentie
Den Heere Gouverneur van Nagasaki:
Ik heb de eer aan UWe Excellentie hiernevens by de verwijfsling van het Jaar een Nederlandschen en Japanschen Almanak ... die ik ter Nederlandsche Drukkery te Dezima heb doen drukken, ... verschillende, deze proeve van ... toegenheid te willen ontvangen. Met grooten ... heeft de eer te ...
UWe Excellentie
onderdanige gehoorzame dienaar
Ph. Fr. F. von Siebold
Dezima den 1. January 1861.

1861年1月1日付の「シーボルト発長崎奉行宛書簡下書き」（フォン・ブランデンシュタイン家所蔵）

＊5　楢林栄左衛門（?—一八六一）一八五九（安政六）年大通詞より長崎奉行支配定役格となる。

＊6　シーボルト記述の学名Erythronium dens-canisはセイヨウカタクリである。日本のカタクリは学名E. japonicaである。（獨協大学教授加藤僖重博士のご教授による）

＊7　デ・ウイット（Jan Karel de Witt 1819-？）オランダの外交官。クルティウスの後任として一八六〇年二月に総領事として来日し、開国初期における日蘭外交にあたった。外人殺害事件ではつねに幕府の無責任な態度に抗議し、一八六一年一月（万延元年十二月）のヒュースケン暗殺事件には、各国使臣の江戸退去、使臣館の横浜移転、自国軍艦をもってする安全の保持と各国臣民の生命利益の擁護などを説くイギリス公使オールコックを支持、一八六三年六月三日（文久三年四月十七日）後任のポルスブルックに任務を引継いだ。

＊8　マクリーンの論文（J. Mac Lean, D. Sc.: Franz von Siebold and the Opening of Japan, 1843-1866, The Netherlands Association for Japanese Studies, 1978. P.71以下、「マクリーンの論文」とする）によれば、副領事メットマンJ. P. Metmanから翌日（一月二日）に受け取ったと記している。

一月二日（水曜日）旧十一月二十二日

江戸幕府が私の日本滞在の延長を要望していることを伝えてきた長崎奉行からの手紙に返事を書いた。[※1]〔長崎奉行〕支配組頭に茂木湾および茂木街道の防備強化についてアドバイスした。

ロシア総領事[※2]とロシアのフレガット艦長[※3]を訪問。

プロシアの参事官[※4]が来訪した。

〔覚書〕茂木湾

海岸のａ地点から二、三観測した。

ａから茂木岬と火山雲仙〔普賢岳〕　南から二七度東へ

ａから茂木岬にある新しい村のｂ地点　北から一九度東へ

ａからソウヤサキ Sojasaki〔汐見岬か〕　北から三〇度西へ

ａから茂木村の入口　南から四九度西へ

長崎の小島村の丘[※5]での観測

丘から烽火山　北から三五度東へ

丘から金比羅山　北

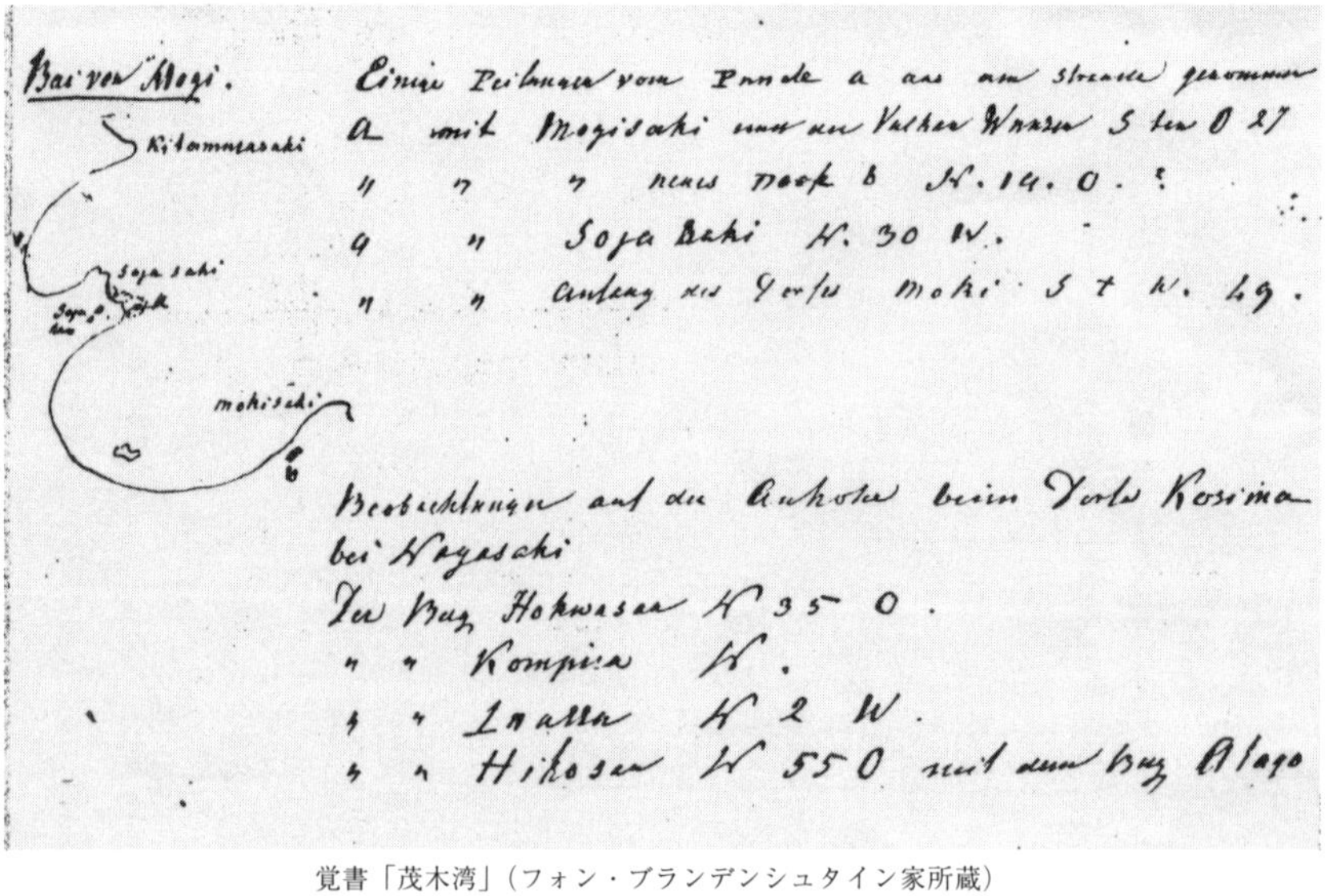

覚書「茂木湾」（フォン・ブランデンシュタイン家所蔵）

丘から稲佐山　北から二度西へ
丘から彦山　北から五五度東へ　愛宕山もその方向[*6]。
〔図版参照〕

*1　ブランデンシュタイン家所蔵文書に「シーボルト発長崎奉行宛書簡」（請求番号61891、オランダ語一枚）がある。

*2　ゴシケヴィチ（Osip（Iosif）Antonovich Goshkevich 1814-1875）司祭。ロシア最初の駐日領事。

*3　フレガット艦はスヴェトラナSvetlana号で、艦長はブタコフButakoff（生没年不詳）である。

*4　ルドルフ・リンダウ（Rudolf Lindau 1829-1910）であろうか。アレクサンダー著・齋藤信訳『ジーボルト最後の日本旅行』（平凡社　東洋文庫　一九八一年刊。以下、「アレクサンダーの著書」とする）によれば、

「私はルドルフ・リンダウ（Rudolf Lindau）の来訪を思い出すと、喜びを禁じえない。後にドイツの公使館参事官になった人が私たちを本蓮寺に訪ねてきた。当時彼はスイス連邦の委任をうけて、通商条約を結ぶ商議の準備のため、江戸にゆく途中だった。後日私たちは江戸や横浜でたびたび出会った」（一〇二頁）

と述べている。このリンダウであれば、ドイツの外交官で、極東・カリフォルニア・パリなどに勤務した人物ということになる。

*5　現在の旧高島秋帆屋敷跡付近か。

*6　覚書には地図も記載されているが、方角に関しては不明な点が多い。

一月三日[*1]（木曜日）旧十一月二十三日

鳴滝の地代を支払う。五両半と一分三匁。長崎奉行支配組頭への手紙を翻訳するよう丁重なる依頼を受けた。今日は鳴滝の別荘近くにある七面寺参詣の日。寺は法華宗。婦女子に人気のある巡礼の地。二人の巡礼に会う。一人は間違いなく婦人である。〔覚書「七面寺」参照〕

〔覚書〕地代

私の鳴滝の別荘の地代は、安い地代の見本となっている。年に五両半と一分三匁。六部屋からなる家屋で日本庭園つき、およそ六ギルダーである。

〔覚書〕私の鳴滝の別荘

鳴滝の別荘[*2]の敷地は、長さ一九一メートル、幅八八

1860年購入当時の鳴滝の全景。シーボルトらしき人物が縁側に座っており、入り口付近にはアレクサンダーらしき人物と二人の日本人が立っているのが見える（右下は拡大写真）

メートルである。

〔覚書〕七面寺〔七面山妙光寺〕(*3)

この寺は法華宗に属し、とりわけ子宝を願う女性が頻繁に参詣する。

*1 ブランデンシュタイン家所蔵文書に、日記の日付（一月三日）と同じ日に書かれた「ファン・ポルスブルックからシーボルト宛書簡、神奈川にて」（請求番号111536　オランダ語一枚）がある。

*2 アレクサンダーの著書によれば、鳴滝の別荘についてこう書いている。

「鳴滝にある私たちの別荘は、理想的な田園の休息地だった。生活のすべての必需品を入手するのは、結構近くで済んだし、同時にはげしい人の往来もなかった。いたる所木の葉が繁った丘に囲まれ、その背後にはスゲの生えたもっと高い山の背がある。みどりの濃い森の谷間には藁屋根の小さい農家があり、彼らは、古代日本においてのみ可能であったような平和な生活を送っていた」（九九頁）

とある。なお、シーボルトの鳴滝の別荘に関する論考に、徳永宏著「鳴滝塾の活動と跡地の変遷について」第三章再渡来時の敷地と建物（『新・シーボルト研究』Ⅱ　社会・文化・芸術篇　八坂書房　二〇〇三年刊　三一四―三三三頁。以下

『新・シーボルト研究』Ⅱとする）がある。

＊3 『長崎市史』地誌編・仏寺部下（清文堂出版　昭和五十六年）によれば、七面山妙光寺は、

「長崎市中川郷字七面谷四二〇番地にある。即ち峰火山の西南麓なる七面山の森の中に在りて、前には深渓に臨み、風光の佳なる、亦崎陽の一名勝たるを失はず」

「當寺はもと神仏混淆の祠堂で、七面権現社、七面宮、鎮守社などと称されたものである。本堂が神殿の形状をなし、七面宮、鎮守社など云ふ額が現存して居るのはその為である」（一三五頁）

とある。また、同書の石垣築造とシーボルト門下の項では、

「文政九年八月には小岩井正甫其他の同志が當社の石垣を築造したが、今その記念塔を見るにその施主の内に二宮敬作、戸塚静海等シーボルト門下の俊才の名が見え、その世話人の中にはシーボルト門下中の先輩たる美馬順三の名もある。美馬順三は當時シーボルトがその寵愛せる丸山遊女其扇に購ふてやつた鳴滝の邸宅に起居して居たことであるから、鳴滝から程遠からぬ七面社へは折々散策を試みたことであつたらう。そして美馬順三が世話人の一人であることから考ふれば彼は文政八年六月十一日歿したのであるから、この石垣築造工事の寄附金募集は文政八年の夏以前に着手されたものでなければならぬ」（一三九頁）

とある。以後、シーボルト再来日時に七面山妙光寺を訪れたという記述はない。しかし、この日記および覚書には、七面寺のことが書かれているので、彼が再来日にこの寺を訪れたことは明らかであろう。

一月四日（金曜日）旧十一月二十四日

夜明けとともに、集中豪雨のひどい悪天候。この季節としては稀な現象。温度計は昨日氷点下まで下がっていたが、今朝は強い南西の風で華氏五四度〔摂氏十二・二度〕に上昇。平戸出身の仏教僧侶の両眼に白内障手術Staaroperation（角膜炎 Keratonitis）を施した。町年寄後藤様[＊1] Gotôsama宅に行き、梅毒の手術を行なった。[＊2・3] 陰嚢潰瘍Fistel-geschwüre am Scrotum。出雲地方の非常に良質な白い蠟燭を貰う。

〔覚書〕気象

一月四日朝、集中豪雨を伴った悪天候。この季節としては稀な現象。温度計は前日には氷点下に下がっていたが、華氏五四度に上昇。風は南西から強く吹いた。

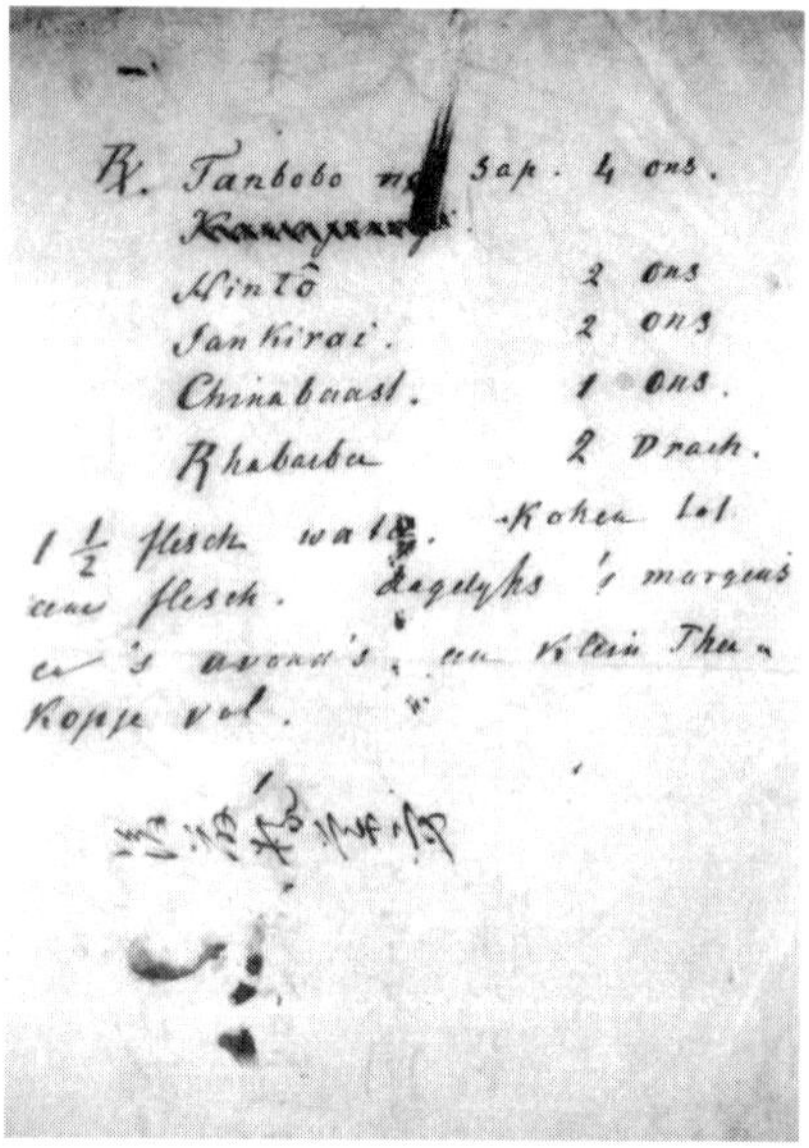
R. Tanbobo ... Sap. 4 ons.
Ninto 2 ons
Sankirai. 2 ons
Chinabaast. 1 ons.
Rhabarber 2 Drach.

シーボルト自筆の処方箋「後藤様薬方」（ラテン語）（シーボルト記念館蔵）

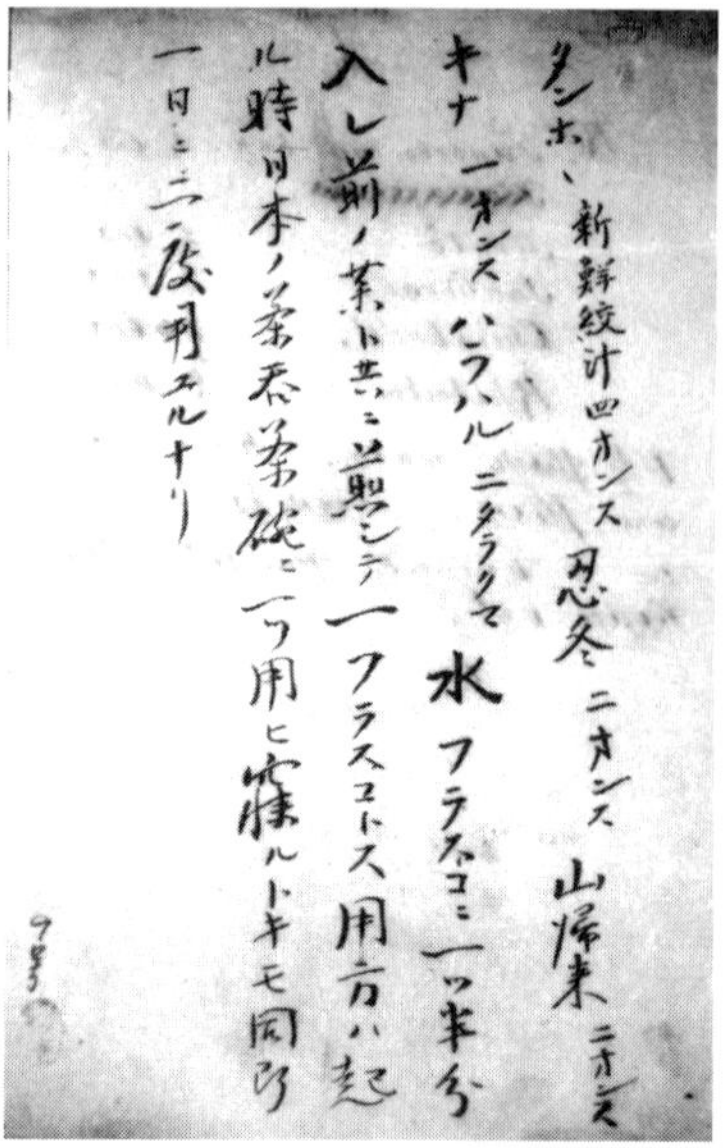
タンポ、新鮮絞汁四オンス 忍冬二オンス 山帰来二オンス
キナ一オンス ハラハル
水 フラスコニ一ツ半分
入レ前ノ薬ト共ニ煎シテ一フラスコトス用方ハ起
ル時日本ノ茶呑茶碗ニ一ツ用ヒ寝ルトキモ同断
一日ニ二度用ユルナリ

右の処方箋の翻訳文。楠本イネの訳文と思われる（シーボルト記念館蔵）

＊1 町年寄後藤様は長崎の九人の町年寄の一人、後藤惣左衛門貞治（一八二五―一八六五）のことで、慶応元年（一八六五年）長崎会所頭役となり、同年八月十七日病没した（享年四〇歳）。

＊2 長崎シーボルト記念館には、シーボルト自筆の処方箋「後藤様薬方」（ラテン語）と楠本イネの翻訳文が所蔵されている〔図版参照〕。これについては、宮崎正夫氏の論考「シーボルトの処方箋（1）」（『薬史学雑誌』第三〇巻、第二号 薬史学会 一九九五年）に詳しい。ここでは、その論考に掲載の処方箋と楠本イネの翻訳文と思われるものについて紹介しておく。

〔処方箋〕

後藤様薬方

処方 タンポポの根 四オンス（一二四・四グラム）
忍 冬 二オンス（六二・二グラム）
山帰来 二オンス（六二・二グラム）
キナ皮 一オンス（三一・一グラム）
大 黄 二ドラム（七・七八グラム）

一と二分の一のフラスコの水を一フラスコの量になるまで煮る。毎日朝と晩にそれぞれ小さい茶呑茶碗一杯分宛。

〔翻訳文〕

タンポ、 新鮮絞汁四オンス 忍冬二オンス 山帰来二オンス キナ一オンス ハラハル二オンス 水フラスコニ

一ツ半分入レ前ノ薬ト共ニ煎ジテ一フラスコトス用法ハ起ル時日本ノ茶呑茶椀ニ一ツ用イ寝ルトキモ同断一日ニ二度用ユルナリ

＊3　アレクサンダーの著書によれば、診療に関する記述として、
「三〇年間診療から遠ざかっていた父は、すべての医療上の要求に応ずべく、あらゆる洞察力を集中して対処しなければならなかった。彼はまた二、三の驚くべき治療をやった。とくに長年ある病気にかかっていた長崎の裕福な町役人〔町年寄後藤惣左衛門のことであろうか〕をなおしてやった。その病気は厳しい自己抑制をしなければ治らないもので、彼は父の指導を受けて一所懸命にそれに務めねばならなかった。父は医学の才能を先祖から受け継いでいた。彼が自然科学を偏愛して医学の分野をなおざりにしてしまったことは、まことに残念の極みである」（八三―八四頁）
とある。

一月五日（土曜日）旧十一月二十五日

私の友人楢林栄左衛門は、昨夜、またしても喀血、そして今朝死亡した。科学にとっても私自身にとっても、かけがえのない損失である。アメリカ使節団の医師スミス博士 Dr. Smith の来訪。ライデンに送る植物を梱包。夕方、日本人の門人たちにフランス語を教授した。嵐の騒々しい一夜。茂木漁村の火事がここ〔鳴滝の別荘〕からも見えた。

〔覚書〕通詞楢林栄左衛門の死

役人にして、長崎奉行の第一通詞楢林栄左衛門が突然の喀血で死去した。彼は私の親友であった。[*1] 科学にとっても私自身にとってもかけがいのない損失である。科学にては、日本の遣欧使節団に同行する江戸の大通詞森山[*2]を除いては、彼ほどオランダ語とその文書に通じている日本人はいなかった。

＊1　『シーボルト関係書翰集』大鳥蘭三郎訳（日独文化協会編昭和十六年刊。以下、『シーボルト関係書翰集』とする）によれば、この一月五日（旧十一月二十五日）に差出人不明だが、シーボルト宛に楢林栄左衛門の死期が近いことを知らせた手紙を送っている。すなわち、
「栄左衛門氏が血が多量に出た後で當に死にそうだとの知らせがありました」（七四頁）
と。なお、楢林栄左衛門よりシーボルト宛の書簡一八六〇年三月五日（月曜日）からはじまる二六通があり、そこには栄

左衛門自らの病状などが記されている（七一～八七頁）。
＊2　森山多吉郎（一八二〇―七一）幕末期の通訳官。肥前国長崎のオランダ通詞の家に生れる。一八四八（嘉永元）年に漂着したアメリカ人マクドナルドに英語を学び、一八五一年『エゲレス語辞書和解』を仲間と編集しはじめた（計七冊刊）。一八五三年プチャーチン応接の通訳、翌（安政元）年ペリー応接の首席通訳、一八六二（文久二）年遣欧使節の通弁御用頭取となる。

一月六日（日曜日）旧十一月二十六日

午後三時、長崎奉行との会見。奉行ならびに支配組頭、幕府目付が共に私を心から歓迎してくれた。私の日本での滞在延長について話し合った。さしあたり、これを二年間に定めることで意見が一致した。細かな条件については、奉行が検討するとのこと。多くの幕府高官たちも同席。そのまま晩餐へ。ネーデルランド〔オランダ〕[*1]通商会社の利益に関して、またプロシア[*2]についても話しあった。

＊1　ネーデルランドは、以下「オランダ」とする。
＊2　プロシアのことを話したとあるのは、一八六〇（万延元）年九月以来、プロシア全権公使オイレンブルグ伯が、日普修好通商条約締結のため江戸で条約商議を進めていることなどであろう。なお、条約は一八六一年一月二十四日（旧十二月十四日）調印。二十八日使節一行は江戸を出発して、長崎へ向かった。

一月七日（月曜日）旧十一月二十七日

ライデンに送る植物を入れた箱四つを梱包し、これをロシア艦ヴォエヴォーダ号 Woiwoda で上海に送る。

一月八日（火曜日）旧十一月二十八日

A・J・ボードウイン A. J. Bauduin[*1]を介して、G・インデルマウル G. Indermaur[*2]に一分銀一〇〇枚のうち、現金で四〇枚を支払った[*3]。〔この日の日記はオランダ語で書かれている[*4]〕

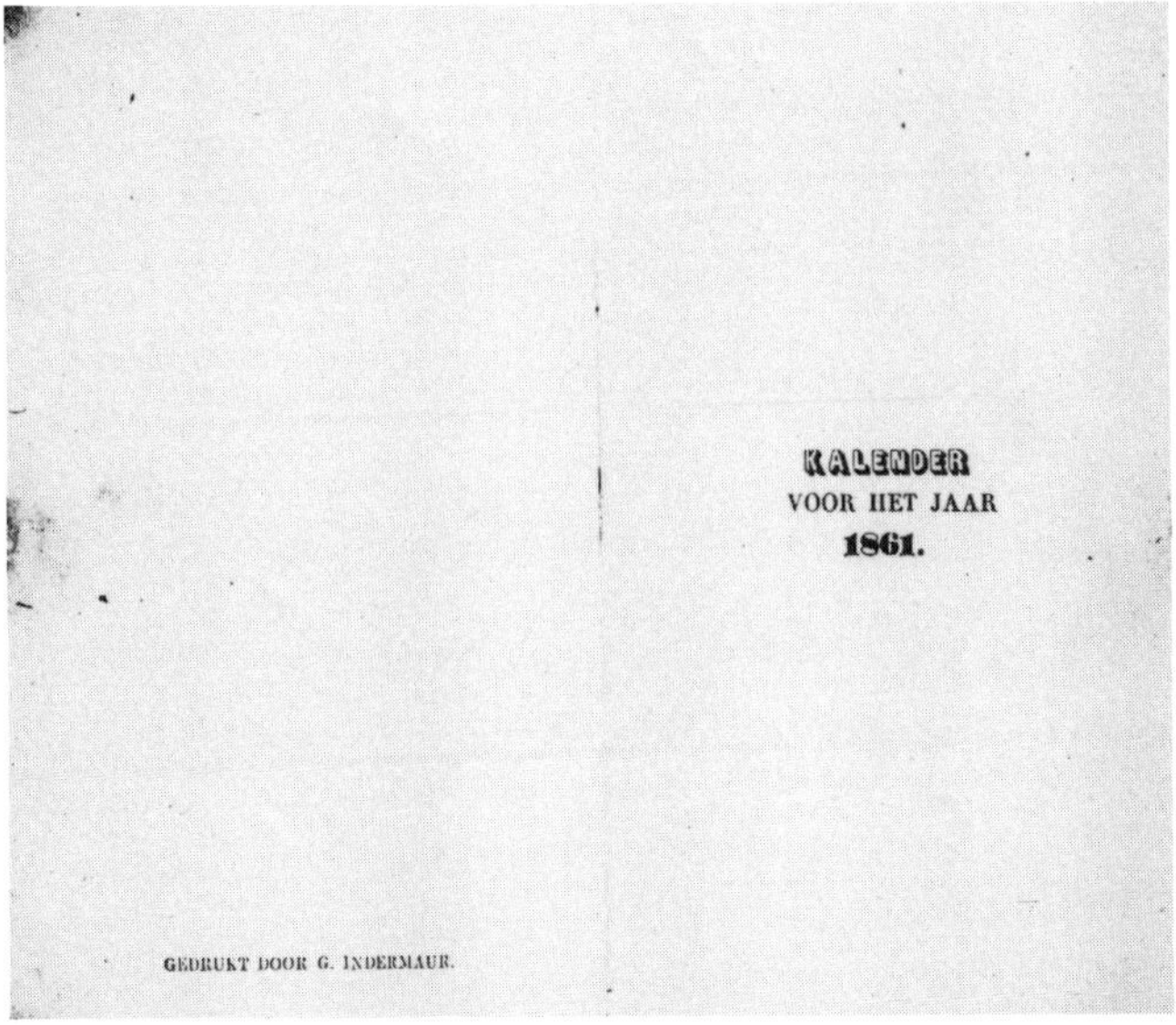

出島オランダ印刷所発行、シーボルト使用の『蘭日便覧付日記帳』の扉裏と第一頁
扉裏にG. INDERMAURの名前が見える。

＊1　A・J・ボードウイン（Albertus Johannes Bauduin 1829–1890）は、長崎養生所・大阪医学校教官A・F・ボードウイン（Anthonius Franciscus Bauduin 1820–1885）の弟で、一八五五年バタヴィアに行き、一八五九年オランダ通商会社駐日筆頭代理人として長崎に赴任し、一八六三年八月オランダの名誉領事となった。

＊2　G・インデルマウル（G. Indermaur 生没年不詳）は、オランダ通商会社職員で出島印刷所技師。

＊3　日記帳（『蘭日便覧付日記帳』）の購入代金の内金のことであろうか。あるいは、この年の八月、出島オランダ印刷所からシーボルトが自費出版したと思われる『出島からの公開状』Open Brieven uit Japan. door Jhr. Ph.F. von Siebold. Desima ter Nederlandsche Drukkerij 1861. の印刷代金の内金のことであろうか。

＊4　以下、同様にオランダ語にて記入の部分は〔原文オランダ語〕とする。

一月九日（水曜日）旧十一月二十九日

植物の入った四つの箱をヴォエヴォーダ号の船中に運ぶ。町年寄後藤様を訪問。

一月十日（＊1）（木曜日）旧十一月三十日

後藤様の弟より佐賀の鯉Karpfe（Koi）の粕漬け一

桶を贈物として受け取る。この淡水魚は非常に人気があって値段も高い。〔覚書「鯉」参照〕

〔覚書〕**鯉** Koi

この淡水魚は人気がある。これは酒粕の中に漬け、入念に加工された木製の小桶の中に入れられる。こうして贈物となる。

＊1　ブランデンシュタイン家所蔵文書に、日記の日付（一月十日）と同じ日に書かれた「J・P・メットマンからシーボルト宛書簡（請求番号111542　オランダ語一枚）。また、同じく「T・クルースが上海からシーボルト宛に送った請求書（請求番号111231　ドイツ語一枚）がある。

一月十一日（金曜日）旧十二月一日

長崎奉行、奉行支配組頭と幕府目付から、彼らに手渡した日記帳に対するお返しとして、甘酒・茶・煙草を受け取る。私の俸給について支配調役と話し合う。

ヘレーネHelene宛の手紙をヴォエヴォーダ号で送る。

〔覚書〕**甘酒** Ama sake

甘い酒、とても美味なる飲物、江戸産の良質なもの。

一月十二日（土曜日）旧十二月二日

蘭領インド総督、オランダ通商会社社長、J・ウムグローヴェJ. Umgrover 宛の手紙を書く。〔原文オランダ語〕

一月十三日（日曜日）旧十二月三日

A・J・ボードウィンを食事の際に、町年寄後藤様に紹介した。

一月十四日（月曜日）旧十二月四日

門松Kado matsは日本の新年六日目の晩に燃やされた。その代わりに、その門松の枝二本だけは、燃やさずに植えられた。〔原文の一部オランダ語〕

一月十五日[*1]（火曜日）旧十二月五日

このいわゆる七つの草（七草Nanagusa）は御門の宮廷で食され、セリSeri（Apium seri）、ナズナNatsuna（Capsella Bursa-pastoris）、ゴギョウGokio〔学名空白〕、ハコベラHakobera〔学名空白〕、ホトケノザHotokenoza[*2]（Lamium amplexicaule）、スズナSusunaまたはカブラKabura（Brassica rapa）、スズシロSususiroまたはダイコンDaikon（Brassica sinen）である。〔原文は一部オランダ語　覚書「七草、七つの草」および図版参照〕

〔覚書〕七草、七つの草

七草と呼ばれる七種類の草は、御門の宮廷で春の初めに厳かに食される。セリSeri（Apium seri）、ナズナNatsuna（Capsella Bursa-pastoris）、ゴギョウGokio〔学名空白〕、ハコベラHakobera〔学名空白〕、ホトケノザHotokenoza（Lamium amplexicaule）、スズナSusunaまたはカブラKabura（Brassica rapa）、スズシロSususiroまたはダイコンDaikon（Raphanus sinensis）と呼ばれる。

＊1　日記には記述はないが、一月十五日に採集された「ネズミサシ」の標本が東京都立大学牧野標本館にある〔図版参照〕。

1861年1月15日に採集された「ネズミサシ」の標本
（東京都立大学牧野標本館所蔵）

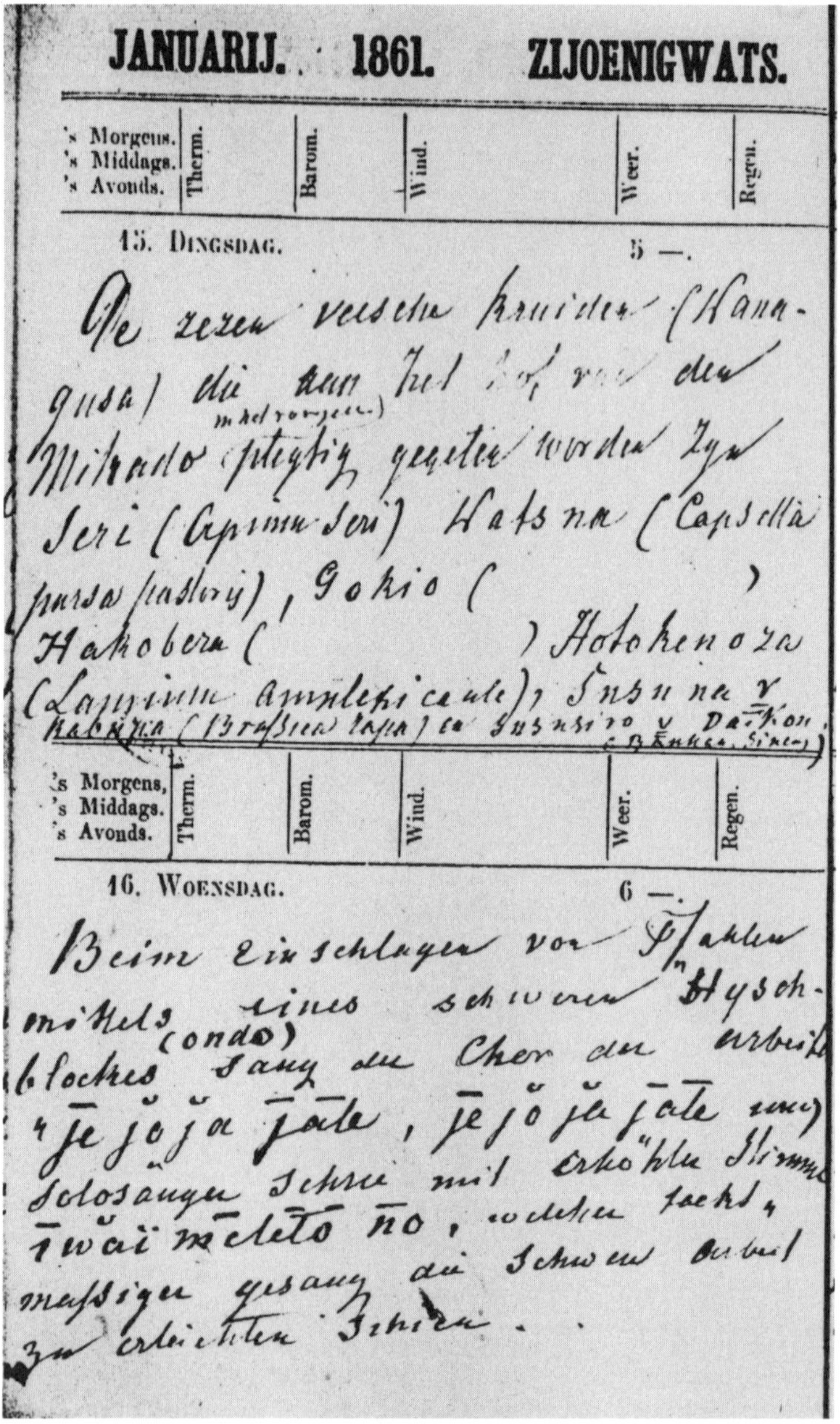

JANUARIJ. 1861. ZIJOENIGWATS.

's Morgens. 's Middags. 's Avonds. | Therm. | Barom. | Wind. | Weer. | Regen.

15. DINGSDAG. 5 —.

's Morgens. 's Middags. 's Avonds. | Therm. | Barom. | Wind. | Weer. | Regen.

16. WOENSDAG. 6 —.

1861年1月15日・16日の独文日記

＊2　シーボルト記述のHotokenozaは、シソ科のホトケノザLamina amplexicauleで、本来の春の七草のホトケノザはキク科のオニタビラコYoungia japonicaである。

一月十六日（水曜日）旧十二月六日

音頭をとって杭を打ち込むとき、、労働者は声を揃えて、イェー・ヨー・ヤー・ヤーレー、イェー・ヨー・ヤー・ヤーレーjē jŏ jă jālē, jē jŏ jă jālē と歌った。そしてソロの歌い手は声を高くして叫んだ。イワイ・メーレートー・ノー īwăi mēlētō nō。この拍手に合った歌が辛い仕事をやわらげているように見えた。〔図版参照〕

〔覚書〕歌

音頭をとって杭を打ち込むとき、労働者は声を揃えて、イエー・ヨー・ヤー・ヤー・ヤーレー、イエー・ヨー・ヤー・ヤーレーと歌った。そして、その後ソロの歌い手がイワイ・メーレートーノーと歌う。この拍手に合った歌が辛い仕事をやわらげる。

一月十七日（木曜日）旧十二月七日

独特の泳法は立ち泳ぎと呼ばれる。つまり水中で立ったままの姿勢で泳ぐことである。人の話によれば、とりわけ肥後の武士たちが上手であるとのこと。カコヤモンシチ Kakoje Monsitsi[*1]という者が七里の海を頭に冑をのせて泳いだという。〔覚書「泳法」参照〕

〔覚書〕泳法

立ち泳ぎは日本独特の泳法で、立って泳ぐことをいう。つまり水中で立ったままの姿勢で泳ぎ続けることである。九州の肥後藩の武士たちはこの泳法に秀でている。肥後藩の有名な家臣で、カコヤモンシチという侍がこの泳法で、頭に冑をのせて七里の海峡を渡ったといわれている。

＊1　カコヤモンシチ Kakoja Monsiti なる人物は不詳。

一月十八日（金曜日）旧十二月八日

馬の餌には大豆Daizuが与えられる。コムギ

Waitzenとオオムギ Gersteの種子を播くときには、畝《うね》にイコイ Ikoi（＊1）と呼ばれる古い牛の糞が撒かれる。九月（十月）に種子を播くと、四月の末から五月にかけて小麦が収穫できる。

〔覚書〕馬の餌

江戸では生草や乾草の餌がとても手に入りにくいので、馬には大豆が与えられる。

〔覚書〕穀物への施肥

穀物はすべて列を作って種子が播かれる。そして種子を播く畝には、牛糞（イコイ）が撒かれるが、穀物の種子と一緒に撒かれるのが常である。通常、種まきは十月から十一月に行なわれ、四月の末から五月の初めにはオオムギが、ひと月遅れてコムギが収穫できる。

＊1　基肥《もとごえ》、追肥《おいごえ》のことか。和歌山地方では下肥を「いごえ」と呼ぶところもある。

一月十九日（土曜日）旧十二月九日

澱粉は良質のカラスウリ Trichosanthes cucumeria Thb.の根茎からとれる。

〔覚書〕澱粉

数ポンドもある大きなカラスウリの根茎から、良質の澱粉がとれる。

一月二十日（日曜日）旧十二月十日

昆布 Fucus saccharatusの大商人は、自らを近江地方のマルシン Marusinとかカシワヤ Kasiwajaと呼んでいて、越前の敦賀港におよそ五〇軒の商店を所有している。最も良質の昆布は、三石《みついし》 Midsuisi、かし昆布 Kwasi Konbuなどと呼ばれる。一斤 kin〔重量〕で一匁三分。〔それを〕細かく刻んだものは、きざみ昆布 Kisami Konbuと呼ばれ、一斤で一匁九分である。〔覚書「昆布」参照〕

〔覚書〕昆布

この食用の海草は日本では昆布 Konbû と呼ばれ、蝦夷の海で採れ、松前、箱館では大物取引の目玉商品である。これはいろいろな種類に分けられる。最良なのが三石またはかし昆布と呼ばれ、その値は一斤で一匁三分である。〔それを〕細かく刻んだものは、きざみ昆布（一匁九分）で、数分高い。蝦夷の昆布取引は幕府の独占で、日本および中国で好まれているこの料理の添え物の取引許可を、幕府は若干の大商人に与えている。昆布の最大の商人は近江藩に住んでいて、名をカシワヤという。彼は蝦夷の昆布を越前の敦賀港に運ぶ。ここに彼は巨大な倉庫と五〇軒以上もの店を所有し、ここで昆布は選別されて、一部は細かく刻まれ、日本全国に出回る。

一月二十一日（月曜日）旧十二月十一日

蛇、ヒラクチ Vipper Hirakutsi は食される。薬としても使われる。とくに子供の虫下しとして良い。

〔覚書〕ヒラクチ〔マムシの別称〕

ヒラクチ Vipper Hirakutsi(＊1) は食され、乾かして薬として用いられる。捕まえたヒラクチは、頭を切られ、皮を剝がれ、乾される。薬としては、子供の虫下しとして有名である。

＊1　アレクサンダーの著書によれば、ヒラクチについて、「私たちの庭にはへビがうようよしていた。植木に水をやる時、突然色々の斑点のあるへビがよく出てきた。危険なのは、日本人がヒラクチとかマムシと呼んでいる一種類だけで、これに噛まれると非常に危ないということである。とくに私たちのために天産物を集めて持ってきてくれた田舎の人が、よくマムシを売りに来たので、私はその実物を時々みた。そういう場合には、たいてい生きたままでタケ竿にしばりつけてあった」（九五頁）と書いている。

一月二十二日（火曜日）旧十二月十二日

（記入なし）

一月二十三日（水曜日）旧十二月十三日

Taftagelassen〔タフタ・琥珀織か〕[*1]は幅三尺六寸、長さ三七尺、赤の緯糸は織り込まない。一八六〇年、この値段はまだ一枚二七テールだった。

白のウールの織物は青味がかったものが良しとされ、黄色っぽいものは好まれない。ナチュラルグレーとブルーグレーの布は好まれるが、パープルの生地は好まれない。

〔覚書〕貿易

Taftagelassenは幅三尺五寸、長さ三七尺で、赤の緯糸は織り込まない。一八六〇年、この値段はまだ一枚二七テールだった。

白のウールの織物は青味がかったものが良しとされ、黄色っぽいものは好まれない。ナチュラルグレーとブルーグレーの布が好まれる。パープルの生地は需要がない。

＊1　琥珀織とは、練糸を使った平織で、緯糸が太く、経糸は密にして、緯畝をつけた絹織物。天和年間（一六八一〜八四）、京都西陣で織り出した。厚地は羽織、帯、袴などに利用される。薄地のものは現在は「タフタ」と呼ばれ婦人洋服地などに利用されている。

一月二十四日（木曜日）旧十二月十四日

一月二十五日（金曜日）旧十二月十五日

一月二十六日（土曜日）旧十二月十六日

（記入なし）

一月二十七日（日曜日）旧十二月十七日

ロシア艦隊副官ビリリョフBirilef[*1]とムラヴィエフMuriaweff[*2]の来訪。

カチカラス Corvus Danricus Jap. Katsi-Karasi は肥前の佐賀地方によく見られる。

〔覚書〕カチカラス〔カササギの別称〕

カササギは、九州肥前の領地、佐賀の近郊にしばしば見られる。〔当地では〕カチカラスの名で知られている。

＊1　ビリリョフ（Birilef 生没年不詳）ロシア艦隊司令官リハチョフの副官。

＊2　ムラヴィエフ（N.J.Muriaweff 1809–1881）東部シベリア提督（在任一八四七―一八六二）。一八五九（安政六）年七月軍艦一〇艘を率いて神奈川より品川湾に来航。ついで樺太境界画定の談判に臨んだが、その主張が幕府に容れられず退去した。

一月二十八日（月曜日）旧十二月十八日

生きた植物一〇箱が、艦長ペーターゼン Petersen のスクーナー船コルネリア・J・ベーヴァン Cornelia J. Bevan号で上海のT・クルース T. Kroes（＊1）に送られる。財務管理官リボン Mr. Libon（＊2）氏の来訪。

＊1　クルース（Theodore Kroes 生没年不詳）上海駐在のオランダ領事。

＊2　リボン（Libon 生没年不詳）。

一月二十九日（火曜日）旧十二月十九日

宇治のゴクマコト茶 Gokmakoto Thee（＊1）の値段は、一斤一二テール二マース（一二五匁 monme）である（宇治茶 Udsithee 一斤は二〇〇匁）。小さな葉を長さ約五センチ、径約一センチに固め（聞くところによると指で丸められる）、銀色を帯びた緑色に輝き、白い指の跡が見える。包葉と若葉から生える銀色のうぶ毛、この銀色をした茶はとくに早く摘まれ、高価になる。

〔覚書〕茶

日本で極上の茶は京都の近くの宇治のもので、ゴクマコトと呼ばれる。値段は一斤で一二テール二マース。長さ約五センチ、径約一センチに固められた葉が特徴。銀色を帯びた緑色に輝き、銀色の筋が見える。表面を見ると、丸められた葉は灰白色に見える。この銀色と灰色は若葉の軟毛（うぶ毛）による。つまり最も若い春の葉が入念に（人の話によると、白い手甲《てっこう》Handschuhen（＊2）をつけた婦人たちによって）摘まれ、

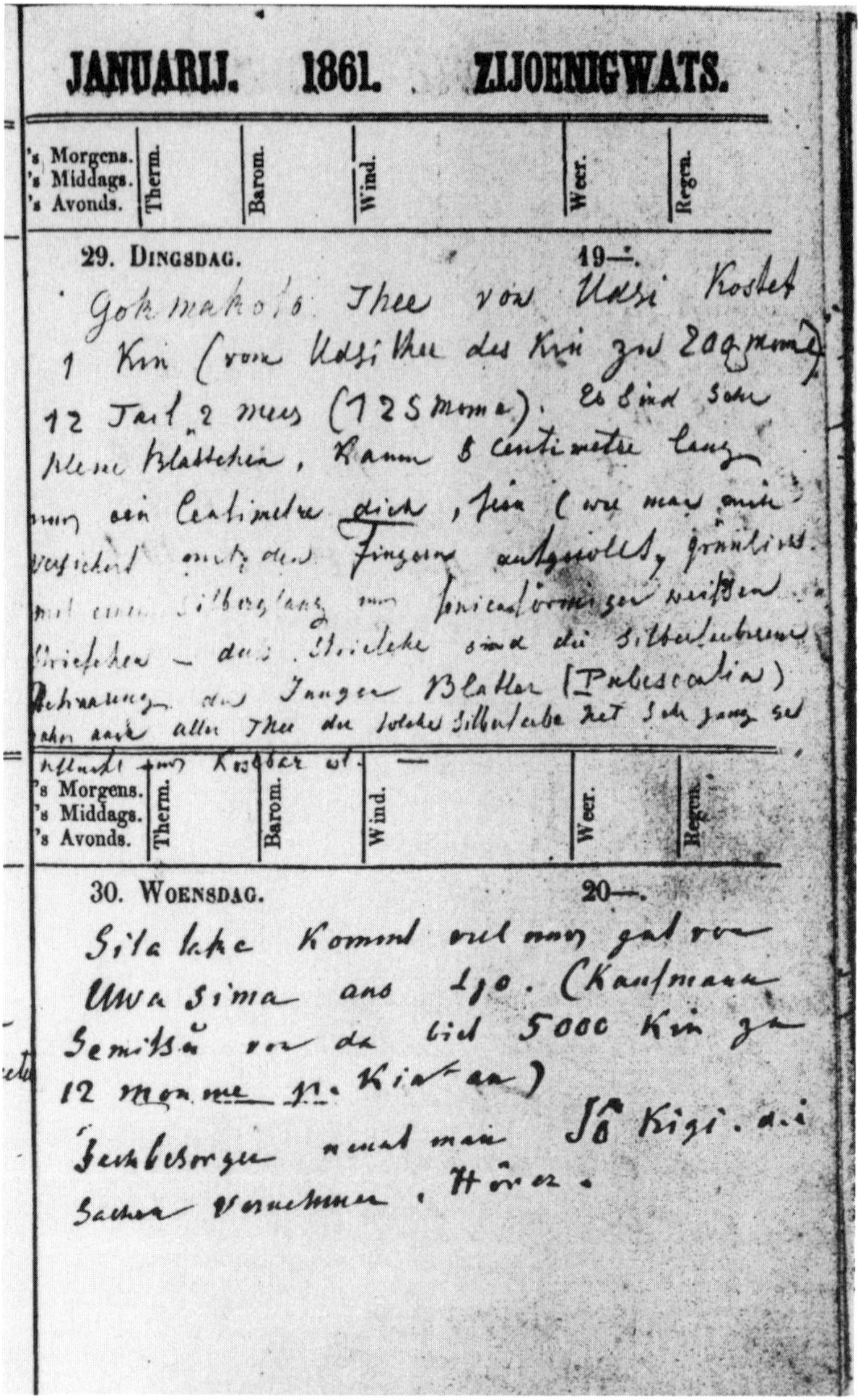
JANUARIJ. 1861. ZIJOENIGWATS.

's Morgens. 's Middags. 's Avonds. | Therm. | Barom. | Wind. | Weer. | Regen.

29. DINGSDAG. 19—.

Gokmakoto Thee von Udsi kostet 1 Kin (vom Udsi thee das Kin zu 20 monme) 12 Jal 2 mes (125 monme). Es sind sehr kleine Blättchen, kaum 8 centimetre lang

's Morgens. 's Middags. 's Avonds. | Therm. | Barom. | Wind. | Weer. | Regen.

30. WOENSDAG. 20—.

Sitakke kommt viel nach gut von Uwasima aus Iyo. (Kaufmann Semitsu von da bietet 5000 Kin zu 12 monme pr. Kin an)

1861年1月29日・30日の『独文日記』

蒸したあと、ひとつひとつ丸められる。これは日本の宮廷の茶である。中国の皇帝茶が供されたときの、フランスの伝道士たちの言葉に「どの葉も婦人の手を通っているにちがいない」というのは、まんざら間違いではあるまい。

＊1　幕末頃の宇治は、新しいものは碾茶になる蒸した葉を揉んだ「茶の固まり＝玉の露」製品が作られていた。シーボルト記述の「ゴクマコト茶Gokmakoto Thee」は、この玉露の製法以前の「茶の固まり」のことをいうのであろうか。玉露は煎茶の優秀品。茶畑に覆いをかけ、その下で出来た茶を用いる。この葉茶は砂埃が少なく、また日光の直射が当たらないため、芽の伸びも早く、柔らかくて製茶のうえからも、出来上がりが美しい。明治初年に宇治の茶師辻利右衛門の手により、「旧来の丸状のもの」を改良して本格的な玉露の製法を発明した。製法は、水洗いせずに、摘んだ葉をすぐに蒸して、乾かして作る。蒸したままのものを荒茶というが、見た目を美しくするためにこれを選り分け、短いものと長いのとに分ける。茶の葉を摘むのは早朝で、夜露でしっとりしている時分から昼までで、それをすぐに蒸さなければ緑の美しい茶葉は出来ない。これを一番茶という。一番茶を摘んだ後は、鋏で全部刈り込み、また新芽を出させ、十日もすると、二番茶を摘む。産地は宇治が最もよく、静岡と九州がこれに次ぐといわれている。また、「ゴクマコト」に似た宇治茶の銘では、「極詰《ごくづめ》」、「極揃《ごくぞろえ》」、「極無上《ごくむじょう》」などがある。

＊2　布製の手の甲をおおうもの。「紺絣《こんかすり》に赤襷《あかだすき》、手甲脚絆《きゃはん》」が茶摘み娘の一般的な装束であった。

一月三十日（水曜日）旧十二月二十日

椎茸Sitatakeは良質のものが、伊予の宇和島で多くとれる。（そこの商人シミズSemitsuは一斤につき一二匁で、五〇〇〇斤を取引しようとしている）。注文を取る人Sachbesorger（＊1）は用聞きJô kigiと呼ばれ、Joは物、kigiは聞く人の意味である。〔覚書「椎茸」参照〕

〔覚書〕椎茸

食用の乾し椎茸は、良質のものが四国の伊予地方の宇和島で多くとれる。一斤につき一二匁で、五〇〇〇斤（ポンドPfund）が、当藩の商人によって取引値として提示される。

注文を取る人は用聞きJô kigiと呼ばれ、Joは物、

kigiは聞く人の意味である。

一月三十一日（木曜日）旧十二月二十一日

参府旅行。ファン・デル・カペレン海峡〔関門海峡〕を通る海流は、北から東へ、そして南から西へ、二から五マイルの速さで流れる。干潮のときは北から東へ。満潮のときは南から西へ。下関では、水位が五フィート下がる。本山岬には岩礁がある。

〔覚書〕ファン・デル・カペレン海峡、参府旅行

この海峡を通る海流は、北から東へ、そして南から西へ、二から五マイルの速さで流れる。干潮のときは北から東へ、満潮のときは南から西へ。左側の先端にある本山岬には岩礁があって、海岸に露出している。[*1]岩礁の海への斜度は四五度以上。露出している岩礁の高さは一・五フィートである。

*1　シーボルト『日本』図録第一巻（雄松堂書店　昭和五十三年　以下、シーボルト『日本』とする）によれば、

「長門の本山岬は樹木の茂っている低く細長い半島で、その突端には岩礁がいくつもみられる」（五九頁）と記述している。

二月一日（金曜日）旧十二月二十二日

注目すべきことには、イノンド[*1]Anethum graveolensはヨーロッパでは一年草だが、ここでは種子から育てればウイキョウと同じように多年草になる。ヨーロッパでは厳しい冬が、このような一年草に制約を与えている。他の植物も、とりわけ互いによく似た種は調査する必要がある。〔覚書「イノンド」参照〕

〔覚書〕イノンド

イノンドは、われわれのところ〔ヨーロッパ〕では一年草だが、日本のさまざまなイノンドの種は、冬に耐えるばかりか、多年草でもある。これは、さらに他のヨーロッパの類似した植物の種にも当てはまる。ヨ

ーロッパの多くの植物が一年草であることは、ひとえに冬の寒さがより一層度を越していることに帰せられよう。

＊1　イノンドは『原色和漢薬図鑑』上（保育社　昭和五五年）によれば、
「『開宝本草』に初めて収載され、別名を慈謀勒《じぼうろく》、小茴香《しょういきょう》という。現在でもチベット地区や韓国で「蒔蘿子《じらし》」という小茴香Foeniculum vulgareのことである」
として、さらに
「産地はヨーロッパ原産で世界各地に栽培される。中国では華北地区で栽培され、わが国ではヨーロッパ産のものと、インド産のものの二種が輸入される」（二一二頁）、「用途は芳香性健胃、駆風薬として製剤に配合される他、果実を水蒸気蒸留してえた蒔蘿水（AQUA ANETHI DESTILLATA）を小児の食べすぎに用いる」（二一三頁）
と記している。

二月二日（土曜日）旧十二月二十三日

〔日本で〕オークEicheを定義する場合、落葉樹のものと常緑樹のものとを厳密に区別する必要があろう。殻斗Capel〔Kapelle〕ばかりか、樹皮も、この二つを識別する偽らざる目印となる。シイQuercus cuspidata（＊1）は、実の味と若木の匂いに関してはブナBucheに近い。〔覚書「植物学」参照〕

〔覚書〕植物学

日本のオークは、常緑樹と冬には落葉する樹木とに分けねばならない。落葉樹は、樹皮がざらついて裂け目があり、常緑樹の方は滑らかである。もう一つの分類は、非常に明確に殻斗の構成や形によって決められる。日本には三つの殻斗の主な形がある。シイは、他のすべてのオークの中で、実全体を包むような殻斗によって他と区別され、今ではシイノキ属Lithocarpusに属する。

ところで、この属名ははなはだ不適格である。というのも、〝実は石のように堅く〟〔属名の原意〕はなく、ブナやクリに似たイガSchaleによって覆われているから……〔この部分未記入〕……。シイの若い木にはブナの木の特有の匂いがある。

＊1　シーボルト記述の学名は「ツブラジイQuercus cuspidata」となっている。獨協大学教授加藤僖重博士のご教示によれば、確かに九州には多いが、おそらくシーボルトはツブラジイとシイQ.cuspidata var. sieboldiiの区別をしていなかったのではないかと述べておられる。ツブラジイとシイは、実際にはずいぶん異なるといわれているので、本稿では以後、シーボルトの学名表記Quercus cuspidataは和名「シイ」として表記する。

二月三日（日曜日）旧十二月二十四日
二月四日（月曜日）旧十二月二十五日
二月五日（火曜日）旧十二月二十六日
（記入なし）

二月六日（水曜日）旧十二月二十七日
長崎の御代官Otai kwanの士官〔手代か？〕で、画家のナイトウセイノシンNaitô Seinosin（＊1）が来訪。踏絵と刑罰の絵（＊2）を見せてくれた。なかなか忠実によく描かれている。私は彼からこれらを購入した。彼はこれからも、私のために風俗・習慣に関係したスケッチを描く意志があると申し出た。

＊1　ナイトウセイノシンNaitô Seinosinなる人物は不詳。
＊2　この「踏絵と刑罰の絵」は、現在ミュンヘン国立民族学博物館所蔵のシーボルト再渡来時に収集したコレクション中の「日本罪人刑罰諸図」（二五図構成の水彩画）である。シーボルト最晩年の著書『日本博物館に関する概要と覚書』（一八六四〜六六年頃刊）に、この諸図の簡単な解説が見られる。ただし、諸図には日付も画家の名も記されていない。また、覚書「拷問」（三四六頁）はこれらの絵を見て記したものと思われる。宮崎道生著『シーボルトと鎖国・開国日本』（思文閣出版　一九九七年。以下、宮崎道生の著書とする。）によれば、宮崎博士はこの絵図を詳しく調査され、次のように述べておられる。
「刑罰の種類と処刑の実態とを生なましく描いたもの、その刑罰名と「切所見聞図」の説明が次の通り示されている。図を省略する関係上、「切所見聞図」以外は一行毎に掲げず、まとめて記すこととする（括弧内の和数字は所要ページ数を示す）。　白州《シラス》（一）　水責《ミズセメ》（一）　木馬責（一）　無題〔市中引回し—馬上〕（二）　〔斬首〕（二）　切所《キリトコロ》見聞《ケンブン》ノ図《ツ》
車先　小袈裟《コケサ》〔人体図は首なし〕一ノ胴　二ノ胴　三ノ

胴　大袈裟《ヲウケサ》　脇毛《ワキノケ》　袈裟切（一）〔火刑〕（二）　磔刑（二）
釜煎《カマイリ》（煎）（二）　竹鋸挽《タケノコヒキ》（一）　獄門《ゴクモン》（一）〔切腹〕（二）
毒害《ドクガイ》（一）　落城自害図《ラクジョウジガイヅ》（一）　仇打《アダウチ》（一）　間夫切《マフキリ》（一）
〔踏絵二種・十字架〕（二）」（三二五頁）。

二月七日（木曜日）旧十二月二十八日

突然、目を疑うような天候の変化。昨日までの気温は氷点下にまで下がっていたが、朝は華氏六七度〔摂氏約一九・四度〕まで上昇した。風は南東に変わり、一晩中激しい風。そしてその後、低い雲が空を覆った。昼ごろ気温は数度下がった。

〔覚書〕気象

一月から二月初旬の最も寒い季節の気温は、およそ華氏三〇度〔摂氏約マイナス一・一度〕から三五度〔約マイナス一・七度〕の間であるが、突然の天候の変化が起きることがある。一八六一年二月七日の天候がそれで、前日まで温度計は氷点の数度上にあったものが、一晩中の風が吹き荒れていたために、華氏六七度〔摂氏約一九・四度〕に上昇した。そして低下……〔この部分未記入〕……風がおさまり、低い雲が空を覆った。

二月八日（金曜日）旧十二月二十九日

二月九日[*1]（土曜日）旧十二月三十日

（記入なし）

＊1　ブランデンシュタイン家所蔵文書に、二月九日付の「永持享次郎・中台信太郎〔両名とも長崎奉行支配組頭〕からシーボルト宛書簡」（請求番号101179　オランダ語一枚）がある。

二月十日（日曜日）万延二年一月一日

二月十一日[*1]（月曜日）旧一月二日

（記入なし）

＊1　ブランデンシュタイン家所蔵文書に、二月十一日付「ドゥ・ベルクールからシーボルト宛書簡、横浜にて」（請求番号111168　フランス語一枚）がある。

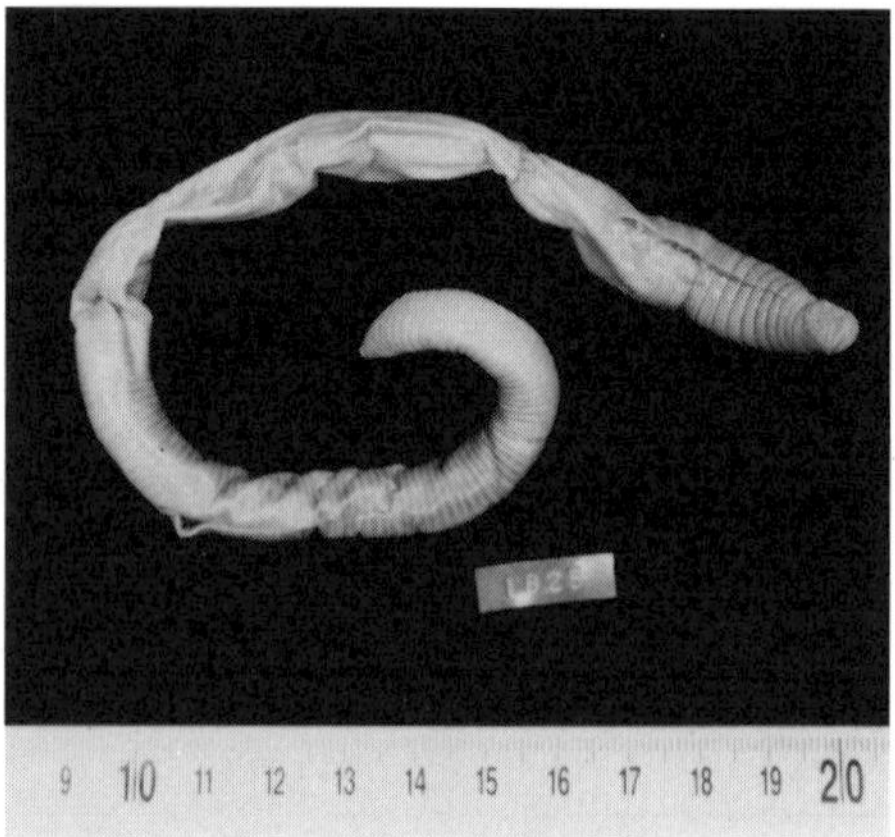

シーボルト収集のミミズ標本
シーボルトミミズ（Pheretima sieboldii（Horst））
（山口隆男氏撮影　ライデン国立自然史博物館蔵）

二月十二日（火曜日）旧一月三日

　四国島 Insel Sikoku では、ヤマミミズ Yama mimizu[*1]（よく地上にいるミミズ）は長さ一フィート、太さ〇・五インチにもなる。色は青味がかった、虹色に輝く色である。

　アサガオ Pharbitis nectaria の種子は、瀉下剤に使われ、粉は洗い粉 Araiko に用いられる。〔覚書「動物学」「アサガオ」参照〕

〔覚書〕動物学

　日本では乾燥した日中に大きなミミズ、すなわちヤマミミズ Yama mimizu が地上を這うのをよく目にする。それは異常な長さと太さ、さらに金属のように輝く（青白く輝く）、虹色の体色が特徴である。四国では、このミミズは長さ一フィート、太さ〇・五インチにもなるという。ほぼ半分の大きさと太さのものを、私は長崎の周辺で観察したことがある。

〔覚書〕アサガオ

　種子は瀉下剤に使われ、中心部から細かい白い粉が作られる。この粉は洗い粉 Araiko と呼ばれている。薄い皮があり、その中身を乾燥させた粉は、化粧品である白粉として愛用されている。

　周知のごとく、日本には花や葉の色や形の異なる無数のアサガオ属の園芸品種があり、これらにはよく、金や銀色の斑点がついている。ある日本の園芸愛好家が私に語ったところによると、このような変種は成熟した種子を強い陽に晒すことによって得られるらしい。地上の若い木質部分が霜害にあうと〔そこから出た〕若枝は高い変種が生ずることを、私は以前他の箇所(*2)で述べた。

*1　現在、シーボルトミミズ（Pheretima sieboldii Horst）といわれている（シーボルト収集のミミズ標本がライデン国立自然史博物館に保管されている。図版参照）。貧毛綱フトミミズ科（Megascolecidae）の環形動物。ホースト（R. Horst）が一八八三年発表した際に、シーボルトに献名した。本州中部、四国、九州に分布し、山地に生息する。俗称ヤマミミズ。体長は二五～四五センチメートルある。日本産ミミズの中の大きさの上でイイヅカミミズ（Pheretima iizukai）とほぼ同じ大きさ。（『土壌動物学』―分類・生態・環境との関係を中心に―　青木淳一著　北隆館　昭和四十八年。アニマルライフ『動物の大世界百科』第十九巻〈ミハ―ヤモ〉日本メール・オーダー社　一九七三年ほか）。

*2　後述の六月二十一日付け日記、および〔覚書〕アサガオ参照。

二月十三日（水曜日）旧一月四日

京都からクワイ Sagitharia〔Sagittaria〕の根がくる。これは新鮮なうちに食すると、後味が苦くない。

カラスウリの根から澱粉がとれる。私は太さ一から六インチ、高さ一二フィートにもなるハリギリ Aralia ricinifolia の樹を見たことがある。樹木の下の方の樹皮に一インチほどの瘤があるのが特徴である。

〔覚書〕ハリギリ

ハリギリは、高さ一五から二〇フィート、太さは三から六インチになる。幹の下の方では樹皮の棘が一インチほどの瘤になる。

京都から小さなクワイの根が送られてきた。後味は苦くなく、とても喜ばれる。

二月十四日（木曜日）旧一月五日

カモの雄を捕らえても、雌は離れない。このカモは冬、大陸から日本に渡ってくる。〔覚書「カモ」参照〕

〔覚書〕カモ

野生のカモの雄を殺したとき、雌の方はその死んだ雄から離れることはなかった。この立派なカモは冬、アジア大陸から日本に渡ってくる。カモを池で飼うには、いくつかの石が水面に出ているように、配慮しなければならない。カモはしばらくそこで休むのが好きなのだ。

二月十五日（金曜日）旧一月六日

大きな灰色のカミキリムシ属 Ｃｅｒａｍｂｙｘ〔Cerambycidae〕は、シイ Quercus cuspidata の古木の樹中にいる。私は二月に、食害された幹の穴の中で冬眠している幼虫を見つけた。カミキリムシは陽の光を受けるとすぐに元気になった。三から四デシメートル Deci m.[*1] の長さの幼虫は、口の部分のみ黒で、他は白色。第一体節〔前胸部〕に三対の灰色をした小さな尖った足がある。

〔覚書〕昆虫学

大きな灰色のカミキリムシは、シイの古木の中に生きている。二月、三月には大きくはなっているが、まだ冬眠中である。それは幼虫の食害によってつくられた穴の中にいる。穴から取り出して陽の光に晒してみると目を覚ました。三から四デシメートルほどの長さの幼虫は濁った白色をしており、口の部分のみ黒い。第一体節には三対の尖った足がある。

＊1　一デシメートル Decimeter は一〇センチメートル Zentimeter。シーボルトの記述に見られる三から四デシメートルとなると、三〇から四〇センチということになる。これほど大きな幼虫はいない。おそらく三から四センチメートルの誤りであろう。

二月十六日（土曜日）旧一月七日

カラスウリの根茎から良質の澱粉がとれる。

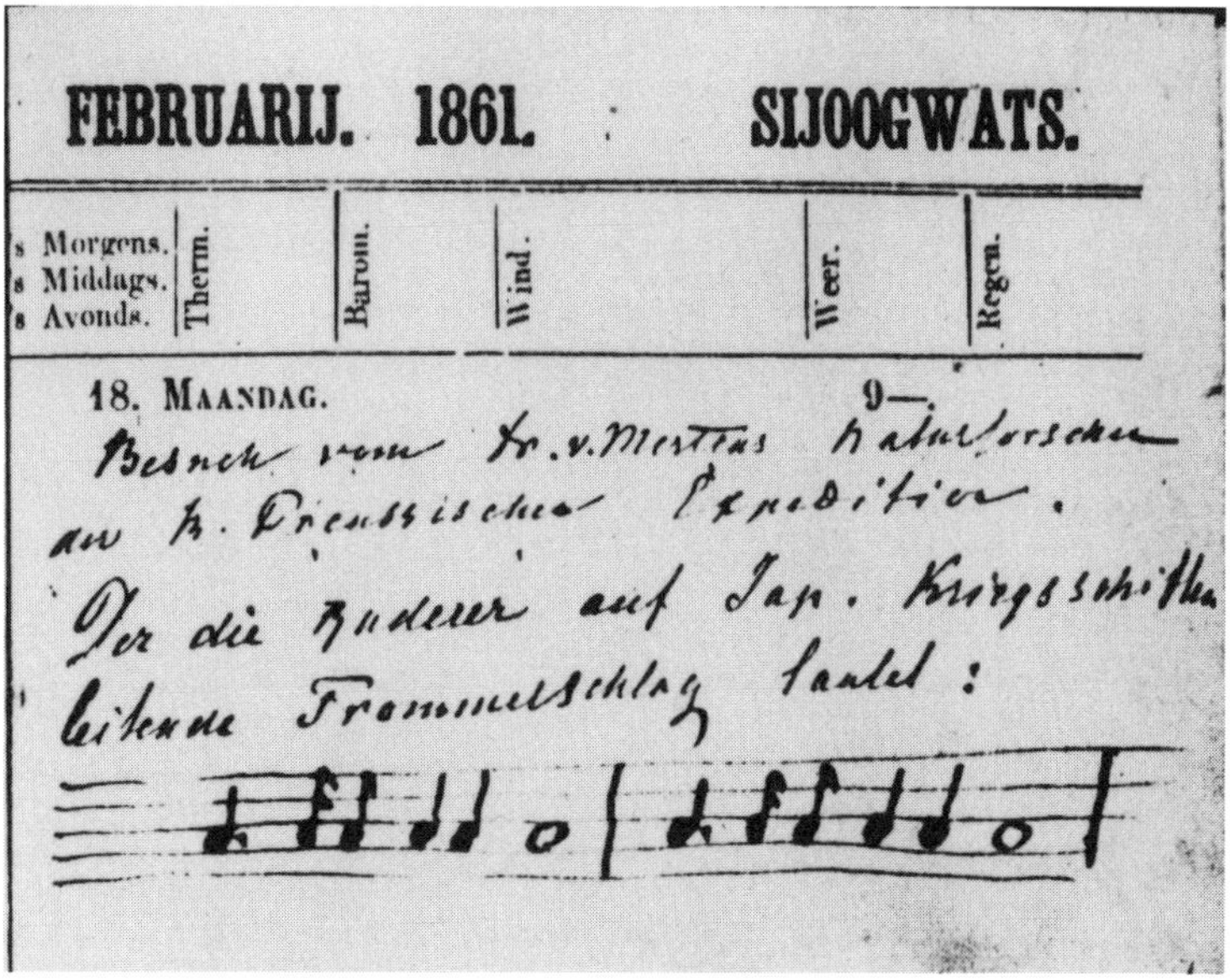
FEBRUARIJ. 1861. SIJOOGWATS.

's Morgens. 's Middags. 's Avonds. | Therm. | Barom. | Wind. | Weer. | Regen.

18. MAANDAG. 9—

Besuch vom Dr. v. Martens Naturforscher der K. Preussischen Expedition.
Der die Ruderer auf Jap. Kriegsschiffen leitende Trommelschlag lautet:

1861年2月18日の独文日記

二月十七日（日曜日）旧一月八日

プロシア遠征艦隊が長崎に入港する。

二月十八日（月曜日）旧一月九日

プロシア遠征艦隊の自然科学者マルテンス博士(*1) Dr. Martens が来訪。

日本の軍艦の漕ぎ手たちの音頭となる太鼓の音は、次のようなものである。

〔覚書〕音楽

これが日本の軍艦の太鼓の音で、漕ぎ手たちが音頭をとる。

*1 マルテンス博士（Dr. Carl Eduard von Martens1831-

1904）。著名な植物学者ゲオルグ・マルテンスの子。一八四九年にチュービンゲンTübingen大学に医師になる目的で入学。一八五三年に医師国家試験に合格、一八五五年学位取得。同年、フリートリッヒ・ヴィルヘルムFriedrich Wilhelm大学付属動物学博物館の助手。一八五九年に管理者Curatorに昇進。一八六〇年プロシアの軍艦ティティス号S. M. S. Thetisに乗船し日本にも来航。一八七四年フリートリッヒ・ヴィルヘルム大学の助教授。一方、同大学付属動物学博物館の無脊椎動物部門の保管者Conservatorとして任務を遂行した。日本産の貝類を少数であるが新種として記載している。それらはタカチホマイマイ、アマガイ、オオタニシ、マルタニシ、カワニナ、タケノコカワニナ、イケチョウガイ、ササノハガイである。タカチホマイマイを除く八種はシーボルトの収集品によって記載された。ライデンの自然史博物館にある標本を調べて命名したのであった。カワニナ、アマガイの二種を除いた六種の命名は有効で、フォン・マルテンスが与えた学名が現在用いられている。（『日本貝類学会会誌』Venus.3: 165-169,一九三二年。「近世欧米貝類学者列伝」参照）。

二月十九日（火曜日）旧一月十日

プロシア遠征艦隊の医師ヴェンツェル博士Dr. Wenzel（＊1）と参事官ヴェルナ？・Verna？（＊2）が来訪。

＊1　ヴェンツエル博士（Dr. Wenzel生没年不詳）はコルベット艦アルコナ号の一等軍医正、海軍少将相当。

＊2　参事官ヴェルナVerna？とシーボルトは記載しているが、実は内務省参事官・海軍士官候補生のヴェルナー（Reinhold Werner 1825–1909）である。おそらく、彼は名前を聞き違えてヴェルナVerna？と書いたのであろう。

二月二十日（水曜日）旧一月十一日

オスのアナグマMeles Anakuma二匹を購入。夜、また逃げ出して、私の別荘のすぐ近くのキツネの穴に入り込んだ。

比較的大きな赤褐色をしたカミキリムシCeramby〔Cerambycidae〕（＊1）の幼虫は、タブノキ属Machylus〔Machilus〕にいる。小さめでえんじ色をしたカミキリムシ（＊2）の幼虫は、竹Bambusの中にいる。その幼虫の長さは一デシメートル（＊3）、黄白色ないし淡紅色をしていて、竹を割って破壊する。

〔覚書〕昆虫学、カミキリムシ

比較的大きめで、赤褐色をし、黒の斑点のあるカミキリムシの幼虫は、タブノキ属の一種Machilus spec.の中にいる。小さめで臙脂《えんじ》色をしたカミキリムシの幼虫は竹の中にいる。このカミキリムシはよく竹を割って破壊する。この幼虫の体長は一デシメートル、黄白色ないし淡紅色をしている。

＊1　シーボルトが観察したのは、おそらくホシベニカミキリEupromus ruberの幼虫であろう。

＊2　シーボルトが観察したのは、おそらくタケトラカミキリChlorophorus annularisの幼虫であろう。

＊3　二月十五日の＊1を参照。こちらも同様にシーボルトの記述ミスであろう。

二月二十一日（木曜日）旧一月十二日

夏、畑仕事をする人は、足の腫れに苦しむ。これはある虫が原因となっている。より詳細に調査しなければならない。

二月二十二日（金曜日）旧一月十三日

今日、私の六十五歳の誕生日〔を祝う〕[＊1]。

朝七時に長崎奉行の大通詞より、今日午前中に出島で支配組頭が私と話をしたいという知らせを受けた。会談は十時に行なわれた。江戸での殺人事件[＊2]に関する噂のこと、日本政府からの招聘を受けて、近いうちに私が江戸に旅立つことに関することなど。

プロシア公使オイレンブルグGraf Eulenburg伯爵[＊3]とロシア艦隊司令官リハチョフLikhacheff提督[＊4]を訪問。

三時、二人の支配組頭との二回目の会談。

＊1　日記には二月二十二日とあるが、実際の誕生日は二月十七日（一七九六年）である。また、ハンス・ケルナー著・竹内精一訳『シーボルト父子伝』（創造社　昭和四十九年刊。以下、『シーボルト父子伝』とする）にはこう書かれている。

「六五才の誕生日を迎えた数日後の一八六一年二月二十二日、シーボルトは突然幕府が彼に早急に江戸で接見を望んでおりかつ学術講演をせよと長崎奉行より通告をうけた」（一一三頁）。

＊2　ヒュースケン殺害事件のこと。一八六一年一月十五日（万

延元年十二月五日）に起きた。

*3　オイレンブルグ伯爵（Friedrich Albrecht Graf zu Eulenburg.1815-1881）一八四八年より大蔵省、内務省を経て一八五二年より外交畑に移り、アントワープ、ワルシャワの総領事を経て、プロシア東アジア遠征隊を率いる全権として来日。のちビスマルク内閣の内務大臣を務めた。なお、シーボルトの日記に一致する記述がオイレンブルグの『第一回独逸遣日使節日本滞在記』（日独文化協会　刀江書院　昭和十五年刊。以下、『オイレンブルグ日本滞在記』とする）の一八六一年二月二十二日（金曜日）の条にある。

「今日の午前に、日本に関する著述で有名なフォン・シーボルト氏が、オランダの陸軍大佐の制服を着し、多くの勲章を胸間に輝かし、プロシヤの第二級赤鷲章をその一番上につけて、私を訪問した。私がこれまでに彼について耳にしてゐたことはあまり馨いことではなかつた。併し彼は父のロートキルヒ（フリッツ伯の義妹アレキサンドリーネ・オイレンブルグ伯夫人の父）に驚くほど似てゐるので、私は忽ち彼に牽付けられる思ひがして、彼の混乱した説明や空粗な諷刺の言葉を大いに我慢して聞いてゐた」（二五九頁）。

*4　リハチョフ（Ivan Fedrovich Lihacheff 1826-1907）ロシア艦隊司令官。

二月二十三日（土曜日）旧一月十四日

リハチョフとオイレンブルグ伯爵を訪問。伯爵は〔帰路〕私の別荘まで同伴してくれた。途中、町年寄後藤様宅へ立ち寄った。彼は大急ぎで食事の用意をした[*1]。

春の太陽が大きなカエル（ヒキガエル Bufo Blomhoffi）を、その冬のねぐらから誘い出す。そのカエルは、自分よりも三回りも小さいオスを背中に乗せている。オスはメスを優しく抱き、自らの義務を果たした。

〔覚書〕ヒキガエル Bufo Blomhoffi

このカエルは、メスの方がとても大きくなり、体長八インチ以上にもなる。冬の間中、地中の穴や割れ目に隠れて生きている。そこから二月末には、もう春の太陽がこのカエルを誘い出す。かくて私は一八六一年二月二十三日、感動を覚えた。異常なほど大きなカエルが、前足でしがみついている小さなオスを背負って、私の東屋の下から静かな生暖かい晩にゆっくりと姿を現わした。彼らは日本では長生きする。なぜなら誰もこのカエルを、ある種の宗教的な信仰（呪物崇拝）から殺さないからだ。

＊1　『オイレンブルグ日本滞在記』（二六一―二六二頁）によれば、一八六一年二月二十三日（土曜日）の条に、次のような記述がある。

「ロシアの艦隊司令官リカチョフとシーボルトの来訪があつた。シーボルトとは其の後陸上で会ひ、彼の住居を訪れ、この地での彼の暮し振りも見た。シーボルトは六十五歳になる。彼はガーゲルン（Gagern）家出の一婦人と結婚してゐて、五人の子供がある。十五歳になる長男はこの地で彼と一緒にゐるが、妻は他の四人の子供達とヨーロッパに住んでゐる。彼自身はもう決してヨーロッパに帰らないだろうといふ印象を私は受ける。彼は日本と日本人とに惚込んでしまつてゐて、日本と日本人とに関する著述をこの地で完成しようと思つてゐる。彼がそれに成功するか否かは大いに疑問だ。手を加へねばならぬ材料はまだ厖大な量に上るし、六十五歳といふ年齢では、長くかゝる見込のある計画を実現するにはもうあまり時間がないのだ。

シーボルトの住居は町の端れにあるので、波止場から其處へ行くには、町を横切つて行かなければならない。この途上でシーボルトはある相當な暮しをしてゐる日本の町長の家を覗いて見る気はないか、と私に訊ねた。そして私がそれに肯定の返事をすると、彼は私を後藤さま即ち、後藤氏《ヘルゴドー》といふ名前の、長崎の九人の町長の一人の家に案内した。その町長は病気で、地面〔土間〕に敷いた数枚の蒲団の上に寝てゐた。そしてやうやく三〇歳台だといふのに、ひどく老衰して見えた。彼は私達の訪問を一方ならず喜んで、一台の卓を運び込ませた。その卓には私達のために、素敵な煮魚、野菜を添へた煮兎、綺麗な菓子、ビール、葡萄酒、不味い三鞭酒の半分入つた瓶、それから日本酒（日本の火酒）が大急ぎで並べられた。彼の年老ひた書記（事実上の事務員である、といふのは町長は世襲だから）、彼が家に置いてゐる婦人、それから彼の召使ひの中幾人かゞ、悉く背を跼めて周りに坐つて、私達の方を見てゐた。この家に一時間ほどゐてから、私達は更らにシーボルトの住居の方へ歩き続けた。この住居は大変綺麗な日本式のこぢんまりした家で、家の後ろには樹立のある丘があり、その丘から八方に、実に美しい気持ちのよい眺望が展けてゐた。家の内側は学者らしく乱雑に見受けられた。周囲は小さな植物園に取巻かれてゐて、丘には温順しい小鹿まがひの鹿が跳ねてゐた。私はもつと長く留つてゐたかつたけれども、太陽は沈みかけた。シーボルトは尚ほしばらく私について来て、それから眼に涙を浮べながら、私と別れた」。

二月二十四日（日曜日）旧一月十五日

プロシアの遠征隊は長崎を去って、上海さらにはシャムに向かう。ロシア陸軍少佐ヒトロヴォーHytrovo夫妻（＊1）を訪問。

＊1　ヒトロヴォーde Hytrovo（生没年不詳）東部シベリア提督ムラヴィエフ伯爵の副官。シーボルトの独文日記とは直接関係ないが、『オイレンブルグ日本滞在記』の二月二十二日（旧一月十三日）の条に、ヒトロヴォー夫妻に関する興味深い記述がある。

「ヒトロヴォーは最近結婚したばかりで、まだ昨年の八月にはベルリンにゐて、その機会にウランゲル将軍に面接したのであつた。彼の妻は非常に美人だ。彼女は長崎で只一人の欧羅巴の婦人であるから、凡ゆる男性が彼女の足下に平伏してゐるという特殊な位置に在る。彼女は私の所に食事に来ると約束した。そして果たしてその約束を守つた。私は十四人の人から成る正餐をも催した。ヒトロヴォー夫人は私の右側の席に着いた。打見た處非常に楽し気だつた。そして音楽に魅せられ、食後には、此度の燈火を點じて置いた砲廓で私の腕に縋つて足を運びながら、私の附武官が日本の煙草で揃へた葉巻煙草をたくさん喫んだ。客は晩遅く美しい月光の射す頃になつてやつと辭去した」（二六〇頁）。

二月二十五日（月曜日）旧一月十六日

ヒマワリHelianthus pelagicusを買い取ってほしいと、持ち込みがあった。浦上川の川辺で入手したもの。

マンサク属Hamamelis、サンシュユCornus officinalis、クロモジ属Benzoin、ヤマブキCydnia japonica、ジンチョウゲDaphne odora、タンポポLeontodonが花盛りである。

〔覚書〕ヒマワリ

ヒマワリを一八六一年二月二十五日に浦上川の川辺で入手。ツグミの一種〔和名不詳〕Turdus artenは長崎周辺で越冬し渡る。アナグマMeles Anakumaは穴から出る。

〔覚書〕春の植生

春の最初の花（二月二十五日）は、マンサク属Hamamelis、サンシュユCornus officinalis、クロモジ属Benzoin、ジンチョウゲ属Daphne、フクジュソウ属Adonis、フキNardosmia odora、クサボケPyrus japonica、タンポポ属Taraxacum、ホトケノザLamium ampletria、クワガタソウ属Veronica、イヌナズナ属の一種Draba spec.である。

堆肥を入れた苗床が作られ、イチリンソウ属Anemoneやナス Solanum esculentum[*1]の種子を播く。のちにこれらを穀物の間に一時的に移し植える。それから、高さ一フィートに成長したオオムギやコムギの苗のわきを掘り返してふりかける。すると、苗は半フィートほど埋まる。その後、この暖かさを好む植物が植えられる。草は熱を帯び土を暖める。

二月二十六日（火曜日）旧一月十七日

ムラヴィエフ Murawieff氏と故郷へ手紙を書く。

堆肥を入れた苗床が作られ、キュウリ属Cucummisとナス Solanum escurentumがそこに播かれ、のちにこれは移植される。

二月二十七日（水曜日）旧一月十八日

ツグミの一種は、冬の間ずっとここに逗留していたが、今飛び立っていった。アナグマが穴から出てくる。

＊1　F. A. Guil. Miquel, Prolusio Florae Japonicae. MDCCCLXVI-MDCCCLXVII. P.282によれば、学名Solanum Melongea Linn.と併記して、Solanum esculemの学名があり、日本名Nasubi（ナスビ）と記している。シーボルトが日記に記した学名は、現在の和名は「ナガミマルバホロシ（オオマルバノホロシ）」といい、これは栽培するものではない。おそらくシーボルトは「ナス」の日本名を人から聞いて、暫定的にSolanum esculentumと記載し、あとで確認するつもりでいたものと考えられる。なお、『増補版牧野日本植物図鑑』（第三十二版　北隆館　昭和三十二年）には、ナス（茄）の学名Solanum Melongea L. var. esculentum Nees.とある。ここでは、以後シーボルトの学名をそのまま生かし、「ナス」で表記する。

二月二十八日（水曜日）旧一月十九日

長崎奉行と、江戸における事件(*1)および私の江戸への出発に関して会談。

＊1　アメリカ公使館のオランダ語通訳官ヒュースケン暗殺事件のこと。

三月一日(*1)（金曜日）旧一月二十日

生きた植物三箱（フォン・シーボルト所有の一八、一九、二〇号）を、艦長ジェームス・ペーターゼンJemes Petersen経由で上海に送る。

司令官リハチョフLikhatscheffを訪問。

夕方、江戸への召出状を〔長崎奉行より〕受けとる。

今日、来日したデ・ウィットde Wittを訪問。

＊1　ブランデンシュタイン家所蔵文書に、日記の日付（三月一日）と同じ日に書かれた「シーボルトからオランダ貿易会社支社長宛公式書簡〔書簡下書き〕、長崎にて」（請求番号20666　オランダ語一五枚）がある。

三月二日（土曜日）旧一月二十一日

小判一五枚でさまざまな物資を注文。

三月三日（日曜日）旧一月二十二日

リハチョフの来訪。長崎奉行宛に返書を出す。(*1)

＊1　ブランデンシュタイン家所蔵文書に「シーボルトから長崎奉行宛書簡〔下書き〕、出島にて」（請求番号101133　オランダ語一枚）がある。

三月四日（月曜日）旧一月二十三日

買ってほしいと持ち込まれたカワウソLutra vulgaris var. Jap. の皮を見た。色はほぼ明るい茶色、いや、いくぶん赤味を帯びた茶色さえしていた。この小さな動物の毛皮はとても柔らかく、ビロードのような感触がある。

黒い日本のクマ〔ヒグマか〕は、ツキノワグマUrsa Tibetanusと全く別種のもので、新種であろう。(*1)

〔覚書〕**カワウソ**

買ってほしいと持ち込まれたカワウソを観察した。明るい茶色や赤茶色をしている。非常に大きな動物の毛皮も見た〔ヒグマの毛皮か〕。手触りがとても柔かいことも分かった。

*1　ヒグマ（北海道のクマ）は、ツキノワグマより大形で、毛は赤褐色から黒（季・冬）。ツキノワグマ（わが国本土産）はヒマラヤグマの亜種で、毛は一般に黒色、喉に三日月の白斑をもっている。日記と覚書の記述から推測すると、シーボルトが見たのは、カワウソとヒグマの毛皮ではなかろうか。

三月五日(*1)（火曜日）旧一月二十四日

水戸公が将軍に選ばれることのなかった主な理由。これは水戸家の嫡子は確かに副将軍には任命されたが、規則で将軍にはなれない。〔覚書「政治形態」参照〕

〔覚書〕**政治形態**

紀伊、尾張、水戸の藩主は、現在の幕藩体制の創始者である家康の息子たちであった。家康は自分の息子を後継ぎと決め、息子に江戸を都とする武蔵国を委ね、他の三人の息子たちに、その三つの国を与えた。これらの家は、御三家、三つの高位の家と呼ばれ、将軍の後継者が絶えた場合には、彼らの中から新しい将軍を選ぶという相互の資格をもっていた。彼らは選帝侯である。水戸公には、将軍の共同統治者として臨んだり、あるいは呼び出されたり、要するに副将軍と任命される特権があった。それ故水戸公は当然、後継ぎのない場合でも将軍として選ばれることはない。しかし水戸公はこのような法的な根拠から、国の中でも影響力のある重要な地位を占めている。かくして、一八五八年〔安政五年〕、後継者が紀伊から将軍に選ばれて以来、水戸公は多くの外国との条約の締結に公然と反対の意を表明して、時の将軍と対立し、徳川幕府の反対者として臨んだ。水戸公はまた宰相Saisjô、いわゆる国務大臣の称号ももっていた。

*1　ブランデンシュタイン家所蔵文書に、日記の日付（三月五日）と同じ日に書かれた「シーボルトからオランダ貿易会社支社長宛書簡、長崎にて」（請求番号20665　オランダ語一枚）がある。

三月六日[*1](水曜日)旧一月二十五日

三月七日(木曜日)旧一月二十六日

二種類のキャベツの仲間Kohlがあって、一つは唐菜Tônaまたは唐人菜Tozin na、つまり中国のキャベツと呼ばれる。もう一つは遅菜Osonaと呼ばれる。前者は若草色で、非常に早い時期、三月の初旬に花が咲く。後者は深緑色で、葉は硬く大きく、遅く五月に花が咲く。このキャベツの仲間は、どちらも結球せず、帯白色の葉脈がある。ご存知のような葉が縮れて、人の頭のように結球するちりめん玉菜Wirsingとは異なるところである。この二種類が京菜Kjônaと高菜Takanaで、茹でたり、塩漬けにしたりして食される。〔二日分にわたり記入〕

*1　この日の日記には書かれていないが、マクリーンの論文(七一頁)によれば、オランダ通商会社との契約が切れ、無収入となると記述している。なお、ブランデンシュタイン家所蔵文書に「ボードウィンからシーボルト宛書簡、出島にて」(請求番号111277　オランダ語一枚)がある。ほかにブランデンシュタイン家文書には、三月六日に書かれた「リカチョフ発シーボルト宛書簡」(請求番号91391　フランス語一枚)がある。

三月八日(金曜日)旧一月二十七日

三月九日(土曜日)旧一月二十八日

江戸の刑吏浅右衛門[*1]は、その腕前には定評がある。彼はそのこと〔剣術〕で指導にあたり、門下生に試し斬りをさせている。つまり、彼は多くの罪人の首切りを彼らに任せているのである。また、彼は刀の愛好者からそのような〝不幸なる者〟への試し斬り用に刀を与えられている。そしてそのための謝礼も貰う。この恐ろしい武芸の達人たちは、一刀のもとに人間を殺傷する。この切れ味は特別な技の名で呼ばれる。

例えば、〝二つ胴Futatsdô[*2]〟とは二つの胴体の意味で、すなわち「身体を真二つに分ける」ことである。

〝双つ胴敷き腕Futatudô siki ude〟、すなわち胴体とこれについている腕を一太刀で斬ることである。

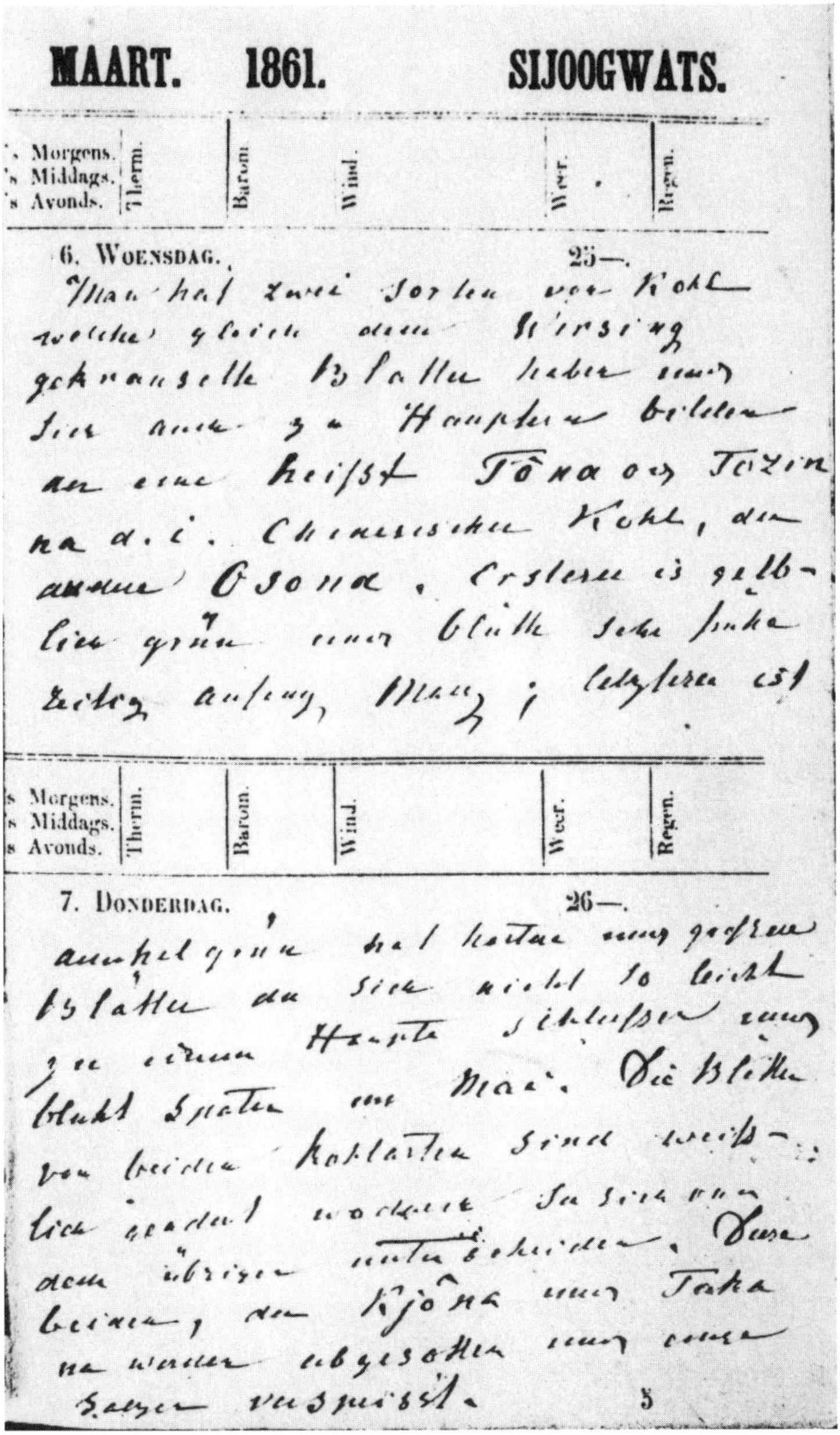

1861年3月6日の独文日記（3月7日の欄にまで及んでいる）

〝袈裟Kesa〟（本当は仏教の僧侶たちが身にまとう、肩から斜めに懸かっている綬）とは、つまり肩から斜めに胸と背を通って反対側に抜ける斬り方で、身体を真二つに分ける。

〝梨割りNasiwari〟とは、梨を割るという意味で、頭のてっぺんから胴体に至るまで真二つに割ることである。

すべて真実のことなり。シーボルト。〔覚書　刑吏参照　二日分にわたり記入〕

〔覚書〕刑吏〔死刑執行人〕

江戸の刑吏浅右衛門は、その腕前には定評がある。彼には諸国出身の門下生がいて、彼は病気中でさえも彼らを教えた。門下生の技術として一列に坐っている幾人かの罪人たちを、間髪を入れずに首を刎ねなければならなかった。また、この名人にはよく刀の愛好者から刀が渡された。それは首を刎ねるときに、その切れ味の良さを試すためである。罪人たちの遺体に自らの刀を試すことは、身分の高い若い士官にも武士にも許されている。その斬る芸には特別な技の名がつけられている。

〝二つ胴〟とは、二つの胴体の意味で、一刀のもとに身体を真ん中から二つに分けること。

〝二つ胴敷き腕〟とは、胴体を一太刀に斬ること。

〝袈裟〟（本当は仏教僧侶の位階を表わす肩懸けで、綬のように身につける）とは、肩から斜めに胸と背中を通って反対側に抜ける斬り方で、これで身体は二分される。そのため頭と腕とが一緒に残る。

〝梨割り〟とは、梨を二つに分けること、つまり頭の真ん中から頸部の背柱に至るまで真二つに割ることである。これと挿し絵とを見比べてほしい。[※3]

〔覚書〕刑罰、斬首

一八五九年九月九日〔安政六年八月十三日〕、二人の罪人の打ち首が行われたときに、私は刀による死刑執行について、以下のような見聞を得る機会をもった。もし今回の死刑執行が普通の刑場ではなく、長崎の町の牢屋の庭で、のちに述べるような理由から行われた

「斬首の刑」アンベール『幕末日本図絵』(1870年) より
シーボルトの記述の状況とは少し異なるが、
罪人の前に溝が掘られているのが見える。

ならば、私はそれに立ち会えたであろう。その執行は、早朝、夜明け直後に行なわれ、必要最小限の奉行所役人と警吏が立ち会うだけであった。罪人は牢屋Rô-jaの庭の処刑に定められた場所に連れてこられた。そこには幅およそ二フィート半、深さ一フィート半の四角の溝が掘られ、その溝の周りにはおよそ八フィートにわたって小石を敷き詰めた円が作られていた。罪人は、溝から一フィート半の所で、溝に顔を向けて、跪かなければならなかった。彼の両手は背中で縛られていたが、布で目隠しはされていなかった。ここでは日本のしきたりによって死刑執行人の付き人が、右手で罪人の右足の上部を押さえながら屈んだ。死刑執行人は左側にまわった。その後、付き人が左手で三回の合図を送った。三回目の合図と同時に死刑執行人は首を一撃で切り落とし、首は溝に落ちた。それと同時に、付き人は罪人の足を強引に後ろへ引っ張った。そうすることで身体の上半身に重荷がかかり、上半身から前のめりで落ちていった。そのため出血する頸部が溝の中にくることになって、全部の血を出し尽くしたのである。この刎ねられた首〔と胴体〕の取り扱いは、非常に手慣れた方法で片づけられる。また首の切り口も鋭利で、まるで熟達した執刀医によってなされたもののようであった。通常この後死体の首は、これが処罰の恐怖心を高めるものとして、地面に立てた杭にとめられて晒され、棺に入れられて寺院から遠く離れた無縁の墓地に運ばれ、そこで僧侶の念仏もないまま埋葬される。

（死刑執行人はここで普通の日本刀を用いた。その刃は何と両側から研いであった。）処刑された者の一人もこのように処置された。オランダ人医師と彼の日本人の門人たちに解剖と外科手術の実習のために提供された他のもう一体は、同様に棺に入れられ、筵で包まれ数多くの役人の警護のもと、町の郊外の一般処刑場に設けられた小屋へ運ばれた。そこではオランダ人医師と日本人医師たちが九月十日の夕刻まで解剖と外科手術の実習に携わった。この場合は処刑者の遺骸は名誉ある方法で埋葬された。それは政治的な理由からであった。つまり長崎奉行は、死体を切開き、解体するという許可を与えたのだ。――これは日本では今まで前代未聞のことであった――それは仏教の信仰の儀礼に反する、否、それ以上に民衆の先入観に反する扱いであった。

（付記）知識欲旺盛な日本人にこのような〔解剖〕許可を与えたことは、長崎奉行岡部駿河守とその側近たちの開明的な性質を表している。これは幕府の侍医でオランダの軍医将校J・L・ポンペ・ファン・メールデルフォールト男爵(*4)が指導する日本人医師のための西洋医学校の代表である松本良順(*5)の影響力によって実現した。民衆を鎮静させるために長崎奉行は、数年来一般的に広まっているコレラの正しい治療法とまだ詳しく分かっていない日本人の内蔵についてはっきり知るために、処刑者の遺体をオランダ人医師と彼の門人に委ねると発表した。この不幸な処刑者の遺体は広く一般人の有益な目的のために供されたという理由で、それなりに名誉ある埋葬が行なわれた。事実、仏教僧侶の同伴で一般火葬場へ運ばれ、荼毘に付された(*6)。

＊1　山田浅右衛門、朝右衛門ともいう。将軍の佩刀《はいとう》の様切《ためしぎり》を勤めた牢人。享保期、二代吉時のときから幕府に用いられ、御様御用《おためしごよう》を独占し、代々浅右衛門を名のった。町奉行同心に代わって罪人の斬首を行ったので首切り浅右衛門と呼ばれた。また、広く大名や旗本から依頼され、新刀の切れ味などを試した。七代吉利は安政の大獄で吉田松陰らを斬ったことで有名。

＊2　「二つ胴」とは本来は、一太刀で同時に二人の胴体を斬ることをいう。シーボルトは「二つの胴体を二つに分けること」と勘違いをしている。

＊3　ここに記述の挿し絵は、日記の中には見当たらない。あるいは二月六日の＊2で示した「日本罪人刑罰諸図（二十五図

構成の水彩画）のことであろうか。
＊4　ポンペに関しては、三〇四頁＊4参照。
＊5　松本良順に関しては、三〇一頁＊1参照。
＊6　この記述に関して、『ポンペ日本滞在見聞記』沼田次郎・荒瀬進訳（新異国叢書雄松堂書店　昭和四十三年）によれば、ポンペ自ら次のように述べている。

「一八五九年九月九日、四十五名の医師諸君と一名の女医学者〔楠本イネ〕の面前で私は第一回の屍体解剖を行なった。二十四時間の二倍すなわち四十八時間の間、私はこの屍体の処理に没頭してもよかった。私は一刻も無駄にしなかった。朝早くから夕闇せまるまで頑張った。もうこれが最初で最後の屍体になるかもしれない。できるだけこの屍体をよく利用しておこうと思ったからである。なるほど私が忙しく立ち働いている近くで、民衆の間で何か騒動が持ち上がったようであったが、しかし幕府当局はつぎのように布告してこの人たちを宥めた。「一同の見る通り、この死刑囚の遺体はその死後、医学の教育用に供せられると同時に衆庶一般のお役に立っているのである。したがってこの遺体は、通常の場合のように神聖な土地以外にある犯罪人の墓地に埋められるのではない。その死骸はお上の費用で一定の場所に埋葬する。しかもその際には僧侶がお勤めをすることだろう」と。僧侶の読経があるということは、処刑された者にはかってないことであって、これは騒ぎたてていた民衆を満足させるためであった。私自身については、そのときどうであったかといえば、当局者がいっていたような市民の激昂には何一つ遭遇せずにすんだ。そして私が夕刻馬で出島に帰ったときには平常のように町民の会釈を受けながら帰った。その後まもなく第二の屍体、第三の屍体を手に入れた。これによって私は現実に大変な進歩をとげることができた。解剖学の教育は今日ではやむことなく続けられ、満足すべき進歩を得た」（二九三―二九四頁）とある。なお、これに関する考察がハルム・ボルケルス「日本における医学のパイオニア　ポンペ・ファン・メールデルフォールト」および吉村昭「シーボルトからポンペまで」（『ポンペ顕彰記念会　記念誌』ポンペ顕彰記念会実行委員会・財団法人循環器病研究振興財団　一九九一年）の中に紹介されている。

三月十日（日曜日）旧一月二十九日

三月十一日（月曜日）旧二月一日

一八〇八年〔文化五年〕ペリュー卿 Lord Pellew が長崎港で二人のオランダ人を捕縛して、かの有名な奇襲作戦（＊1）に出て、初めは身柄の引渡しを拒んだ。そのとき、当時の町年寄ナカシマ Nakasima は船に乗り込んで、身柄引渡しを要求した。彼は衣裳の下に八〇斤〔ポンド〕の火薬を隠し持ち、艦長ペリュー卿が身柄引渡しをもし拒んだならば、船内にあって艦長もろとも自爆し、さらに船をも爆破させるつもりでいた〔消息筋から〕。これが日本人である。

〔覚書「不屈の日本人」参照　二日分にわたり記入〕

〔覚書〕不屈の日本人

一八〇八年〔文化五年〕ペリュー卿がイギリスの軍艦フェートン号Phaetonに乗って長崎湾に入港し、かの有名な奇襲作戦に出た。オランダ国旗を〔偽って〕掲げ、この軍艦に乗り込んできた二人のオランダ人を捕縛し、その身柄の引渡しを拒んだ。そのとき、長崎奉行の名で最後の談判に臨んだのが、幕臣で町年寄砲術家のナカシマNakasima(＊2)であった。彼はイギリス軍艦に乗り込んで、この重要な要件を長崎奉行の名代として、艦長と審議することを頼み、船室に入れられた。ここで彼は大真面目に、艦長ペリュー卿に二人のオランダ人を釈放してほしいと要求した。ペリュー卿側もある種の条件〔薪水供給〕の下でこれを認めた。ナカシマは、非常に強情張りで決断力があり、砲術やとりわけ花火製造術に定評があり、私も一八二四年〔文政七年〕に、すでに花火製造術で知られる彼の現役姿を見た。その彼が自発的に長崎奉行に申し出て、以下の任務遂行を誓っていた。それは艦長がオランダ人らの身柄引き渡しをもし拒んだならば、船室にいる自分もペリュー卿も、また双方の側近たちも海上で爆破させると。彼はこの企てを実行するため、彼のゆったりとした衣裳の下に八〇ポンドの火薬と弾丸を隠し持っていた。そして、自分の身体に巻きつけたこの火薬箱に、必要とあらば煙管《きせる》で火がつけられるようにしておいた。かくして、捕えられたオランダ人は釈放され、ペリュー卿の生命も、船の沈没も救われたのである(＊3)。

私はこの話を、この英雄の親戚の者から聞いた(＊4)。こういう行動に多くの日本人は、死を顧みない。私はすでに別の箇所で報告(＊5)したことがあるが、〔ナカシマが任務を果たした〕にもかかわらず、長崎奉行(＊6)は翌日、切腹自殺した。彼は、本来自分の保護下にあるべきオランダ人が捕縛されたという事故について、幕府に申し開きができなかったのである。

＊1　フェートン号Pheaton一八〇八（文化五）年長崎港に不法侵入したイギリス船。船長はフリートウッド・ペリュー Sir Fleetwood Broughton Reynolds Pellew大佐。十月十四日（旧八月十五日）オランダ国旗を掲げて長崎に入港、長崎奉行所役人通詞らと共に、通常のオランダ船入港の手続きをとるために同船に出向いたオランダ商館員二名を捕らえた。当時オランダ本国はフランスの支配下にあり、その東南アジアの植民地はフランスの敵国であったイギリスに占領されていた。フェートン号はオランダ船捕獲の目的で来航したのであった。同船は商館員二名を人質として飲料水食糧を強要したが、奉行は商館長ヘンドリック・ドゥーフの説得に従いこれを供給して人質を取戻した。奉行はまたドゥーフと図って同船を抑留することを計画したが、その実行に先立って十七日同船は長崎港を去った。奉行はこの事件の責任をとって自害した。この事件は幕府に大きな衝撃を与え、一八二五（文政八）年の異国船打払令のきっかけとなった。

＊2　町年寄にナカシマNakasimaという名は存在しない。シーボルトは、高島をナカシマと聞き違えたのであろう。当時の町年寄は高島四郎兵衛茂紀（一七七二―一八三六）である。茂紀は文化元（一八〇四）年十月から五年間出島向取締掛を命ぜられ、文化五（一八〇八）年十一月勤労出精につき、さらに五年間その役向継続を命ぜられた。この年中ごろ幕府より長崎防備改良のため派遣された砲術家坂本孫之進について荻野流砲術を学び、やがて高島流の新派を開いて、大小砲の鋳造を主宰し、鉄砲方として名声を博した。なお、砲術家高島四郎太夫秋帆は茂紀の三男である。

＊3　『長崎オランダ商館日記』（四　日蘭学会編　雄松堂出版一九九二年）には商館長ドゥーフが、この事件についての一八〇八年十月六日の条で、

「上席町年寄高島四郎兵衛様が、なおも出島の見張りに当っていたので、私は、町年寄閣下に対しても、同閣下のとった労に対し感謝した」（二一九頁）

と、高島四郎兵衛の名をあげている。また、『ドゥーフ日本回想録』永積洋子訳（新異国叢書　雄松堂出版　二〇〇三年）には、ドゥーフがシーボルトの記述とほぼ近い内容のことを記述している。ここには奉行の第一書記としてのみ記し、高島四郎兵衛茂紀の名はない。少し長くなるが、その一部を紹介するとこう書いている。

「奉行の第一書記〔高島四郎兵衛茂紀〕は私を呼び、彼がオランダ人を、船から奪還するように、という命令を受けたと知らせた。これをどのように実現するつもりか、という私の質問に、彼は次のように答えた。「船はオランダ人を裏切って捕えたので、私は最大の友情を表現するために、まったく一人で、供も連れずに船に行き、船長にオランダ人を返してほしいと、求めるつもりである。もしこれが断られたら、隠し持った短剣で、まず船長を、ついで私自身を刺すつもりである。」彼は次のように、つづけた。「暗殺は日本人の気質に反するが、彼はそれ以外に価しない。彼

はオランダ人をだまして、日本の領土でオランダの旗の下に、こっそり敵対行為に及んだからである。私はそのため、自ら犠牲となりたい。」このように勇敢ではあるが、絶望的な決意におどろいて、彼の計画を実行するなら、自分の命を落とすだけでなく、彼が助けようとしているオランダ人も、イギリス人に絞首刑に処せられることは確かだ、と私は書記に考えさせた。彼は私がこれを止めさせようとするのを、理解できず、彼の決意をなお実行しようとした。それを恐れて、私は奉行と話したいと求めた。奉行は私の異論を聞き、この計画で我々の同胞を解放させることはできないと、私の話に納得した。そこでこれは二度と考慮されなかった。私と書記との間に起こったことを、ここでこの本に詳細に扱ったのは、ただ日本人は与えられた命令を実行するために、いかに命を惜しまないかを、見てもらうためである。私が奉行に別の意見を知らせなかったら、書記は確かに計画を実行しただろう。」（二一八―二一九頁）。

シーボルトは、この事件のおよそ六十年後に得た風聞をもとに記述したものであり、むしろドゥーフの回想録のほうが事実であろう。

＊4　シーボルトが話を聞いた「英雄の親戚の者」とは、誰かその氏名は不詳。

＊5　シーボルト『日本』第四巻　第二章「当初から現在までの日本におけるオランダ人の貿易」二〇六―二〇七頁、第三章「オランダ人の航海と貿易」二三四頁参照。

＊6　松平康英（一七六八―一八〇八）文化四（一八〇七）年三月晦日より長崎奉行、図書守。長崎在勤中の五年二月、オランダ通詞のうち六人をえらび商館長ドゥーフについてフランス語を学ばせた。同年定例の時期にオランダ船の来航がなかったので、警備当番の佐賀藩兵は四〇から五〇人を残し、内々国元へ引取っていたところ、八月十五日イギリス船フェートン号がオランダ国旗を掲げて長崎に入港。前述（＊1）の事件となった。康英はこのフェートン号事件（防備不整）の責任をとって同夜奉行所内で切腹した（享年四十一歳）。

三月十二日（火曜日）旧二月二日

三月十三日（水曜日）旧二月三日

私の門人高野長英[＊1]。一八二六年から三〇年までの間、私の最も有能な門人の一人で、私が日本を離れた後、一冊の書物を著わした。書名は『夢物語』[＊2] Mein Traum, jume monogatari である。その著で彼は時とともに外国の列強が、日本の扉を開くであろうと予言している。そして、とりわけモリソン Morison[＊3] の中国語研究をたよりに、学問の進歩について書き、多く蘭書を翻訳した。彼は捕えられたが、

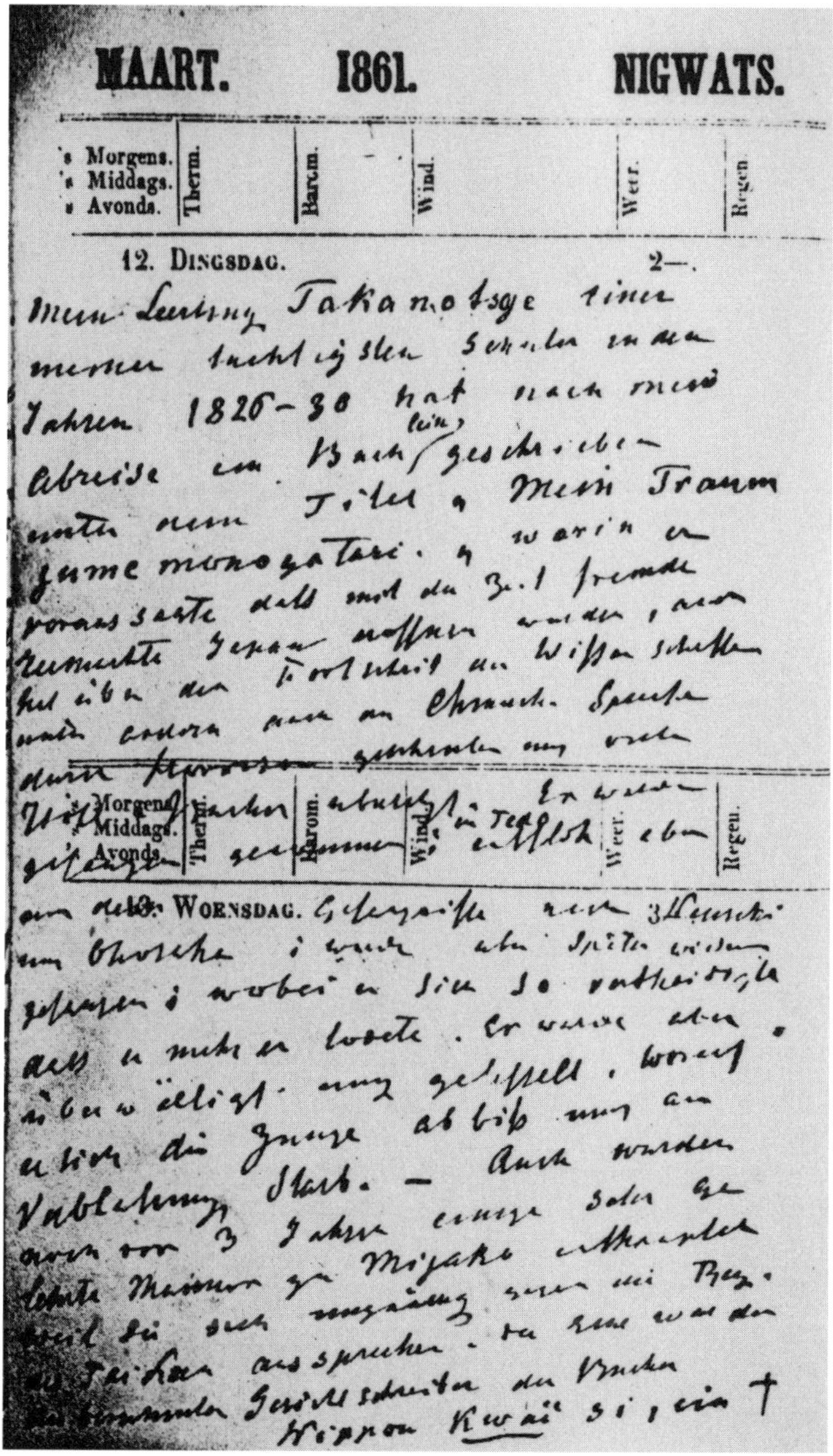
MAART. 1861. NIGWATS.

's Morgens. 's Middags. 's Avonds.	Therm.	Barom.	Wind.	Weer.	Regen.

12. DINGSDAG. 2—.

's Morgens. 's Middags. 's Avonds.	Therm.	Barom.	Wind.	Weer.	Regen.

13. WOENSDAG.

1861年3月12日の独文日記　高野長英などに関する記述の一部

高野長英肖像
（椿 椿山画　高野長英記念館蔵）

江戸で牢獄から脱出して、長崎、大坂へと逃れた。しかし、のちに再び捕えられた。その際、彼は自らを守り、幾人かを殺した。彼は押さえつけられ、捕縛された。それから彼は舌を噛み切って、出血多量で死亡した。

また、三年前には数人の学者たちが京都で斬首された。理由は、彼らが大君 Taikoen の政府に対して不利な言動をしたためである。一人は、『日本外史』Nippon Kwai si という歴史書の有名な著者になった。(*4)『日本史』Nippon si という著書の補完本である。Kwai とは外側の意味である。〔覚書「注目すべき自殺」「一八五七年の京都での三人の学者たちの処刑」参照　二日分にわたり記入〕

〔覚書〕注目すべき自殺

私の最も有能な門人の一人である奥州（日本の北部）出身の高野長英は、一八二六年から三〇年までの間、常に私のそばにいて、私のために日本語の書物をオランダ語に翻訳してくれた。また、私の求めに応じて密かに対馬や韓国の釜山海 Busankai〔釜山港〕の日本人居住地にまで旅をした。(*5) 彼は私が日本を離れた後、一冊の書物を著わした。それは『夢物語』という書名で、彼の夢の記述である。その中で近いうちに日本は外国の列強に対して開国するであろうことを予言した。また、彼は祖国における科学的進歩の必要性を説き、ヨーロッパの有用な書物を日本語に翻訳することにも従事した。彼は嫌疑をかけられ、逮捕されて江戸に連行されたが、そこからの逃亡に成功した。その後、彼は名前を変えて〔沢三伯〕、またしばらくの間長崎に潜伏

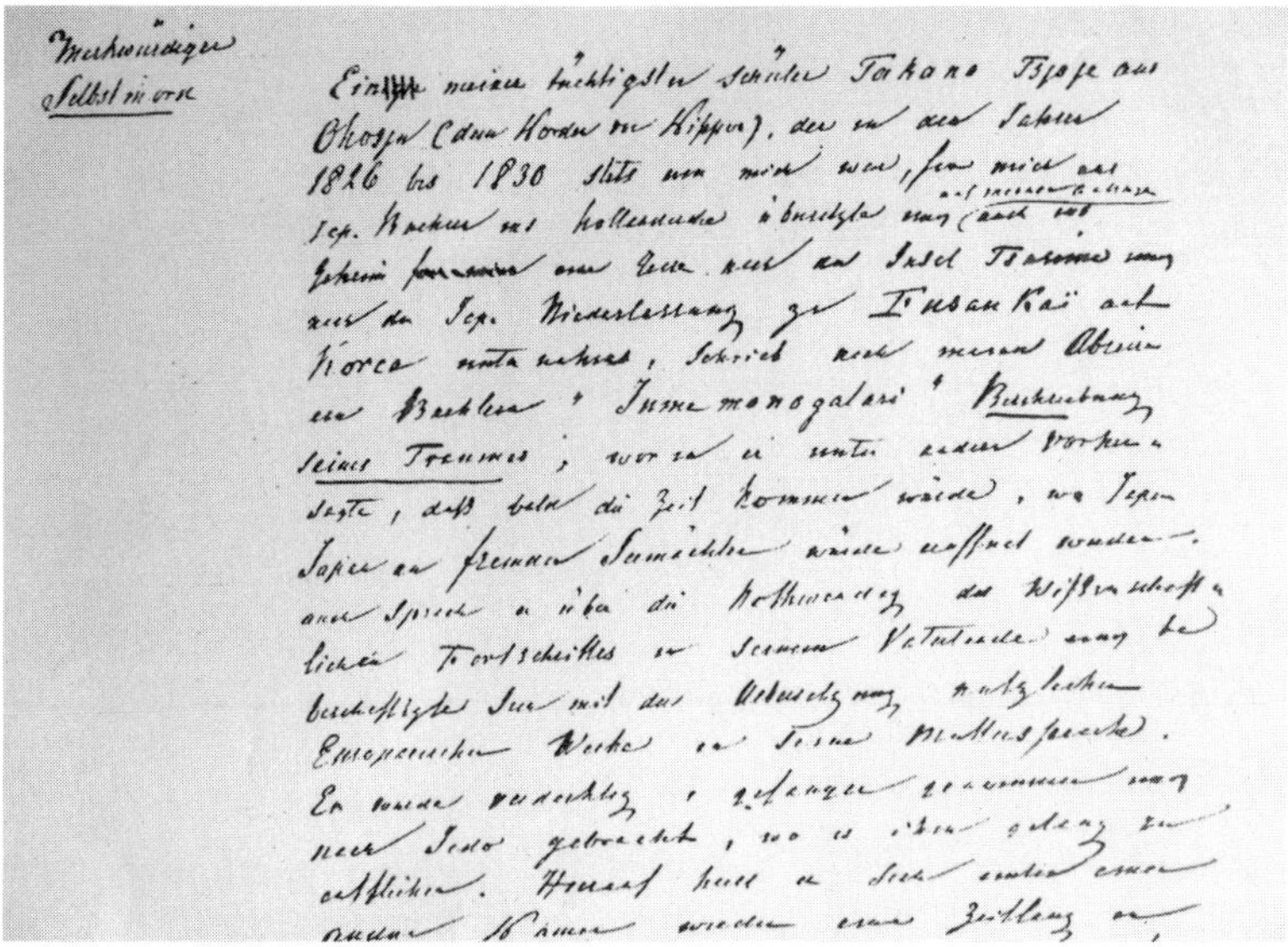

〔覚書〕「注目すべき自殺」高野長英に関する詳細な記述の一部
（フォン・ブランデンシュタイン家所蔵）

し、それから大坂に滞在して、そこで発見された。(＊6) 私は彼が屈強で、大胆で、勇気がある若者であることを知っていた。江戸からの逃亡以来、彼はもし再び見つかり捕えられれば、もはや赦免などは望めないと確信していた。捕まったときのことを覚悟して、最後の最後まで生きのびようと決意して、切れ味抜群の日本刀を肌身離さず持っていた。彼は捕まりそうになったときは、絶望的に戦い、逮捕を命じた何人かの役人や手下たちを殺害した。しかし深手は負わないものの多勢に無勢、力ずくで縛られ、引き立てられた。このような状況で、戦っている間には、刀で自刃する機会を失っていた。そこで彼は、ついに可能な限りのばした舌を噛み、出血多量のために衰弱し、意識がないまま、牢獄に連れてこられ、そこで数時間後に死亡した。この真相報告は、彼の友人で同じように勇敢で不屈な私の門人二宮敬作から聞いたものである。(＊7)

〔覚書〕一八五七年の京都での三人の学者たちの処刑

学者仲間たちが私に語ったところでは、一八五七年に三人の著名な日本人学者たちが作品の中で、将軍の統治に対して不利な証言をした。そのうちの一人は『日本外史』、つまり日本史の補完本の著者で、著名な歴史学者であったが、三人とも死刑に処せられ、打ち首となった。これと似たような処刑はすでに、今世紀の初めごろにも行なわれていた。『三国通覧』San Kok Tu ranの著者(*8)がそうであった。この書物の……〔この部分未記入〕……京都の貨幣監督者、日本政府の金貨と銀貨についての記述など。

*1　高野長英（一八〇四—一八五〇）幕末の蘭学者。名は譲、のち長英。陸奥水沢の人。長崎でシーボルトに蘭学を学び、江戸で町医者を開業。渡辺崋山らと尚歯会を組織、米船モリソン号来航につき『夢物語』を著し幕府の対外政策を批判、一八三九（天保十）年永牢（蛮社の獄）。獄舎に放火させ脱獄、沢三伯と変名して諸国に潜伏。江戸で自刃。医学・理化学・兵書など多く訳述した。

*2　『戊戌夢物語』一八三八（天保九）年成稿。

*3　R・モリソン（R. Morrison, 1782–1834）主な著書『英華字典』、『五車韻府』。〈蛮社の獄〉のきっかけとなった〈モリソン号事件〉の原因の一つは、長英がこのR・モリソンと船の名モリソン号を混同したことによる。

*4　シーボルトは儒者頼山陽の『日本外史』（一八三六〔天保七〕年刊）を取り上げているが、誤って記載している。シーボルトは頼山陽と頼三樹三郎を同一人物として見ていたのであろう。三樹三郎は山陽の三男で、一八五五（安政二）年母の死後尊攘運動に奔走。梁川星巌・梅田雲浜らと親交、将軍継嗣問題では一橋派にくみして公卿間に入説した。一八五八（安政五）年安政の大獄で捕えられ、翌年江戸に檻送され小塚ヵ原で斬刑に処せられた。

*5　シーボルトの記述に、長英がシーボルトの求めに応じて密かに韓国の釜山港の日本人居留地まで旅をしたとあるが、それが事実であるか否かは今のところ明らかではない。訳者は高野長英関係・その他の史資料等をもとにいろいろ調査したが、裏づけとなる資料を見つけることができなかった。後考を俟つ。

*6　大坂ではなく、江戸の誤り。

*7　日本側の史料としては、長英の最後を告げる手紙二通（高野長英記念館所蔵文書）のうちの一通に書かれている。その一部を紹介すると

「一つ高野長英儀、青山百人町同心組屋敷にて先妻と連れ合い画師風を替え名を三伯（沢三伯）と改め寓居候處、十月晦日の夜同心御加引廿人程にて踏み込み召捕らんとする處、懐中より懐剣を取り出し五六人に手を負わせ候由、そのうち二人は即死その身は喉を突き通し候處を後より抱き留められ深疵はこれ無き由、その上舌を喰い切り御番所迄参り、その侭没し候由」

とある〔図版参照〕。なお、アレクサンダーの著書の中に長英の自害と思われる記述がある。すなわち、

「ヨーロッパ科学の精神を帯し、自由な思想を吸収した最もすぐれた門人のひとりは、少し前にその進歩的思想の犠牲となってしまった」（四十九頁）とある。おそらく父シーボルトが語った情報をもとに書いたのであろう。

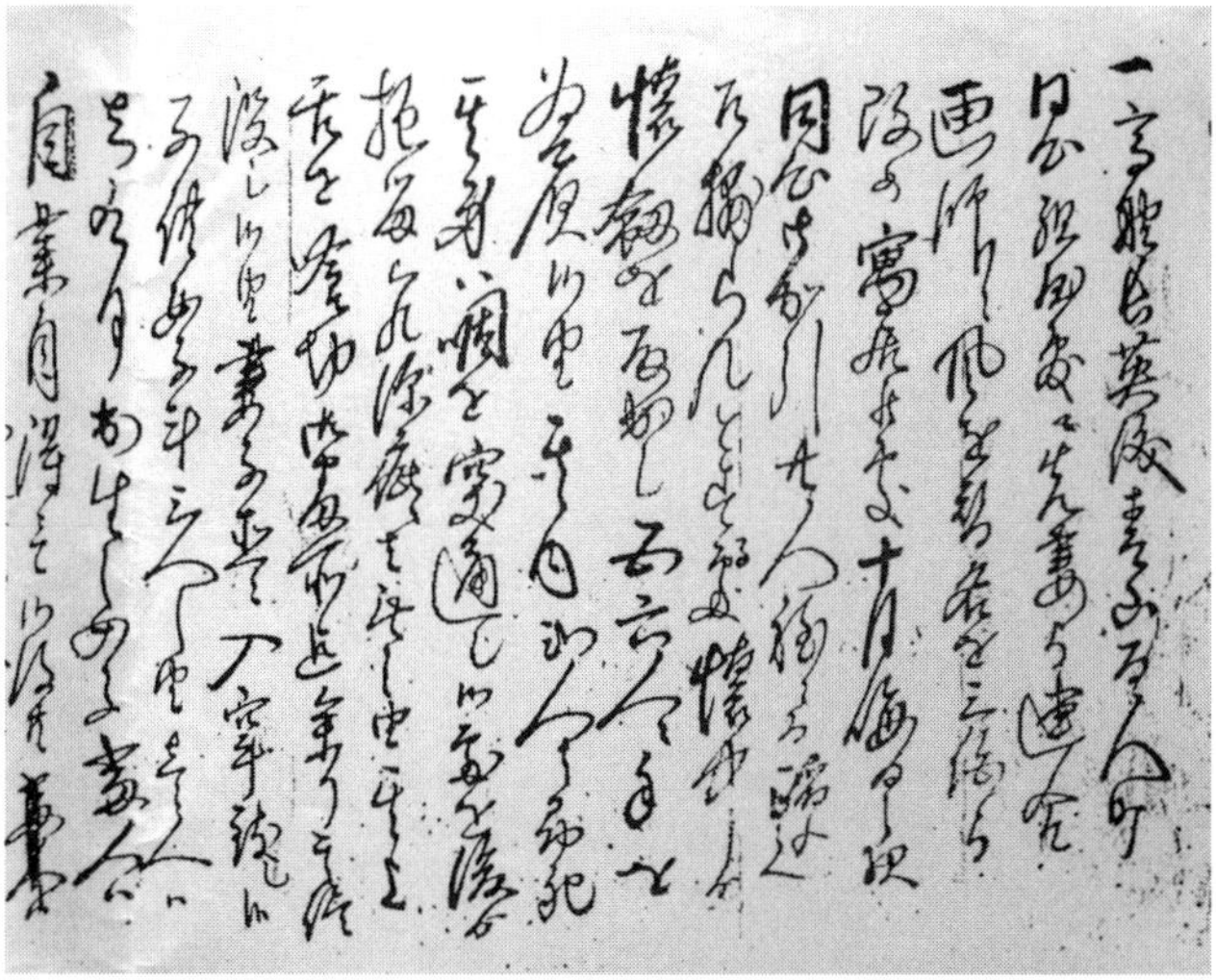

「高野長英の最後を伝える手紙」（部分）（小幡茂氏寄託資料　高野長英記念館蔵）
差出人、宛名、年月日ともに記載されていないが、長英が没した1850（嘉永3）年に江戸に遊学していた高野元貞（長閑）が家老の小幡源之助に宛てた書簡の一部といわれている。後半に「舌を喰切……」の文字が見える。

＊8　林子平（一七三八―一七九三）江戸中・後期の経世家で、寛政の三奇人の一人。名は友直。仙台に移居、長崎に遊学、海外事情に注目、海防に心を注ぎ『三国通覧図説』（一七八五〔天明五〕年成立）『海国兵談』（一七八六〔天明六〕年成立）などを著して世人を覚醒しようとしたが、一七九二（寛政四）年幕府から弾圧され、板木没収、仙台蟄居となり、翌九三年不遇のうちに病死した。

三月十四日（木曜日）旧二月四日

カタクリ Polygonatum Katakuri（＊1）から極めてきめの細かい澱粉を作る。

＊1　シーボルトの記述Polygonatumはナルコユリ属のことで、カタクリとは縁が遠い。前掲一八六一年一月一日の日記では、カタクリをErythronium dens-canisと明記している。また、九州、四国、中国地方の一部の方言にウバユリ（ウバユリ属）をカタクリと呼ぶところもあるが、ナルコユリとは縁遠い。

三月十五日（金曜日）旧二月五日

（記入なし）

三月十六日（土曜日）旧二月六日

アオサギ Ardea cinnerea（Awosaki）[*1]は完全にヨーロッパのものと同種である。[*2]

私の庭にいた雌のシカ Hirschkuh は、犬に追い回され、畑や森に逃げたが、一週間後にはまた戻ってきた。

〔覚書〕**アオサギ**

灰色のアオサギは完全にヨーロッパのものと同種である。

＊1　アオサギは世界に四亜種分布しており、ヨーロッパのものと東アジアのものは現在別亜種とされている。シーボルトが来日したころは、アオサギはまだ亜種に区別されていなかった。日本産のものは『日本動物誌』（Fauna Japonica）では、Ardea cinerea と記載された。日本産亜種 A. c. jouyi とヨーロッパ産亜種 A. c. cinerea との差異は羽色の色調によっている。基亜種 cinerea では、首の色は後頸が淡灰色で前頸が灰白色で、翼の雨覆羽は青灰色であるが、jouyi では首と雨覆羽の色が cinerea よりも淡くなっている。但し、この「淡さ」は地理的なクラインを示し、東から西に行くに従ってその「淡さ」の度合いは減少し、西シベリアではその「淡さ」は消失する。（北九州市自然史博物館武石全慈博士のご教示による）

＊2『日本鳥学会　日本産鳥類目録』（改訂版第六版　二〇〇〇年）によると、日本産のアオサギはヨーロッパ産のものとは異なった亜種とされているので、厳密にいえばシーボルトの記述は正しくない。シーボルトは細かく観察したら、違いがわかったかも知れないが、当時としては違いが無いと思ったのは当然だったとも言える。（元熊本大学教授山口隆男博士のご教示による）。

三月十七日（日曜日）旧二月七日

蝦夷にはシカ Hirsch が現われる。これは普通のシカ Cervus Siga よりはるかに大きく、行動も色もアカジカ C.Elephas に似ている。私は一対のシカが飼育されているのを見た。角はすでに取れていた（四月[*1]）。

角から判断すると、枝角の数は普通のシカの角に似ているが、はるかに大きかった（六本の枝角）。しかし蝦夷に現われるシカは、アカジカとは異なる。因みにロシアの自然科学者は、アカジカを蝦夷の対岸のモンゴル平原やアムール地方で見つけた。

〔覚書〕シカ

蝦夷にはシカが現われる。これは普通のシカより大きさがはるかに優っている。因みにその角はすべて普通のシカの形をしていて、つまり枝角が六本に分かれている。私が横浜で見た、この動物はとても衰えていて、枝角を落としていた（四月）。ロシアの自然科学者の観察によると、アカジカは蝦夷の対岸のタタール平原とアムール地方に見受けられる。

＊1　原文に（四月）とあるが不明。あるいはシーボルトが四月になって人から聞き、加筆したのではなかろうか。

三月十八日（月曜日）旧二月八日

長門地方に特に良い石炭層が見つかった。その層は海に延びていて、一フィート半の厚さがある。石炭層が海に向かって下降する角度は、四五度以上で、そこでこの層は終っている。

三月十九日（火曜日）旧二月九日

（記入なし）〔三月十七日の日記のつづきが記されている〕

三月二十日[＊1]（水曜日）旧二月十日

町年寄後藤様より二種のレモンに似た柑橘類Lemonienを貰う。一つはブシュカンCitrus medica digitata amomumで、もう一つはマルブシュカンC. Sarcodatylus miniである。ブシュカンには指のような、内側に曲がった十二本の突起がある。二つに切ると、外側の突起よりもさらに小さな、内側に向いている九本の突起が見られる。これも先端は尖って

いる。〔覚書「仏手柑」参照〕

〔覚書〕仏手柑《ぶしゅかん》

中国から日本に輸入されたこの柑橘類Citronは、名をブシュカン、すなわち仏陀の手という。これは間違いなく、レモンCitrus medicaとは全く別種のもので、シトロンCitoronに似た卵形のもの（マルブシュカン、すなわち丸仏手柑）と、この〝奇怪なもの〟〔ブシュカン〕も異種である。このブシュカンには十二本の、指のような内側に曲がる突起に分かれ、二つに切ると、さらに外側の突起よりもはるかに小さな、内側に向いた九本の突起も見られる。すべて、棘のように尖っている。この〝奇怪なもの〟（柑橘類の外果皮に似たもの）はすべてが外果皮なのか、それとも果肉の発育が止まり、外果皮に似た形で生長したものなのか、この問題が提起される。なぜなら、他の柑橘類の種にも同じように十分の一ほどに果肉が小さくなったものもあるからだ。例えばダイダイCitrus Daidai Jap.のように。

それに対して、マルブシュカンは完全に生長し、成熟する、それはシトロンに似た果実で、そこには二つに切ると、種入りの果汁の入った嚢が見られる。それに反してブシュカンには嚢がない。単にパサパサした白く、中果皮に似た柔組織が見られるだけだ。これには綿状の緻密な繊維質が、指の形に似た突起の先端にまで通っている。この問題は、この〝奇怪なもの〟が開花してから生長するまでを観察すれば、一目瞭然で解決できる。残念ながら私は今まで、マルブシュカンの開花しか見ていない。

ブシュカン

＊1　ブランデンシュタイン家所蔵文書に、日記の日付（三月二十日）と同じ日に書かれた「シーボルトからオランダ王立博物館長宛書簡〔下書き〕、長崎郊外鳴滝にて」（請求番号41839

オランダ語一枚）がある。

＊2　シトロンとマルブシュカンは、現在日本では同じものとされているが、シーボルトがこれらを手にした時点では、同定できなかったのかもしれない。現学名はブシュカンC. medica var. sarcodactylis 、マルブシュカン＝シトロンC. medica L.。ちなみにレモンはC. limon だが、C. medica var limon L. とすることもある。

三月二十二日（金曜日）旧二月十二日

相変わらずウサギHaseやキジFasenが鉄砲で撃たれる。ここには保護はない。やがてこれら、すでに稀なる森林の住民らは絶滅するであろう。キジは呼び笛で、ヤマドリJamatoriは餌で誘い出す。餌は森に撒き、その後鳥を待ち伏せる。〔覚書「狩猟」参照〕

〔覚書〕狩猟

江戸周辺では都市から十里以内の距離では、火器を使用することが禁じられている。このため、そこではウサギ、キジ、カモEnte、ガンWild Ganseが頻繁に見られ、極楽の中のようにおとなしい。これに対して、長崎近郊では年がら年じゅう狩りが行なわれる。シカはいなくなった。イノシシWildschwein、そしてウサギと二種類のキジKisiは日増しに減少している。外国人がこれらを使って食卓を満たしているからだ。キジは笛で、ヤマドリは餌を撒いて誘い出す。キジは三月の終わりに巣作りをし、若い雄鶏Hahnのように鳴く。その際、羽をばたつかせる。

三月二十三日（土曜日）旧二月十三日

犬が抵抗するときのように、日本の雄鹿Hirschと雌鹿Hirschkuhは追っ手から逃れるときには、尾のまわりにある白い毛を逆立てる。これは花のように、四から六インチの大きさに広がり、逃げるシカは独特の姿形になる。〔覚書「シカ」参照〕

〔覚書〕シカ

シカはしばしば五島列島に現われる。雄鹿と雌鹿が驚いて逃げていくときには、後ろから見ると、ことのほか優美に見える。白い尾のまわりにある毛は、広く逆立ち、八から一〇インチ以上にもなる白い円形をつくる。

三月二十四日（日曜日）旧二月十四日
三月二十五日（月曜日）旧二月十五日

私の庭〔鳴滝別荘〕に咲く花。トサミズキ属 Corylopsis、イトザクラ Cerasus Itosakra、モモ Persica Itots、クロモジ Lindera umbellata、イカリソウ Epimedium floribus rubris、ヤマラン〔セッコク〕Epimedium Jamaran、シバヤナギ Salix Japonica、シデコブシ Buergeria stellata、モクレンの花は白色 Magnolia mokuren flor. alb〔ハクモクレンか?〕、バイモ Fritillaria cyrhosa〔cirrhosa〕、ケマンソウ属 Dielythra〔Dielytra〕、ナツトウダイ Euphorbia sieboldii〔Sieboldiana〕、レンギョウ Forsythia suspensa、ミツマタ属 Edgeworthia curthaica〔和名不詳〕、ヒサカキ属 Eurya、スイカズラ属 Xylosteum、ウコンソウ Ukonso、ユキヤナギ Spiraea Thunbergii、マメザクラ[*1] Cerasus Mame sakur〔a〕、群生のハシバミ属 Corlylus、サクラの一種カンザクラは、すでに二月下旬に蕾をほころばせ、今は葉だけになっている。注目すべき早咲きのフキ Nardosmia〔Petasites〕、マンサク属 Hamamelis、アブラチャン Benzoin praecox、ウメ Prunus Mume、サンシュユ Cornus officinalis、フクジュソウ属 Adonis、ジンチョウゲ Daphne odora は花期が過ぎている。〔二日分にわたり記入〕

〔覚書〕一八六一年三月二十四日の私の庭の植物相

咲く花はトサミズキ属、イトザクラ、モモ Persica Itots momo、クロモジ、イカリソウ、ヤマラン、シバヤナギの雄木と雌木 Salix japonica mas & foem、シデコブシ、モクレンの花は白色、バイモ、ケマンソ

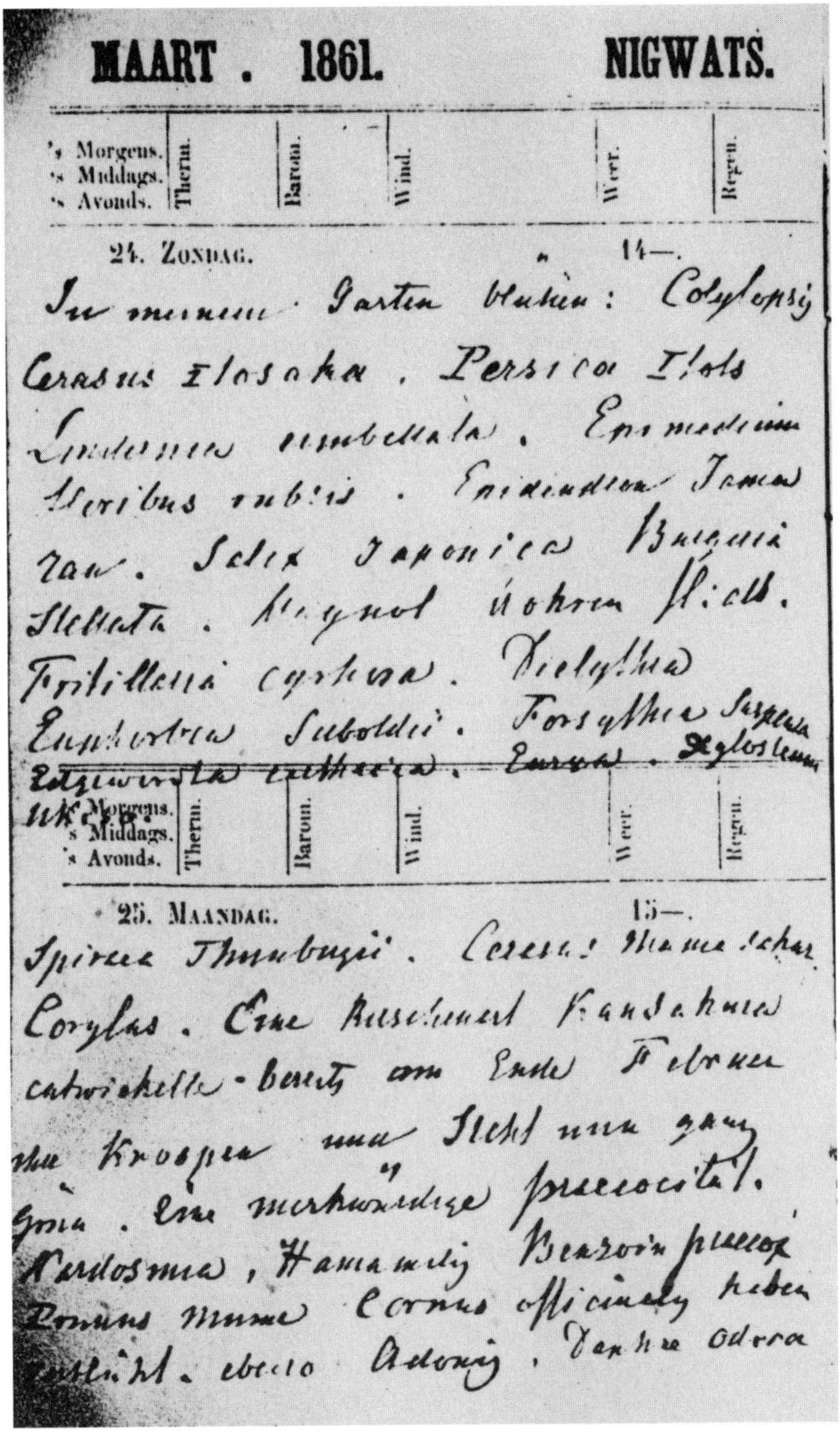
MAART . 1861. NIGWATS.

's Morgens. 's Middags. 's Avonds. | Therm. | Barom. | Wind. | Weer. | Regen.

24. ZONDAG. 14—.

's Morgens. 's Middags. 's Avonds. | Therm. | Barom. | Wind. | Weer. | Regen.

25. MAANDAG. 15—.

1861年3月24日・25日の独文日記

ウDielythra spectabilis、ナツトウダイ、レンギョウ、ミツマタ、ヒサカキ属、ヤマウグイスカグラ Xylostium philomelae〔phylomelae〕、ユキヤナギ、マメザクラ、ハシバミ属〔和名不詳〕Corylus diversifolia。多くのサクラの種と庭の変種の中で、カンザクラが最も早熟で、すでに二月末には蕾をほころばせ、三月の中ごろに開花する。

*1　シーボルトが観察したというマメザクラは九州に自生するかどうか不明。マメザクラは本州（中部以北とくに日本海沿岸地方）の山地に自生するので、あるいはマメザクラとエドヒガンとの雑種と推定されるコヒガンザクラ Prunus subhirtella のことであろうか。

三月二十六日（火曜日）旧二月十六日

数週間前よりウグイス Ukuisu の鳴き声が聞こえる。ウグイスという名は、この鳥の鳴き声を模してつけられているように思える。声はとても澄んでいて張りがある。

今、キジがまるで若い雄鶏と同じように、キーンと鳴いている。鳴き声〔呼び笛〕に誘われ、撃たれてしまう。

〔覚書〕ウグイス

三月の初旬より、ウグイスの鳴き声が長崎周辺で聞こえる。その鳴き声はその鳥の名前に似て、ウクユシ Ûkûjûssi、ウクイス Ukûisû と非常に澄んでいて張りがある。

三月二十七日（水曜日）旧二月十七日

今、若いオオムギ Gerste とツルソバ Polygonum chinense〔タデ科〕が畑にある。そしてそれらは倒され、土と混ぜられる。するとオオムギとツルソバは混じり合い、草の発酵によって土は暖まる。(*1) そこに白い蠟質の表面をしたトウガン Curcurbita hispida（トウガン属 Benincasa）の種子を播く。トウガンは、しばしば長さ二フィート、太さ一フィートになる。

〔覚書〕**農耕**

三月二十七日、今、若いオオムギとツルソバが畑に見える。トウガンの種子を、オオムギとツルソバを混ぜ込んだ土に播く。草が混じり合い、発酵することによって土は暖められる。卵形状のトウガンの実は、長さ二フィート、太さ一フィートになるのもある。これは選り分けられて、非常に美味な野菜となる。煮詰めて砂糖漬け[*2]にされる。

*1 藁（オオムギ）や雑草（ツルソバ）を土に混ぜ込んで腐熟（発酵）させ、堆肥としていることの説明であろうか。
*2 冬瓜糖、冬瓜漬と呼ばれる菓子。

三月二十八日（木曜日）旧二月十八日

江戸湾の大島は絶えず煙を出している。ファン・ディーメン海峡〔大隅海峡〕の硫黄島Iwo simaも然り。これら小さな火山列島は、さながらすぐそばにある火山——大島Ohosimaの近くの富士山Fusijama、硫黄島近くの桜島岳Sakurasimatake——の安全弁Sicherheitsventilleである。

三月二十九日（金曜日）文久元年二月十九日

いったい中国人は巨大なサボテンCactus Sapotenをどこから持ってきたのか。コチニールCochinellaを日本に輸入してから久しい[*1]。このサボテンは気温三度の寒さに耐えられる。琉球諸島Liukiu Inselnからここに移植されたバショウMusa Bassjôも然り。ノボタンMelastoma Nobotanとハナニラ属Brodia〔Brodiaea〕は枯死する。

*1 後掲の十月十五日付日記参照。コチニール（Cochinella）はカルミンに同じ。中南米の砂漠地に産するサボテンに寄生するコチニール虫（エンジムシの一種）の雌の体から製した鮮麗な紅色の色素。その成分であるカルミン酸はアントラキノン誘導体である。日本画の絵の具、赤インクの製造または飲食物の着色、また、友禅染の染料、化粧料に用いる。また

生物学などで組織染色に使用。洋紅。

三月三十日[*1]（土曜日）旧二月二十日

今ごろ、草で覆われた山の斜面と峰が燃やされる。日本地図ではセリフォス岩礁Seriphosは、明らかにマキシマ〔馬毛島〕Makisimaと同一とされている。しかし、すでに私は私の日本地図で指摘した。[*2]

＊1　ブランデンシュタイン家所蔵文書の中には、日記の日付（三月三十日）と同じ日に書かれた「シーボルトからオランダ領東インド総督宛書簡（家族および江戸への旅行に関する内容〔書簡下書〕）、長崎にて」（請求番号80228　オランダ語二枚）および「シーボルトからボードウィン宛書簡〔下書き〕、長崎にて」（請求番号111265　オランダ語一枚）がある。

＊2　「日本地図で指摘」とは、シーボルト『日本』図録　第一巻の「地図の説明、九州、四国、本州および周辺諸島の主要地点、経緯度測定比較一覧表」の中で、セリフォス、Krus.北緯三〇度四三分三〇秒、経度グリニッチ東一三〇度四七分―観測者クルーゼンシュテルンとし、さらに水路測量および自然的観察上の覚え書で

「高橋作左衛門の地図によれば、セリフォスSeriphosはクルーゼンシュテルンが考えていたような種子島の西海岸の近くにある小島、馬毛島ではありえない。おそらくセリフォスはモリソン号上から観察した岩礁であろう」（一七頁）と記している。なお、同書図録の付図に収載の「〔一四〕I第七図（b）日本の南および南西沿岸の地図、〔三一〕I（c）日本輿地路程全図―九州」には、シーボルトが述べているように種子島の西海岸近くの小島がマキシマ〔馬毛島〕Makesimaであり、そのやや南側上の位置にセリフォス岩礁が示されている。

三月三十一日（日曜日）旧二月二十一日

四月一日（月曜日）旧二月二十二日

四月二日（火曜日）旧二月二十三日

われわれの鳴滝村には、カジュウKasjuという名の貧しい日本人が住んでいて、独特な顔立ちをしている。オーストラリアの黒人たちAustralischen Negerenenの顔に似ていて、肌は黒味がかった暗い色をしており、特に胸、背、腹部周辺に白い斑点が点々としている。

胸の乳頭二つのほかに、さらに二つの小さな二イ

ンチほどのものが、斜め方向の腋窩Achselhöhleの方に認められる。これは明らかに、偶発的な疣《いぼ》Warzeや天然痘Pockeのような突起物ではない。このことは、これらが両側に規則的に広がっているのが何よりの証拠である。しかし、これにははっきりと境界づけられる乳輪Hofは見られない。

この人間はいくぶん痴呆Blödsinnigで内気で、髪はごく短く刈っている。色黒で、太っていて、身体が頑丈そうだ。民衆らは彼を、胸に四つの乳頭ゆえに、人間とイノシシの子だと見ている。彼が私に語ったところでは、彼の両親は死んだとのこと。〔三日分にわたり記入〕

四月三日（水曜日）旧二月二十四日

江戸では、遣欧使節の派遣のことが話題になっている。コルネット・デ・フロートCornets de Grootが植民大臣に任命された。

森から採ってきた高さ一〇から一五フィートの、花をつけたサクラの木Kirschebaumが移植された。同様に、モモPfrsichも満開である。

四月四日（木曜日）旧二月二十五日

オオムギがどんどん伸び始める。バラあるいは血のような赤と白との二色の驚くほど美しいスモモ（Sumomo）が咲く。サクラもモモも。モウソウチクBambus Mosôの食べられる芽、竹の子Takenokoと呼ばれるが、すでに地上数インチまで出ている。温床の中に入れられている甘いサツマイモBatathe〔Batate〕が芽を出している。

四月五日（金曜日）旧二月二十六日

四月六日（土曜日）旧二月二十七日

四月七日（日曜日）旧二月二十八日

四月八日（月曜日）旧二月二十九日

御大老Godairoと並んで、四国の讃岐藩主も水戸藩主の最大の敵であった。それ故に御大老が殺害された直後、彼も殺された。彼はいかに注意して、常に身辺警護にあたっていたとしてもだった。

自分の藩邸から江戸城へ行く途中、讃岐藩主が乗物Norimono[*1]（駕籠Tragstuhl）に乗ろうとし、周囲の者すべてが彼の方に向かって深々とお辞儀をしたその刹那、突如一人の男が刀を抜いて現われ出て、乗物に乗るために、丁度身をかがめていた藩主の首を斬り落とした。殺害者はそのまま身じろぎもせず、立ち止まったまま縄をかけられた。彼は自分の仕事を成し遂げたのであった。こういう態度は、日本の死を顧みない精神の一つの特徴である。

水戸藩主はめぐり巡って殺害された。しかも自分の部下の一人によって。反対派は彼を買収することができたのだ。〔覚書「政治的なこと、讃岐藩主が殺害されたこと」参照　四日分にわたり記入〕

〔覚書〕政治的なこと、讃岐藩主が殺害されたこと

一八六〇年に殺害された御大老井伊掃部頭[*2]と並んで四国の讃岐藩主も、水戸藩主の最大の敵であった。讃岐藩主[*3]も御大老の直後に殺された。彼は万全の注意をし、十分身辺警護に努めていたにもかかわらず、彼の藩邸から将軍のいる江戸城に向かう途中、彼が自分の乗物（駕籠）に乗ろうとし、誰もが深く頭を下げたその刹那、突如一人の男が刀を抜いて現われ出て、まさに頭を下げて、低い入口から乗り物の中に入ろうとしたとき、彼の頭を斬り落とした。殺害者はじっとその場を動こうとせず、捕えられた。このような行動は、日本の武士の特徴である。その後間もなく、水戸の藩主[*4]も殺された。しかも、反対派から賄賂を貰った彼の部下の一人に、よりによって大工に変装した武士にである。

＊1　乗物Norimonoは、武家乗用の駕籠。シーボルト『日本』図録第二巻〔八八〕Ⅱ第一図（d）旅行用具（駕籠）参照。シーボルトは駕籠について、

「駕籠にはいくつかの種類があり、階級や身分によって区別がある。一番上にいわゆる「乗物」がある」

として、さらに、

「駕籠は編み細工と漆塗りの木部からできている運ぶこと

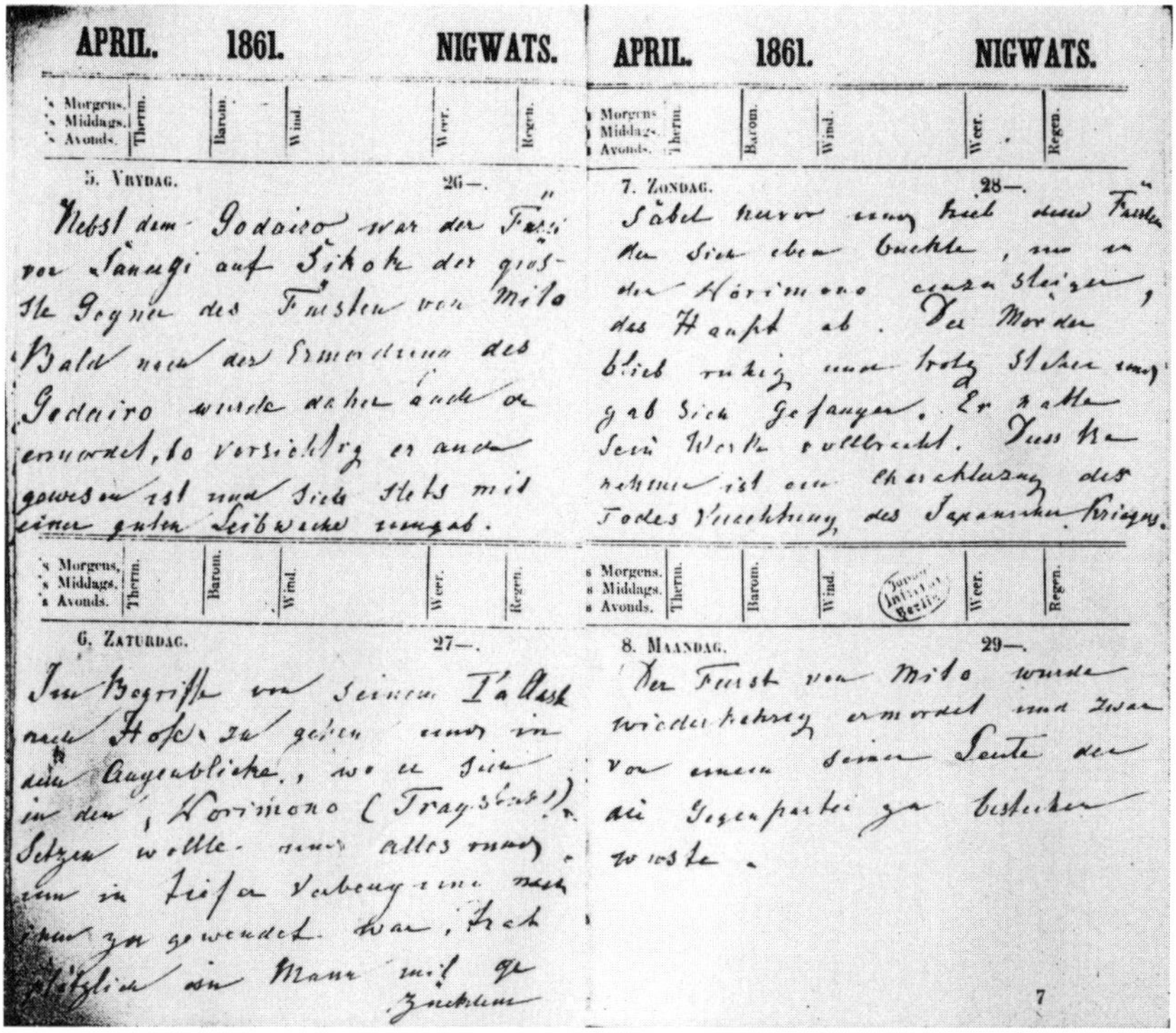

APRIL. 1861. NIGWATS. APRIL. 1861. NIGWATS.

's Morgens. 's Middags. 's Avonds. Therm. Barom. Wind. Weer. Regen.

5. VRYDAG. 26—.

Nebst dem Godairo war der Fürst von Sanagi auf Sikok der grösste Gegner des Fürsten von Mito. Bald nach der Ermordung des Godairo wurde daher auch er ermordet, so vorsichtig er auch gewesen ist und sich stets mit einer guten Leibwache umgab.

6. ZATURDAG. 27—.

Im Begriffe von seinem Pallast nach Hofe zu gehen und in dem Augenblicke, wo er sich in den Norimono (Tragstuhl) setzen wollte und alles rund um in tiefer Verbeugung nach ihm zu gewendet war, sah plötzlich ein Mann mit gezücktem

7. ZONDAG. 28—.

Säbel hervor und hieb dem Fürsten der sich eben bückte, um in den Norimono einzusteigen, das Haupt ab. Der Mörder blieb ruhig und trotz stehen und gab sich gefangen. Er hatte sein Werk vollbracht. Dies Benehmen ist ein Charakterzug der Todesverachtung des Japanischen Kriegers.

8. MAANDAG. 29—.

Der Fürst von Mito wurde wiederkehrend ermordet und zwar von einem seiner Leute der die Gegenpartei zu bestechen wußte.

7

1861年4月5～8日の独文日記

のできる長方形の小さい家である。漆塗りの木製の屋根がついていて、屋根の上には多少弓なりに曲がった長い担ぎ棒が、金属の留金でとめられてついている。屋根が上の方に開けられるようになっている左側に引戸があり、その引戸にもまた向い側にも窓があって、紙とか絹布を張った枠がはめこまれ、上品に作った竹の簾を外からたらして被うことができるようになっている」（一八〇頁）
と記している。

＊2　桜田門外の変。一八六〇（安政七）年三月三日、大老井伊掃部頭直弼（一八一五―一八六〇）の安政の大獄などの弾圧政策を憎んだ水戸浪士らが桜田門外で直弼を暗殺した事件について記述している。

＊3　讃岐の藩主とは、高松藩主松平頼胤（一八一〇―一八七七）であろうか。頼胤は、歴代溜間詰三家の一。当時、溜間詰として井伊直弼にくみしているが、頼胤を含めて讃岐の藩主は、いずれも殺害されたという史実はない。

＊4　水戸藩主とは、徳川斉昭（一八〇〇―一八六〇）であろうか。『国史大辞典』第十巻（吉川弘文館　平成元年）によれば、
「斉昭は安政六年八月国許永蟄居となって水戸城にあって脚気からの心筋梗塞で死去したと考えられている」（二九四頁）
とある。＊3および＊4からして、シーボルトの記述は明らかに史実と異なっている。彼はどこでこれらの情報を入手したのであろうか。実に興味を惹くところである。

四月九日（火曜日）旧二月三十日
四月十日（水曜日）旧三月一日

ユリの花のような形の、硫黄色の花弁をもつマンサク属Hamamelisに近い木があり、同じように早咲きの花を咲かせる。しかしこの花は、短くて幅があり先の鋭っている花弁によって、他とは著しく異なる。私はただ三弁の小さな散形花序の中に、可憐な花を見たにすぎない。色は赤茶色だった。私が見た中で最大の、人の手で育てられたマンサクは、高さ一二フィート、樹皮はブナノキのように滑らかであった。もっと詳しく調べる必要があろう。〔二日分にわたり記入〕

〔覚書〕新種のマンサク

庭に生えている高木Strauchのようなマンサク Hamamelis japonica S & Z.は長くて細い、硫黄のように黄色い花弁があるが、この他に、私は横浜の庭（＊1）で木のような高さ一二フィートのマンサクの一種を観察した。花（三弁の散形花序）は可憐で、花弁の方は短

く、幅広く、先端が鋭っていて、色は赤茶色であった。この木はブナのような樹皮を特徴としていた。

＊1　四月十一日の＊1参照

四月十一日（木曜日）旧三月二日

横浜の停泊地[＊1]で、二種類のアジサシ Seeschwalbe〔カモメ科の一亜種〕を観察した。そのうちの一種は、頭が黒いことが特徴であった[＊2]。

＊1　シーボルトの横浜到着は四月十九日である。四月九日から十一日にかけての記述は、おそらく未記入であった頁を横浜滞在中にメモとして使用したものと思われる。

＊2　ハジロクロハラアジサシ Chlidonias leucopterus と思われる。この種は頭部全体が黒く日本ではまれであるが、他種のアジサシ類の群れの中に混ざって移動する習性があり、日本では飛来数は少ないものの旅鳥として春秋に全国で広く記録されており、『神奈川の鳥一九八六―九一神奈川県鳥類目録Ⅱ』（日本野鳥の会神奈川支部　一九九二）でも記録されている（既述の武石全慈博士および山口隆男博士のご教示による）。

四月十二日（金曜日）旧三月三日

全く特殊な漆器が製作される。評価は高く、高値でもある。箱や小さな容器に何度も、たいていは赤と黒の漆を重ね塗りをし、二から三リーニエ[＊1]ほどの厚さにする。それからアラビア模様を立体的に、この塗りで仕上げる。この漆器は屈輪彫 guribori[＊2]と呼ばれる。〔覚書「漆器」参照〕

〔覚書〕漆器

非常に需要が多く、高価なこの漆器は屈輪彫 Guribori と呼ばれ、次のような特徴がある。厚い漆の層を有し、通常、赤と黒が交互に塗られる。表面の層は、とりわけ朱色や明るい茶色である。この厚い漆の層に、三から四リーニエもの深い鋭い斜めの切り込みを入れて、アラビア模様が彫られる。そのために、この模様は立体的に浮き上がり、切り込んだ斜めの跡に、赤と黒の微妙な漆の層が線状に見られる。こうして切磋して出来た漆作品に、もう一度透明な漆〔花塗漆〕が塗られる。

＊1　一リーニェは、一インチの十分の一または十二分の一に当る。
＊2　鎌倉彫などの特徴的な彫り文様のひとつで、唐草や雲形の抽象的な連続模様（シーボルトは「アラビア模様」と表現）のこと。「赤と黒の漆を重ね塗りし」とあるので、「堆朱・堆黒」して、その層の部分を彫る鎌倉彫のことであろうか。そうであるならば、この部分も横浜（神奈川）に到着した後の記述の可能性もある。

四月十三日（土曜日）旧三月四日

早朝、汽船スコットランド号が長崎湾に現われた。すぐに私たちは神奈川への私の出発の許可が出された。事は急を要した。まだ多くの仕事があった。出発は明日午後四時ともう決められていた。

四月十四日～四月十九日〔長崎から横浜へ〕

四月十四日（日曜日）旧三月五日

午前中、かなり大きな荷物を船内に運ばせる。ボードウィン氏Herrn Bauduinに、封印した手紙と皮製の手紙入れ、私の遺言[*1]と少々の銀と真珠、蝦夷と樺太の地図（後者はシーボルト手稿）をわが妻に渡してくれるよう委ねる。

アレクサンダー、周三[*2]そして日本人の召使[*3]と共に、三時に乗船。五時に錨が上がる。三ッ瀬の二マイル沖を通り過ぎる。三つのグループ〔三つの瀬のこと〕あり。

〔覚書〕**一八六一年四月、長崎から江戸への私の旅行中のこと**

旅行への動機。しばらく日本に滞在して欲しいと幕府の要望（江戸への招聘）。薩摩藩主が購入した汽船イングランド号Englandで旅行するようにとの提案。この船の劣悪な状態。因みに旅は五日間で、瀬戸内海を通って江戸へ。しかしボイラーが爆発し、早急に修繕されたものの、まだ完全に使用できなかったので、出船が危うくなった[*4]。三月初旬から神奈川へ旅立つ機会を待つ。やっとのことで、千トンではあるが一八〇馬力しかないスコットランドScotlandの会社専用の蒸気船スコットランド号が来た。

三ッ瀬とは三つの瀬のことなり。

〔覚書〕**四月十四日（日曜日）旧三月五日**

昨日の朝、上海より到着した汽船スコットランド号の出発は、今日の午後四時に決まった。どんなに急いで準備をしたところで、やはり突然決められた出発であったため、私は多くの仕事をこなし、また様々な報告をしなくてはならなかった。

金曜日の午後にも、私は長崎の町年寄に面会した。彼は長崎奉行支配組頭〔依田克之丞〕と幕府目付〔都築金三郎〕と一緒に、私を歓迎してくれた。元来彼は通詞ではなかったが、長い時間日本語で話し合った。そしてときどきオランダ語を口にした。彼とは重要な要件について話し合った。その後彼は、私とアレクサンダーに、残念ながらアレクサンダーは急用のため、この会見に居合わすことが出来なかったが、別れの贈物をくれた。彼は私に、充分に気をつけるように、そして出発は決して口にしないようにと警告した。さらに、幕府は私の身の安全のために充分配慮する、と述べた。別れに際してこれら三名の幕府の要人は、私と握手を交わし、部屋の戸口の所まで見送ってくれた。長崎奉行は神奈川奉行および外国掛老中への信任状[*5]を、明日与えると約束した。事実、私は翌日それを手に入れた。同様に、二人の同行者にも運上所の旅券[*6]が渡された。

二時に私は出島に向かい、総領事デ・ウィット氏と別れの挨拶をした。しかし通常はこの時間は、――彼らの昼寝の時間と思っていただきたい――。ボードウィン氏と当直の……〔この部分未記入〕……のみが、唯一、私とアレクサンダーをボート〔渡し舟〕まで見送ってくれた。ボートは私をスコットランド号へ運んでくれた。それでも数多くの日本の友人たちが出島に来ていた。私は彼らと……〔この部分未記入〕……先頭には、私の昔の誠実な門人二宮敬作が立っていた。彼は一八二六年江戸まで私の伴をしてくれた。その彼らと感動的な心のこもった別れの挨拶をした。

五時ごろ、われわれはすばらしい春の装いをしたこの湾を後にして、夕方ごろには野母岬を廻っていた。われわれは三ッ瀬のすぐそばを通り過ぎた（これは五島列島とは違う）。霧と夜のため山はわれわれの視界から消えた。夜中に激しい北東の風が吹いた。船は異常に強く横揺れした。そのため、私もアレクサンダーもひどく船酔いをした。

＊1　ブランデンシュタイン家所蔵文書の中に「一八五九年四月六日、妻へレーネ宛にボンで執筆の遺書」（請求番号100299ドイツ語三枚）がある。おそらく、この遺書のことであろう。

＊2　アレクサンダーの著書によれば、

「父は愛弟子二宮〔敬作〕の養子で周三という男を連れて行ったが、彼は宇和島藩の士族ということで、堂々と日本の刀を差していた」（一〇四頁）

と書いている。周三は三瀬周三（1839–1877）諱は諸淵。伊予国生まれ。シーボルトの門人二宮敬作の甥。医学を二宮に、

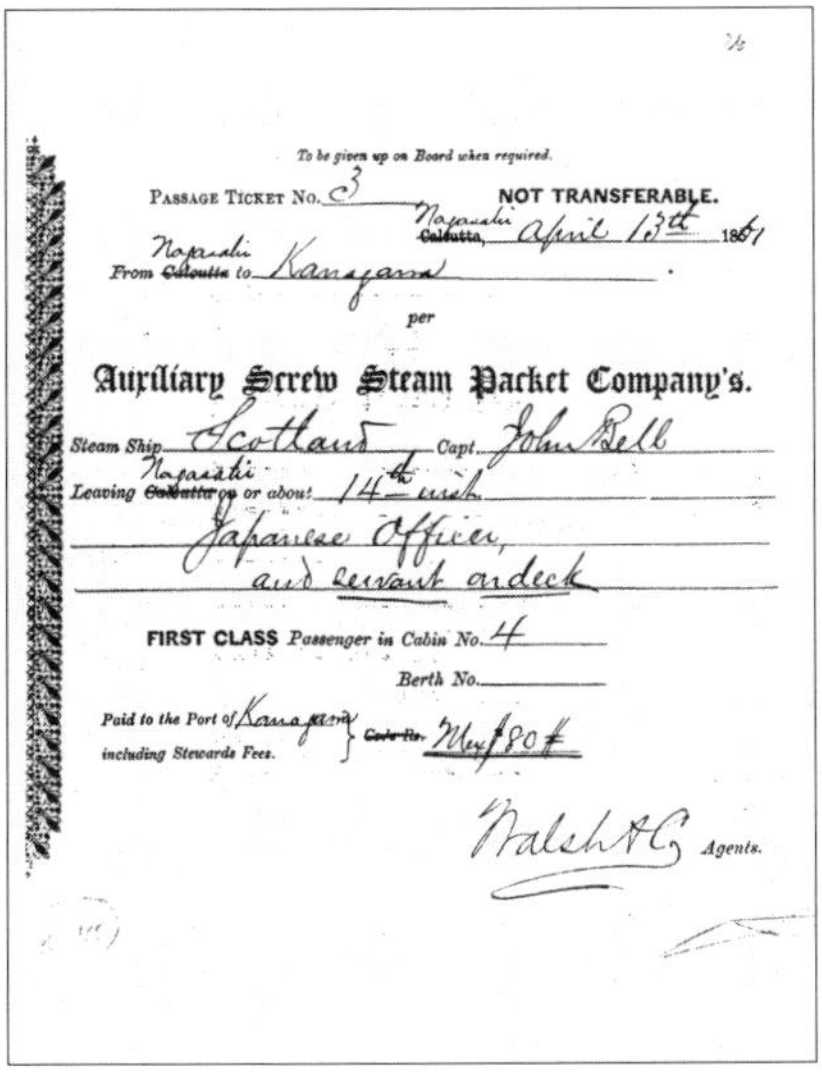
To be given up on Board when required.
PASSAGE TICKET No. 3 NOT TRANSFERABLE.
Nagasaki ~~Calcutta~~, April 13th 1861
From Nagasaki ~~Calcutta~~ to Kanagawa
per
Auxiliary Screw Steam Packet Company's.
Steam Ship Scotland Capt. John Bell
Leaving Nagasaki ~~Calcutta~~ on or about 14th inst.
Japanese Officer,
and servant on deck
FIRST CLASS Passenger in Cabin No. 4
Berth No.
Paid to the Port of Kanagawa including Stewards Fees. } Mex $80
Walsh & Co Agents.

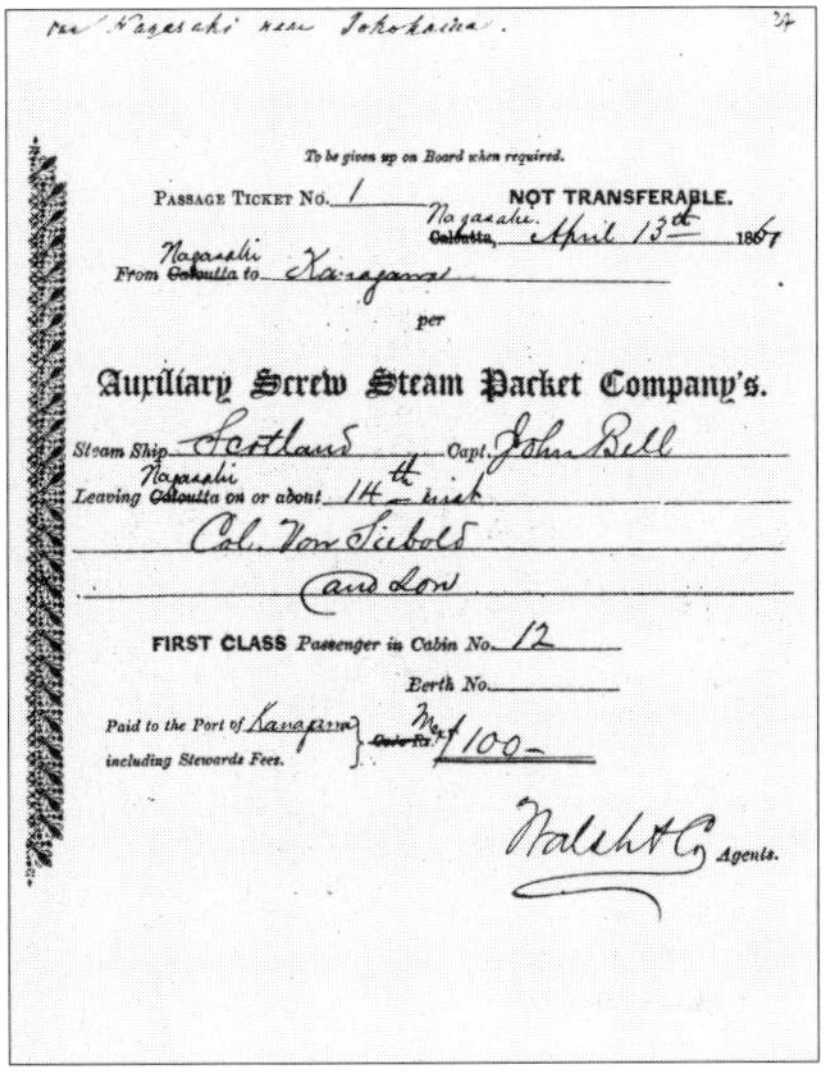
To be given up on Board when required.
PASSAGE TICKET No. 1 NOT TRANSFERABLE.
Nagasaki ~~Calcutta~~, April 13th 1861
From Nagasaki ~~Calcutta~~ to Kanagawa
per
Auxiliary Screw Steam Packet Company's.
Steam Ship Scotland Capt. John Bell
Leaving Nagasaki ~~Calcutta~~ on or about 14th inst.
Col. Von Siebold
and Son
FIRST CLASS Passenger in Cabin No. 12
Berth No.
Paid to the Port of Kanagawa including Stewards Fees. } Mex $100
Walsh & Co Agents.

「長崎発神奈川行き乗船券」

右はシーボルト父子のもの、左は日本人士官、召使のもの。

（フォン・ブランデンシュタイン家所蔵）


オランダ語を大村益次郎に学ぶ。一八五九（安政六）年再来日したシーボルトに師事、師の通詞と長男アレクサンダーの日本語教授を兼任した。シーボルトの幕府顧問解任にともない一八六二（文久二）年投獄、二年後出獄、宇和島で蘭学と産科を教えた。シーボルトの孫娘たかと結婚。明治維新後、大阪の医学校兼病院創設などに関与した。

＊3　日本人の召使は、新太郎と伊三郎の二人である。

＊4　『シーボルト父子伝』によれば、

「シーボルト自身はプロイセン艦隊の出港した同じ日の二月二日出港しようとした。ところが航海試験の時に「イングランド号」のボイラーが爆発したので出発は延期された。一八六一年四月十三日に彼は遂に息子と汽船「スコットランド号」に乗船することができた」（一三五頁）

とある。しかし、次の自筆メモにはシーボルト父子が乗船したのは、翌日の四月十四日と書いている。

＊5　「東大シーボルト文書」第七号「文久元年三月五日。在勤長崎奉行より神奈川奉行へ蘭人シーボルト出府に就ての書状」（此書状蘭商ボードウェン江通詞矢島安之丞を以相渡）参照。

＊6　ブランデンシュタイン家所蔵文書の中に「長崎発神奈川行き乗船券二枚」（手稿／印刷物、請求番号31848～31850　英語三枚）がある。すなわち「スコットランド号　一八六一年四月一三日付、長崎。船長ジョン・ベル John Bell。シーボルト父子はファーストクラスの一二号船室、一〇〇メキシコドル。日本人士官（三瀬周三）・召使（伊三郎・新太郎）三名、

ファーストクラスの四号船室八〇メキシコドル」と記されている〔図版参照〕。

四月十五日（月曜日）旧三月六日

悪天候のため、ファン・ディーメン海峡〔大隅海峡〕を午前中に通過することができなかった。夜中からずっと船首を風上に向けて、船が停泊していることに、昼すぎになって気づいた。強風、船はひどく横揺れする。そのためスクリューがときどき見えた。

〔覚書〕四月十五日（月曜日）旧三月六日

われわれは昼ごろには、ファン・ディーメン海峡に到着したかった。午後短い間ではあったが、ピク・ホルナー Pc Horner〔開聞岳〕の見事な景色が目に入った。私は重い船酔いにかかってはいたが、足を引きずりながら甲板に出て、この壮大な自然の演劇 Naturschauspiel、すでに三十六年間、地図や絵によって私の目に焼きついていたこの演劇を自ら享受していた。この円錐形の山頂〔開聞岳の山頂〕は残念ながら雲に覆われていたが、遠くから見ると海面と同じような高さの陸地から〝真直ぐに立つ二つの足〟の上に聳えているようだ〔左右の山裾〕。そして測定すれば、その底辺よりもいくぶん高さが優っているようだ。

夜中に開聞岬 Cap.Kaimon のそばを通過し、サドノ岬 Sadonomisaki〔佐多岬〕の近くに停泊しなければならなかった。

六時半、私はまだ気分がすぐれなかったが、甲板に出た。相変わらず激しい風が吹いていた。ごく短い距離に近くの陸が見えた。現在地は、開聞岬が南西に見え、サドノ岬が南に見える位置である。この南の岬はチカコッフ岬 Cap.Tsitchagof(*1) とも呼ばれる。この二つの岬がかなり深い湾〔鹿児島湾〕を形づくっている。

*1　チカコッフ岬（C.Tchitsakoff）佐多岬をクルーゼンシュテルンが命名した岬で、Tsitschagoff, Chichakoff とも書く。シーボルト『日本』図録第一巻「九州、四国、本州および周辺諸島の主要地点　経緯度測定比較一覧表」一三―一四頁参照。

四月十六日（火曜日）旧三月七日

チカコッフ岬と鹿児島湾への入口にある東側の岬〔立目崎〕とが形づくる湾の中で、(＊1)一日中ジグザグに走る。船長はこの湾をスコットランド湾、岬をシーボルト岬と呼んでいる。夕方、強い北西の風を受けて進む。騒々しい不気味な夜。

＊1　アレクサンダーの著書によれば、「風をさえぎっていた長崎の港を出ると、たちまち荒天に出遭ったが、風雨がつのって翌日鹿児島湾の入口にあるチカコフ岬の近くに錨を下さねばならなかった。ここは鹿児島湾の入口で鹿児島は薩摩侯の居城地であった」（一〇四頁）と記している。

四月十七日（水曜日）旧三月八日

嵐。陸地が確認できない。船が恐ろしいほど横揺れし、〔壁または床に〕たたきつけられる。底荷は僅かで、荷物はほとんど収納していなかった。〔重心が悪いことを言っているのであろう〕

四月十八日（木曜日）旧三月九日

紀伊地方のイヅミサキ Cap. Idsumisaki〔出雲崎〕が見えた。相変わらず嵐と高波の中で、遠江灘 Tohodomi Nada〔遠州灘〕を通過。コサン岬 Cap. Kosan〔御前崎〕へ。

〔覚書〕**四国の山々、参府旅行**

四国の一番高い山（その頂上）は、二月の下旬ごろはまだ雪に覆われているが、七〇〇〇フィート以上の高さはない。

〔覚書〕**水島灘 Misima nada、参府旅行**

この瀬戸内海の島々は、六〇〇から八〇〇フィート以上の高さはない。これらの島は、草木の生えていない不毛な土地のように見える。慎ましやかな森は、クロマツ Pinus Massoniana からなっている。そこにはさらに耕地が点在しているが、これは山の斜面を耕して階段状に作った棚田である。地質は砂地で、風化した花崗岩 Granit や砂岩 Sandstein が、ところどころにその破片を露出させている。海岸にも転がっている。

四月十九日（金曜日）旧三月十日

早朝、コサン岬、次いでナガツロ岬〔石廊崎〕Cap. Nagatsuro、ロッキーアイランドRockyeiland（大島Ohosima）。新しい活火山の煙は見られず。須崎岬Cap. Suzakiと二つの頂上を有する山を見る。相模岬〔剣崎〕Cap. Sagamiは、実は低い平坦な砂浜。湾に進入。浦賀を見る。

夕方八時、横浜の沖合いの停泊地に到着した。[*1]

〔覚書〕大島

箱根の山と較べると、大島は四五〇〇から五〇〇〇フィート以上の高さはないようだ。大島の一番高い槍の形をした山の右側に立ち昇る煙は、絶えず立ち昇る煙ではない。それは数分の間をおいて蒸気の塊が現われる〔間歇泉〕もので、小さな雲と同じように、雲間に消えて行く。鞍のように窪んだ場所にある火口は、島の真中にあって、槍の形をした山の右側にある丸いドームの方につながっているのだと思う。

〔覚書〕チカコッフ岬、スコットランド岬[*2]

スコットランド岬の背後には、いくつかの漁村があった。そして、いくつかの小島が、人の住む浜の入口になっているように見える。全体がぼやけていて、何もかもはっきりとは見えない。私は晴れた一瞬をとらえて、われわれが南側から測量したチカコッフ岬の全貌を見ることができた。この位置の水深は、灰色の砂の底まで三三尋《ひろ》Faden[*3]に達した（チカコッフ岬、南＋北〔?〕。スコットランド岬、北・西1/2〔?〕）。この方向にチカコッフ岬の懸崖があり、真中が割れていた。湾の南西の岬にはまだ名前がついていないが、私はこれに船の名であるスコットランド岬という名前を与えた。これには船長B……〔この部分未記入だが、船長の名はジョン・ベルJohn Bell〕……も喜んで認め、シャンペンで洗礼しようと約束してくれた。湾は陸の内部……〔この部分未記入〕……、遠くからでも見える。ホルナー岬〔開聞岬〕先端からスコットランド岬先端を結ぶ線上での計測では、水深は一三尋で、底は砂と貝殻からなる。……〔この部分未記入〕……そしてほぼ湾の中央で終わる。もう一つの投錨地からスコットランド岬とチカコッフ岬が測量された。丁度この場所の正面に小さな漁村がある。これはスコットランド岬からチカコッフ岬までの距離の約三分の一にあたる。

天候不良〔十七日〕。

木曜日〔十八日〕の早朝、イツミシ岬 Cap. Itsumischi〔出雲崎〕が見える。

金曜日〔十九日〕の早朝、コサン岬、ついで伊豆岬〔ナガツロ岬（石廊崎）か?〕。まわりを岩で囲まれているロッキーアイランドをぐるりと回る。駿河から来た船が二、三町[*4] Tjo 離れて、この岩だらけの島を回り、それから北東の風とともに小田原湾に入った。二、三の漁船と出会い、彼らに声をかけた。しかし彼らは、魚を売るために、船に近寄ることは許されなかった。伊豆岬の北〔北東〕の海岸線に沿って、白い海岸を発見して……〔この部分未記入〕……と名前を与えた。……〔この部分未記入〕……ほぼ四、五年を数える。小田原湾の海岸線に沿って進む船があった。夜、八マイル航行した。

正午過ぎ、大島が見えた。その後、接近、大島を右舷に見て、江戸湾上に船を停めた。四時ごろ、西の方角に白浜岬 Cap. Sirohama から州崎岬 Cap. Susaki までの安房の海岸が見えた。その対岸にある大房崎 Cap. Tafoschi[*5] は、江戸湾に入る入口を示している。

大島の南東の方の山頂に三つの異なった噴火地点がある。その中で、最も西にあるのが大島の火口で、他の二つは南東の斜面にある。多くの船乗りたちがそれまで見ていたのとちがって、今は煙が立ち昇るのは見えなかった。

安房大路 Awa osi〔浦賀水道〕について。この水路に面した地方は、海抜一〇〇〇フィート以上はなく、黄色がかった白い丘からなっている（播磨 Halima の海岸の砂浜に似ている）。ところどころ、松と思われる針葉樹に覆われている。望遠鏡で眺めると二つの比較的大きな村落があった。その背後には……〔この部分未記入〕……が丘の斜面の方に伸びていた。そもそも安房の海岸は人口が多いように思われる。海に面した側は砂丘で、作物が育たないと想像される。

＊1　アレクサンダーの著書に、船旅の第一印象について母親宛（四月二十日付）の手紙で、次のように書いている。

「六日間のつらい海上旅行のあと、私たちはこの横浜に着いて、もう二、三日になります。私たちが乗ってきた船は今日明日のうちには出帆いたしますので、取り急ぎ近況をお知らせ致します。私たちは積荷のないぼろ船に乗って大しけの海を進みましたので、私はいつものように船に酔いましたし、父も元気がありません。――名高い富士山は厚い雲のベールに包まれていて、見えなくて残念でした。しかし日本の美しい海岸の眺めは、それを償ってくれました。

――」

とし、同じく妹ヘレーネHeleneとマティルデMathilde宛（五月十七日付）の手紙では、当時の横浜の状況についてこう書いている。

「この横浜という町は、ほんの少し前に湿地に作られたもので、外観は牢獄とそっくりです。なぜなら家々にはみな柵を巡らし、黒く塗ってあるからです。」（一〇八頁）。

＊2　この記述に関しては、シーボルト『日本』図録第一巻「九州、四国、本州および周辺諸島の主要地点、経緯度測定比較一覧表」一三一～一三三頁参照。

＊3　一尋Fadenは大人が左右に手を広げた長さ、六尺（約一・八メートル）。

＊4　一町は六〇間（約一〇九メートル）。

＊5　大房崎Cap. Tafoschiは現地名で言えば富浦あたりになる。シーボルトは剣崎と誤解したのであろう。

四月二十日～六月十七日〔横浜滞在〕

四月二十日（土曜日）旧三月十一日

末永[*1]Sujenagaと名乗る通詞が、数人の運上所の役人と共に乗船してきた。私は彼に長崎奉行から神奈川奉行宛の信任状を手渡し、彼らの船で上陸。オランダの副領事の所へ行く[*2]。彼は私を親切に出迎え、私をオランダ官邸に連れて行く。日本の運上所は、ボート、料理人、そして幾人かの役人を私につけてくれた。すべて至れり尽くせりである[*3]。

＊1　『金川司鑑』（『神奈川奉行所職員録―よこれき双書・第16巻―開港当時の役人たち』横浜郷土研究会編集発行　平成九年）によれば、通詞末永は阿蘭陀通詞末永猷太郎（生没年不詳）とある。〔一五〇頁図版参照〕

＊2　オランダ副領事ポルスブルックの住居は、長延寺にあった（現在の京浜急行「神奈川新町駅」下車。すぐ横にある「神奈川通東公園」の地）。

＊3　アレクサンダーの著書によれば、横浜到着後について次のように書いている。

「私たちは最初あるホテル（後日、アレクサンダーが述べている「ヨコハマ・ホテル」のことである（シーボルトの八月二十八日の日記〔注〕を参照）。このホテルは、横浜開港の翌年の一八六〇（万延元）年にオランダ人ホフナーゲル（C. J. Huffnagle）により居留地七〇番（現在の横浜市中区山下町。フレンチレストラン&洋菓子・横浜「かをり」の地）に開業した。シーボルト父子が宿泊したのは、開業の翌年ということになる。）に泊まっていたが、そこにいるのはあまりに不安で、父の気に入らなかった。大部分の生活は、マッコーリー（Macauly）という黒人がボーイをしているバーの周辺に集中していた。この男は後に努力して裕福な家主になったが、「マッコーリー男爵」というあだ名がついていた。このバーにはじつにいろいろな人が寄り集っていて、時々夜おそくピストルの射撃練習などして愉快に過していた。ドアーの上の方にある大時計がいつも的となった。アメリカの連中が一ぱい機嫌で正確に的の真ん中に当てていた。私たちは後で日中になって調べてみて、その正確さに感心してしまった。こうした練習はよい影響を与えるわけはなく、時計が正常に動かなかったことは、恐らく述べる必要もあるまい。しかしホテルには「ごろつき」ばかりがいたわけでなく、面白い旅行者もいた。先ずヴィルヘルム・ハイネ（Wilhelm Heine）大佐で、彼は以前ペ

現在、レストラン・洋菓子・横浜「かをり」

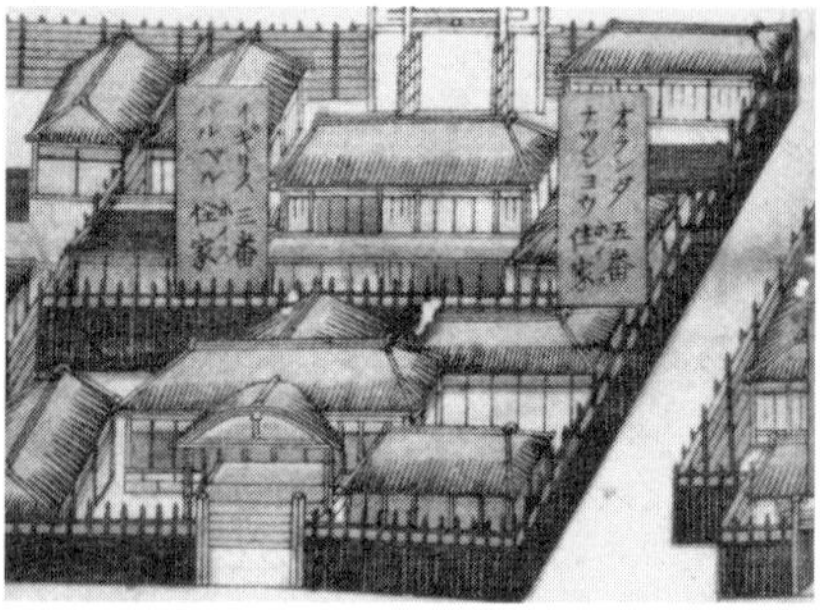

「御開港横濱大絵図二編、外国人住宅図」
（部分、五雲亭貞秀筆、横浜都市発展記念館蔵）
「オランダ五番ナツショウ住家」（居留地70番）
これが「横浜ホテル」の建物である。

東アジア遠征隊のメンバー
（ヨコハマホテル滞在者が多い）
下段左から：医師ルチウス、アウグスト・ツー・オイレンブルク伯爵（自然科学者）、医師フォン・ブンゼン、中段：画家W. ハイネ、マックス・フォン・ブラント、フリードリヒ・アルブレヒト・オイレンブルク伯爵、上段：ザクセン商工業団体代表シュピース（著者）、画家A.ベルク（絵の作者）
シュピース『プロイセンの東アジア遠征』より
（ドイツ東洋文化研究協会蔵）

リー提督のアメリカ使節団に付いて日本に来て、日本についての旅行記を著したが、父は「日本に関する一〇一の誤り」という題でその批評を書く計画だった。さらにミハエル・バクーニン（Michael Bakunin）という人はロシアの煽動家で、シベリアから逃げて来た人だった。恐らくその時当局は見て見ぬふりをしていたのだろう。彼は十分お金をもっていて、彼と知り合った人々はみんな深い感銘を覚えた」（一〇九頁）。

〔補注〕シーボルト父子が宿泊した前年（一八六〇年）、プロシア全権公使オイレンブルグ伯に同行したザクセン商工業団体の代表シュピース（Gustav Spiess 生没年不詳）は、この「ヨコハマ・ホテル」に宿泊した当時の様子ついて、次のように述べている。

「此處のホテルそのものには、ほかの日本の木造作りの家屋と異つて、非常に通風のよい、所謂食堂と、是れと同様の特徴を備へた撞球室もあつたが、バーBar即ち、船などの放浪客の為の、酒賣場もあつた。此の土地にたつた一つしかない此の玉突は、非常に繁昌して居た。刺戟といふものは、人間にとつて、實に必要なものであるらしいが、一ドルか、半ドル賭けた一種の賭球で満足された。二つの廣間Säleは、長い本館となつて居て、其の中間は板壁で、部屋Zimmerと稱せられる八室となり、狭い廊下から、外部に向つて通路がありそして床上約一呎半の高さがあつた。窓は一つもなかつたし、ストーヴも同様に一つもなかつた。此の二つがない為めに、濕冷の十一月頃には、大雨が降つたり、大風が吹いたりするので苦しかつた。家具といへば、一種の寝臺に堅牢な卓子、それに支那の竹製の椅子二脚があるのみであつた」（小澤敏夫譯註『シュピースのプロシア日本遠征記』奥川書房刊　昭和九年　三三七―三三八頁）。

「私達が宿をとつた「蹄鐵ホテル Das Hotel Huffnagel」は、廣々とした日本家屋であつた。そして大きな此の屋敷の真中は、厩舎、下男部屋急造の新しい客間で圍まれて居た。此處は悉く、板塀で包まれて居たが、若し敵が攻撃すれば、是は何の役にも立たなかつたであらう」（同書、三四一頁）。

この「横浜ホテル」の歴史に関しては、澤護著『横浜外国人居留地ホテル史』〈敬愛大学学術書3〉白桃書房　二〇〇一年刊に詳しい。

四月二十一日（日曜日）旧三月十二日

神奈川へ通詞中山作三郎 Nagajama Sakusabro（今はなき、私の旧友作三郎の孫[*1]）と散策。ある茶屋で非常に親切にもてなされた。三十五年ぶりに東海道を再び歩く。[*2] 立派なクリンソウ Primura Kurinso、すなわち九つの層のある草木。というのは、この植物には輪生する花が九層をなして、茎についているからだ(*3)。さらにジャコウソウ Labiata〔Labiatae〕Sjakosô と呼ばれるものも貰った。なぜなら、これは麝香 Moschus の匂いがするからだ。

＊1　中山作三郎（生没年不詳）オランダ通詞中山家第七代目にあたる、六代目中山作三郎武徳（一七八五―一八四四）の孫で、同じ作三郎と称した。
＊2　一八二六（文政九）年シーボルトの江戸参府旅行を示す。
＊3　実際は寺院の塔上に設置する「九輪」に見立ててつけられた名前である。

四月二十二日(*1)（月曜日）旧三月十三日

神奈川奉行(*2)〔松平石見守〕は、私を今日か明日かのうちに歓迎する用意があると、伝えて来た。ジーブルグ氏 Sieburgh とハール氏 Hall(*3) の来訪を明日に決める。

神奈川奉行松平石見守康直　1862年頃
（「遣欧使節肖像写真」港区立港郷土資料館蔵）

＊1　この日「リハチョフからシーボルトへの書簡」を送る。「長崎から瀬戸内海、クルーゼンシュテルンの地図によって紀伊水道、豊後水道などを通ったことの航海上の報告」（保田孝一編著『文久元年対露外交とシーボルト』岡山大学吉備洋学史料研究会　一九九五　一一八―一一九頁。以下、保田孝一編著とする）。なお、ブランデンシュタイン家所蔵文書に「リハチョフが上海からシーボルト宛書簡」（請求番号111610 フランス語一枚）がある。
＊2　神奈川奉行松平石見守康直（一八六〇年一月七日―六三年二月十六日在任）。
＊3　ジーブルグ（N.C.Sieburgh 生没年不詳）は横浜居留地のオ

ランダ人。ハール（Hall）はアメリカ商人フランク・ハール（Frank Hall生没年不詳）であろうか。

四月二十三日（火曜日）旧三月十四日

十時から十一時まで、神奈川奉行と公式会見。議事録第一号参照。[*1]

貝殻Schulpeのコレクションを一分銀十五枚で購入。クルミKurumiが、ここではよく市場に出回る。味は良いが油が多い。〔原文の一部オランダ語〕

〔覚書〕クルミ

横浜ではクルミが市場に出る。味は良く、数ヵ月は持つ。

＊1　ブランデンシュタイン家所蔵文書の中に「手稿・原稿、一八六一年四月二十三日神奈川奉行との謁見に関する記録抜粋」（請求番号10881　オランダ語五枚）と「差出人不明（シーボルト?）・宛先不明（オランダの植民大臣?）の「添付書簡M・一八六一年四月二十三日に行なわれた神奈川外国奉行拝謁の際の議事録」（請求番号61896　オランダ語四枚）がある。

また、マクリーンの論文（七二頁）によれば、シーボルト父子は神奈川奉行松平石見守との最初の謁見を十一時から午後二時三〇分まで行ったとあり、目付松平次郎兵衛と四人の組頭などが列席し、通訳は中山作三郎（シーボルトの旧友作三郎の孫）があたったとして、奉行から締約七カ国の比較を求められ、シーボルトが反英米仏で、親露的な意見を述べたと詳述している。なお、これに関連した史料が保田孝一編著に収載の「一八六一年五月十七日シーボルトからリハチョフ宛の書簡」神奈川奉行との最初の交渉報告（一一〇頁）があるので参照。

四月二十四日（水曜日）旧三月十五日

神奈川奉行の邸宅[*1]のある丘へ遠出。そこでは野生のクマヤナギ属Berghemia〔Berchemia〕、オケラ属Atractyloides〔Atractylodes〕、ホトトギス属Tricyrthis〔Tricyrtis〕Jap.〔Japonicum〕、クマガイソウ属Cypriped.〔Cypripedium〕、スズラン属Convallaria、ケヤキUlmus Keakiなどを見つけた。

ドーメン氏Dohmen来訪。[*2]

珍しい食卓を一分銀一〇枚で購入した。

＊1　神奈川奉行所（現在の横浜市西区紅葉丘九。神奈川文化センターの地）。
＊2　ドーメン（Martin Dohmen 生没年不詳）はオランダ人、のち居留地取締官。

四月二十五日（木曜日）旧三月十六日

昼、気温華氏六二度〔摂氏約一六・七度〕。昼、気圧計二八秒四一、夜二八秒一〇。[＊1]

S氏[＊2]に聞くところによると、オランダ商人たちは日本におけるオランダの通商会社の設立を承認しないとのこと、今の現状に不満であるとのこと。[＊3]

ヨーロッパ人の墓地〔外人墓地〕[＊4]とそれに隣接している丘へ散策。ハンノキの一種 Alnus arten、サンザシ属 Crataegus、ナナカマド属 Sorbus、オオルリソウ属？ Cynoglossum ?、トリカブト属 Aconitum、カンアオイ属 Asarum、クワガタソウ属 Veronica、ナラ Quercus Nara を観察。

＊1　気圧計の単位は『江戸参府紀行』（呉秀三訳および斉藤信訳）の表記に準じた。なお、シーボルトの気圧計に関する詳細な記述は、自筆草稿「長崎近郊千々山への調査旅行」二五〇―二六二頁（『新・シーボルト研究』Ⅰ　自然科学・医学篇　八坂書房刊。以下、『新・シーボルト研究』Ⅰとする）参照。
＊2　S氏はオランダ人のジーブルグ（N.C.Sieburgh）であろうか。
＊3　開国直後から横浜や江戸では外人殺傷事件が横行し、世情は不安であった。各国公使は犯人逮捕と処罰を求めたが、うまく行かなかった。幕府は条約通りにすべての開港開市を実行する自信がなく、ついに文久元（一八六一）年三月、条約五カ国に宛て、残る二港二都の期日延期を要請した。オランダの通商会社設立が承認されないことも、おそらくこれと関係しているのであろう。
＊4　ヨーロッパ人の墓地〔外人墓地〕は、現在の横浜外人墓地（山手外人墓地）のことであろう。後掲の草稿「外人殺傷事件」＊2を参照。

四月二十六日（金曜日）旧三月十七日

朝、気温華氏六五度〔摂氏約一八・三度〕。朝、気圧計二七秒九八。雨。

競売に行く。食卓一つ一三メキシコドル、箪笥一

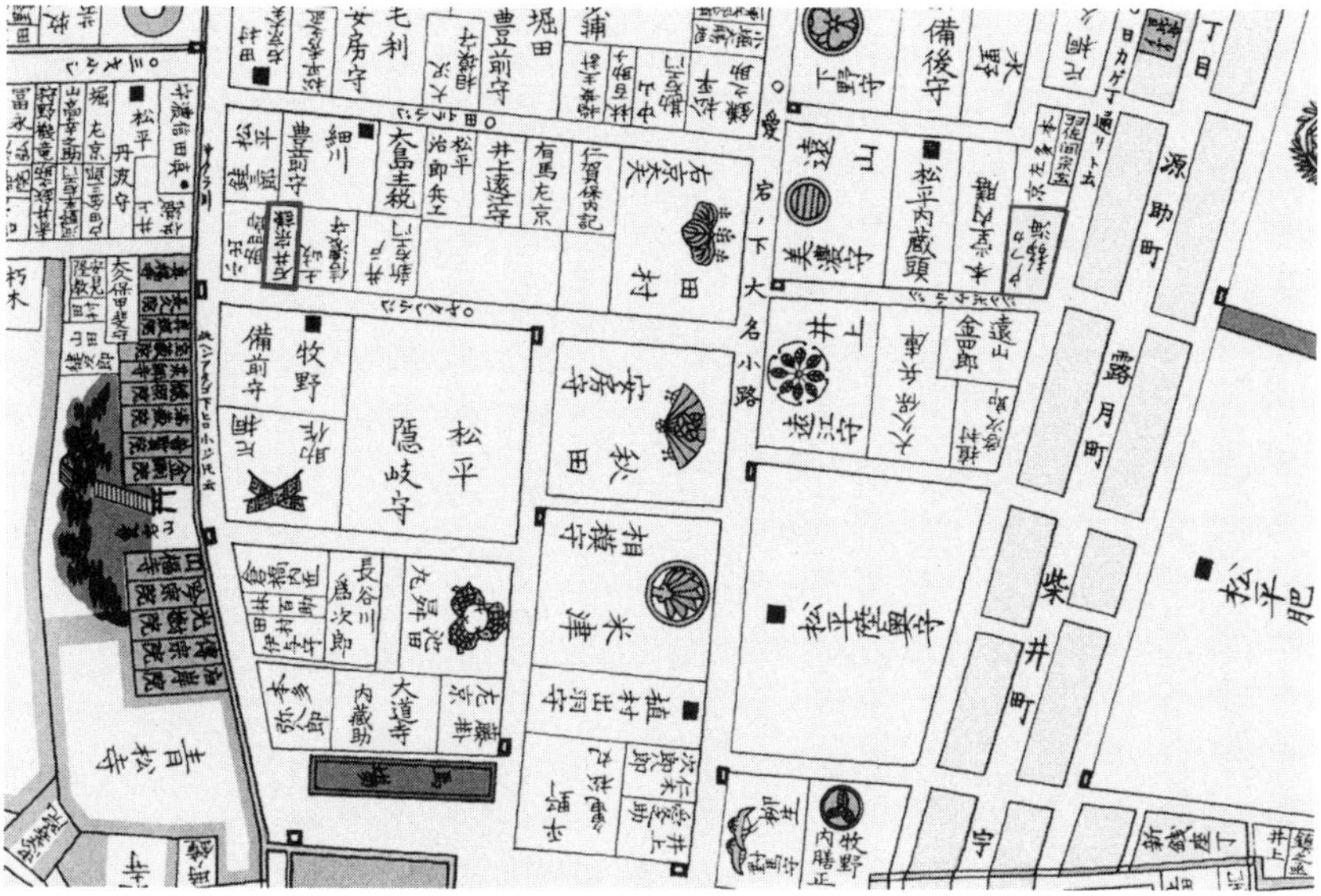

「江戸切絵図(愛宕下之図)」部分(1861年)。左に愛宕山、道をはさんだすぐ上に石井宗謙の家(太枠部分)。右側には戸塚(戸つカ)静海の家(太枠部分)、その向かいには遠山金四郎の家も見える。

つ二ドル。

愛宕下 Atago sita、つまり江戸の愛宕神社の下に私の古い門人である石井宗謙(*1)が住んでいる。

〔覚書〕門人

私の古い門人である石井宗謙は、江戸の愛宕下通り Strasse Atago sita にある愛宕神社の下に住んでいる。Sita は下という意味である。

＊1　石井宗謙(一七九六—一八六一)江戸後期の蘭方医。二十七歳のころ長崎に遊学、シーボルトに西欧医学を学び、『日本産昆虫図説』などをオランダ語に訳し、シーボルトに提出するほどの語学力に達した。シーボルトが国禁事件で離日(一八二九年)後、間もなく帰郷、一八三二(天保三)年美作勝山藩医に任ぜられた。一時期岡山で開業。このときシーボルトの子楠本イネに産科を教えるとともに、イネとの間に娘たか子をもうけた。のち江戸に出て蕃書調所に出仕したが、地方小藩出身のためか才能を十分に発揮できなかった。

四月二十七日（土曜日）旧三月十八日

荒天。

フランスの代理公使[*1]を訪問した。

さまざまな木で寄せ合わせて作った美しい箪笥を購入。使用されている木は、カキノキ属〔和名不詳〕Diospyros Karakaki、センダン Melia Jap〔japonica〕、ハゼ Rhus succedanea、ケヤキ Ulmus Keaki、シロダモ Litsea glauca など。小判九枚でわれわれの屋敷に引越す[*2]。調度品を整える。

夜、火災、騒然、混乱。

〔覚書〕寄木細工

食卓や箪笥を色とりどりの木材を寄せ合わせて、味わい深くつくる。センダン、黄色のリュウキュウハゼ、黒く燃えるようなカキ Diospyros Kaki、ケヤキなど、木目の美しい樹木でつくるのである。

＊1　フランス代理公使（fr. Chargé d'Affaires）はデュシェン・ドゥ・ベルクール（Duchesne de Bellcourt）のこと。フランスの外交官。初代フランス公使として一八五九年に来日。イギリスのオールコック公使と共に外交団の一員として対日外交の基礎づくりをした。

＊2　ヨコハマ・ホテルから神奈川奉行所御役宅へ移る。『蘭文日記』四月二十七日（土曜日）にも、

「神奈川奉行から、横浜における居宅を指示されたので移った」

と書いている。また、アレクサンダーの著述によれば、

「幕府が私たちに用立ててくれた家の設備は、かなり便利なものだった。フランスの代表部からは、改宗者で一通りはやれる料理人が来てくれたので、私たちの物質的な生活もやがて一段と快適なものになった」（一〇九―一一〇頁）

と記述している。さらに、沓沢宣賢著「第二次来日時におけるシーボルトの外交活動」〔補注〕（『シーボルトと日本の開国・近代化』宮崎道生、箭内健次編　続群書類従完成会　平成九年刊）によれば、神奈川奉行から指示された、シーボルトの居宅について次のように記述している。すなわち、

「シーボルトの住居についてはこれまではっきりしなかったが、文久元年五月から神奈川奉行支配調役を勤めた小笠原甫三郎の手控の中に「英商舩、スコットランド商舩江乗組シーボルト儀、昨十日着港いたし候ニ付、兼而設出し御役宅引渡方之申聞候処、彼方都合有之候ニ付、居留蘭人商人ヒウチゲル方江両三日旅宿之上可引移旨申立候ニ付申上」という記事があることを見つけた。（石崎康子「小笠原家文書にみる神奈川奉行所関係文書　その一」八四―八五頁。

往時の野毛山から見た横浜の一部。手前の比較的大きな建物が神奈川奉行所の役宅といわれている
（F. ベアト撮影　横浜開港資料館蔵）

〈『横浜開港資料館紀要』第十二号所収　一九九四〉。この記事から御役宅とは「御開港横浜之図」（岩壁義光編『横浜絵地図』所収　有隣堂　一九九一）にみえている戸部役所近くのものか運上所付近のどちらかであると考えられるが、運上所が外交事務を取扱っていたことからみてシーボルトは運上所付近の御役宅を使用したのではないかと考えられる」と考察されている。しかし、訳者はシーボルトの独文日記に散見されるさまざまな記述から、むしろ神奈川奉行所付近に散在の御役宅の一軒が使われたのではなかろうかと推察する。

四月二十八日[*1]**（日曜日）旧三月十九日**

朝、気圧計二七秒八八。

フランスの代理公使デュシェン・ドゥ・ベルクール Duchesne de Bellcourt が来訪。オランダの副領事[*2]と夕食会。

横浜近くのみかん色の絶壁 Mandarin Bluff[*3]の海岸の巨大な岩石。これはザル貝 Herzmuschel やホタテ貝 Pectenmuschel の貝殻、ウニ Seeigel などが鉄分を含んだ粘土と砂、さらに石灰質の物質によって固

遊歩新道の不動坂より根岸湾を望む。中景は根岸村、遠景は本牧本郷村。湾の向こうに見えるのが「みかん色の絶壁」であろう。（F. ベアト撮影　横浜開港資料館蔵）

められてできた礫岩 Conglomerat である。岸壁も同じような貝を含んでいる。

〔覚書〕礫岩

横浜近くにあるみかん色の絶壁は、巨大な岩石の礫岩でザル貝やホタテ貝の貝殻、ウニなどが鉄分を含んだ粘土と砂、さらに石灰質の物質によって固められてできている。岸壁も同じような貝を含んでいる。

＊1　ブランデンシュタイン家所蔵文書に、日記の日付（四月二十八日）と同じ日に書かれた「宛先不明（ポルスブルック？）書簡（書簡写し）シーボルト自筆」（請求番号10511　オランダ語八枚）、同じく「シーボルトからオランダ植民大臣宛に、日本における学術的政治的活動についての書簡（下書き）（請求番号71943　オランダ語六枚）がある。

＊2　オランダ副領事はポルスブルック（D.de Graeff van Polsbroek 1833-1916）。一八五八（安政五）年日蘭修好通商条約締結の際、理事官の秘書を勤め、翌年神奈川駐在副領事。一八六三（文久三）年から総領事兼外交代表となる。

＊3　ロバート・フォーチュン著　三宅馨訳『江戸と北京』（廣川書店　昭和四十四年）によれば、「外人たちが「みかん色の絶壁」とか「条約の岬」と呼んでいた本牧岬」（一五〇頁）と

記している。

〔補注〕この日の日記と覚書をもとに執筆されたと思われる〔草稿〕周辺地域の地質学的構成〔原文は無題のため、訳者による仮題〕があるが、判読困難な文章であるため、ここに一部紹介するにとどめる。

〔草稿〕周辺地域の地質学的構成

まず目に付くのは広大な腐植土で、横浜湾の周辺の丘陵地や谷間を覆っている。この黒く良質な地表の土は砂や石をまったく含んでおらず、厚さは深い部分で二〇〇センチメートル、浅い部分で二から三デシメートルで、下の層を形成している黄色の粘土層と分かれている。

この粘土層は五種類から成っている。そこには小さな岩屑ばかりで、大きな岩はほとんどない。下層には稀に大きな石の塊り、白色や黄色の結晶質、雲母、そして黒味がかった磁石に引きつけられる石の粒がある。これは紛れもなく溶岩が砕けてできた砂であり、また察するところ、そこの土壌は大量の溶岩性の物質を含んでいる。というのは、その近くに千年以来活動している火山である富士山があり、その地域一帯にその溶岩の破片が降り注がれ、覆い被さったからであろう。植物の痕跡はない。他方、黒い表層の方には植物の根やその繊維が奥まで含まれている。……（以下略）

四月二十九日（月曜日）旧三月二十日

四月三十日（火曜日）旧三月二十一日

ある情報通の日本人と政治問題について談話。大君Daigunという称号を将軍Sjôgunが初めて身につけたのは、条約締結の時であった。なぜなら将軍（最高司令官Obergeneral）という称号は、御門Mikado（真の皇帝wirklichen Kaiser）によって与えられ、将軍を〝御門に従う家来〟と呼んでいるからである。噂では、大君は来年、御門の妹と結婚するであろう[※2]とのこと。古い仕来りから、大君は御門の近親者とは結婚してはならない。したがって御門の妹は、形式的に御門の第一の家来の娘として養子縁組し、大君と結婚する。

現在の政情は外国人ばかりか、外国人と接触のある者ならば、大君の家来であっても、その生命の危険に曝されている。

汽船スコットランド号で、私の江戸への召喚についての報告を、植民大臣に送る。二二個の古い種々雑多な酒盃を購入する。〔覚書「大君—称号」「将軍の妻」

参照　二日分にわたり記入〕

〔覚書〕**大君―称号**

大君という称号を、将軍は初めて先日の条約締結の際に名乗った。政治的理由からである。

将軍、すなわち御門の最高司令官として、彼はたとえ形式的ではあるが、御門に従属していた。だから彼は、そのような者として、外国の列強とは御門の特別な賛同がなければ、条約を締結することはできなかった。それ故に彼は大君、偉大なる支配者、と自ら称号をつけたのである。

〔覚書〕**将軍の妻**

将軍の妻は御門の妹である。しかし将軍の妻になるためには、御門の第一の家臣の娘として養子縁組しなければならなかった。というのも彼女は高貴な家柄で、将軍とは結婚できなかったからである。現在の若い将軍（大君）は、御門の宮廷で第三位の地位に就いたばかりだ。

＊1　ブランデンシュタイン家所蔵文書に、日記の日付（四月三十日）と同じ日に書かれた「インデルマウルからシーボルト宛書簡、出島にて」（請求番号91047　オランダ語一枚）がある。

＊2　孝明天皇の異母妹和宮親子内親王（一八四六―一八七七）が十四代将軍徳川家茂（一八四六―一八六六）に降嫁することの記述。また、それをめぐり一八六〇（万延元）年から翌年にかけて起きた政治問題についても触れている。

五月一日（水曜日）旧三月二十二日

朝、気温華氏五三度〔摂氏約一一・七度〕。昼、華氏六四度〔摂氏約一七・八度〕。朝、気圧計二八秒二〇。昼、二八秒三〇。北北西の風。雨。

気象観測機を修理する。二、三の植物を購入。

土佐藩主〔山内豊信〕[*1]は、今の幕府と外国人を嫌っているとの話である。

水戸藩主は本当に殺害されたとのこと。

御大老の殺害、とりわけ彼の首が斬られたことは、公式には発表されなかった。もし発表されていたら、

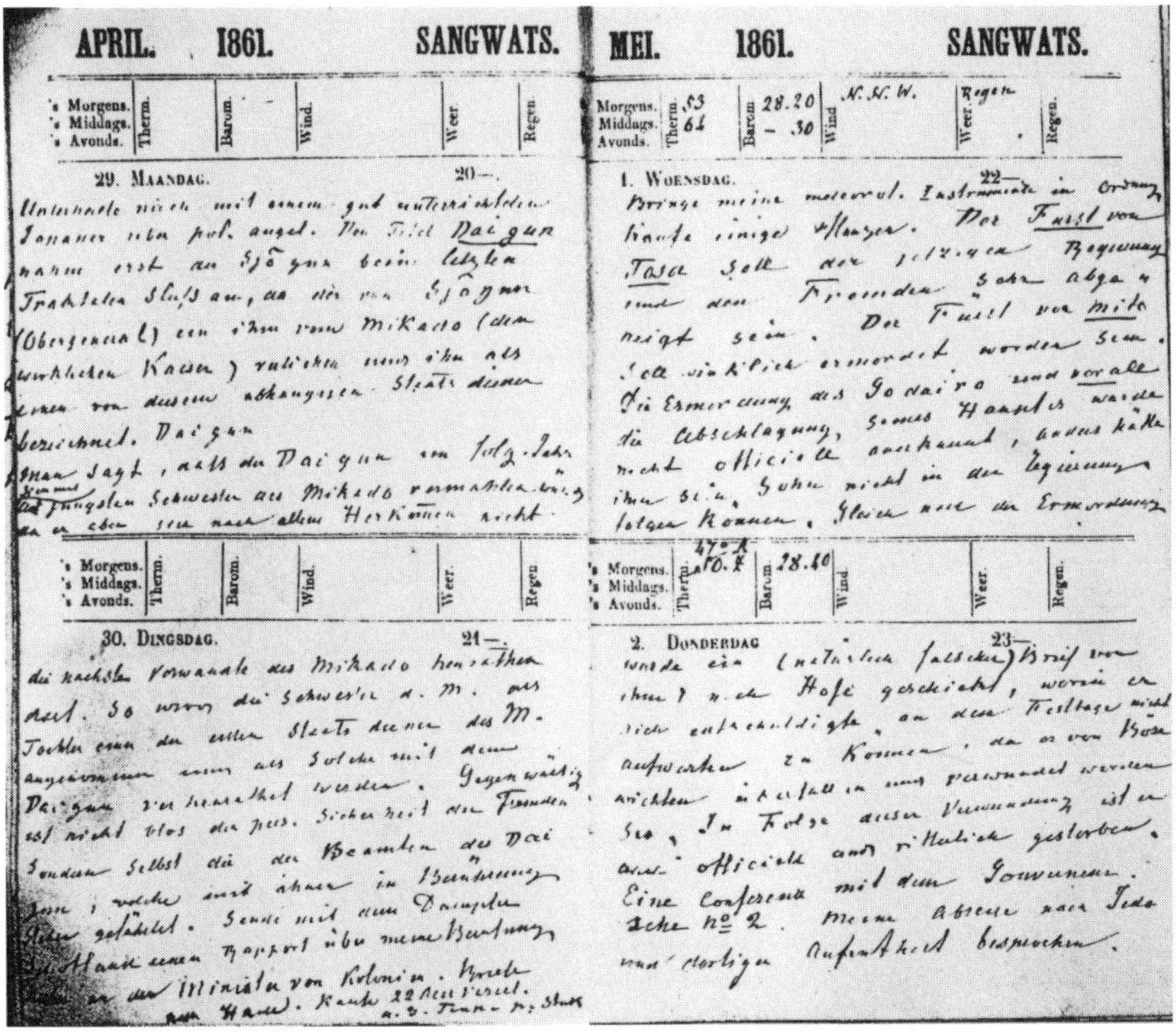

1861年4月29日～5月2日の独文日記。細かい文字でびっしりと記入されている。

彼の息子が跡を継ぐことなどありえなかったであろう。御大老暗殺の直後、御大老から一通の（もちろん偽りの）書状が息子によって宮廷に届けられ、そこで彼は詫びている。「狼藉者に襲われ、負傷したため祭礼の日には参列できない」と。彼は公にも、武士としてこの傷がもとで、死んだことになっている。
〔覚書「政治的なこと」参照〕

〔覚書〕攘夷

四国の現在の土佐藩主は、幕府と外国人に対して断固たる反対者であるとのこと。

〔覚書〕政治的なこと

御大老が殺害され、とりわけ彼の首が刎ねられたことは、公式には発表されなかった。もし発表されていたら、彼の息子が近江の藩主[*2]として彼の跡を継ぐことはなかったであろう。その暗殺の直後一通の（もちろん偽りの）御大老の書状が息子によって宮廷に届けられ、そこで彼は詫びている。

「三月一日の祭礼の日には参列できない、なぜなら狼藉者に襲われ、負傷したから」。

この負傷ののち、彼は正式に武士として死んでいる。

＊1　山内豊信（一八二七―一八七二）幕末の土佐藩主。容堂と号す。分家の出。藩政を改革。公武合体に尽力。後藤象二郎をして将軍徳川慶喜に大政奉還をさせ、維新後、議定となる。

＊2　井伊直憲（一八四八―一九〇四）井伊直弼の次男。彦根藩第十六代（最後）の藩主。一八六〇年、父直弼が桜田門外の変で水戸浪士らに暗殺されたため家督を継ぐ。維新後伯爵となる。

五月二日（木曜日）旧三月二十三日

朝、気温華氏四七度〔摂氏約八・三度〕。昼、華氏五〇度〔摂氏約一〇度〕。朝、気圧計二八秒四〇。

〔神奈川〕奉行との会談。議事録第二号を参照のこと。私の江戸への出発、そこでの滞在について話し合う。

五月三日（金曜日）旧三月二十四日

今朝、植物調査で遠出した。

帰宅したのちに、奉行より午後一時に呼ばれた。江戸における私の滞在と俸給について話した。[*1] また港の規則に関して質問された。議事録第三号参照。

小栗豊後守はかつて御目付で、それから遣米使節[*2]となり、今は外国奉行である。[*3]

＊1　マクリーンの論文（七三頁）によれば、プロシア使節団の滞在した江戸の住居（赤羽根接遇所）に月一〇両（四〇ギルダー）の家計費を受けて宿泊すると知らされた、と記述している。

＊2　後述五月五日＊3および＊5参照。

＊3　長尾正憲著『福沢屋諭吉の研究』（第三章シーボルト文久元年の日記について〔史料〕「シーボルトの一八六一年の日記」五二六頁。以下、長尾正憲の著述とする）によれば、

「同日、竹内遣欧使節団の構成が決定した。正使竹内、副使桑山元柔、目付京極高朗、勘定吟味役高橋和貫（平作）。但しのち変更があった」

としている。

五月四日（土曜日）旧三月二十五日

七時という朝の早い時間に、神奈川奉行から知らせがあった。彼は一時ごろ、外国奉行 Minister von auswärtigen Angelegenheiten と一緒に私を訪問する由。その後外国奉行が遅れて到着したため、私に神奈川奉行所まで来るよう要請された。議事録第四号参照。会談は明日午前十一時に決められた。

水戸公も宰相 Saisjô の称号を得ていた。

五月五日（日曜日）旧三月二十六日

午前十一時、幕府の役人が迎えに来る。議事録第五号参照。[*1] ベルクール氏来訪。

遣米第一使節〔正使〕新見豊前守[*2] Simi Buzen no Kami, erster Gesandter nach Amerika、第三使節小栗豊後守[*3]、第二使節〔副使〕村垣淡路守[*4]。外国奉行 Kwai Kok' no Bugio、すなわち外国事務官。現在八名いる。〔覚書「遣米使節団」参照〕

〔覚書〕遣米使節団(＊5)　五月三日と五日

アメリカに派遣された使節団は、三人の使節から成っていた。

第一、新見豊前守、第二、村垣淡路守、第三、小栗豊後守。

＊1　ブランデンシュタイン家所蔵文書の中に「差出人不明・宛先不明、添付書簡N、一八六一年五月五日に行なわれた外国奉行小栗豊後守との会議議事録」（請求番号61903　オランダ語四枚）がある。

＊2　新見正興（一八二二―一八六九）幕末期の幕臣。父は三浦義韶。新見家の養子。豊前守・伊勢守。一八五九（安政六）年外国奉行、神奈川奉行を兼ねる。同年日米修好通商条約の批准交換のため最初の遣米使節正使となり、一八六〇（万延元）年使節団を率いて渡米し、アメリカ大統領に会見。帰国後加増されたが重用されることはなく、一八六二（文久二）年側衆へ転じ、一線から退いた。

＊3　小栗忠順（一八二七―一八六八）幕末期の幕臣。上野介。一八六〇（万延元）年遣米使節随員として渡米、帰国後外国奉行。一八六二（文久二）年勘定奉行。翌年歩兵奉行の時、率軍上京計画を立てたが未然に発覚し罷免。一八六四（元治元）年勘定奉行、軍艦奉行に着任し、横須賀製鉄所の基礎を作る。一八六五（慶応元）年五月勘定奉行。財政改革・軍制改革の中心となる。

＊4　村垣範正（一八一三―一八八〇）幕末期の外国奉行。通称淡路守。号は淡叟。一八五四（安政元）年勘定吟味役となり、海防掛・蝦夷地掛を兼務。十月下田でロシア使節を応接。五六年箱館奉行、一八五八年外国奉行、一八五九年神奈川奉行と兼職し、外交の一線に立つ。一八六〇（万延元）年の遣米使節副使。一八六一（文久元）年箱館奉行として着任、ロシア軍艦対馬占領事件の処理交渉にあたった。六三年作事奉行に転じて外交から引退。『遣米使節日記』を残した。

＊5　遣米使節団。幕末期の最初の遣外使節で、日米修好通商条約の批准交換のため一八六〇（万延元）年渡米した。正使新見豊前守正興、副使村垣淡路守範正、目付小栗豊後守忠順ら総員七七人。そのうち一四人は諸藩からの参加者。一月米軍艦ポーハタン号で出航。ハワイ、サンフランシスコを経てワシントン着。ブキャナン大統領との会見、批准書の交換のほか、各種施設を見学して海外事情を探索。帰路はニューヨークから喜望峰・香港を経由して九月二十七日に帰国した。

五月六日（月曜日）旧三月二十七日

ベルクール氏からの伝言。それに対して何時に会えるか返事をする。ボードウィン氏が〔私の〕家族とリハチョフの書簡を持って来訪。

いわゆる外務大臣は事務宰相Simu Saisjôという称号をもつ。Simuは事務、Saisjôは高級官僚の意味で、二名いる。〔覚書「事務宰相・五月五日と六日」参照〕

〔覚書〕事務宰相　五月五日と六日

事務宰相Ministerは二人で、外国奉行Gouverneurは八人ないし一〇人である。外国奉行Kwai Kok' no Bugioとは外国事務官の意味である。事務宰相Si mu sai sjôは御老中でもあり、外交事務を取扱う高級官僚という意味である。

五月七日（火曜日）旧三月二十八日

散歩中、ある日本人医師で、一八二三年から三〇年まで設立していた私の鳴滝塾の信奉者と知り合いになった。彼は私を自宅に案内し、今も江戸に存命中の私の門人たちの名前を挙げた。そのうちの三人は今の大君の侍医で、もう一人はある藩の藩医であった。彼らの名前は戸塚静海[*1]、伊東玄朴[*2]、竹内玄同[*3]、石井宗謙である。

＊1　戸塚静海（一七九九―一八七六）幕末の蘭方医。遠江国掛川の人。江戸で蘭学を学んだ後、長崎でシーボルトに医学を学ぶ。江戸で外科を開業し種痘所を創設。のち奥医師となる。

＊2　伊東玄朴（一八〇一―一八七一）幕末の蘭方医。肥後の人。シーボルトに学び、鍋島藩に勧めてオランダから牛痘苗を取り寄せて接種を行う。一八五八（安政五）年江戸に幕府の種痘所を開き、一八六一（文久元）年その後身西洋医学所の取締に任命された。

＊3　竹内玄同（一七九五―一八八〇）幕末の蘭方医。加賀の大聖寺の人。京都で蘭学を修めた後、長崎でシーボルトに医学を学ぶ。郷里に帰り丸岡藩主の侍医となる。その後江戸に移住、幕府より蘭書翻訳手伝を命ぜられ、やがて伊東玄朴・戸塚静海等について将軍の侍医となり、西洋医学所頭取を兼ねた。

五月八日（水曜日）旧三月二十九日

競売、漆器を購入。ベルクールと会う。

政治的な事柄を話すために、新任の神奈川奉行を訪問。大変良い歓迎を受ける。滝川播磨守[*1]、新しい神奈川奉行。

接遇所Sets goe dzjôといわれる赤羽根の宿舎、すなわち外国公使の住居。

〔覚書〕**赤羽根の宿舎**

赤羽根の宿舎はその名を接遇所といい、外国人来訪のための施設である。

＊1　神奈川奉行滝川播磨守具知（一八六一年三月四日―九月十九日在任）。

五月九日（木曜日）旧三月三十日

新任の神奈川奉行と面会し、フランス皇帝とオランダ国王宛の大君の書簡の内容について話し合った。

ベルクールの来訪。彼は私にフランス皇帝宛の書簡を読ませてくれた。そこでは、ある箇所(＊1)が日本語の原文とは全く違った形でオランダ語に翻訳されていた。

デ・コーニングde Coningh邸で夕食。

＊1　書簡の「ある箇所」についての内容は不明。

五月十日（金曜日）旧四月一日

ベルクール邸で夕食。

ルーレイロLoureiro氏(＊1)は、開港以来の横浜からの輸出額を四五〇万メキシコドルと見積っている。輸入は五〇万で、輸出は小判に換算すると二〇万から二五万枚に相当する。彼の考えでは、もし政府が長崎で一分銀を鋳造するならば、長崎を主要な貿易センターにできるであろうとのこと。彼は私とほぼ同意見である。

〔覚書〕**一八五九年七月から一八六一年五月までの横浜での輸出入**

デント商会の報告によると、輸入は五〇万メキシコドル、これに対して輸出は四五〇万で、小判に換算すると二〇万枚から二五万枚になる。これは、およそ二五〇万ギルダーに相当する。

＊1　ルーレイロ（Jose Loureiro）ポルトガル人。デント商会社員でイギリスの保護下にあった。一八五九年にフランス公使ベルクールにより在神奈川フランス領事となる。のちポルトガルと日本の国交が開かれると、ルーレイロは在横浜ポルトガル領事を兼任。一八六一年長崎に移住し、在長崎ポルトガル領事も勤めた。彼はデント商会にずっと在籍していたので、あくまでも名誉領事である。

五月十一日（土曜日）旧四月二日

家族、長崎奉行、N・トルトクラーネンN. Tordkranen氏[*1]宛の手紙を書く。重さにすると、一分銀三一一枚が一〇〇メキシコドル[*2]。しかし、今の、鉛と錫で合金されている新しい一分銀の純度からすると、三三八枚である。〔覚書「貨幣制度」参照〕

〔覚書〕貨幣制度

以前の一分銀では三一一枚が、およそ一〇〇メキシコドルにあたる。しかし、現在流通している新しい一分銀の純度からして、これは鉛と錫で合金されているということで、新一分銀三三八枚がおよそ一〇〇メキシコドルに相当する。これによると、幕府はメキシコドルを一分銀に鋳造し直すことによって相当の利益を得る。

〔補注〕『蘭文日記』五月十一日（土）旧四月二日には、「長崎奉行岡部駿河守〔長常〕あてに、私の横浜到着を報じ、数種の種子を送った。」（五二七頁）と記している。〔　〕は長尾氏による。

＊1　N・トルトクラーネン氏（Herrn N.Tordkranen.）なる人物は不詳。

＊2　メキシコドル（Mexican dollar）。メキシコで鋳造した銀貨。中国や東南アジアでは十六世紀以降に貿易通貨として広く用いられ、日本の開港場でも幕末・明治初年に流通した。墨銀・洋銀・メキシコ銀。金貨の流出は一八五九年以降、推定一〇万両以上。三〇〜四〇万両とする説もある。シーボルトの記述は非常に参考になる資料といえよう。なお、金銀交換率は日本はほぼ金一に銀五、外国は金一に銀一五であった。一分銀三枚と一ドル銀貨が同貨と定められた。外国人は四ドル持参して一分銀一二枚と交換し、そして小判（金貨）三両

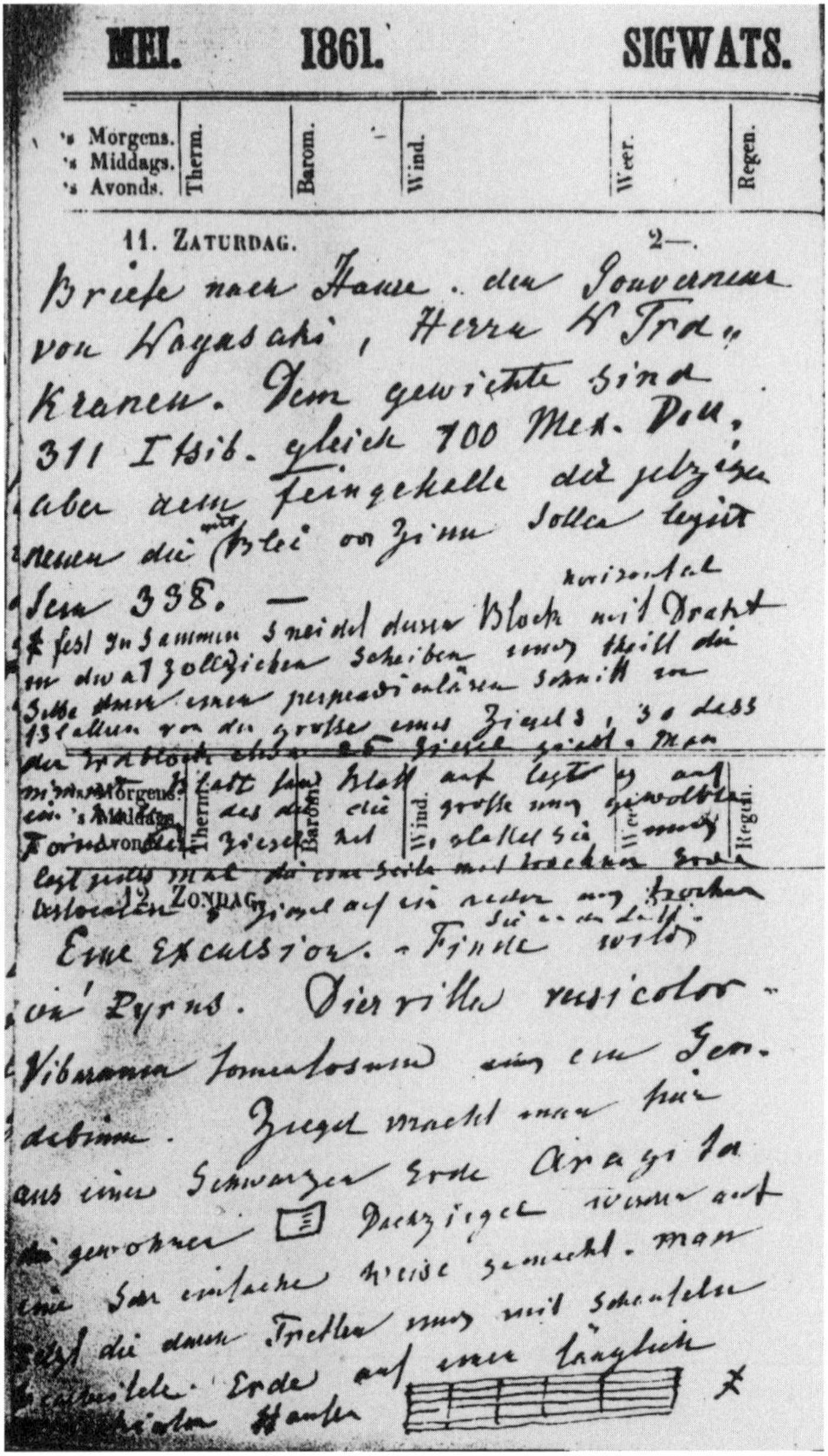

1861年5月11日・12日の独文日記

に換え、外国で一二ドルにした。このため開港直後の一八五九年、大量の金貨が流出した。幕府は一八六〇年安政小判（縦五六ミリ）に比べて、著しく軽量化した万延小判（縦三六ミリ）で対処した。

五月十二日（日曜日）旧四月三日

遠出。野生のナシPyrus、ニシキウツギDiervilla versicolor、ヤブデマリ Viburnum tomentosum、属名不明の植物Gen.dubiumを見つけた。

瓦はここでは黒い荒木田土[*1]Aragidaで作られる。慣れ親しんだ屋根瓦は、非常に簡単な方法[*2]で作られる。土を足踏みとシャベルで加工して、四角い長方形の土の塊とする。まずこの塊を、糸で水平におよそ一インチほどの厚さの板状に切る。そしてこれを望みどおりの瓦の大きさに切り落とす。こうして、この土の塊からおよそ二五枚の瓦ができる。それを一枚づつ、反った瓦の形をした木の上に重ね合わせ、余分な部分を取り除く。土が乾き滑らかになった瓦を、幾度もひっくり返しながら日干しする。〔覚書「屋根瓦」参照〕

〔覚書〕屋根瓦

江戸の屋根瓦は、荒木田土という黒っぽい粘土から作られる。屋根を然るべく葺くためには、さまざまな形をした瓦が必要だ。例えば、棟を覆うための長い半円筒の瓦lange Hohlziegel（a）。反っていて一辺が高くなっている端の瓦End Ziegel（b）。薔薇などの装飾のついた側面の瓦Seitenziegel（c）。両側の切妻を飾る切妻瓦Giebelverzierungen（d）。この瓦の模様は海豚《いるか》、獅子、龍などを型どったもの。これが一般的な瓦で、屋根の表面を覆っている。これらの瓦は、ごく簡単な方法で作られる。足で練り、シャベルで加工した土を集めて塊とする。それを長方形の形にして、しっかりと押さえる。そして銅線で一インチほどの厚さの板に水平に切り、さらに大きなナイフで、望みどおりの瓦の大きさに切る。土の塊は大きく、長く、広く、厚い。およそ二五枚の瓦が切り取られる。一枚ずつ（瓦の大きさのもの）を、瓦と同じ大きさの反った

12 21

Münzwesen

Von den alten silbernen Itsibu's wiegen 311 ~~ein~~
hundert beste Mexik. Dollars. Aber dem Feinge-
halte der gegenwärtig in Umlauf gesetzten neuen
Itsibu's, welche mit Blei und Zinn sollen ~~ge~~
legirt seyn, nach verhalten sich 338 neue
Itsibu's = 100 beste Mexik. Dollars. Dem-
nach zieht die Japanische Regierung von dem
Ummünzen der Mexik. Dollars in Itsibu's
einen bedeutenden Gewinn.

Dachziegel

. Die Dachziegel in Jedo werden aus einer schwarzlichen
Tonerde Aragita genannt verfertigt. Um ein
Dach gehörig zu decken hat man Ziegel von
verschiedener Form nöthig: So als lange Hohl
ziegel um den Firn zu bedecken (a) mit einem

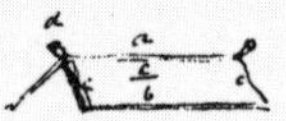

breiten Rande versehene Concave Endziegel (b)
welche mit Rosetten und andern Verzierungen versehen
sind, Seiten-Ziegel c welche an beiden Seiten
den Giebel bilden und Giebelverzierungen (d)
welche oft Delphine, Löwen, Drachen u. d. gl.
vorstellen. Hier handelt es sich von den gewöhnlichen
Deckziegeln, welche die Dachfläche bekleiden.
Diese werden auf eine sehr einfache Weise ge-
macht. Man setzt die durch Treten geknetete
und mit Schaufeln bearbeitete Erde auf einen Haufen

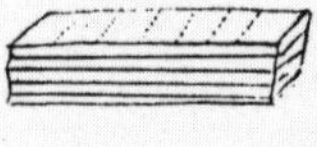

den man eine länglich viereckigte Form giebt
und fest zusammen drückt. Hierauf schneidet man
mittels eines Kupferdrahtes den Block in +- einen
Zoll dicken horizontalen Scheiben und wiederum diese
mittels eines breiten Messers in Stücke in von der
gewünschten Grösse der Ziegel. Ein Erdblock ist
so gross, lang breit und dick dass man etwa 25
Ziegeln heraus schneiden kann. Man nimmt Blatt
für Blatt (Stücke von der Grösse der Ziegel) ab, legt sie auf
eine hölzernes Brett von der Grösse und gewölbten
Form der Ziegel, glättet die Oberfläche und Ränder
bestreut die Oberfläche mit feinem gebrochenen [illegible] Thonerde
legt den solchen Ziegel u. s. w. [illegible] bis 5 u. mehrere
und trocknet [illegible] auf denselben an [illegible] man sie mit [illegible]
vor Sonne und Regen schützt. [illegible]

NB. die Thonerde [illegible] aus [illegible], wo sie
einen Steinlosen fein
[illegible]
bildet, geschöpft.

〔覚書〕屋根瓦

木型の上に置く。端をきれいに取り除き、表面に細かな粉状の粘土を撒く。さらにこの瓦を五枚ほど重ね、屋外で乾かす。これは筵で太陽や雨から守られる。この瓦の色は青味がかった黒色。重要。この粘土は泥沼から取れる。そこの石を含まない細かな砂のような沈殿物が、この粘土となるのだ。(*3)〔図版参照〕

＊1　荒木田（Arakida）は江戸の荒川沿岸の荒木田原に産した土。また、沖積地や水田などにある粘着力の強い土の呼称。荒壁や瓦葺下、焼き物、煉瓦、園芸などに用いる。

＊2　屋根瓦の製法に関しては、シーボルト『日本』第三巻「第十章　江戸から京都への旅、五月三十一日〔旧四月二十五日〕の条」に詳しい記述が見られる。

＊3　この後、瓦は焼かれて完成する。シーボルトは焼く前までの工程を記している。

五月十三日（月曜日）旧四月四日

二、三の珍しい植物を購入。とくに白と緑色の斑点のあるミセバヤ属Sedeum sieb〔Sedum Sieboldii〕、アツモリソウ属Cypripedium、そしてミツマタMitsmata。紙は駿河が上質である。そこは富士山の麓でミツマタEdgeworthia〔papyrifera S.& Z.〕が多くある。ガンピ(*1)Gampiは美濃で調達できる。

染料材（黄色）Färberholzは、しばしば奥州産である。

響岩Klingsteinは伊予地方のものである。

＊1　ガンピ属（Wikstroemia）。ジンチョウゲ科の落葉低木で、ミツマタと同様に紙（雁皮紙）の原料となる。

五月十四日(*1)（火曜日）旧四月五日

フランス人宣教師らの来訪。彼らは長いこと琉球にもいた。民衆はとても圧迫を受けている。中国は琉球に主権を行使していない。ただ日本だけが薩摩を通じて行使している。確かに薩摩とは文書上、および通商の交易はある。

植物。そもそも元々の植生は、南部では乏しい。というのも、すべての土地は耕作されているからである。北部にはまだ森がある。那覇には今でも中国から渡来した人々の末裔がいる。琉球の言語は日本語の祖語である。〔覚書「琉球諸島」参照〕

〔覚書〕琉球諸島

上海のフランス人神父らは、私に大琉球諸島について語った。彼らはそこにしばらく滞在していた。民衆は圧迫を受けている。中国は琉球に何ら支配権を行使していない。ただ日本だけが薩摩藩主を通じて行使している。因みに中国とは文書による交流と通商交易がある。

大琉球諸島南部は、一般的に農耕のため開墾されているので、植生は貧しく、乏しいと言えよう。北部にはまだ森がある。那覇の住民の間には今も、かつて中国から渡来した人たちの末裔がいる。生粋の琉球の言語は日本語の祖語である。

＊1　ブランデンシュタイン家所蔵文書に、日記と同じ日付（五月十四日）に送られた「ベルクール発シーボルト宛書簡、横浜にて」（請求番号31029　フランス語一枚）がある。

五月十五日（水曜日）旧四月六日

第二階級の閣僚〔若年寄〕三人が横浜に外国人居留地視察のために来る。彼らの名は、水野和泉守、遠藤但馬守、堀出雲守という。

〔補注〕『蘭文日記』五月十五日（水）旧四月六日には、

「第二階級の老中三人[＊1]が横浜に外国人居留地視察のために来る。かれらの名は、
水野和泉守〔忠精、老中、三月十五日新任[＊2]、山形藩主〕
遠藤但馬守〔胤緒、若年寄、三上（近江）藩主〕
堀出雲守〔之敏、若年寄、外国御用取扱、椎谷（越後）藩主〕という」（五二七頁）

と記している。文中の〔　〕および（　）は長尾氏による。

＊1　「第二階級の老中三人」とあるが、当時三人とも「若年寄」である。

＊2　水野和泉守の老中着任は、翌年（一八六二年）三月十五日である。この時期はまだ「若年寄」である。

五月十六日（木曜日）旧四月七日

神奈川奉行ならびにフランス領事館を訪問。私についての〔シーボルトが江戸に来ることに賛同した旨をフランス政府に報告した、という内容の〕記事(*1) Artikel を読むようにと、フランス代理公使ベルクール氏より貰う。

*1　ブランデンシュタイン家所蔵文書に「ベルクール発シーボルト宛書簡、横浜にて」（請求番号31029　フランス語一枚）がある。

五月十七日(*1)（金曜日）旧四月八日

神奈川奉行と会見。私の江戸への出発、将軍の手紙、フランス海軍の蒸気・帆船の積荷について、海兵の逮捕、士官や兵士たちが当地で購入した品物の輸出関税について話した。上海に郵便物を発送。

*1　保田孝一編著『文久元年対露外交とシーボルト』によれば、この日シーボルトはリハチョフ宛に書簡を送っている。「神奈川奉行との最初の交渉の報告、およびアレクサンダーをロシア東洋艦隊士官候補生・日本語通訳として雇ってほしいと懇請する」（一二〇―一二二頁）。

五月十八日（土曜日）旧四月九日

樹木の多い丘を気持ちよく散歩しているうちに、心身とも回復する。ある日本人の鍛冶職人が金敷の前に坐っている。右の太ももをぴたりと胸に当て、ふくらはぎをも引きつけている。彼が出している左足の親指で、器用にふいごのペダルを踏んでいる。彼はそうして、ふいごの空気を出し入れしている。彼はこのようにこの単純なふいごを、必要なだけ、しかも力を込めて動かしている。鍛冶職人の仕事ぶりは見る者に奇妙な印象を与える。それは彼の足が、彼本人は全然気にしていないように見えるが、完全に自立しているようで、さながらとても注意深い助手のように、すばらしいタイミングで、しかも必要な力をもって炭や鉄を赤く灼熱させているのだ。〔覚

書「日本の鍛冶職人」参照〕

〔覚書〕日本の鍛冶職人

鍛冶職人は、自分の作業場の土間の上にある金敷の前に坐っている。右足の太ももをぴたりと胸に当て、ふくらはぎを太ももに引きつけている。左足はふいごの方に長く伸ばし、左足の親指と二番目の指で器用にふいごのペダルを踏み、そして鉄を打つ時には必要に応じて空気を入れたり、出したりしている。このように、彼はこの単純なふいごを必要なだけ、しかも力一杯動かしている。

鋏《やっとこ》と金槌《かなづち》は彼らの仕事道具で、これらを用いることは、わが国の鍛冶職人と同じだ。しかしその姿勢、土間に坐っての仕事は、ヨーロッパ人はそういう姿勢では力を発揮できないし、長時間、ましてや一日中は耐えられないだろう。ぐっと引き寄せた太ももは、彼の身体を支えるのに役に立つ。日本の鍛冶職人の仕事を目のあたりに見ると、奇妙な印象を受ける。彼は左足を全然気にもかけていないように見えるが、完全に自立しているようで、さながらとても注意深い助手のように、すばらしいタイミングで、必要な力を加えて炭と鉄を灼熱させているのだ。

五月十九日（月曜日）旧四月十日

朝六時、神奈川へ遠出。オランダ副領事〔ポルスブルック〕邸で朝食。彼は風光明媚な寺〔長延寺〕(＊1)に住んでいる。

二つのシモツケ属Spiraea、ミズキ属Cornus、タニウツギ属Weigelia〔Weigela〕、サンザシ属Cratagus〔Crataegus〕、ガマズミ属Viburnum、マンネンロウRosmarin、ナラNara、ハマエンドウPisum maritimumが咲いているのを見つけた。移植のために播かれた稲〔苗〕は、およそ六センチの高さ。すでに肥やしを撒いた畑が作られている。いたるところに雑草が集められる。しばしば草が畑に緑の最良の肥料としてもたらされる。〔覚書「田圃の緑の肥やし」参照〕

〔覚書〕田圃の緑の肥やし

五月中旬、いたるところに雑草が集められる。要するに草と思われるものは何でもである。そしてそれは、水が引かれた田圃にもたらされる。この草は牛や馬、さらに人間によって踏み込まれ、柔らかな土の中に入り、その上に、以前、種子を播いた稲〔苗〕が移植される。さらにこの田圃には、田に水を引く前に古い牛や馬の糞が撒かれ、土に混ぜられる。

＊1 前掲四月二十日（土曜日）旧三月十一日条、＊3参照。

五月二十日（月曜日）旧四月十一日

十分な敬意をもって、一〇メキシコドルをカトリック教会の設立のため献金するべきである。

ムクドリStaarは、寺社や人家の近くの高い樹の上に巣を作る。峡谷に巣作りするムクドリと鳴き声は同じで、この地方にはよく見られるが、庭にはめったに巣作りしない。

ヨーロッパ人に限り輿Chaisenに乗ることを禁止されている。なぜなら、馬車Wagenに乗ることを許されていないからだ。（＊1）

〔覚書〕日本のムクドリ

ムクドリは江戸で頻繁に見られる。寺社や人家の近くの高い樹の上に巣を作る。人家のそばでの生態も、その鳴き声も、われわれの知っている普通のムクドリと同じだ。つまり、これはオランダでも棲息している。南日本ではこのムクドリは稀である。

＊1 襲撃される恐れがあったので、身体を晒すような移動を禁止していたのであろう。

五月二十一日（火曜日）旧四月十二日

太田村（＊1）の上手の山林へ植物調査旅行した。高木類はクロマツPinus Mass.〔Massoniana〕、スギ属Cryptomeria、ケヤキUlmus Keaki、ナラQuercus Nara、コナラQuercus Serrataで、若い幹材はハンノキErlen、クリ属Castanen、ミズキ属Cornus、マユミEuonymus Sieb〔sieboldianus〕、ゴンズイ属Euscaphis、ナナカマド属Sorbus、タラノキ属Araliaで形成されていた。低木類はエゴノキ属Styrax、イボタノキ属 Ligustr.〔Ligustrum〕、ガマズミ属Viburnum、ニワトコ属Sambucus、ムラサキシキブ属Callicarpa、フサザクラ属Euptelea、シオデ属Smilax、アケビ属Akebia、バラ属Rosa、タニウツギ属Weigelia〔Weigela〕、ウツギ属Deutzia、キブシ属Stachyurus、スイカズラ属Lonicera、スノキ属Vaccinium、ヤナギ属Salix、コウモリカズラ属Menispermumである。〔覚書「横浜の森の植生」および草稿「横浜周辺の植物相」参照〕

〔覚書〕横浜の森の植生

高木類はクロマツPinus Massoniana、スギCryptomeria Jap.、ケヤキUlmus Keaki、ナラQuercus Nara、コナラQuercus serrata、ホソバタブMachilus japonicaで、若い幹材はハンノキの種類Alnus arten、クリ属Castanea、ミズキ属Cornus、マユミEvonymus sieboldii〔Euonymus sieboldianus〕、ゴンズイ属Euscaphis、ミツバウツギ属Staphyleoides〔Staphylea〕、ナナカマド属Sorbus、ハリギリAralia ricinifolia〔Kalopanax ricinifolius〕で形成されていた。低木類はエゴノキ属Styrax、イボタノキ属Ligustrum、ガマズミ属Viburnum、フサザクラ属Euptelea、シオデ属Schmilax〔Smilax〕、アケビ属Akebia、バラ属Rosa、タニウツギ属Diervilla、ウツギ属Deutzia、キブシ属Stachyurus、スイカズラ属Lonicera、スノキ属Vaccinium、コウモリカズラ属Menispermum、ヤナギ属Salixが見られる。これらの属は、確かに私の植物標本に記載されている。森林植物として比較的に稀なものに、クマガイソウCypripedium japonicum、オケラ属の一種Atractylodes spec.、ツクバトリカブトAconitum japonicum[＊2]、空色の花をもつオオルリソウ属Cynoglossum、ホトトギス属Tricyrthis〔Tricyrtis〕、カノコユリの変種Lilium speciosum var.patalis ligula medeo suphurea notatis.（Imperiale nobis）、カノコソウValeriana stlonifera、さらにヤブデマリ

Viburnum plicatumがある。簡単な押し葉標本に、アマチャ Hydrangea Thunbergii、クサギ Clerodendron trichotomum、イヌコリヤナギ Salix integra、シモツケ Spiraea callosa、イチヤクソウ属 Pyrolaがある。

〔自筆草稿〕横浜周辺の植物相

横浜湾を北西から南にかけて取り囲み、海抜数百フィートの高さに聳えている丘陵群は、かって原始林で覆われていた。このため、異常なほど分厚くなった腐植土が層をなしており、それらは粘土や岩屑《がんせつ》を覆っている。高木林を形成している樹木、そこはつい最近、間伐された所[*3]だが、とりわけそこは次のような松柏類Coniferen〔Coniferae〕によって覆われている。例えば、クロマツ Pinus Massoniana、スギ Cryptomeria Japonica、モミ Abies bifida、アスナロ Thujopsis dolabrata、コノテガシワ Biota orientalis、ヒノキ属 Retinospora〔Retinispora〕、イヌガヤ属 Cephalotaxus、ブナ科 Cupuliferen〔Fagaceae〕、クリ属 Castanea、コナラ Quercus serrata、ナラ Q. Nara、カシワコナラ Q. angustifolia〔anguste-lepidota〕(ホソバカシ hosowakasi)とカバノキ科 Betulaeren〔Betulaceae〕のヤシャブシ Alnus firma〔firmus〕、ハリノキ A. Harinoki〔ハンノキ Alnus japonica〕、カバノキ属 Betula である。

それに加えてしばしば見られるものは、エノキ Celtis Willdenowiana、ムク C. Muku〔ムクノキ Aphananthe aspera〕、ケヤキ Ulmus Keaki、ネムノキ Mimosa Nemu、ホソバタブ Machilus Japonica、シロダモ Lytsea〔Litsea〕glauca、ニガキ?・Nigaki?、ヤブツバキ Camellia japonica、サザンカ C. Sasankwa、イヌビワ Ficus erecta(稀有)である。低木類は、マサキ Evonymus〔Euonymus〕Japonica、トベラ Pothosporum〔Pittosporum〕Tobera、マユミ Evonymus〔Euonymus〕Thunbergii、オオカメノキ Viburnum dilatatum、ガマズミ属 Viburnum、ツクシヤブウツギ Diervilla japonica.(ニシキウツギ versicolor)、ミズキ属 Cornus、サンザシ属 Crataegus、キブシ Stachyurus praecox、ハリギリ Panax ricinfolium、ヤマウコギ Aralia pentaphylla、タラノキ A. canescens、ウツギ Deutzia crenata、ハナイカダ

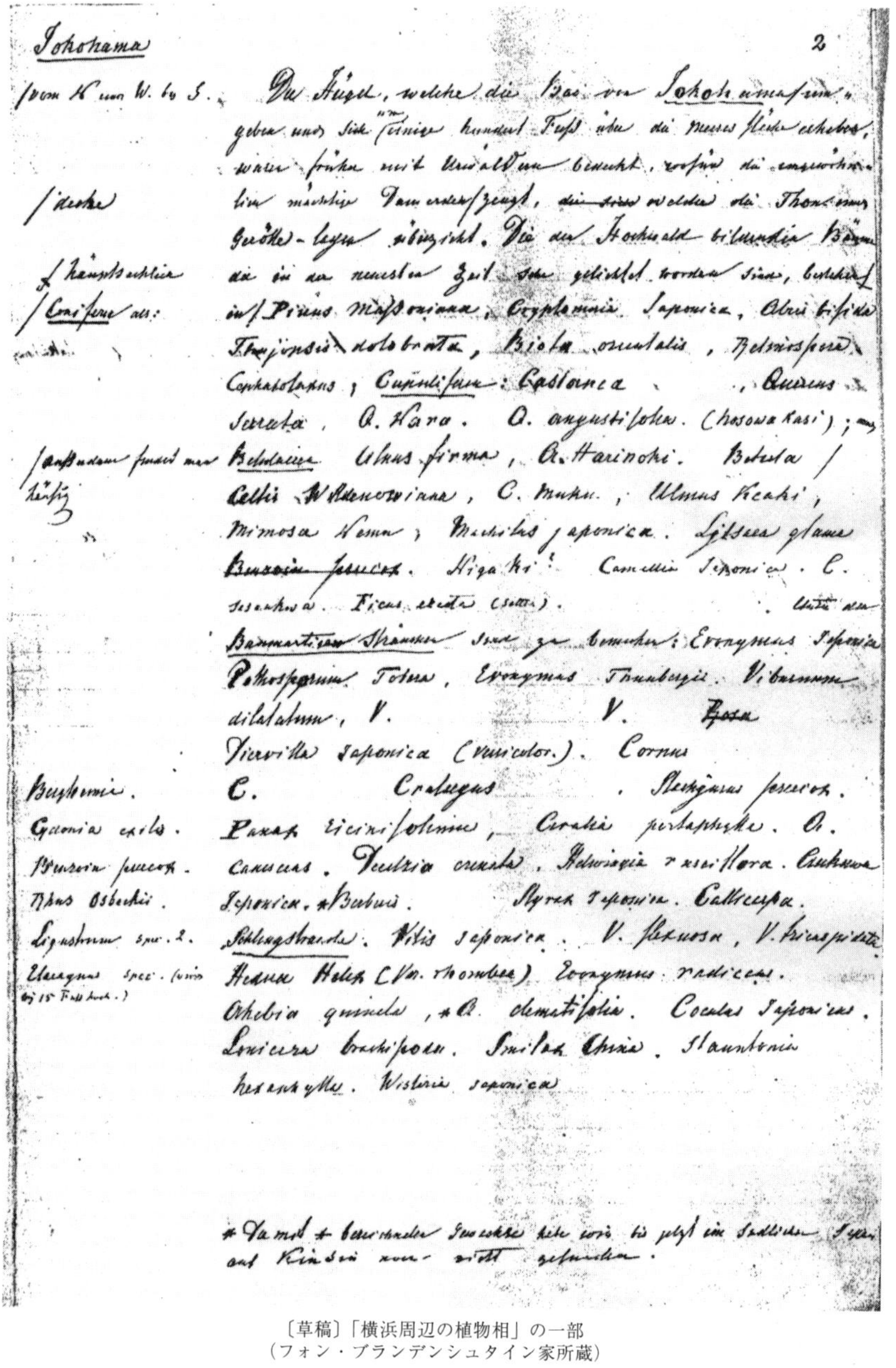

Yokohama 2

Pinus Massoniana. Cryptomeria Japonica.

Biota orientalis

Castanea . Quercus serrata. Q. Hara. Q. angustifolia.

Ulmus firma

Celtis Willdenowiana

Mimosa Nemu ; Machilus japonica.

Camellia Japonica

Ficus erecta

Evonymus Japonica

Pittosporum Tobira , Evonymus Thunbergii. Viburnum dilatatum

Diervilla Japonica (versicolor). Cornus

Crataegus

Styrax Japonica. Callicarpa.

Vitis Japonica . V. flexuosa , V. tricuspidata.

Hedera Helix (Var. rhombea) Evonymus radicans.

Akebia quinata , *A. clematifolia. Cocculus Japonicus.

Lonicera brachypoda. Smilax China. Stauntonia hexaphylla. Wistaria Japonica

〔草稿〕「横浜周辺の植物相」の一部
（フォン・ブランデンシュタイン家所蔵）

Helwingia rusciflora、アオキ Aukuwa〔Aucuba〕Japonica、メギ属※Berberis、エゴノキ Styrax japonica、ムラサキシキブ属 Callicarpa が観察される。蔓性植物 Schlingstrauche は、ヤブカラシ Vitis japonica、サンカクヅル V. flexuosa、ツタ V. tricuspidata、キヅタ Hedera Helix var.rhombea、ツルマサキ Evonymus〔Euonymus〕radicans、アケビ Akebia quinata、ミツバアケビ※A. clematifolia、ハスノハカズラ Coculus〔Cocculus〕Japonicus、テリハニンドウ Lonicera brachipoda〔brachypoda〕、サルトリイバラ Smilax china などのほか、ムベ Stauntonia hexaphylla、ナツフジ Wisteria Japonica、クマヤナギ Berghemia〔Berchemia〕が見られる。その他、クサボケの一種？〔和名不詳〕Cydonia exilis、アブラチャン Benzoin praecox、ヌルデ Rhus osbeckii、イボタノキ属の一種？ Ligustrum spec.2、グミ属の一種 Elaeagnus spec.（特殊なものは一五フィートまで大きく育つ）がある。

（※〔シーボルトによる注記〕）

ミツバアケビと共に、このように豊かに成長したメギ属は、今までの九州地方では見たことがなかった。

私は、日本の南方では生息していない、あるいは稀に山岳地帯で生息しているような次の多年生植物を観察した。つまり、オケラ属 Atractyloides〔Atractylodes〕、マツカゼソウ属 Boeninghausia〔Boenninghausenia〕、オニク属 Boschniakia、オオルリソウ属 Cynoglossum、リンドウ属 Gentiana、カノコソウ属 Valeriana、テイカカズラ属 Maluetia〔Malouetia〕、ウメバチソウ属 Parnassia、タツナミソウ属 Scutellaria、カラムシ属 Splitgerbera、ホトトギス Triechys〔Tricyrtis〕hirta である。大きなタケの種類は少なかったが、低いもののシノタケ Sinotake やササ Sasa の種類は大変多く生息している。私はここでとりたてて、サボテン Cactus revoluta や有用植物、観賞植物について触れようとは思わないし、またシュロ Chamaeropsis excelsa〔excelsus〕、バショウ Musa Bassjo〔basjoo〕についても述べるつもりはないが、ここには稀にソテツ Cycas が生息している。ハゼ Rhus saccedanea やチャ Thea sinensisはなく、ミカン属Citrusの種類は滅多になかった。カキノキ属〔和名不詳〕Diospyros alumfelisは少ないのに対して、ブドウTräube、ナシBirne、モモPfirsicheは大変よく成長している。また、野生のイチジク属〔和名不詳〕Ficus hirta、ツバキCamellienはあちこちに見られる。クスノキCamphora officinarum〔Cinnamomum camphora〕とたいそう似ているクスノキ科の種類Kampferreichen SorterenやヤブニッケイCinamomum〔Cinnamomum〕pedunculatumは少ないが、稀に裏側が大変黒々とした葉を付けたケイ（トンキンニッケイ）Cinamomum Cassiaは庭園の中に見かける。

＊1　シーボルトが観察した横浜周辺の植生は、『安政六巳未御開港横浜之全図』によると、「越前様御陣屋」の裏手にある多摩丘陵群の御林山（幕府が所有した山林）一帯で、その左側に太田村がある。この太田村（現在の横浜市南区太田）は江戸期～明治二十二年の村名。下末吉台地南部の沖積地、大岡川下流の左岸に位置する。地内に清水ヶ丘貝塚や富士塚などがあった。また太田道灌屋敷があったという。一八五五（安政二）年肥後熊本藩の預地となる。五九（安政六）年太田陣屋を建設し、陣屋内に、六六（慶応二）年騎兵・歩兵伝習所、七〇（明治三）年文学所を設置。六五（慶応元）年神奈川奉行支配となり、六八（明治元）年神奈川府を経て神奈川県に所属した（『角川日本地名大事典』十四（神奈川県　一八三頁　角川書店　昭和五十九年）。

＊2　シーボルトの観察したものは、おそらく現在の和名ツクバトリカブトAconitum japonicum Thunb. Supsp. Maritimum.と思われるので、本文中にこの和名を記した。『横浜の植物』（横浜植物会編集・刊行　二〇〇三年）によれば、「本州（関東地方～中部地方）に分布。神奈川県内では主として東部の海寄りの丘陵地に分布する。神奈川県が南限にあたる」（六九一頁）と記載している。

＊3　一八六〇（万延元）年三月、新たに開削された横浜道の野毛切通しの所を述べているのであろうか。

五月二十二日（水曜日）旧四月十三日

神奈川奉行支配組頭の来訪。水先案内人を設けることについての問合わせ。江戸のさまざまな植物を購入。デ・コーニングde Coningh（＊1）、ジーブルグ氏、ポルトマン公使館付書記官（＊2）の来訪。夕方、横浜の大通りを武装せずに散歩する。

〔補注1〕『蘭文日記』五月二十二日（水）旧四月十三日には、「江戸湾における水先案内人Lootsenを設けることに反対して、神奈川奉行あてに書面で提案を出した」と記している。

＊1　アッセンデルフト・デ・コーニング（Assendelft de Coningh 1822–1890）といい、元船長。開港当初、商会のデ・コーニング（Firm.De Coningh）は、オランダ商社として最大の規模をもっていたといわれている。一八五一年の八月から十一月まで三ヵ月間出島に滞在した時の見聞録をまとめたものが、著書『私の日本滞在記』（Meijn verblijf in Japan）で、一八五六年アムステルダムで出版された。ほかに随筆集『海と陸での出会い』（Ontmoetige ter zee en te land）一八七〇年?ハーレム刊がある。

＊2　ポルトマン（A. L. Portman 生没年不詳）公使館付書記官。のち通訳官、一八六六年にアメリカ臨時代理公使となる。

〔補注2〕日記にはないが、五月二十二日に執筆された自筆草稿「外人殺傷事件」、「横浜吉原」、「横浜銭湯」〔原文は無題のため、訳者による仮題〕があるので、紹介しておく。

〔草稿〕「外人殺傷事件」

アメリカ公使館の書記官ヒュースケンHeuskenの殺害〔一八六一年一月十五日事件発生〕以来、不安が世情を支配した。夜間に通りのいたる所で襲われ、誰もが夜には武器なしに、そして提灯なしにあえて外に出ることはなかった。この地にまだ好感を持つことがほとんどなく、そして居心地のよくないと感じている幾人かの外国人は、日中でさえ、愛用の連発式ピストルが手放せない〝携帯者〟になったのである。

このような予防策には何ら異論の余地はない。しかし、一〇年間、日本で戸や紙張りの窓〔障子〕は開けたままでも平穏に、誰もが邪魔されずに眠れた人には、国際取引のために国を開いたその直後に相互の信頼関係が地に落ちたのを見るのは、筆舌に尽くしがたく、悲しい。人々は自らの安全を称賛されている進歩によって、中世的な自力救済の法に守られて確保しようとしている。かつて、二五〇年以上も前から、毎年、将軍のいる都へ参府旅行することを唯一許されていたオランダ人は、一度でも暴行を受けたことがなかったのに。たとえ、開港地に到着したものは、一般的に民衆や身分の高い者、低い者と会う時は、友好的な歓迎を求めることができないとしても、それでもヒュースケン、ロシア人の海軍士官[※1]やオランダ人の二人の船長[※2]が殺害されたことは、〝個人的な激しい報復〟でもなければ、また一般的に言うところの〝民族の復讐〟ということでもないと解釈されよう。これらの不幸な事件は、すでに私の第四公開状[※3]の中で略述しているように、政治的な、扇動的な根拠をもっているのである。つまり無為の武士生活において、何か面白く発散させる行動をしたいという思いが自発的にその犯行に走らせたのだ。

　実証可能なことは次のことである。つまり、罪なき人を通りすがりに殺害する者は、〝浪人〟と呼ばれ、ある種の党派に利用された。そのような国際法に反する行為によって、大君の政府と海軍大国との、条約の締結[※4]による友好な関係を混乱させた。

　また、次のような可能性もある。身分の高い若い士官、大君の家臣らに対する二度にわたっての殺害は、たまたま江戸に滞在していた藩主たちによって行われた。この大きな都市では、国中の多くの藩主たちは、参勤交代という法で保たれているが、ここではよく次のことが生じる。

　藩の若い〝社交の勇士たち〟は、〝蘆の小さな神苑の酒神祭〟、つまり悪名高い吉原に行って元気溌剌となる。吉原とは〝夜の見本市〟、つまり〝贅沢な促成栽培室で栽培された観賞植物〟で、周知のごとく二万以上からなる〝江戸植物の相〔娼妓たち〕〟を見ることができる。そして、そこから彼らが帰る時に、残忍な乱暴狼藉をはたらくのである。すなわち、彼らの持っている〝ピカピカ光る有名な武器〔名刀〕〟で、他の夜遊び人やならず者、あるいは乞食を試し斬りするのである。それによって、毎晩十人から二十人の犠牲者が出る。[※] そのような刀剣の好事家が、ヨーロッパ人にも試したいというのもあり得ないことではない。そんな状況でさらに、外国人に対して嫌悪感を抱いている指導者が彼らを煽っているのだ。

　このように横浜に居る外国人たちは、刀による一撃に大変恐怖を抱いている。だからあえて夜間に連発式ピストルを持たずに通りに出ることはない。外に出るときには列の中央にいて、前後から提灯を照らしても

らい、また通りの曲がり角では出来る限り距離をとって曲がるようにするのである。(*5)

それはそうと、私は武装して外に出ることはなかった。武装しないで五月のある夜、ひとりの召使いに少し離れて提灯を持たせ散歩をした。(*6) 横浜を通り抜け、港崎町や当地の吉原までも歩いて行った。その周りは外国人居留地になっており、以前は泥沼の田圃だったところに、開港直後に造られたものであった。

(※〔シーボルトによる注記〕)

この残忍な行為についての情報を、私はすでに一八二六年の江戸に滞在していた際に得ていた。実際、私は体全体にたくさんの刀による切り傷を持つ若者を見たことがあった。彼は夜遊びをしているときにその傷を受けたのだという。その恐ろしい行為はしばしば計画的、または幾分かの激情によって起こされたものであるが、それについて世の人はさまざまな逸話を語るのである。その上さらに、刀の立ち振る舞いや剣撃の威力において、誰がいわゆる〝チャンピオン〟なのか張り合い、競い合うのであった。

その際、頭が割られ打ち落とされているか、または身体が真ん中から二つに斬られているか、あるいはその両方とも斬り落とされているか、というのである。何らかの事情に迫られて、悪人の死体で剣の稽古をするということもあった。

先日、面識のない老人が私に過去に起こったことを話してくれた。それによると、牢屋で処刑があった後には、幾人かの死体収集家が現れた。それはその死体を使って自分の刀が優れていることを、また自分の腕前を見せつけるためであった。とはいえ、その中のひとりで老練な剣士としてよく知られた者であっても、その裸の死体を他の人と同じように、激しく切りつけることは出来なかった。彼が仲間らに自分の未熟さをからかわれた時は、薄手の布を取り出し、それを死体に掛けてから勢いよく叩き斬ってばらばらにしたのであった。死刑執行人が隣の人に容易ならぬ顔で言ったそうだ。「またそのうちここで斬首の一撃をみることになるだろう」と。実際そうなったそうだ。

夜ごと通りの殺人〔辻斬り〕が起こるのは、その殺人者が何かまったく幻覚を見ている状態に陥っているからなのではないかと思われる。死刑執行人の予言は、そのような刀の試し斬りをする者が、特別に巧妙な技能を持ち得た者であるという経験に基づいている。

＊1　一八五九年八月二十五日、士官モーラン・モフェトと水兵I・ソロコフが殺害された事件。

＊2　一八六〇年二月二十六日、現在の横浜市本町四丁目付近でフリク船クリスティアン・ルイス号船長W・フォス（Wassel de Vos 1818-1860）とスクーナー船ヘンリッタ・ルイザ号船長J・N・デッカー（Nanning Dekker 1811-1860）が殺害された事件。二人の墓は横浜外人墓地（山手外人墓地ともいう。現在の横浜市中区山手町）にある。

＊3　文中の、第四公開状とは、中西啓著『二人の日本研究家』（ケンペル、シーボルト記念顕彰会発行　一九六六年三月）によれば、

「江戸における御大老、最高政治評議員、井伊掃部頭の死について—歴史的、政治的観点からみて—」と題する小論で、一八六〇年八月十二日鳴滝の別荘で執筆された。この小論には、将軍家慶のことから説き起し、井伊直弼の出自、あるいは国内の鎖国か開国かの論議をめぐる動揺など、実に綿密な記載を与えているとして、のちに〝第一公開状〟「日本における金の問題について」、〝第二公開状〟「金貨小判の高騰—日本におけるオランダ貿易の現状と予測」、〝第三公開状〟「オランダ王国海軍の分遣隊—日本における海軍士官教育、および創立に関するその実地修練ならびにその王国における一海軍の発達のために—」と併せて、一八六一年八月に出島オランダ印刷所で、『日本からの公開状』として出版された。（六九—七三頁）

と考察している。

＊4　安政の仮条約。江戸幕府が、一八五八（安政五）年七月勅許を待たないで、米・蘭・露・英・仏の五か国との間に、仮に結んだ通商条約。箱館・神奈川・長崎・新潟・兵庫の五港の開港を約した。安政の五か国条約。

＊5　アレクサンダーの著書によれば、一八六一年（文久元）年五月十七日付の妹へレーネ（Helene）とマティルデ（Mathilde）宛の手紙の一節にこう書いている。

「夜が更けると町はしんと静まり返ってしまいます。思い切って町角に出てゆく小数のヨーロッパ人は、完全武装をし、それで部屋にもどって来ると、私たちの国で帽子や外套をぬぐのと同じように、ピストルやサーベルをはずします」（一〇八頁）。

〔草稿〕「横浜吉原」

……〔原文前半部分欠落〕……前述したように、そこ

「横浜大湊細見之図」（部分　五雲亭貞秀画　1860年）
水路に囲まれた横浜吉原、茶屋の並んだ土手町がよくわかる。土手町の角には御高札があるが、そこにある木はマツのように見える。（神奈川県立歴史博物館蔵）

は細長く延びた通りの土手、いわゆる〝土手通りDamm strasse〟と呼ばれる〝土手町Dode matsi〟があり、そのシナノキLindeの近くには公的な掲示板（御高札Gogosatu）が立っている。その道は左に曲って、いくぶん広い道に通じているが、その道端に茶屋が数軒ある。その道から丸く弓なりになった木製の橋〔太鼓橋〕が横浜吉原の大きな門へと通じている。これは田圃の真ん中に建てられた一画で、周りを水路で囲まれている。その中心には、この場にあった艶やかな花園が設けられている。これは三つに分かれた、四角形の花壇からなり、そこに造られた丘陵には岩もついていた。植えてある植物は、大部分がネズCederやコノテガシワLebensbaum、イチイTaxus、ツバキCamelie、そして常緑の木々の他に、四季の花が咲く鉢植えがある。これを取り囲む池の中には、人気のある金魚がキラキラ光っている。また花園の周囲は、色とりどりの提灯が明るく輝いている。この両側には、最高級の旅館が建っている。二階建ての建物で、張り出したバルコニーBalkonが設けられている。下の階は格子窓が付いていて、その窓の周りを杭の柵が巡っ

「横浜廓之図」（歌川国芳画　1860年）
左手が土手町、太鼓橋を渡り大門をくぐると吉原である。
（神奈川県立歴史博物館蔵）

ている。このことから、これらの建物を〝廓Kuruwa〟、つまり〝格子の家〟と呼んでいる。二階にあるバルコニーや廊下には、色とりどりの紙で出来た提灯が、隙間のないほど密接に吊り下げられて、飾られている。全体的にそれは奇妙な眺めである。

　通りに面して〔娼妓の顔見せのために〕明るく照らされた部屋がある。その中の女性で、稼ぎの多い者は豪華に飾り、髪飾りをし、優雅に見える化粧をしているが、かなり気どった態度を見せている。彼女らは、いわゆる花魁《おいらん》、女郎、新造と呼ばれていて、三つの階級に区別されている。新造（新婚という意味）は他の者たちが歯を黒く染めているにもかかわらず、まだ白い歯をしている。彼女たちの談笑は大変控え目で、簡単な内容のものに限られている。たまに彼女たちの前から優雅な煙が立っているが、それは仄かに輝く炭Kohleを詰めた青銅器製のもの〔火鉢か〕で、彼女たちはそこから可愛らしい煙管に火をつけ、気晴らしをしたり、何やら考えたりしている。

　格子窓の前では物見高い愛好家たちが、行き来したり、立ち止まったりしている。その中に入る際は、花屋

「神奈川横浜新湊港崎町遊郭花盛之図真景」（部分　五雲亭貞秀画　1860年）
一階部分には格子窓があり、軒先には提灯が並んでいる。簪をたくさんつけた花魁の歩く姿もある。左奥が大門でその先には橋が見える。（神奈川県立歴史博物館蔵）

で〝絵入りの目録と価格一覧〟を手に入れることが出来る。それによって、〝寄せ集められた展示〔娼妓〕〟を簡単に見定めることが出来るのである。私は時間をあまり取らずに、その界隈を見学しただけで満足した。

それはそうと、今いるこの場所の周辺には訪問客はまだ少なく、数人の中国人以外には他の外国人は見当たらなかった。照明で明るい部屋のいたるところから、歌や三味線の音が聞こえてくる。私はお忍びではないのだが、そこにいてもまったく注目されなかった。普通、身分の高い者は周囲をうかがいながら身を潜める。つまり天然の素材で作ったもの〔編み笠〕をかぶり、色のついた細長い帯状のもので顎を結び、顔を覆うのである。

〔付記〕

前述の〝案内書〟(*1)によると、その表題には『横浜港崎町新廓細見記』（Jokohama kôsak matsi Sin Kuruwa Sai ken ki）とつけてあった。それは「横浜の港の崎にある新しい格子窓のある建物」という意味である。この場所にいる彼女たちの種類については、次のような注目すべき統計により明らかとなった。

第一級の一五軒の娼家には、一七人の花魁、各三両。四六人の女郎、二両。二二〇人の女郎、一両半。三五人の新造、一両半である。その他に、一〇三人の禿《かむろ》に四六人の抱え、そして七人の芸者が居る。四四軒の普通の長屋Nagajaは、長い小屋という意味であるが、そこには合わせて二三八人の切見世女郎、二から八文目が居る。（切見世とは、短時間のうちに少額のお金を得ることをいう）[*2]。またそこには、七人の禿、七人の男芸者と四六人の女芸者が居る。土手の上には二四軒の茶屋がある。

〔覚書〕

・廓 Kuruwa。すなわち、格子の家。または板張りの家。郊外にある。
・色里[*3] Irosado。多くは虚構の村。
・女郎[*4] Sjorô。すなわち公娼。
・花魁[*5] Oiran。第一級の美妓。
・大見世女郎[*6] Ohmiseno Sjorô。第一級、一分。
・小見世女郎 Komise Sjorô。第二級、二朱。
・仲居[*7]（切見世女郎）Nakaya。第三級、二文目。
・新造[*8]（成長した禿）Sinso。
禿[*9] Kamuro。

【花街に関する統計】〔原文オランダ語〕

・花魁、三両、一七人。
・女郎、二両、四六人。
・女郎、一両半、二二〇人。
・新造、一両半、三五人。
・禿、一〇三人。
・抱え[*10] Kacawi、四六人。
・芸者 Geisja、七人。
妓楼、一五軒
・長屋の切見世女郎 Nagaja of Kirimise Djôrô、二三八人。
・禿、七人。
局見世[*11]、四四軒
・男芸者[*12] Wotoco Geisja、七人。
・
女芸者[*13] Wonna Geisja、四六人。
茶屋 Tsaja。二四軒

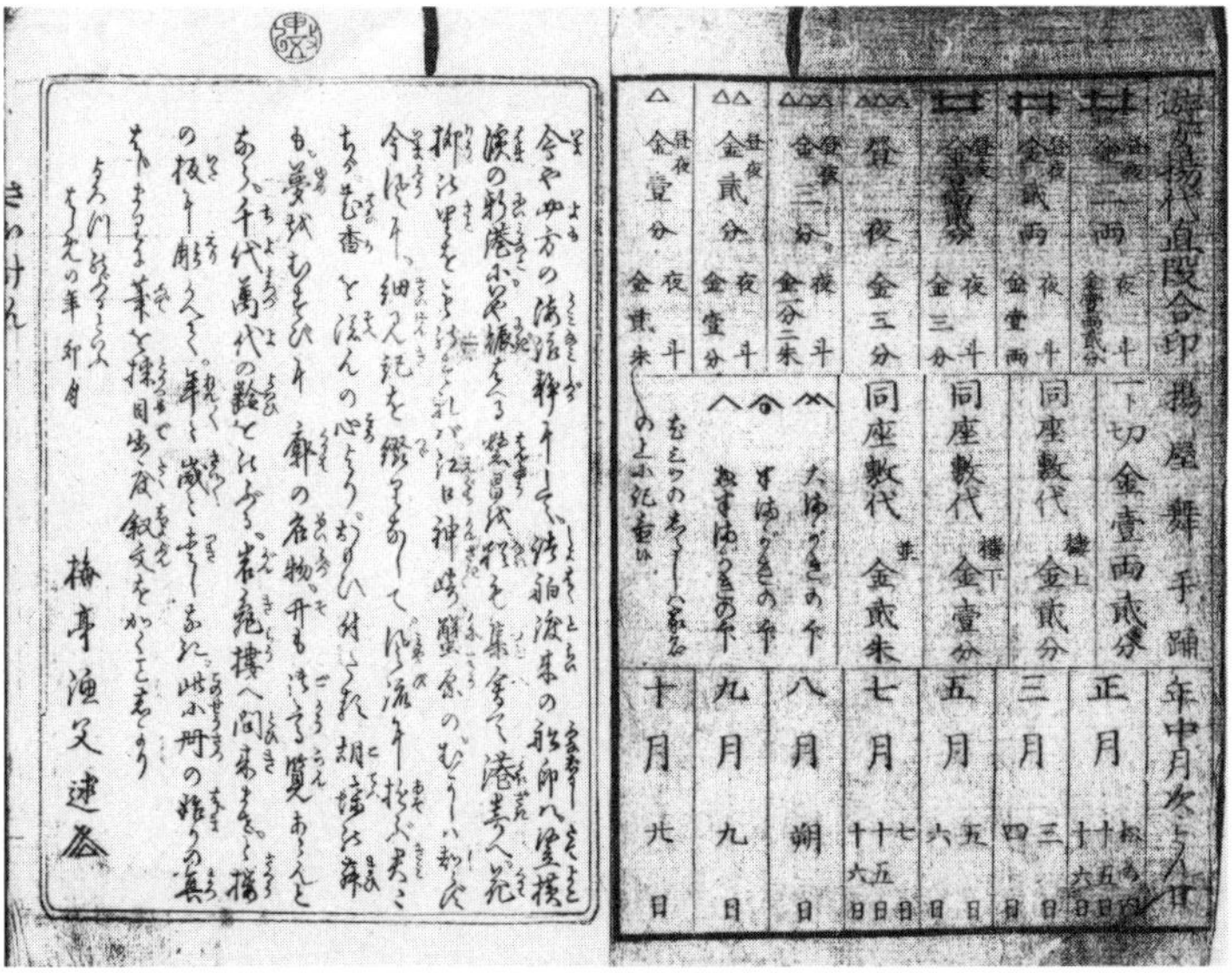

「萬延元年四月港崎細見」の一部。シーボルトが紹介した案内書「横浜港崎新廓細見記」に近いものと思われる。(横浜開港資料館蔵)

その他
・白拍子(*14) Sirabiosi。
・中間(*15) Tugun。

*1 訳者は、この〝案内書〟の原資料の所在を内外の諸機関を通して調査したが、残念ながら確認できなかった。あるいはブランデンシュタイン家所蔵の膨大な文書の中にまぎれこんでいるであろうか。今のところ明らかではない。ただ、これとほぼ同じ内容の資料で『萬延元年四月港崎細見』(横浜市開港資料館所蔵)(図版参照)がある。なお、横浜遊郭についての詳細な論考は『横浜市史稿』風俗編(横浜市役所発行　昭和七年　三八三—九三二頁)に収載されているが、シーボルトに関する記述はない。

*2 切見世。長屋を小さく区切った店(切店)というが本来の語源という。さらには、そこに一人ずつ女郎を置き、短時間で稼がせた下等な遊女屋のことをいう。

*3 色里。遊女屋や芸者が集まり、遊興のために人が集まるところ。遊郭・花柳街。

*4 女郎。遊客に色を売る女。あそびめ・うかれめ・傾城・遊女。

*5 花魁。妹分の女郎や禿などが姉女郎をさして「おいら(己等)」といって呼んだのに基づくという。

*6 見世(店)。妓楼で、道路に面して格子構えなどにし、遊

女がいて遊客を誘う座敷。また、そこに遊女が居並んで客を待つこと。大見世（大店）は、横浜の港崎町遊郭の大見世といえば、「岩亀楼」のことをさすのであろう。

＊7　仲居。遊女、料理屋など客を応接し、その用を弁ずる女中。

＊8　新造。遊里で「おいらん」と呼ばれる姉女郎に付属する若い遊女の称。出世して座敷持、部屋持となるものもあり、新造のまま終るものもあった。

＊9　禿。太夫・天神などの上級の遊女に使われる一〇歳前後の見習い少女。

＊10　抱え。一定の年季を定めて雇主に抱えられている芸娼妓。また事前の遊女が妹分の女郎を新たに抱えること。馴染客が遊女の費用を出してやること。

＊11　局見世。遊郭の最下級の遊女屋。一般的には、表に長押をつけ、内に三尺の小庭を設け、広さ九尺、奥行二間または六尺の局からなる。

＊12　男芸者。太鼓持ち。

＊13　女芸者。稽妓。

＊14　白拍子《しらびょうし》。遊女の異称。

＊15　中間《ちゅうげん》。近世には武家の奉公人の一つで、雑役に従事。足軽と小者の中間に位する。

〔草稿〕「横浜銭湯」

〔草稿の一枚目が欠落のため前半の記述内容が不明。欠落部分の後の記述は以下の通り。〕

……ヨーロッパのそのような公衆浴場は、あらゆる〝不道徳な芝居〟が演じられ、〝不快な舞台〟となっていた。それゆえ客は品位を傷つけられ、本能的に目をそむけるのであった。

　ところが、ここの客のほとんどが他人同士であるにもかかわらず、浴場に出入りする者や……〔この部分判読不能〕……。また、そこにいる赤銅色の泣く子を抱いた裸の母親は淑やかで、まるで聖母マリアのように見えた。また、向こうでは二人の若い娘が赤い布切れで身を隠し、頃合いを見つけては一目散に大きな湯船に飛び込んだ。別の二人の娘は脇からするりと湯船から抜け出た。頬を真っ赤に染めた一人の娼婦は、日焼けした農夫と一緒に、釜風呂の中で背中合わせになって踊っている。他方、老女は無表情だが、風呂の中で手足をしきりに動かしている。また、何らかの原因でどんよりと風呂の中が濁った時には、その部分を手桶を使って流し、他の人の気分を害さないようにしている。その際、赤い小さな布を使い、〝危なっかしい箇所〟を覆ったり、何げなく手で覆い隠したりもしている。こ

往時の銭湯
W.ハイネ『世界周航　日本への旅』より(ドイツ東洋文化研究協会蔵)

のような場面は、……〔この部分判読不能〕……とにかく、日本の民衆はたとえ他人と一緒でも同じ風呂に入るのである。ここ東方の地では、次のような格言が当てはまる。つまり、「自然なるものは決して恥ずべきものならず」(Naturalis non sunt turpia)と。

五月二十三日(木曜日)旧四月十四日

植物調査で遠出。イヌコリヤナギ Salix integra、ツクシヤブウツギ Diervilla japonicum、ヤブデマリ Vib. plicat.〔Viburum plicatum〕、普通のクサギ Clerodendron〔Clerodendrum〕trichotomum、アマチャ Hydrang. thunb.〔Hydrangea thunbergii〕。今はセキチク Dianthus sinensis〔chinensis〕とカワラナデシコ?・Dianthus Superbus? が真盛りである。

夕方、ライス Reiss 氏とシュルツ Schülze 氏[*1]を訪問。

＊1　ライス(Adolph Reiss 生没年不詳)はオランダ人商人

（本来ドイツ人）、シュルツェ（Adolph Schülze 生没年不詳）はアメリカ商人。横浜居留地でSchülze, Reis & Coを経営。

五月二十四日（金曜日）旧四月十五日

アブラナ属Brassicaは、ここでは一般的に油を採る植物として植えられる。茎とさやが黄色になりはじめ、実りに近づくと、通常、その根ごと引き抜き、それを畑にひろげ乾燥させる。このようにしてだんだん乾燥していく種子は、いっそうはじけやすくなる。脱穀した茎は燃やされる。〔覚書「アブラナ」参照〕

〔覚書〕アブラナ

横浜周辺に植えられるアブラナ属の種子から油が採られるが、通常、茎とさやが黄色くなると引き抜き、それを畑にひろげ乾燥させる。このようにして、はじけやすくなったさやから、僅かばかりの種子が収穫され、洗われる。畑では茎が燃やされる。

五月二十五日（土曜日）旧四月十六日

森の中を探索する。日本のキジFasan Kisiは若い雄鶏のように鳴く。より適切に言えば、かん高い声で鳴く。その際、翼をばたつかせる。ヒバリAlauda arvensisは、テンミンクTemminck氏[*1]によると新種とされたが、やはり、われわれの〔国の〕ヒバリの一変種以外の何ものでもない。その生態、穀物畑での棲息、そこに巣を作り、高く空に舞い上がり、道行く人をその歌で喜ばせる。さながらドイツの田園のごとくである。これは、ここのヒバリがわが国のそれと類縁関係にある証拠である。

〔覚書〕日本のヒバリ

日本のヒバリは、何と言ってもわれわれの国のヒバリの一変種以外の何ものでもない。その生態といい、穀物畑に巣を作り、そこに棲息することといい、また空中高く舞い上がって、旅する者を、ドイツの田園と同じ歌で楽しませることは、このヒバリがわが国のそれと類縁関係にある証拠である。

*1　クーンラート・ヤコブ・テンミンク Coenraad Jacob Temminck（1778-1858）、動物学者。初代のライデン国立自然史博物館長。鳥類、哺乳類などの研究は有名。シーボルトの『日本動物誌』の哺乳類・鳥類・魚類の分野などの執筆に関与。一八三三年から一八五〇年にかけて全五巻が出版された。また、この著作の序説に相当する「インドネシア諸島と日本帝国の動物相の概略的考察」は一八三六年刊行している。ハーレムで八〇歳の生涯を閉じたが、死ぬまで館長職を勤めた。

外国奉行竹内下野守保徳　1862年頃
（「遣欧使節肖像写真」港区立港郷土資料館蔵）

五月二十六日（日曜日）旧四月十七日

明日二人の外国奉行、遣欧正使竹内下野守[*1]と副使桑山左衛門尉[*2]が、私と息子アレクサンダーに面会するため来訪するとの通知が届く[*3]。

*1　竹内保徳（一八〇七―一八六七）幕末の幕臣。通称下野守。一八六一（文久元）年勘定奉行、次いで外国奉行を兼任。同年末、開市開港延期談判と樺太境界問題談判の正使として渡欧。帰国後、一八六四（元治元）年大坂町奉行に就任したが赴任せず、西丸留守居に左遷。

*2　桑山元柔（生没年不詳）幕末の幕臣。通称左衛門尉。一八六一（文久元）年末、正使竹内保徳の副使として渡欧。

*3　「東大シーボルト文書」第十一号「文久元年四月十五日外国奉行より神奈川奉行宛シーボルトの引合の為出張の事」によれば、通詞石橋助十郎・中山作三郎両名を差出し、ならびに通訳が不足しているため、息子アレクサンダーも召連れ出席するよう指示している。なお、「東大シーボルト文書」第九号「文久元年四月九日外国奉行より神奈川奉行宛シーボルト引合の書状」も併せて参照。

五月二十七日（月曜日）旧四月十八日

天候不順のため、面会予定の二人は神奈川までしか来られなかった。

〔補注〕『蘭文日記』五月二十七日（月）四月十八日には、

「外国奉行にあてて、私の江戸への召出しと今後の滞在に関して一通の手紙を出した。(＊1) 外国奉行の来訪は、都合がわるくなり少し延期となった(＊2)」

と記している。

＊1　ブランデンシュタイン家所蔵文書に「差出人不明（シーボルト?）発江戸老中宛書簡、横浜にて」（請求番号61911　オランダ語一枚）、「東大シーボルト文書」第十二号に「文久元年四月十八日横浜滞在の蘭人シーボルトより外国奉行へ日本の為に勤役したしとの望を述べ且つ之に就ての約定を問ふ書」（徴召の要旨、西洋政体・学文・物産・兵備・貿易・医術等ノ伝習。滞在中の居所ヲ問フ事）がある。なお、そのほか、ブランデンシュタイン家所蔵文書には、日記の日付（五月二十七日）と同じ日に書かれた「E・クラークからシーボルト宛書簡、横浜にて」（請求番号111172　フランス語二枚）がある。

＊2　長尾正憲の著述によれば、『大日本維新史料稿本』を引用して「外国奉行は四月十八日江戸表出立、即日神奈川表着とある」（五二八頁）と書いている。

五月二十八日（火曜日）旧四月十九日

外国奉行〔竹内・桑山〕が到着、正午ごろ、私との会見を望んでいる、との〔延期された来訪の〕通知があった。一時ごろから四時まで会談。彼らはヨーロッパ各国へ派遣されることが決まった使節たちである。

五月二十九日（水曜日）旧四月二十日

遣欧使節団について、望ましい計画案の作成(＊1)に従事する。ベルクールの来訪。私が江戸へ召喚されたことの記事を読むように、私にそれを渡した。彼はフランスの新聞社にこれを送るつもりだ(＊2)。彼と日本の利益をめぐって重要な議論をする。

＊1　ブランデンシュタイン家所蔵文書の中に「シーボルト発

外国奉行宛書簡、横浜にて」（請求番号10891　オランダ語四枚）がある。

＊2　五月十六日の日記にも似たような記述がある。ベルクールは新聞社に送る前に、シーボルトに原稿（記事）を見せたのであろうか。

五月三十日（木曜日）旧四月二十一日

私自身に関する事柄〔要求〕についての書類とともに、私の計画案を、奉行から使者として送られてきた二人の役人に手渡す。[＊1]

前の将軍〔徳川家定〕[＊2]が毒殺されたことは、どうやら本当らしい。彼は精神的に弱く、錯乱して彼の側近の数人を切り捨てたとのことである。

〔覚書〕将軍

この将軍が、一八五八年新たな条約を締結した後に毒殺されたことは、どうやら本当らしい。人々は彼を支持してはいなかった。彼は精神的に弱く、しかも神経過敏で、激怒しやすかった。それゆえ、側近の数名を興奮のあまり刺殺したとのことである。

＊1　「東大シーボルト文書」第十三号「文久元年四月二十一日横浜滞在の蘭人シーボルトより外国奉行へ欧州へ使節差遣につき、注意すべき廉々を述ぶる書」（箕作秋坪訳）参照。

＊2　徳川家定（一八二四―一八五八）第十三代将軍（一八五三―一八五八年在職）。十二代将軍家慶の子。性来病弱、癇癖が強く人前に出ることを嫌ったといわれ、また子を得なかった。このため、将軍継嗣が重大な政治問題となり、一八五八（安政五）年大老井伊直弼が和歌山藩主慶福（家茂）を継嗣と決定、その直後に没した。シーボルトの日記に見える将軍毒殺説は明らかではないが、おそらく当時の風聞をもとに書いたのであろう。

五月三十一日（金曜日）旧四月二十二日

〔われわれ外国人も〕日本の貨幣を両替できるよう、奉行に手紙を書く。

ツツジ属〔和名不詳〕Azalea hyacinthine Sieb.。園芸用。バラ色の重弁の花びら有し、香りはヒヤシンスHyacinth〔Hyacinthus〕orient.〔orientalis〕

aemula.と同じ。

〔覚書〕芳香あるツツジ

六月のはじめ、横浜でツツジ属Azaleaを一本購入した。アゼリア・ポンティカ・シネンシスAz. Pontica sinensis〔Rhododendron ponticum L. ロドデンドロン・ポンティクム?-〕に属し、バラ色の芳香ある重弁の花びらを有する。匂いは全くヒヤシンスと同じ。したがって、私はこの類稀れな優美な植物をアゼリア・ヒアシンシナAzalea hyacinthina〔現名不詳〕と命名した。しかし、日本で栽培されているアゼリア・シネンシスAzalea sinensis〔和名不詳〕も芳い香りがする。

六月一日（土曜日）旧四月二十三日

野生のウツギDeutzia scabra、イチヤクソウ属〔和名不詳〕Pyrola legustrum、シモツケSpiraea collosaが横浜周辺で咲いている。シモツケ属〔和名不詳〕Sp.〔Spiraea〕crispは、おそらく園芸植物の変種であろう。モクレン属〔和名不詳〕Magnolia nymphaeoidesも咲いている。

〔覚書〕オオヤマレンゲ

オオヤマレンゲMagnolia parviflora S. & Z.は芳い香りがあり、五月の末に花を咲かせる。

六月二日（日曜日）旧四月二十四日

ベルクール氏を訪問。

汽船ファイアリー・クロス号 Fiery-cross が沖合いの停泊地についた。

〔補注〕『蘭文日記』六月二日（月）旧四月二十四日には、「遺欧使節の外国奉行あてに、汽船ファイアリ・クロス Fiery-Crossに関する手紙を書いた」とある。これに関する資料に「東大シーボルト文書」第十四号「文久元年四月二六日横浜滞在の蘭人シーボルトより欧州行の外国奉行（竹内下野守・桑山左衛門尉）乗用に英国官外の汽船を勧丼し其検査及運転の意見を述べし書翰」（杉田玄端謹訳・手塚律蔵謹校）がある。

六月三日（月曜日）旧四月二十五日

ノイバラ Rosa polyantha は、白色とバラ色の花を同時に有し、香りが芳しい。

〔覚書〕ノイバラ

ノイバラ Rosa polyantha S.& Z. は五月の下旬、白色と赤色の花を同時に有する。

六月四日(*1)（火曜日）旧四月二十六日

ハダカムギ Hord. hexastich nudum〔Hordeum vulgae L. var nudum〕が穫れる。スイカズラ属〔和名不詳〕Xylosteum biflor の赤い実が食される。ビワ Mesp. Jap.〔Mespilus japonicum〕、ナガバモミジイチゴ Rub. palmat〔Rubus palmatus〕が熟する。今も、昨年秋に収穫されたナシ Birnen が食卓にのぼる。日本のクルミは新鮮で、油を多く含み持ちがいい。

〔覚書〕オオムギ（ハダカムギ）など

六月の初旬、ハダカムギ Hadaga-muki が横浜周辺で穫れる。ビワ、ナガバモミジイチゴ Rubus palmatus、グミの一種 Elaeagnus spec.、スイカズラ属〔和名不詳〕が実る。日本のナシは、クルミと同じように持ちがよく、この時季まで食卓にのぼる。嵐は、六条オオムギに大打撃を与える。その穂は容易に折れる。

＊1　ブランデンシュタイン家所蔵文書に、日記の日付（六月四日）と同じ日に書かれた「インデルマウルからシーボルト宛書簡、出島にて」（請求番号91049　オランダ語二枚）がある。

六月五日(*1)（水曜日）旧四月二十七日

ベルクールと日本の現状について重要な話し合いをする。

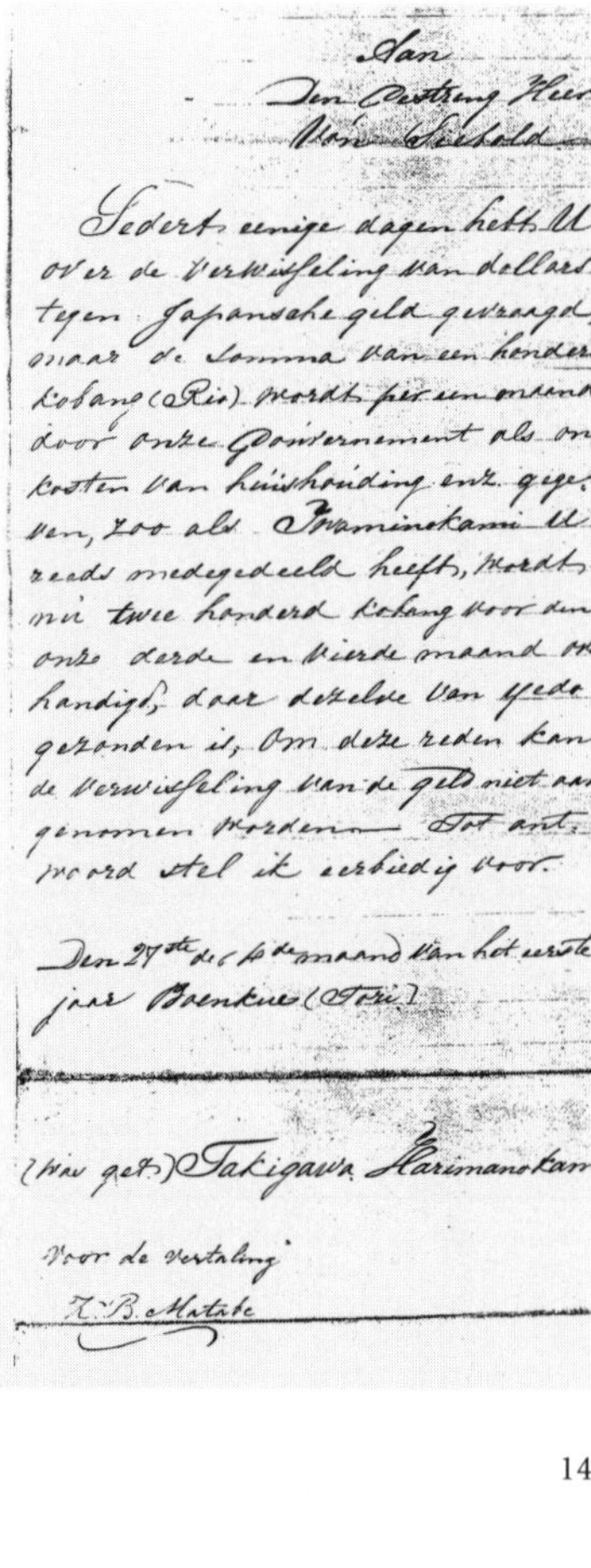

Aan
Den Gestreng Heer
Von Siebold

Sederts eenige dagen hebt U
over de verwisseling van dollars
tegen Japansche geld gevraagd,
maar de somma van een honderd
Kobang (Rio) wordt per een maand
door onze Gouvernement als on-
kosten van huishouding enz. gege-
ven, zoo als Haminokami U
reeds medegedeeld heeft, wordt
nu twee honderd Kobang voor den
onze derde en vierde maand over-
handigd, daar dezelve van Yedo
gezonden is. Om deze reden kan
de verwisseling van de geld niet aan-
genomen worden. Tot ant-
woord stel ik eerbiedig voor.

Den 27ste des 4de maand van het eerste
jaar Boenkue (Tori)

(was get.) Takigawa Harimanokami

Voor de vertaling
K. B. Matabe

上：「神奈川奉行所滝川播磨守からシーボルト宛書簡」
シーボルトの生活費として、毎月100両の手当について書かれている。
右：K. B. Matabeによるそのオランダ語翻訳。
（2点とも、フォン・ブランデンシュタイン家所蔵）

〔補注〕『蘭文日記』六月五日（水）旧四月二十七日には、

「私の生活費として、毎月一〇〇両 rjo の手当てについて、神奈川奉行から一通の手紙が来た[*2]」

とある。

＊1　ブランデンシュタイン家所蔵文書に、日記の日付（六月五日）と同じ日に書かれた「ボードウィンからシーボルト宛書簡、出島にて」（請求番号91011　オランダ語二枚）がある。

＊2　ブランデンシュタイン家所蔵文書の中に、「滝川播磨守〔神奈川奉行〕からシーボルト宛の書簡」（請求番号100296～100298　日本語二枚、オランダ語一枚）がある。そこには毎月一〇〇両の手当て等についての内容が記されている。〔図版参照〕

六月六日（木曜日）旧四月二十八日

二〇人の国主 Koksju のうち、三人は御館 Onjakata という称号を、他の数人は館 Jakata という称号をもっている[*1]。これは文字通り大邸宅、それと同時にその大きな邸宅の主人という意味である。もしかしたら、これとは別の解釈ができるかもしれない。

競売で家具を購入。

〔覚書〕国家形態

国主と呼ばれる二〇人の藩主の中で、三人が御館、すなわち大きな館という称号を持ち、他の数人は単に館という。すなわち邸宅と同時に、大きな邸宅の主人という意味でもある。これとは別の解釈ができるかもしれない。

〔補注〕『蘭文日記』六月六日（木）旧四月二十八日に、

「生活費に当てる手当ての支払いについて、神奈川奉行あてに手紙を書いた。諸侯の称号についての意見。日記参照[*2]」

とある。

＊1　御館は御屋形とも書く。貴人の邸宅、奉公先の屋敷。また大名・殿様・奉公先の主人のことをいう。館は屋形とも書く。貴人・大名・豪族・有力武士などの邸宅・居所あるいは城砦的住居。館（たち・たて）から屋形となった。南北朝時代以後、尊称となり、屋形号を許された大名の称。守護大名の居所から転じて守護をさす。江戸時代になっても伊達・細川・上杉・宗氏ら守護大名系の諸氏には御屋形（御館）の称

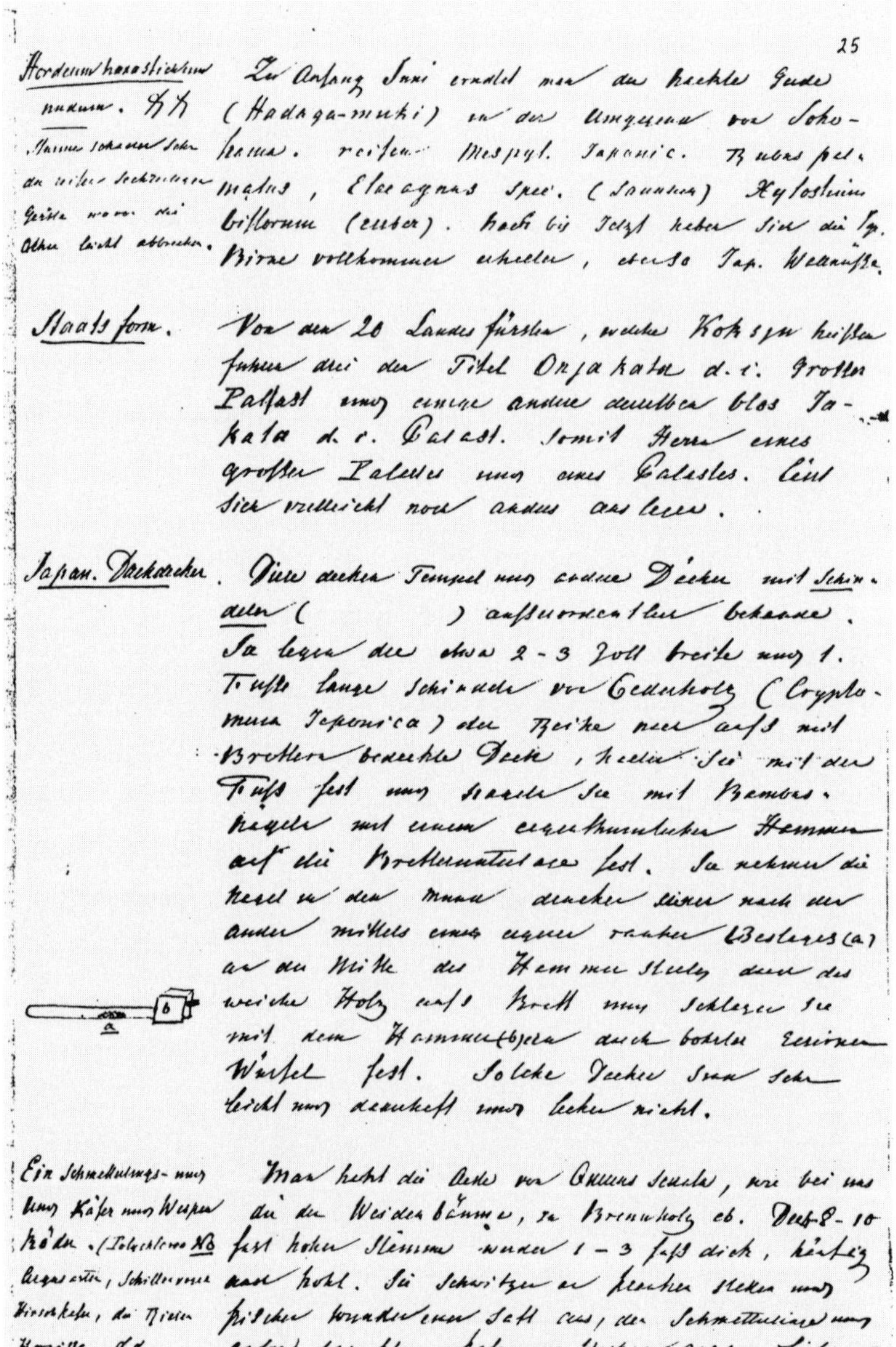
25

Hordeum hexastichum nudum. ✱✱
Harren schenen sehr die rohen Sechzeilen Gerste woran die Aehre leicht abbrechen.

Zu Anfang Juni erndtet man die nackte Gerste (Hadaga-muki) in der Umgegend von Jokohama. reifen Mespyl. Japonic. Rubus palmatus, Elaeagnus spec. (Summer) Xylosteum biflorum (Ender). Nach bis Jetzt haben sich die Jap. Birne vollkommen erhalten, ebenso Jap. Wallnüsse.

Staatsform.

Von den 20 Landesfürsten, welche Kokszu heissen führen drei den Titel Onjakata d.i. Grosser Pallast und einige andere denselben blos Jakata d.i. Palast. Somit Herren eines grossen Palastes und eines Palastes. Läst sich vielleicht noch anders auslegen.

Japan. Dachdecker.

Diese decken Tempel und andere Dächer mit Schindeln (   ) ausserordentlich behende. Sie legen die etwa 2-3 Zoll breite und 1. Fuss lange Schindeln von Cedernholz (Cryptomeria Japonica) der Reihe nach auf mit Brettern bedeckte Decke, heften sie mit der Fuss fest und stecken sie mit Bambus-Nägeln mit einem eigenthümlichen Hammer auf die Bretterunterlage fest. Sie nehmen die Nägel in den Mund drücken einer nach der andern mittels eines eignen rauhen Besteges (a) an die Mitte des Hammerstiels durch das weiche Holz ins Brett und schlagen sie mit dem Hammerkopfe durch beiden Eisernen Würfel fest. Solche Decken sind sehr leicht und dauerhaft und lecken nicht.

Ein Schmetterlings- und Käfer und Wespen Köder. (Jolschenen No) Argas arten, Schillervogel Hirschkäfer, die Riesen Hornisse ✱✱.

Man haut die Aeste von Quercus serrata, wie bei uns die der Weidenbäume, zu Brennholz ab. Die 8-10 fuss hohen Stämme werden 1-3 fuss dick, knotig und hohl. Sie schwitzen an kranken Stellen und Rissen einen Saft aus, der Schmetterlinge und andere Insekten, Käfer und Wespen ausserordentlich lieben. Der Entomolog macht hier sicherlich eine gute Jagd.

〔覚書〕「オオムギ（ハダカムギ）など」「国家形態」「日本の瓦職人」

を許された。

＊2　前掲六月六日の『独文日記』を示す。

六月七日（金曜日）旧四月二十九日

生きた植物の入った二つの箱をファイアリー・クロス号に運ぶ。一号、二号の荷物。五メキシコドルを支払う。

六月八日[＊1]（土曜日）旧五月一日

日本の瓦職人は、非常に手際よく屋根をこけら板Schindelen（…〔この部分未記入〕…）[＊2]で覆う。彼らはこけら板を正確に重ね、これを足で踏み固め、独特の金槌を使って、竹製の釘でこけら板の下部を固定させる。このような屋根はとても軽く、水漏れしない。彼らはその釘を口に含み、柄の真中に取付けられた丸い鉄製の板で押しつけ、これを四角の金槌で叩く。〔覚書「日本の瓦職人」参照〕

〔覚書〕日本の瓦職人

彼らは寺社や他の建物の屋根をこけら板（…〔この部分未記入〕…）で葺く。非常に手際がよい。彼らは幅およそ二から三インチ、長さ一フィートの杉でできたこけら板を、順序良く板で覆われた屋根の上に置き、足で踏み固め、竹でできた釘を独特の金槌でこけら板の下部に打ちつける。その釘を口に含み、金槌（b）の柄の真中についた、独特の粗い金具（a）で釘を一つ一つ柔らかいこけら板に押し込み、そして四角い金槌で打ち込む。このような屋根は非常に軽く、持ちがよく、雨漏りはしない。〔図版参照〕

＊1　ブランデンシュタイン家所蔵文書に、日記の日付（六月八日）と同じ日に書かれた「ジーグブルグからシーボルト宛書簡、横浜にて」（請求番号111962　フランス語一枚）がある。

＊2　シーボルトはSchindelenの和名（こけら板Kokeraita）を書き入れるつもりであったのであろう。

六月九日（日曜日）旧五月二日

汽船購入についてデント商会のクラーク氏[＊1]Herrn

Dents pl. Clarkeと話合った。

＊1　クラーク氏（Edward Clarke 生没年不詳）はイギリス商人、デント商会の代表者。

六月十日（月曜日）旧五月三日

植民大臣、海軍大臣、蘭領インド総督、T・クルース、ヘレーネ、リハチョフ氏宛の手紙（＊1）を郵送。

〔補注〕『蘭文日記』六月十日（月）五月三日には、
「私の六月三日の手紙にたいする、遣欧外国奉行竹内下野守〔保徳〕の返書（＊2）。植民大臣、蘭領インド総督への返書。」（五二九頁）
とある。〔　〕は長尾氏による。

＊1　保田孝一編著によれば、シーボルトからリハチョフ宛の書簡を六月九日に横浜で書き、日記にあるように十日に郵送。内容は「遣欧使節派遣に関する情報提供など」（一二三—一二四頁）。

＊2　「東大シーボルト文書」第十五号に「文久元年五月三日欧州行使節竹内下野守・桑山左衛門尉より横浜滞在の蘭人シーボルトへ「船借慫慂」の返翰（遣外使節乗船の忠告ありと雖嚢に閣老英・仏両公使に商議あれば別に借船すべきならぬ旨をシーボルトに示す返翰）」がある。つまり、シーボルトが用船借入れを勧めた手紙への返書で、原資料はブランデンシュタイン家所蔵文書の「竹内下野守、桑山左衛門尉発シーボルト宛書簡」（請求番号61923　オランダ語一枚、同じく請求番号120680　日本語五枚）である。

六月十一日（火曜日）旧五月四日

周辺への散策。コナラQuercus serrataの古木の枝は、大地から三から六フィートの高さにあり、使いよい太さになったら、ヤナギのように燃料として伐採される。また、この幹にはクジャクチョウTagfaltern、スズメバチHornisse、それにカブトムシKäferがよく訪れる。これらの動物は、古い傷が流す樹液を貪欲に吸い取る。炯眼《けいがん》をもつアルゴス（＊1）Argusのようなもの。

日本の色とりどりのチョウSchillervögel、さらに巨大なスズメバチに頻繁に出会う。

〔覚書〕チョウ、カブトムシとスズメバチの餌など

〔炯眼をもつアルゴスのようなもの。色とりどりのチョウ、クワガタ、巨大なスズメバチなど〕

コナラの枝は、わが国のヤナギの枝と同じように、燃料として伐採される。この高さ八から一〇フィートの樹木は、幹の太さが一から三フィートになり、中が空洞になっているのもある。この樹は病んでいる所や出来たばかりの傷から樹液を流す。これがチョウSchmetterlingeや他の昆虫、カブトムシ、さらにスズメバチの好むものである。昆虫学者は、ここ〔樹液の出ているところ〕では常によい採集ができる。

オオムギGersteは最も広く分布している穀物である。コムギWaitzen〔Weizen〕は日本では海抜三〇〇〇フィートの所でも生育する。

＊1　ギリシア神話に登場する百眼の巨人。雌牛に変身したゼウスの恋人を監視した。転じて番人の意。

六月十二日[＊1]（水曜日）旧五月五日

昨日の昼から深夜遅くまで嵐が吹き荒れていた。

五月の節句Gokwats no Sek'。農家の婦人たちは五月の節句に菖蒲Calmus〔Kalmus〕の葉をリボンのように頭に巻きつける。女性は年を取るのが早い。日本の女性たちは、ヨーロッパの女性と比較すると、十から十五歳老けて見える。彼女たちは二十五歳で、多くはすでに盛りを過ぎて、四十歳くらいに見える。

〔覚書〕五月の節句

五月五日に行なわれる、いわゆる鯉のぼりFlaggenfestは民衆によって非常に素朴に祝われる。彼らは菖蒲の葉を自宅の低い屋根にかける。婦人たちは、同様に菖蒲の葉をリボンのように頭に巻く。

＊1　ブランデンシュタイン家所蔵文書に、日記の日付〔六月十二日〕と同じ日に書かれた「ジーグブルグからシーボルト宛書簡、横浜にて」〔請求番号111966　フランス語一枚〕がある。

六月十三日[*1]（木曜日）旧五月六日

遠出。オオムギが収穫される。昨日の嵐が実った穀物畑に甚大な損害をもたらした。ほとんどの六条オオムギの穂が折れた。

人々は、果物の取り入れで大忙し。畑では一部の人は、畑で喉の渇きを癒すためにつまみ食いしている人もいる。農婦らは菖蒲の葉を頭に巻いていた。彼女らはとても老けて見えた。女性はここでは早く老ける。婦人たちは、ヨーロッパ人と比較すると、実際よりも十から十五歳年とって見える。二十五歳で盛りは過ぎる。

〔覚書〕日本の婦人

女性はここでは非常に早く年をとる。結婚した婦人は、わが国よりも十から十五歳老けて見える。二十五歳ともなると、彼女らはすでに盛りを過ぎて、四十歳くらいに見える。何度も熱い湯〔風呂〕に入ることが、このことと大いに関係があるかもしれない。

*1　ブランデンシュタイン家所蔵文書に、日記の日付（六月十三日）と同じ日に書かれた「インデルマウルからシーボルト宛書簡、出島にて」（請求番号91052　オランダ語一枚）がある。

六月十四日（金曜日）旧五月七日

前任の神奈川奉行〔松平石見守[*1]〕の来訪。今までは私が彼の所に呼ばれていた。彼は自分の方から私の所に来られなかったことを詫びた。私に伝えたことは、今、赤羽根に宿舎を用意していること[*2]、私が江戸に来ることを皆が望んでいること、また出発が六月十八日（旧暦五月十一日）に決定したことである。必要があれば、〔遣欧〕使節のための汽船を用意している。そしてその船の借入れ値段は約六〇〇〇ドルであるという。

〔草稿〕横浜から江戸への旅

私は六月十四日の午前中に、運上所の役人を通じて次のような連絡を受けた。前任の神奈川奉行と滝川播磨守がここ〔運上所〕に到着していて、できるだけ早く私と話をしたいという。早速私は、その場に赴いた。たくさんのお供の居るなかで、この二人の奉行から好意的な歓迎を受けた。播磨守が私に打ち明けてくれたのは、現在外国人の公使のための宿舎（接遇所）を江戸の赤羽根に用意しているということ。そして幕府は私にすぐに江戸へ来てもらいたいとのことだった。

旅の出発は十八日と決定された。海路で行くか陸路で行くかは私の自由選択に任せてくれた。荷物、外套、それにまだ生きているたくさんの植物の採集物は海路で運ぶことになり、私と息子アレクサンダーは駕籠（乗物）に乗り、ところどころは歩くが、江戸までの旅をすることになった。けれども後になって、在日オランダ弁理公使ポルスブルックより、彼の所有する二つの快適な乗物を貸してくれるという申し出があった。しかしその乗物は、彼が住居にしている神奈川の寺〔長延寺〕[*3]にあるということで、旅行計画は変更され、まず横浜からボート〔小舟〕で神奈川に渡り、そこから江戸へ旅立つことが決定された[*4]。

私が遣欧使節団から手紙を受け取ったかどうかを、奉行播磨守は尋ねてきた。そこには、以前私からの提案の中に入っていた、汽船ファイアリー・クロス号を確保することについて答えているそうだ。また、今のところまだ何も決定できないでいるが、次のことを考慮しているという。つまり、使節団がここからスエズに、あるいは直接ヨーロッパに渡ろうとする場合には、購入するにせよ借り入れるにせよ、そのような海の旅に適った汽船を調達するのに、手を貸して欲しい、という話であった。

〔補注〕『蘭文日記』六月十四日（金）五月七日には、

「長崎奉行岡部駿河守の五月七日交付の手紙一通[*5]と、五月十一日の私の手紙への返事とを受領した[*6]。神奈川奉行組頭が来て、赤羽根の宮殿 Paleis〔接遇所〕の用意〔整備〕ができたことを知らせた。江戸に向け早く来てほしいと要望を述べ、私の出発を六月十八日に決定した。〔遣欧〕使節の必要とする汽船一隻の借入れについて私と話しあった。」

（五二九頁）

と記している。〔 〕は長尾氏による。

＊1　シーボルトは「前任の」と記しているが、この時点での神奈川奉行は滝川播磨守（一八六一年三月四日—九月十九日在任）と松平石見守（一八六〇年一月七日—六三年二月十六日

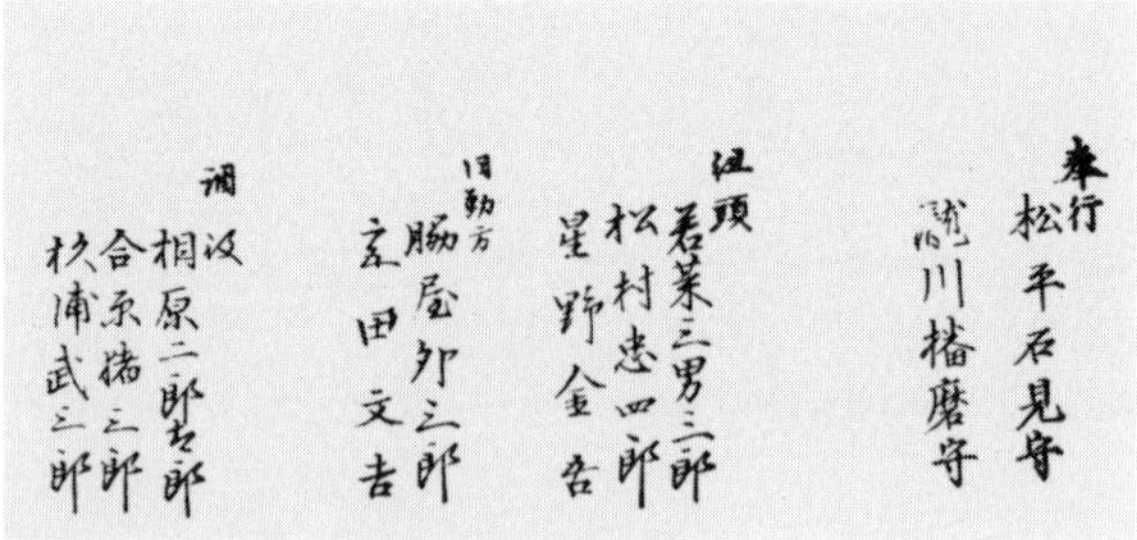

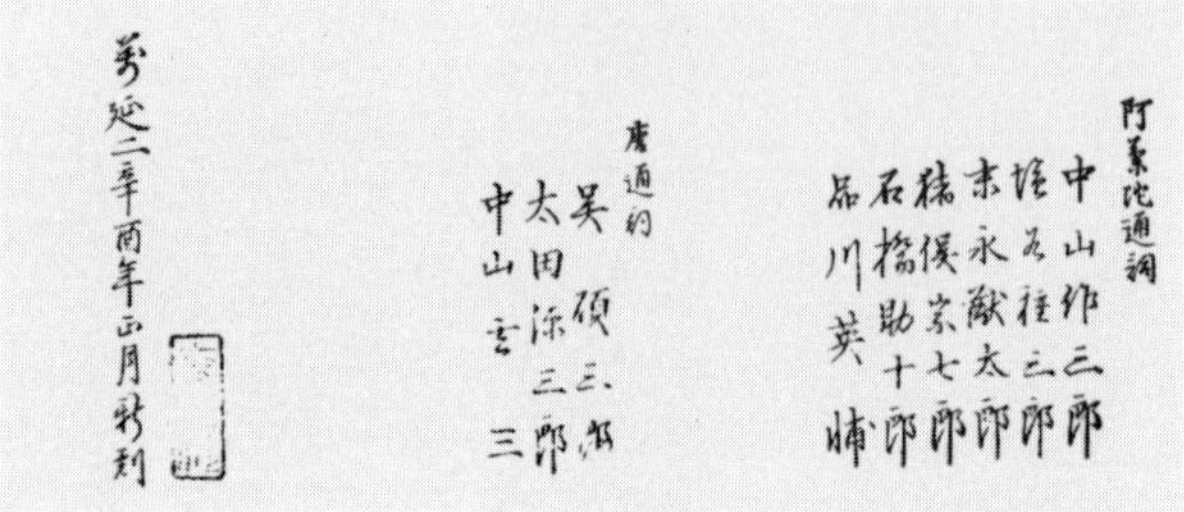

当時（万延二年（1861））の「神奈川奉行職員録」（部分）
『金川司鑑』より（横浜市立中央図書館蔵）

在任）の二人体制で、石見守も「現奉行」である〔図版参照。なお、『神奈川奉行所職員録―よこれき双書・第16巻』（横浜郷土研究会編集・発行　平成九年）に、神奈川奉行に関する詳しい史料が掲載されている〕。

＊2　「東大シーボルト文書」第十六号「文久元年五月六日外国奉行より神奈川奉行へ蘭人シーボルト江戸へ呼寄赤羽根接遇所へ差置に就ての覚」および同第十七号「文久元年五月六日老中より外国奉行へ蘭人シーボルト江戸滞在中、取締向に就て（警衛士を附せさる）の指令書」参照。

＊3　四月二十日の日記＊3参照。

＊4　アレクサンダーの著書によれば、

「私たちが横浜に滞在していたのは、江戸の将軍が父を呼び寄せる決心をするまでの間に過ぎなかった。ある日、閣老の書状が届き、間もなく私たちは住まいを明け渡し、二台の駕籠に乗りこみ、強そうな駕籠かきにかつがれて、首都に向った。約五キロ離れている江戸に通じるこの街道は、当時まだ数百人の武士が行き来する主要な道路として利用されていた」（一一四頁）

と書いている。

＊5　ブランデンシュタイン家所蔵文書に「長崎奉行岡部駿河守発シーボルト宛書簡」（請求番号101115　オランダ語一枚）がある。

＊6　ブランデンシュタイン家所蔵文書に「幕府要人（連名）発シーボルト宛書簡」（請求番号61940　オランダ語一枚）があ

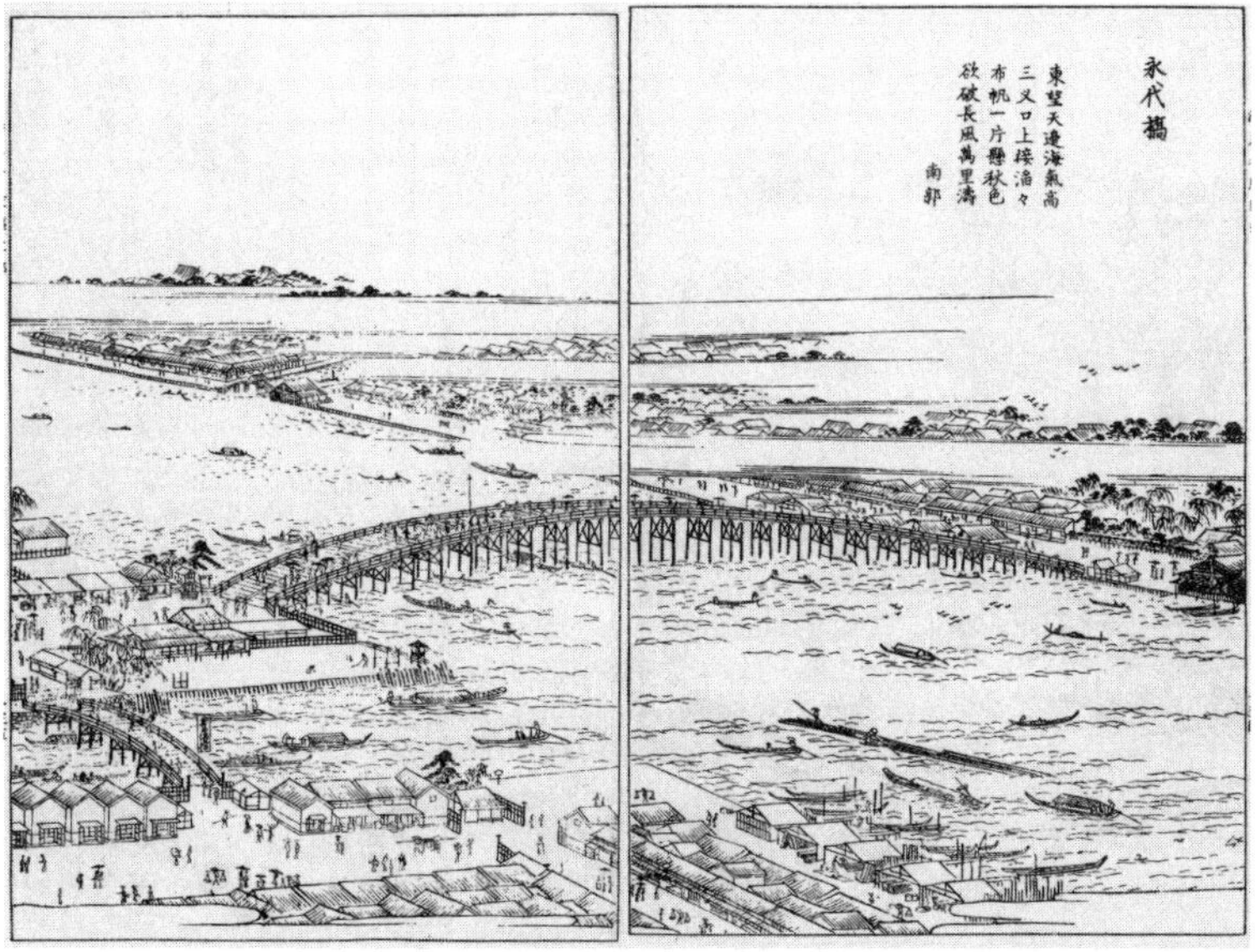

「永代橋」(『江戸名所図会』長谷川雪旦画　1834年)

る。

六月十五日(土曜日)旧五月八日

隅田川に架かる永代橋は長さ一一〇間(*1)である。

〔覚書〕永代橋

江戸を洗う墨田川に架かる、この橋は一一〇間の長さである。

*1　一間は六尺、約一・八メートル。

六月十六日(日曜日)旧五月九日

暇乞いの訪問。日本の遣欧使節団の乗る汽船の件で、エドアルド・クラーク Eduard Clark 氏と話し合う。郷里、ボードウィン、印刷所へ書簡。

六月十七日(＊1)（月曜日）旧五月十日

荷造り。夕方、江戸への船に積荷。二人の奉行に暇乞いの訪問を行なった。

＊1　長尾正憲の著述によれば、福沢全集「訳稿」同日付で、

「オランダコンシュル、ポルスブルックがシーボルト出府につき外国奉行あてに照会。その中に神奈川奉行松平石見守よりシーボルトは日本政府と関係なく、一個の難問弁解のために神奈川に来たと答えた」

とあり、さらに

「本邦開港以来外国臣民江戸行禁止の所、蘭人シーボルト出府の義に付、和蘭公使より照会一件　村上英俊・福沢共訳」（五二九頁）

とある。

六月十八日〔横浜から江戸へ〕

六月十八日（火曜日）旧五月十一日

出港。九時ボートで神奈川へ。そこから乗物で江戸へ。午後六時過ぎ江戸赤羽根の宿舎に到着した。(*1) 外国方で、第三クラスの吉川圭三郎、(*2) 数人の役人、目付、さらにオランダ語通詞から出迎えをうける。外国奉行新見伊勢守の来訪をうけ、彼は国の代表として、また大君の名において、贈物を提供した。

*1　アレクサンダーの著書によれば、江戸到着（赤羽接遇所）までのことを、次のように書いている。

「ある日閣老の書状が届き、間もなく私たちは住まいを明け渡し、二台の駕籠に乗りこみ、強そうな駕籠かきにかつがれて、首都に向かった。（中略）海岸に通じる街道を通り、辻々には木戸や矢来があって閉じられるようになっていて、傍らに火の番小屋のある所を通り過ぎると、赤く塗った門のある有馬侯の屋敷の向い側にある、黒い塀で囲まれた玄関前の庭を通って、私たちの宿舎、赤羽の接遇所に着いた。私たちの背後で大きな黒い門が急に閉まる音が聞え――重い木製の門をさし込むと、護衛兵は各自の勤務についた」（一一四―一一五頁）。

*2　長尾正憲の著書によれば、『柳営補任』を引用して、「吉川圭三郎（生没年不詳）は「外国奉行支配調役。勘定組頭幸七郎の倅」（五三〇頁）と書いている。

「赤羽接遇所」シュピース『プロイセンの東アジア遠征』より（ドイツ東洋文化研究協会蔵）

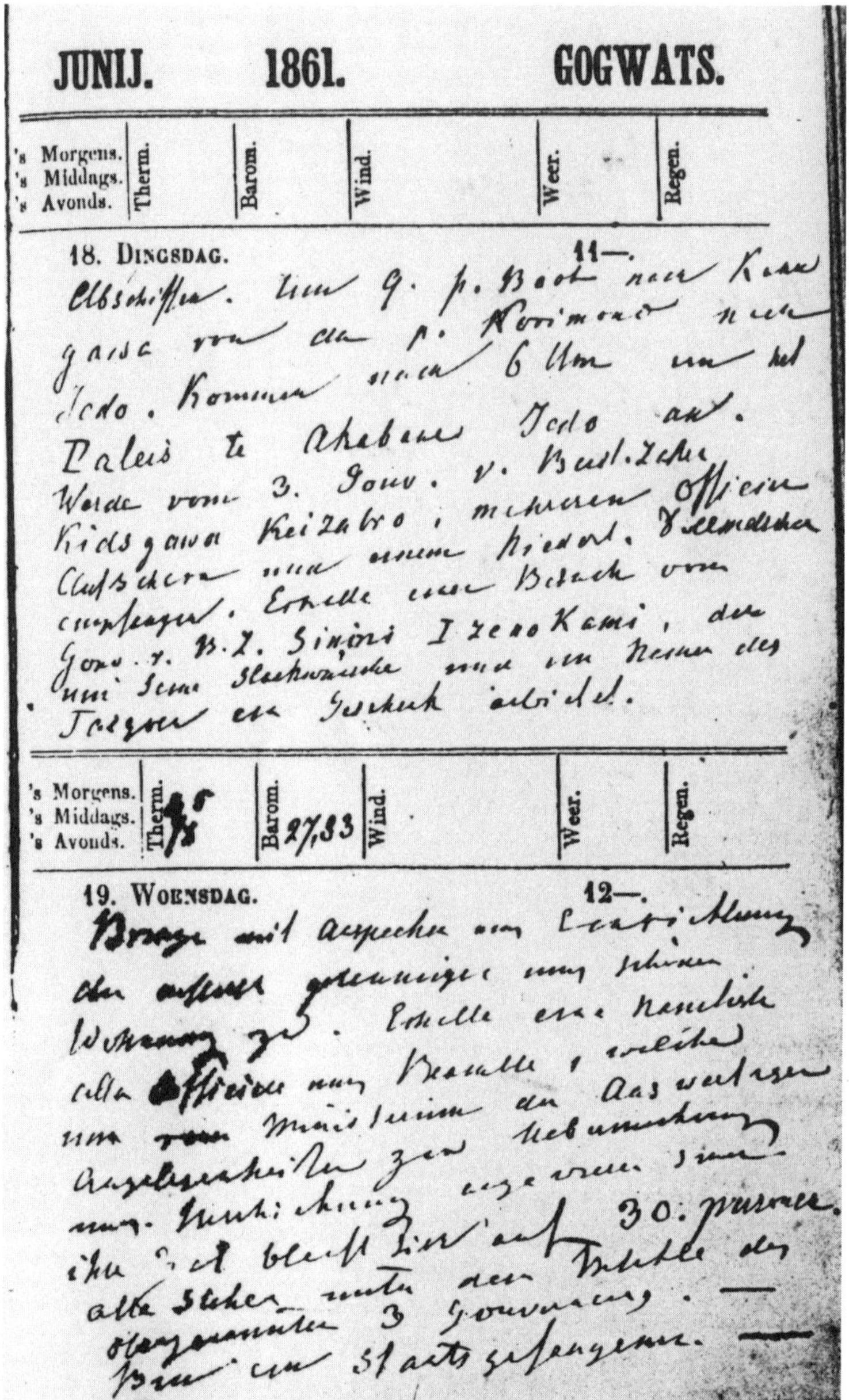

1861年6月18日・19日の独文日記

六月十九日～八月二十六日〔江戸滞在〕

六月十九日（水曜日）旧五月十二日

昼、気温華氏八五度〔摂氏約二九・四度〕。夜、七六度〔摂氏約二四・四度〕。夜、気圧計二七秒三三。

非常に広く美しい家の建築についての談話で時を過ごす。

すべての士官と役人の名簿[*1]を受取った。彼らは私のそばに住み、私を安心させるために、外国奉行から派遣されたのである。その数は三十人に及んでいる。前述の三奉行[*2]の命令下にある。

―私は国の捕らわれの身だ―

〔補注〕『蘭文日記』六月十九日（水）旧五月十二日には、

「外国奉行新見伊勢守にあてて、昨日の歓迎のための来訪と、大君殿下の名において与えられた飲食物にたいして、書面で礼を述べた[*3]。赤羽根で勤務する三〇人の士官と役人の名簿を受取った。アカバネとは、宮殿〔接遇所〕が名づけられた、地区の名である。接遇所 sets gu dzjo すなわち外国人、ないしは使節 Gezanten のための邸である。」（五三〇頁）

と記している。〔 〕は長尾氏による。

＊1　ブランデンシュタイン家所蔵文書の中に、この「名簿・外国人御用出役一五人」（請求番号 10229　手稿・リスト、オランダ語・日本語一枚）がある。長尾正憲の著書（五三〇頁）によれば、東洋文庫に「シーボルト資料 XVII／1―B／6 Bylage Lett. T. Akabane Jedo」として所蔵されている。いずれにせよ、この名簿には次のような人々の名が記されている。外国方＝吉川圭三郎、上田友助、山本鎗次郎、平野雄次郎、野村金一郎、中村謹之助、通詞猪俣宗七郎、外国御用出役（警備隊）一五人／御目付方＝大久保弥助、山崎伴次郎、平島三郎助／町方＝六人（このうち上田友助は文久遣欧使節の随員に加わる）と書かれている。

＊2　五月五日の日記に記載の新見伊勢守、小栗豊後守、村垣淡路守の三人のことであろう。

＊3　「東大シーボルト文書」第十九号「文久元年五月十三日蘭人シーボルトより外国奉行新見伊勢守へ来訪及将軍より賜を謝する書翰」参照。

六月二十日[*1]（木曜日）旧五月十三日

朝、気温華氏七六度〔摂氏約二四・四度〕。昼、八三度〔摂氏約二八・三度〕。夜、十二時七九度〔摂氏約二六・一度〕。朝、気圧計二七秒八五。昼、二七秒八八。午後三時、二三三秒〇。夜、十二時二七秒九〇。

愛宕山の神社[*2]へ散策する。

ママ Mama〔妻〕[*3]からの荷物の入った箱を受け取る。玉ねぎはすべて腐っていて食べられない。

愛宕権現として崇拝されている神は、カグツチノカミ Kagutsutsi no Kami〔迦具土神〕である。この神は火災によって死んだため、火 Feuer（火災 Brand）に対する守護神に祀り上げられた。将軍地蔵 Sjôgun Dsizô[*4]は奥の神殿 hintersten Tempel（奥の院 Okunoin）に祀られている。その奥に礼拝堂 Hauptkapelle（本宮 Hongu）がある。僧侶は山法師 Jamabosi といわれ、天狗の礼拝所 Tengu-Kapelle〔天狗 Tengu は本宮 Hongu の記述間違いか?〕には鏡と御幣 Gohei が見られる。

〔覚書〕江戸の愛宕神社

ここに祀られている神、愛宕権現はカグツチノカミ Kagutsu tsi no Kami〔迦具土神〕である。この神は殉教者として火災による死を遂げたため、火や火災に対する守護神とみなされている。この神は礼拝堂（本宮）に祀られている。そこの祭壇の上には、神への崇拝（神道 Sinto）のシンボルである、鏡と御幣が見られる。奥の院とは奥にある神殿という意味で、そこには将軍地蔵、すなわち将軍様の地蔵 Feldherr Dsizô という名の偶像が祀られている。神社の境内には、この地蔵の青銅の騎士像があり、また普通の地蔵の立像もある。そこにはさらに、回廊のような建物〔茶店〕が建てられていて、そこで参拝者たちは、とりわけ飲食することで心を癒すことができる。〔図版参照〕

＊1　ブランデンシュタイン家所蔵文書に、日記の日付（六月二十日）と同じ日に書かれた「T・クルースからシーボルト宛書簡、上海にて」（請求番号111973　オランダ語一枚）と同じく「ジーグブルグ発シーボルト宛書簡、横浜にて」（請求番号90983　フランス語一枚）がある。

＊2　一六〇三（慶長八）年開山の愛宕権現を祀る愛宕神社（現

「愛宕山鳥居の近景」
（F. ベアト撮影　1865年頃　横浜開港資料館蔵）

「愛宕神社境内の地蔵」（F. ベアト撮影　横浜開港資料館蔵）
シーボルトが見たものと思われる地蔵。左が将軍地蔵（騎士像）。関東大震災にて焼失。

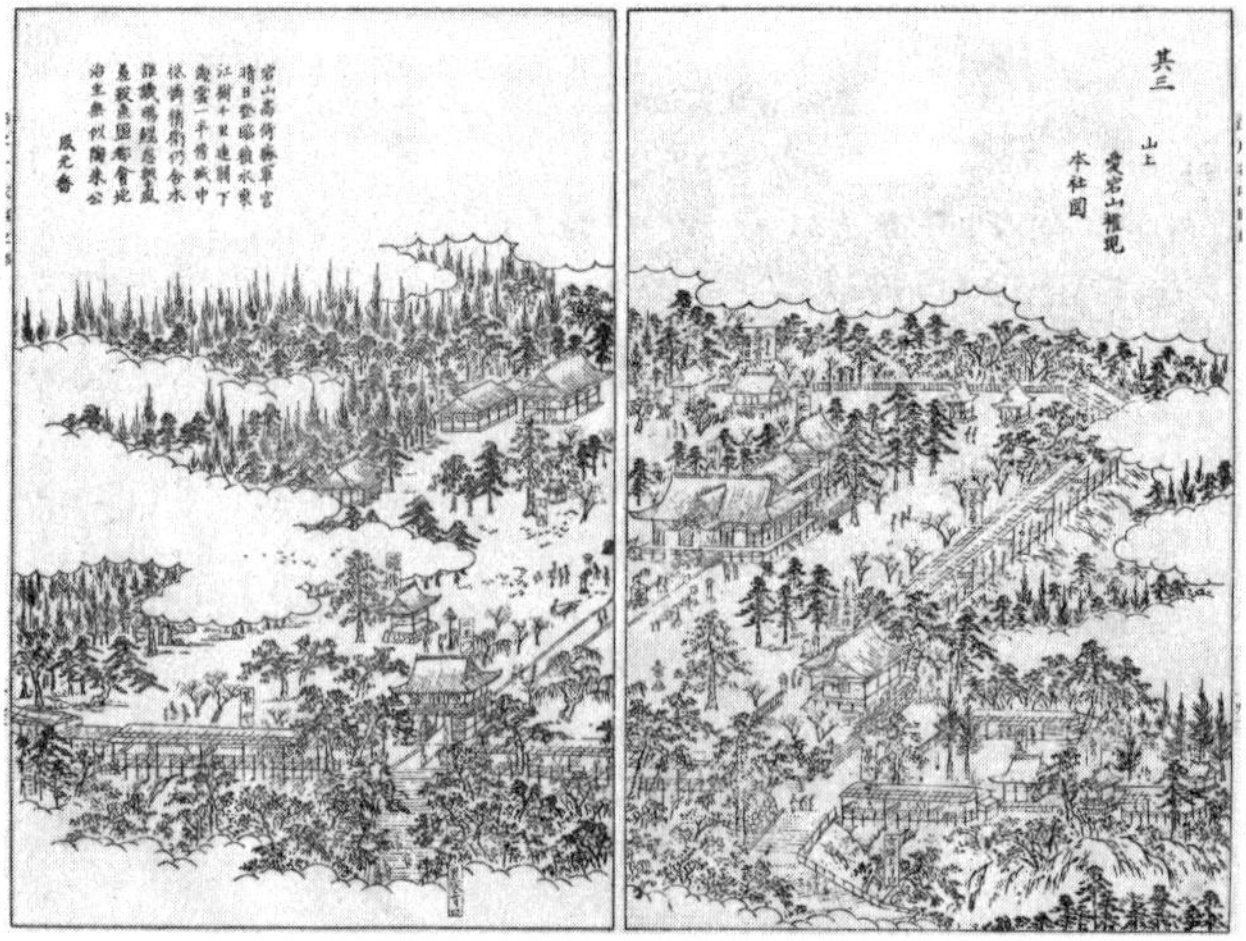

シーボルトは愛宕山の茶屋を「回廊のような」と表現した
上：「愛宕神社（愛宕山）」（『江戸名所図会』長谷川雪旦画　1834年）
右中：「新板浮絵芝愛宕山遠見之図」（葛飾北斉画　国立国会図書館蔵）
右下：「シハアタコ」（亜欧堂田善画　1800～1820年頃　須賀川市立博物館蔵）

在の東京都港区愛宕一―五）。起源は徳川家康が江戸の防火、防災として社殿、仁王門、坂下総門などを寄進し、幕府の保護のもとに、多くの人々から火伏せの神として信仰された神社で、見晴らしの名所として賑わった所でもある。一八六〇（万延元）年三月三日桜田門外の変で大老井伊直弼を暗殺した、水戸浪士十七名と薩摩藩士一名が愛宕山頂に集合した場所としても知られている。シーボルトが訪れた翌年の一八六二（嘉永二）年に江戸の大火災で、社殿その他が悉く烏有に帰した。当時は、まだ神仏混合であったが、一八六八（慶応四）年三月、維新政府が祭政一致の方針に基づき、神仏混合を廃止して、愛宕神社も御祭神火産霊命《ほむすびのみこと》を祀る正式な神社となった。その後、関東大震災や東京大空襲で一切灰燼に帰したが、一九五七（昭和三十二）年に再建され現在に至っている。

＊3　ここで記述のママMamaとは、シーボルトの妻ヘレーネである。つまり息子アレクサンダーの母親。

＊4　これは徳川家康の持仏『勝軍地蔵菩薩』（行基作）のことである。彩色を施した小さなきめ細かい木像で、馬に乗った地蔵菩薩であるという。現在、愛宕神社境内末社に勝軍地蔵尊・勝軍地蔵菩薩として祀られている（非公開）。

六月二十一日（金曜日）旧五月十四日

朝、気温華氏七七度〔摂氏約二五度〕。昼、八九度〔摂氏約三一・七度〕。夜、七三度〔摂氏約二二・八度〕。朝、気圧計二七秒一一。昼、二七秒一一・六。夜、二八秒一。夕方から雷雨。

種子を強い陽に晒すことによって、アサガオPharbitis heduaceaの葉に斑Folia variegataが入る。また、花の色を変えるために、アサガオに酢をかける。そのようにして出来た種子も、同じような色の花になる。そして人々は、ただ単に普通の漏斗状のアサガオよりも、大輪のものや切れ込みの入ったものを珍重する。したがって花冠は深い裂片状になる。またその栽培された種子からは、同様の花が得られる。〔覚書「アサガオ」参照〕

〔覚書〕アサガオ

様々な花の色を生み出すために、アサガオに酢を注ぎかける。そしてそのアサガオから出来た種子からも同じような色の花が得られる。人々は単に色の変種だけではなく、大輪のものや、通常の釣鐘状ではなく、裂片によって多弁の花のように見えるアサガオを珍重する。したがって花冠は深い裂片状になる。また、そのような花冠が切れ込んだアサガオに出来た種子からも、同様の裂片状になった花が得られる。（＊1）（実験によって詳細に調査しなければならないか？）

＊1　シーボルトはアサガオの園芸種のことを述べている（愛宕神社のアサガオ市での情報であろうか？）。かなり難解な文章であるが、これら園芸種はその場限りの変異ではなく、次の代（その花の種子から出来た花）も同じものになる（？）ということなのであろうか。

六月二十二日（土曜日）旧五月十五日

朝、気温華氏六九度〔摂氏約二〇・六度〕。昼、七一度〔摂氏約二一・七度〕。夜、七〇度〔摂氏約二一・一度〕。朝、気圧計二八秒一二。昼、二八秒二。夜、二八秒一六。

九時から十二時まで日本橋へ散策。早朝、城内で駕籠 Sänfte（＊1）に乗った、ある藩主の奥方に出会った。彼女のうしろには、およそ一六人の侍女が従っていた。彼女らはさほど美しいとは見えないが、非常に肥っていた。数名の高貴な人は馬で登城していた。

〔覚書〕江戸の奥方たち

早朝、二の丸で、ある藩主の奥方に出会った。大きな覆いの掛けられた駕籠に坐り、八人の担ぎ手に交互に担がれ、そのうしろを十人の侍女が徒歩で従っていた。彼女らは大部分が若い女性で、非常に恰幅がよかったが、とりたてて美しくはなかった。髪の形は、庶民のものとはまるで違う。額の両側の髪は油を塗られ、翼のように丸く、耳を覆うように弧を描いてせり上がっていた。前髪もせり上げている。うしろには、同じように油の塗られた髷が垂れ下がっている。そしてそこには櫛に似たようなもの〔笄《こうがい》か〕が前髪の中に入り、櫛とピン〔簪《かんざし》か〕とで固定されていた。

＊1　シーボルト『日本』第二巻（一八一頁）によれば、「諸侯のお屋敷では乗物、とくに婦人用のものが立派に作られている。竹のみごとな編み細工と木部は黒漆に金蒔絵を施したもので、銀や金張りの金具の飾りがついている。そして担い手の人数は、実際に乗物をかつぐか、交替に備

えて側を歩くかは別として、乗っている人の階級を示す」と記している。シーボルトが観察した奥方の駕籠は、おそらくこれとほぼ同じものであろう。

六月二十三日（日曜日）旧五月十六日

朝、気温華氏七一度〔摂氏約二一・七度〕。昼、八三度〔摂氏約二八・三度〕。夜、七九度〔摂氏約二六・一度〕。朝、気圧計二八秒〇四。昼、二七秒八九。夜、二七秒九。

われわれしかいない静かな一日。

六月二十四日（月曜日）旧五月十七日

朝、気温華氏七五度〔摂氏約二三・九度〕。昼、八五度〔摂氏約二九・五度〕。夜、七九度〔摂氏約二六・一度〕。朝、気圧計二七秒九六。昼、二七秒九。夜、二七秒九四。

アジサイ Hydrangea japonica Azisai、シュウカイドウ Stellata Belgonia、ガマズミ Viburnum orient、ナツツバキ Stuartia〔Stewartia〕grandiflora、センノウ Lychnis senno、ガンピ Gampi、スイレンの仲間 Nymphaea um. db.、クリ Castanea vesca、ノハナショウブ Iris Kaemferi、マンサク属 Hamamelis、ナツフジ属 Milletia、キク属 Chrysanthemum、ナデシコ Dianthus japonicus、キリンソウ属 Sedum、コウモリソウ属 Cacalia、トラノオ Veronica. toranowo、ホタルブクロ Campanula、カラスウリ属? Trichosanthes ?、ネジバナ属 Spiranthes、ヒシ Trapa bicornis が花盛りである。

（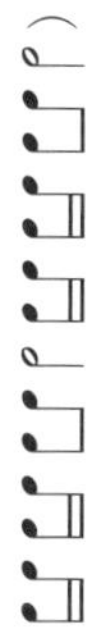 勤行の太鼓の音）。

明るい褐色の髪の男の踊り手と赤茶色の髪の物乞いBettlerを見る。

〔覚書〕勤行の太鼓の音

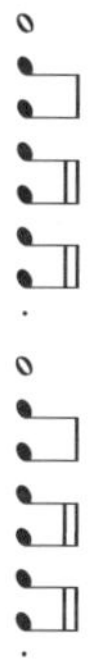

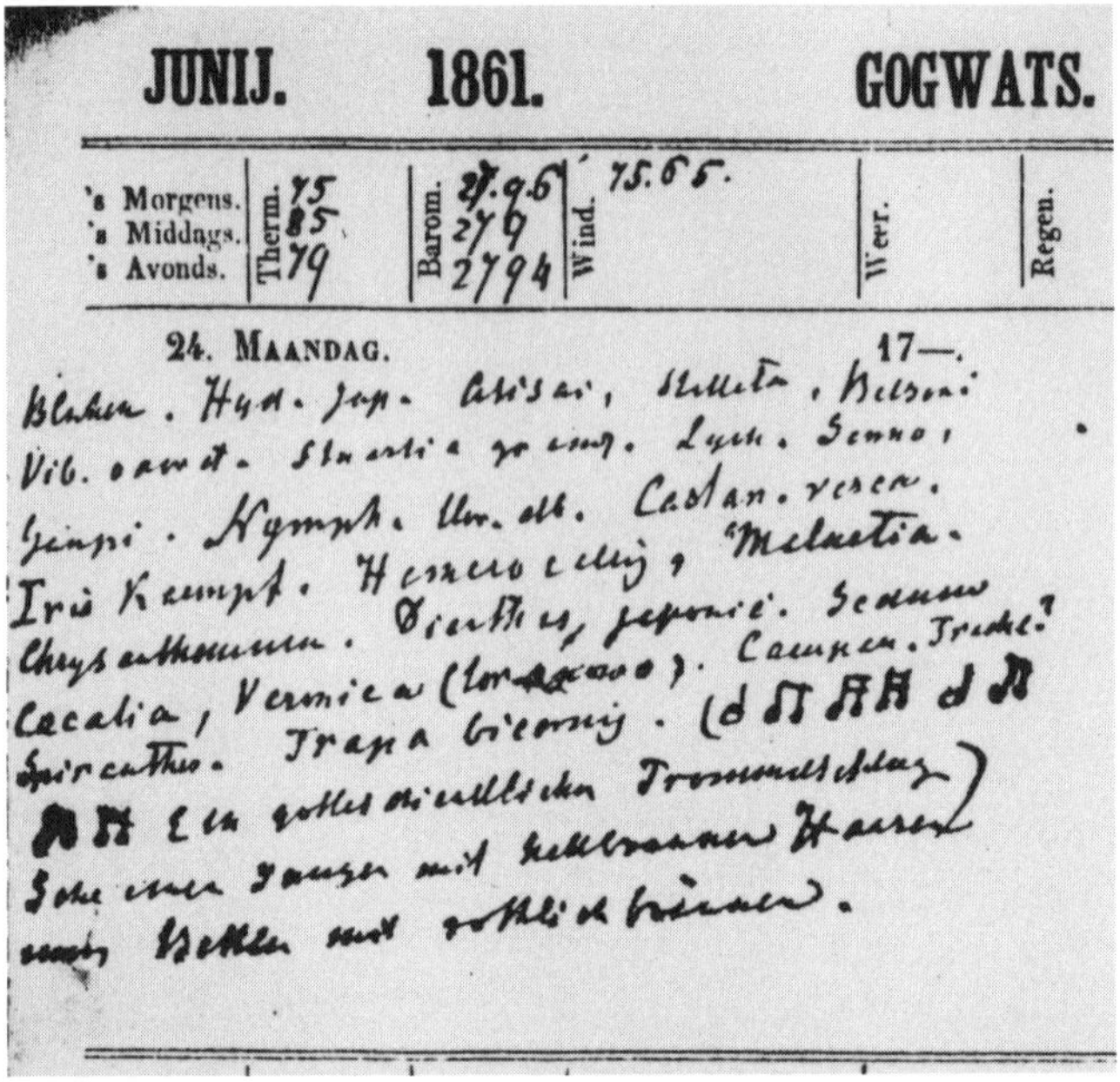
JUNIJ. 1861. GOGWATS.

's Morgens. 's Middags. 's Avonds. Therm. Barom. Wind. Weer. Regen.

24. MAANDAG. 17—.

1861年6月24日の『独文日記』

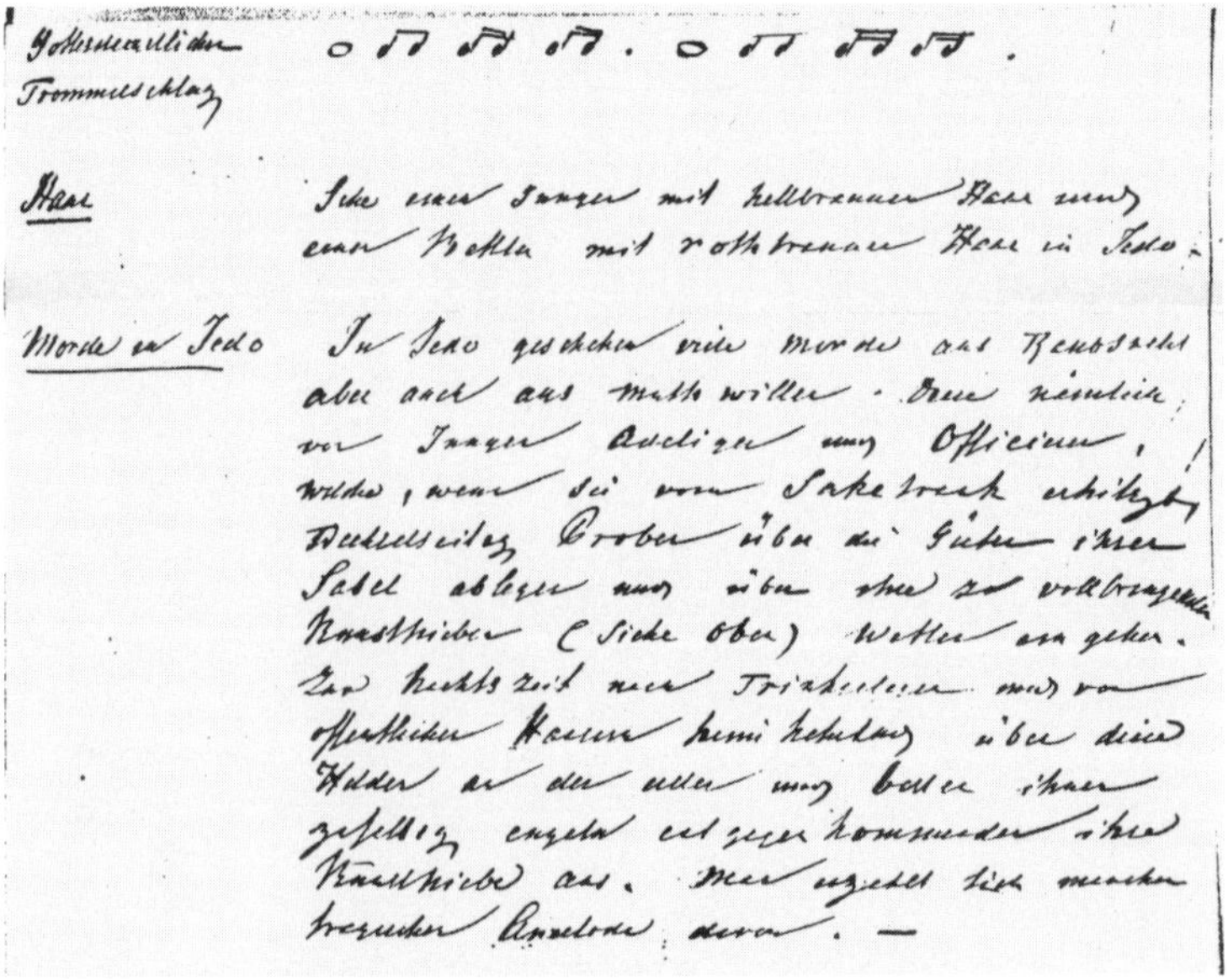

〔覚書〕「勤行の太鼓の音」「髪の毛」「江戸の殺人」

〔覚書〕髪の毛

明るい褐色の髪の毛をした若者と赤褐色の髪をした物乞いを江戸で見る。

六月二十五日（火曜日）旧五月十八日

朝六時、江戸近郊の庭園まで遠出。

五月七日〔西暦六月十四日〕付の長崎奉行からの書簡を受け取る。それは、つまり長崎からここ横浜まで十一日間かかったということだ。

1861年に江戸で採集された「イチイ」の標本
（東京都立大学牧野標本館所蔵）

イチイTaxus cuspid.〔cuspiata〕。ツボビワTsubobiwa〔坪庭か?〕などに使われる、植木造形に適している。私は一五フィートのピラミッド状のものと、一二フィートのアーチ状の門の形をしたイチイを見た。

御大老が殺害された場所[*1]に行く。広場、広い間道。

〔覚書〕郵便

速達便は十一日で、長崎から横浜と江戸に達する。

〔覚書〕御大老の屋敷

御大老が殺害された場所に行った。大きな屋敷のすぐそばの大きな公の広場で、そばに桜道Sakura matsという広い間道がある。

＊1　桜田門。江戸城内郭門の一つ。城の南西内濠内に位し、霞ヶ関の北東に当る。「桜田門外の変」については、四月五日の＊2参照。

「外桜田門」
（F. ベアト撮影　横浜開港資料館蔵）

六月二十六日（水曜日）旧五月十九日

昼、気温華氏八九度〔摂氏約三一・七度〕。昼、気圧計二七秒六六。強風。夕方、雨。

太さ三フィート以上、高さ五〇フィートのイヌガヤ属 Cephalotaxus と太さ数フィート、高さ二五フィート以上のヒカンザクラ Cerasus Hikansakura を見た。

江戸では、復讐心から多くの暗殺が行なわれている。

三つの公の刑場(※1)があって、見せしめとして、重罪人のみが〔人前で〕裁かれる。しかし牢屋では、それ以外にも毎日、ときには三〇人もの処刑が行なわれる。このような処刑は、祝日や祭日には行なわれない。

〔覚書〕江戸の殺人

江戸では復讐心から多くの暗殺が行なわれる。しかも、気まぐれからである。つまり、若い身分の高い士官や武士らが、酒を飲んで熱くなると、互いに自分の刀の質の良さを試して、その切れ味について（前述の）賭けをする。という勝手気ままさである。夜、酒宴ののち、公共の施設から帰る途中、このような英雄気どりの者は、たまたま一人で通り過ぎる者に対して、この切れ味を試すのである。このような逸話は枚挙にいとまがない。

〔覚書〕処刑

毎日、処刑が行なわれる。江戸には三つの公の刑場がある。重罪人のみが見せしめのために裁かれる。しかしそれ以外にも、祝祭日を除く毎日、多いときには三〇人もの首が刎ねられる。

＊1　三つの公の刑場とは、品川の鈴が森、千住の小塚原、伝馬町牢屋敷のことを述べているのであろうか。

六月二十七日（木曜日）旧五月二十日

朝、気温華氏七三度〔摂氏約二二・八度〕。朝、気圧計二七秒一一・六。晴。

タウンゼント・ハリス Thaunsend Harris 氏を訪問。

ウズラ Wachteln もキジ Fasan も、食用のため飼育される。味がよく、良質の若鶏のようだが、とりわけ野生味はない。

開国以来、絹、他の布地、食料品の値が上がったことが、各藩の侍 Samurai や役人 Jakunin の不満をひき起こしている。彼らの収入は微々たるもので、それでいて衣類には〔高騰のため〕今までの一・五倍も高く支払わねばならない。

二人の外国奉行が来訪。

〔覚書〕ウズラ

ウズラは大きな籠の中で、ニワトリや他の鳥類と同じように飼われ、飼育される。その柔らかい肉は、若鶏のように美味しい。

〔覚書〕政治的なこと

絹などの布地の価格の高騰が、江戸にいる各藩の侍や役人の不安を招いている。彼らの収入は僅かで、一定の額に決められていて、それでいて衣類には今までの一・五倍も高く支払わねばならない。それも、神奈川の港が外国人に開かれて、絹の大がかりな輸出が行なわれてからである。またそれ以来、江戸での食料品も値が高くなった。横浜、神奈川、江戸に居住する外国人の数は、数百人足らずではあるが、競争があり、多くの軍艦や商船が来港したりして……〔この部分未記入〕……それに輸入業者たちの投機も、やはり食料品の価格にいくらかの影響を与えている。

〔補注〕『蘭文日記』六月二十七日（木）旧五月二十日には、「二人の外国奉行が来訪し、私に教授unterrichitesを勧めることを提案した」と記している。

六月二十八日（金曜日）旧五月二十一日

外国奉行に手紙を書く。午前九時直前に、北の方向にわずか地震。ハリス氏[*1]を訪問。

ナツツバキStuartia〔Stewartia〕grandifloraをある寺で見つけた。幹の太さはほぼ一フィート、高さ一八フィートで、ツバキCamelliaに似た白い花冠は大きく広がり、丸く花弁が重なっている。私は昔からツバキは高木だと思っていた。これはシャラSjara、またナツツバキNatsutsubaki：Sommercamelliaとも呼ばれている。

五時半ごろ、かなり強い地震が幾度かあった。池の水が揺れるほどだった。

1861年に江戸で採集された「ナツツバキ」の標本
（東京都立大学牧野標本館所蔵）

〔覚書〕江戸の地震

江戸では地震が頻繁に起こる。その揺れは、火山島の大島から浅間山の方向になることが多い。これらの点については、さらにのちに詳しく触れる。

〔補注〕『蘭文日記』六月二十八日（金）旧五月二十一日[*2]には、「〔外国奉行〕鳥居越前守〔忠善〕と津田近江守〔正路〕が昨日私に要請したような、学生にたいして教授を開講したり、医学を教えることの困難であることなどを、外国奉行にあて一通の手紙として書いた。[*3]」（五三〇頁）と記している。〔　〕は長尾氏による。

＊1　ハリス（Touwnsend Harris 1804-1878）初め陶器商を営んでいたが、後のニューヨーク市立大学となる高等学校を設立するなど社会事業を行なった。ニンポー（寧波）の領事を経て、一八五六年より日本駐在アメリカ領事に就任。一八五九年初代駐日公使に就任した。

＊2　「東大シーボルト文書」第二十二号「文久元年五月二十一日老中より外国奉行竹内下野守・水野筑後守へ蘭人シーボルトへ応接すべき旨の申渡」参照。

＊3　「東大シーボルト文書」第二十四号「文久元年五月二十二日蘭人シーボルトより書生・医者・士官に教授のことにつき外国奉行へ書面」参照。

六月二十九日（土曜日）旧五月二十二日[*1]

正午、ハリス邸へ。ヒュースケンの墓参り。ハリス邸の寺院〔善福寺〕の境内に周囲三〇フィートの太さのイチョウ Salisburia がある。この巨大な樹は、枝分かれの下、高さ一二から一八フィートあたりの幹から、太さ三から五インチの太い根〔気根〕が出ている。この根は幹にそって二、三フィート垂れ下がっている。[*2]東ロシアのヴァリンピの樹 Warimpibaum に似た形である。

現在も残る善福寺境内の大イチョウ
右下あたりに気根が見える。

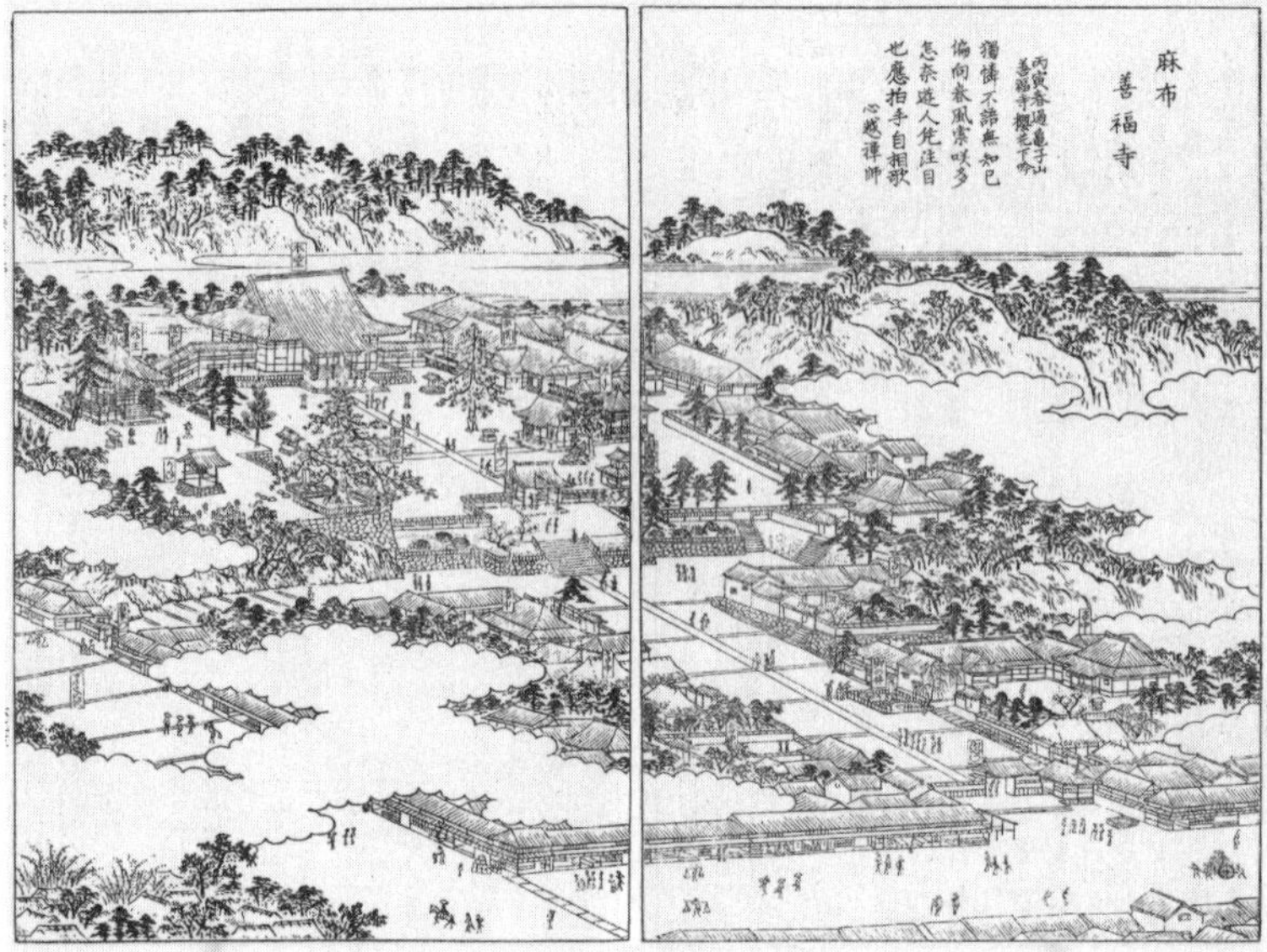

「善福寺」(『江戸名所図会』長谷川雪旦画　1834年)

アメリカ公使館にあてられた善福寺（F. ベアト撮影　1865年頃　横浜開港資料館蔵）

〔覚書〕ヒュースケンの墓

Ｈ・Ｃ・ヒュースケンの墓には、次のような碑銘がある。

「ヘンリー・ヒュースケン(＊3)を偲んでこれを捧ぐ Sacred to the Memory of Henry C. Heusken。日本のアメリカ使節団通訳、一八三二年一月二日アムステルダム生まれ、一八六一年一月十六日江戸で死去」。

ヒュースケンの墓の左側には、日本人が埋葬されている。その墓の主は、ハリケーンと海流によってアメリカの北西部に流され、のち江戸のイギリス領事館付通訳となり、そこで殺害された。彼の墓碑銘には、こう書かれている。

「伝吉Dan kutchi、イギリス使節団付日本人通訳は、一八六〇年一月二十九日、日本の暗殺者たちによって殺害された(＊4)」。

この両者の墓碑銘は、静と動との不思議な対比である。

＊1 「東大シーボルト文書」第二十三号に、「文久元年五月二十二日老中より外国奉行水野筑後守・目付浅野一学へ蘭人シーボルトより医学等伝習の者取扱ふべき旨の申渡」とある。

イギリス使節団付通訳伝吉の墓。（現況写真）
ヒュースケンの墓のそばにある。

ヒュースケンの墓（現況写真）
（光林寺　東京都港区南麻布）

＊2　『一八六六年、ライデン気候馴化園の日本植物。説明付き目録の要約と価格表』（ミュンヘン、一八六六年刊）によれば、「私はイチョウの一本を江戸の近くの寺で観察した。その寺は、アメリカ公使館に譲ったものであるが、木は周囲七メートル、高さがおよそ三〇メートルもある」（一〇頁）と記している。今でもこの大イチョウ（雄株）は立派に生育し、幹周りは一〇・四メートルあり、樹齢七五〇年以上と推定され、国の天然記念物になっている〔図版参照〕。しかし、この樹木がシーボルトによって観察記録されていたという史実は、ほとんど知られていない。

＊3　ヒュースケン（Henricus Coenradus Joannes Heusken 1832-1861）駐日アメリカ総領事館・公使館通訳。オランダ人。一八五五年駐日総領事に任命されたハリスの通訳となり、一八五六（安政三）年ハリスとともに下田に来航。日米修好通商条約締結などでハリスを補佐し活躍した。オランダ語のほか、英・独・仏語、それに日本語にも堪能。一八六一年一月十五日（万延元年十二月五日）鹿児島藩士らに襲われ、翌未明に死亡した。墓は光林寺〔現在の東京都港区南麻布四丁目〕にあり、そのすぐ近くにイギリス使節団付通訳伝吉のものもある〔図版参照〕。

＊4　伝吉は越後出身の船乗りであろうか。富田仁編集『海を渡った日本人名事典』（日外アソシエート　一九八五年）によれば、「伝吉（生没年不詳）」とあり、次のように記している。「一八三二（天保三）年閏十一月二日、次郎右衛門、伝助、長太とともにハワイのオアフ島ワイアル湾に漂着。乗り組んでいたのは、越後国早川村角長の船乗り九人で、松前から江戸へ数の子を運ぶ途中に遭難した。漂流中に五人は死亡。その後四人はホノルルからペトロパウロフスクに、さらにシトカに送られ、一八三六（天保七）年七月二十五日エトロフ島へ送還され帰国する。その後の消息は不明」（四〇三頁）。もしシーボルト記述の伝吉であるとすれば、その後の消息はイギリス使節団付日本人通訳として活躍し、一八六〇年一月二十九日暗殺者により殺害とあるので、没年はこの年ということになる。

六月三十日（日曜日）旧五月二十三日

私のかっての門人〔石井〕宗謙が江戸で、ある貧しい藩主(＊1)の侍医として死去した。残念ながら、彼とは再会できなかった。というのも、彼はある藩主の侍医ということで、幕府の許可なしで私を訪問することは許されなかったからだ。

＊1　美作勝山藩主三浦志摩守（二万三千石）。

七月一日（月曜日）旧五月二十四日

愛宕山を散策。今日は縁日Monatfest。山のふもとの愛宕町に沿って多くの植物が売られている。注目すべきことに秋の花なのに、この季節に多くのキク属Chrysanthemumsが咲いている。

江戸にも多くのムクドリが巣を作る。これは、われわれの国（オランダ）の生態と同じである。

〔覚書〕**花市**

江戸では、仏教の寺の祭祀や神社の祭りの時に花市が開かれる。そこでは多くの美しく、珍しい植物が売られている。このような頻繁に行なわれる花市が、少なからず園芸の保護育成に貢献している。この園芸が江戸周辺では、利益を生む一つの職業分野になっている。一月には早くも、非常に大きな花の咲くキクPyrethrum sinenseの変種が市場に出回る。そして菊の節句Kik no sekが行なわれる九月に至るまで維持される。園芸家たちは、この人気のある植物の開花を早める術を知っている。また、中にはいくつかの変種があって、自然に自ずと早い時期に花開く。

七月二日（火曜日）旧五月二十五日

夜九時ごろ、北北東の星座大熊座の下方、地平線からおよそ三〇度のところに彗星を見つけた。(※1)

〔覚書〕**一八六一年七月二日の彗星**

最初に夜の九時ごろ、北北東の星座大熊座の下、地平線から三〇度のところに彗星を観察した。五日には、この彗星は大熊座の近くに現われていた。彗星Kometeのことを、中国の天文学ではスイセイSui sei、ほうき星、またはビセイBi sei、尾の星とも言う。そしてソウセイSo sei、乾いた星とも呼ばれる。というのも、彗星が現われる数年間、〔気候が〕非常に乾き、暑かったという経験に基づいている。一八一一年の見事な彗星、ヴェルネスWernesを思い出してほしい。〔七月九日および八月五日の日記参照〕

＊1　長尾正憲の著書によれば、『維新史料綱要』五月二十四日条を引用して、

「彗星西北ノ天ニ現わハレ七月ニ及ブ」（五三〇頁）

と書いている。

七月三日（水曜日）旧五月二十六日

外国奉行宛の私の書簡に対する返書を受け取った。[＊1]
彗星は曇り空のため見えず。

〔補注〕『蘭文日記』七月三日（水）旧五月二十六日には、

「外国奉行から私を江戸に召出して、滞在させることについての手紙」

と記している。

＊1　「東大シーボルト文書」第二十五号「文久元年五月二十六日外国奉行より蘭人シーボルト江「用務及俸給」につき返翰（外政及医学分析術ヲ質問等其請フ者ニ教授ハ勿論ナリト雖豫メ俸給ヲ定メ難キ旨）参照。

七月四日（木曜日）旧五月二十七日

ハリスのメモで、イギリス公使R・オールコックR. Alcock[＊1]氏が東禅寺[＊2]に、デ・ウィットde Witt氏が神奈川に到着したことが知らされた。[＊3]

〔補注〕『蘭文日記』七月四日（木）旧五月二十七日には、

「外国奉行あてに、三日（五月二十六日）の來翰にたいし返事を書いた。[＊4] イギリス公使オールコックSir Rather Alcockとオランダ総領事デ・ウィットde Wittの到着が知らされた」

と記している。

＊1　オールコックに関しては、三一三頁＊1参照。

＊2　東禅寺（現在地：東京都港区高輪三―一六）は仏日山といい、妙心派の禅宗で江戸四箇寺のひとつ。JR品川駅から第一京浜国道を田町に向かう左側に、東禅寺の立札があり、その左に入った奥にある。最初のイギリス公使館として有名。都の指定史跡になっている。大槻玄沢の墓がある。

＊3　長尾正憲の著書（五三一頁）によれば、『維新史料綱要』を引用して、

「四月十五日オールコック香港より帰着、二十三日オールコックがデ・ウィットと長崎出発陸路江戸に向かう。五月九日両名が大坂着、滞在三日で江戸に向かう。二十六日神奈川帰着、二十七日オールコック江戸東禅寺に入る」

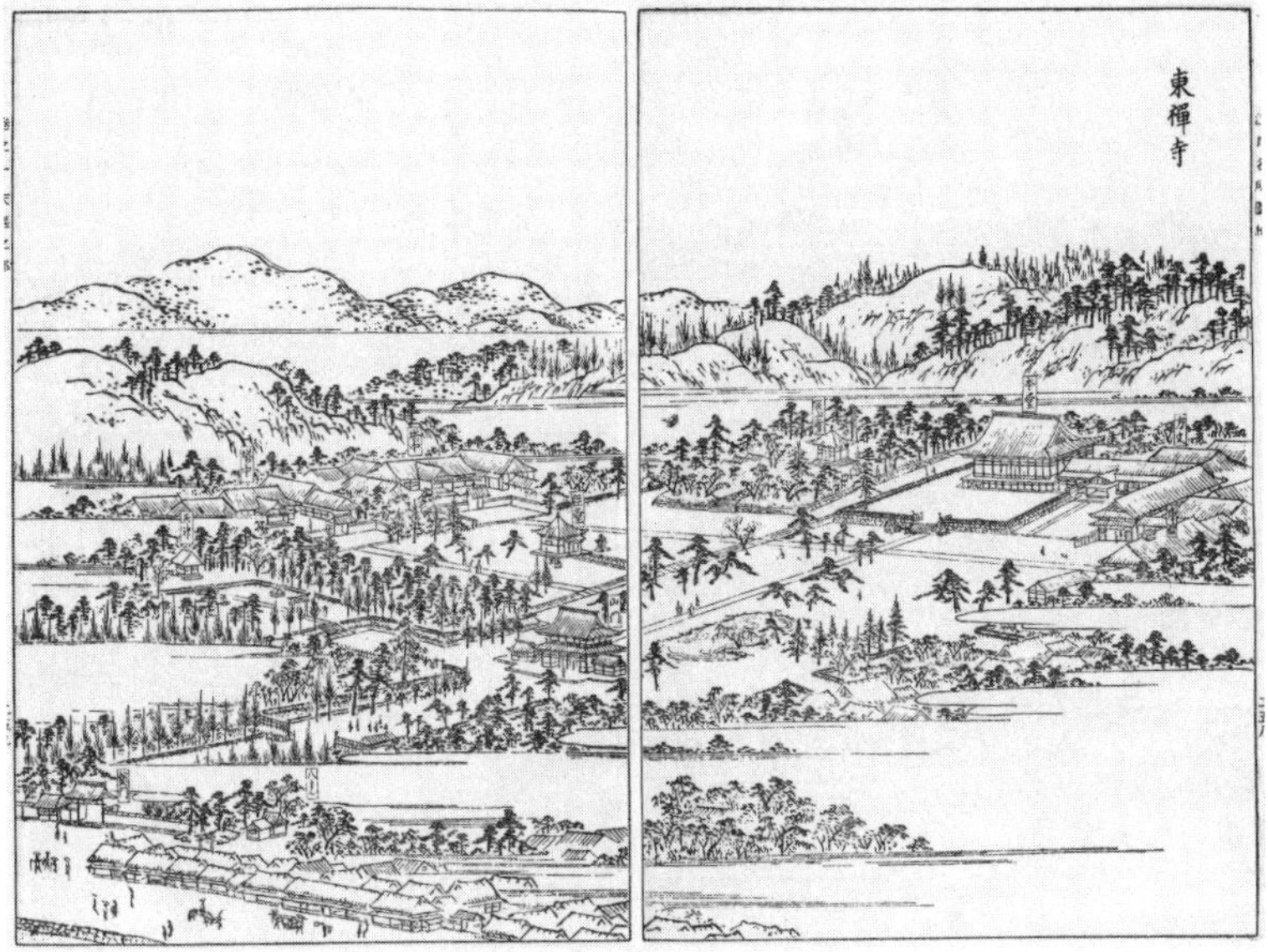

「東禅寺」（『江戸名所図会』長谷川雪旦画　1834年）

と書いている。

＊4　「東大シーボルト文書」第二十六号「文久元年五月二十七日赤羽根滞在の蘭人シーボルトより外国奉行への返翰（回答の旨趣領承既に在長崎・蘭商社の商議官を辞し徴に應し来る旨。高畠五郎・村上英俊謹訳）参照。

七月五日（金曜日）旧五月二十八日

祖国からの手紙を受け取る。

彗星は大熊座の近くに見える。

七月六日（土曜日）旧五月二十九日

三時半、東禅寺にあるイギリス公使館襲撃の知らせがあった。(＊1) 二五人の護衛に守られて五時過ぎ現地に赴く。帰路、タウンゼント・ハリスを訪問。赤羽根では厳重な警備体制が敷かれた。(＊2)

デ・ウィットとドゥ・ベルクール宛に手紙を書く。

祖国からの手紙。

〔補注1〕『蘭文日記』七月六日（土）旧五月二十九日(＊3)には、

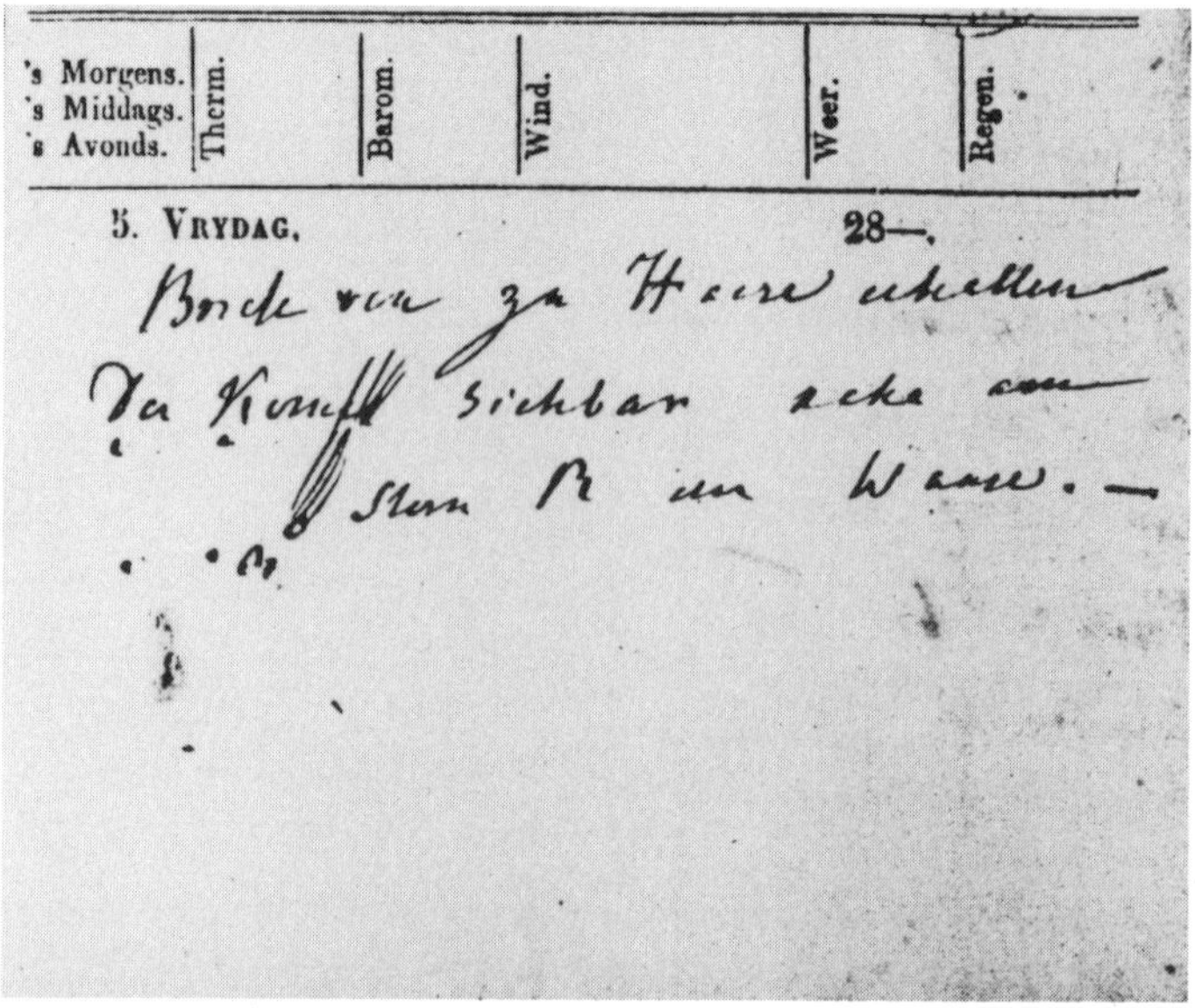

's Morgens. 's Middags. 's Avonds. | Therm. | Barom. | Wind. | Weer. | Regen.

5. VRYDAG. 28—.

1861年7月5日の『独文日記』

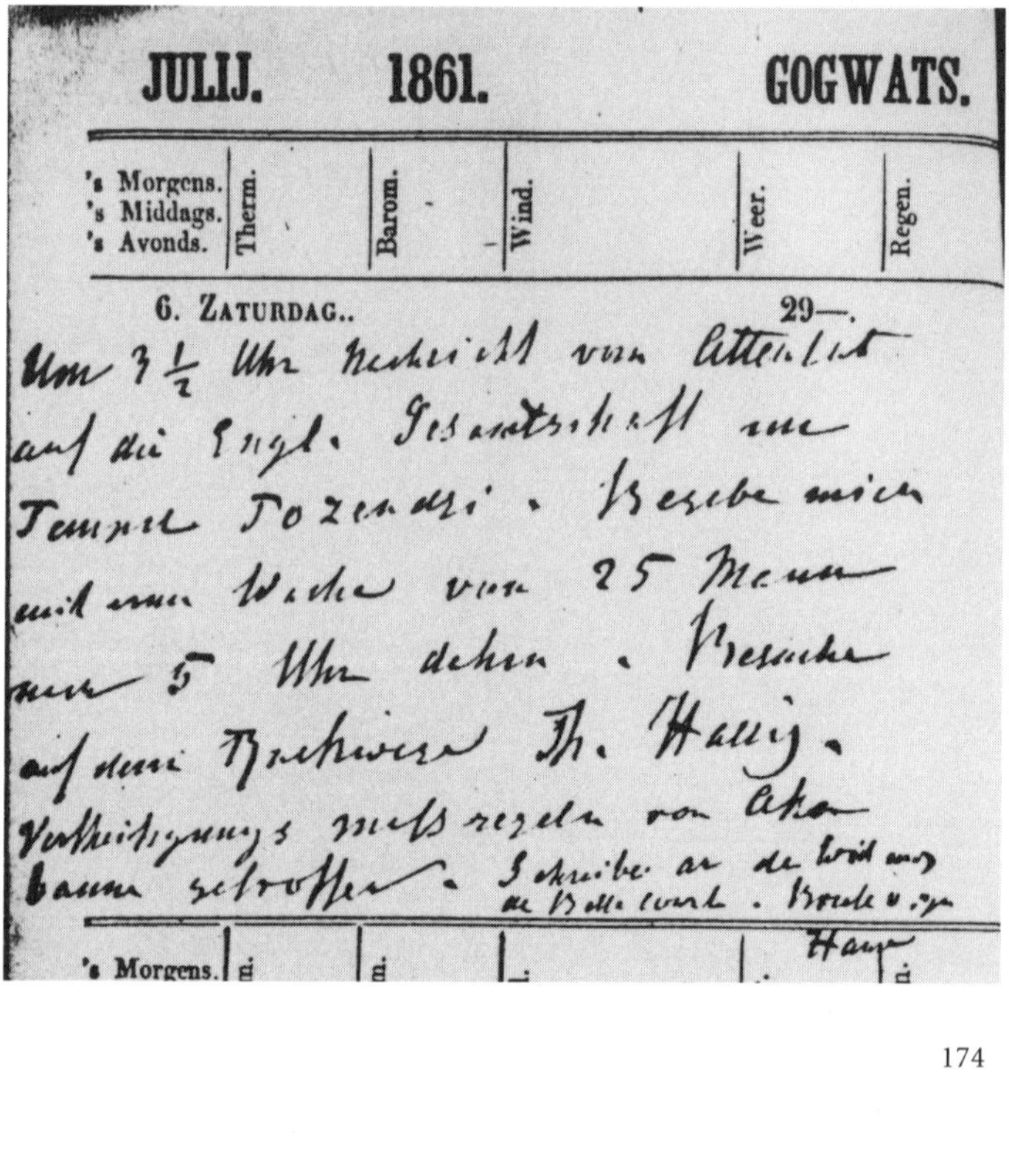

JULIJ. 1861. GOGWATS.

's Morgens. 's Middags. 's Avonds. | Therm. | Barom. | Wind. | Weer. | Regen.

6. ZATURDAG.. 29—.

1861年7月6日の『独文日記』

「三時半ころ、〔高輪〕東禅寺にあるイギリス公使館襲撃の知らせがあった。その日〔七月六日〕夜明けのあと、四時半ころ、息子のアレクサンダーと二五人の護衛に守られてそこに行った。帰途、イギリス公使〔オールコック〕を見舞った。[*4]それから〔オランダ総領事〕デ・ウィットにあてて、私が目撃したことについて報告を送った。赤羽根は警備厳重となった」

と記している。〔 〕は長尾氏による。

〔補注2〕沓沢宣賢訳編〈資料紹介〉「一八六一年東禅寺事件に関する一資料」(『新・シーボルト研究』Ⅱ 三八三—四〇〇頁)には、「ケルニイシェ・ツァイツング」(Kölnische Zeitung, ケルン新聞 三〇七号、一八六一年十一月五日)掲載の「歴史的政治的観点より見たる江戸のイギリス公使館への暗殺計画」(Das Attentat auf die englische Gesandtschaft in Yedo. Von einem historisch-politischen Gesichtpunkt betrachtet)の全訳があるので参照されたい。

＊1 この襲撃事件に関しては、ブランデンシュタイン家所蔵文書の中に「シーボルト自筆草稿。江戸のイギリス使節襲撃について」(請求番号10845 ドイツ語三枚)がある。また、アレクサンダーの著書および保田孝一編著『文久元年対露外交とシーボルト』に収載の「シーボルトからリハチョフ宛の書簡、一八六一年七月十一日付、江戸にて」(一二五—一二八頁)に詳しく記述されている。ここでは保田氏の編著からシーボルトが襲撃事件に関して、いち早くリハチョフ宛に報告した箇所を引用する。

「六日の朝三時半、わたしは早馬で来た日本の役人によってつぎのような知らせを受けました。即ち、前日にイギリス公使ラザフォード＝オールコックとかれの従者らが長崎から陸路帰着していた、その東禅寺を真夜中に正体不明の暴漢が襲い、イギリス使節の護衛との間で斬り合いになり、一味のうち数人が殺され、日本の役人や兵多数とイギリス人二名が負傷したとのことです。この知らせを受けてわたしは護衛の二十五名に対し、夜が明けるとわたしの供をして、ここから約一里離れている公使の住居に行くように命じました。五時頃わたしと息子アレキサンダーは十分に武装をし、二十五名の選り抜きの護衛とともにそこへ向かいました。わたしが見聞したことは次ぎの通りです。

真夜中に、約二〇人の武装した者が四方八方からその寺に押し入り、その中の数人は公使の居所にまで入り込みました。かれらは戸や窓を手荒く打ち壊し、二、三の寝台の前の帳をたたき斬ったり、突き刺したりしましたが、偶然にもそこは空でした。かれらはある部屋でイギリス人のオリファント氏に出会いました。かれが乗馬用の鞭でもってわが身を守っている間に長崎領事のモリソン氏が助けに来て、刺客らを連発拳銃で二発撃ちました。その後、日本の護衛が駆けつけてかれらと交戦しました。オールコック氏は、まだ床に就いていなかった他の二、三人とともに小さな隅の部屋に逃げ込みました。そこには、頭に軽傷を負ったモリソン氏と腕に負傷したオリファント氏も逃げて来ました。オールコック氏とかれの側近の状況は、しばらくの間、極めて危機的でした。護衛に追われていたとはいえ、刺客は建物の中をうろついており、もしも公使が発見されたなら、かれが拳銃を手にかけたとしても、残忍な戦いの中で殺されたであろうからです。その寺院の不規則な建て方や、廊下と小部屋が多かったおかげで、オールコック氏は見つけられずに済みました。

百人以上の人員から成る日本の護衛は十五分ほど、この大胆な一味との戦いと追跡に関わっていて、混乱の最中に、かれらが守るべき人々を忘れていました。しかし、このように予期し得ない四方八方からの襲撃の際には仕方がないことです。刺客は三人殺され、日本の護衛のうち、一人は重傷を負ってその場に倒れていました。日本の護衛のうち、役人の馬丁が一人殺され、一八人くらいが重軽傷を負い、その中の一人はその日のうちに死亡しました。われわれが到着したときには、まだ死者が現場に横たわっており、またしてもその中の二人は切れ味よい日本刀で斬られたことが明らかでした。かれらの首は胴からほぼ完全に切り落とされていたからです。生きたまま捕えられた者は四ヵ所に重傷を負っていましたが、既に日本人の医者が包帯をしていました。かれは、昨日はまだ生きており、多分生きながらえるでしょう。これは、この犯罪行為を暴くために大変望ましいことです。逃

イギリス公使館にあてられた東禅寺
（F. ベアト撮影　横浜開港資料館蔵）

「東禅寺襲之図」
（東僊関悳画、横浜開港資料館蔵）

げおおせた者のうちで三人（と二人の役人）は（郊外）品川で切腹して命を断ち、切腹に失敗した一人は生きたまま捕えられたということです。

わたしは負傷した二人のイギリス人を見舞いました。オールコック氏は睡眠中でした。遣米使節（新見）伊勢守を含めた外国奉行全員が既に居合わせており、そのように早くそこで私に会えたことを大変喜びました。かれらはこの重大な、さらに日本にとって厄介な結果を招くであろう事件について一緒に協議するようわたしに依頼しました。わたしがこの日とそれ以後に知り得たことから判断して、幕府はこの暗殺計画に全く関わっておらず、幕府には何ら責任はないとわたしは確信しています。しかしながら、日本と条約を結んでいる列強の公使たち全員がこのように考えているわけではありません。そこで、わたしの役目は幕府を説得して次のようにさせることです。この重大な事件の取り調べは公正に行なうこと。この取り調べに関係する一切の調書や証拠書類の閲覧を公使と総領事たちに許すこと。かれらの側から委託された者に、逮捕された者あるいはこの犯罪の容疑者の尋問に立ち会ってもらいたいと幕府が自ら言明すること。もしも大名の誰かがこの事件に関与していたならば、それを隠さないこと。

ドゥ＝ベルクール氏はもう午後には白ら武装ボート数隻を率いて横浜から到着し、つづいて、イギリスの蒸気船が一隻着きました。七月七日の早朝、寺は野営に変わり、大砲が数門配置されているのを目にしました。わたしにはオールコック氏が大変興奮しているのが分かりました。ドゥ＝ベルクール氏はもっと興奮していました。二人は江戸の事情を理解しようとしません。ここには何百人もの大名が多数の家来とともに、常に自分の城館（大名屋敷）に滞在しています。多数の解雇され、失業した連中、いわゆる浪人もおります。人々は外国人に対して大変不満を持っていて、水と食料品の高騰を外国人の所為にしており、城館や寺院の中にそのような悪人が逃げ込み、幕府はこのような、しばしば非常に強力な大名たちを統御することができません。ここでは、一公使の名誉と身の安全を保障することなど幕府には不可能です。

八日に大君陛下はわたしに対して、筆頭外国奉行と前神奈川奉行を通して、事件の際にわたしが素早く戦場に駆けつけて言葉と行動で示した功績の故に自ら謝意を表されました。外国事務担当の老中との会談が昨日開かれ、この会議は午後二時から六時まで続きました。わたしは覚え書きを一通仕上げましたが、その中でわたしは国際法と国内法の観点から、この暗殺未遂事件の持つ意味を明らかにし、幕府にこの事件の重大さを解説しました。そして唯一の調停者としてのわたしは、ともかく列強といざこざを起こさないために、事に当たって差し控えることなく公正であり、条約を締結した列強に対して幕府が十全の信を置くように仕向けました。次ぎの便でこの覚え書きの写しをお送りします。明日は上海への船便がありますので、わたしは極めて多忙です。それ故、大急ぎで作ったため、正確ではあるが整っていない、この報告書の文体をご容赦下さい。(以下略)」(一二五―一二七頁)

とある。また、オールコック著/山口光朔訳『大君の都』(下巻　岩波文庫　昭和四十四年刊)によれば、この事件の死傷者について次のように記載(三五頁)している。

●死者
大君の護衛一名と馬丁　一名/襲撃者　二名……計四名
●重傷者
兵士二名(大君の家臣一名と大名の家臣一名)と人足二名(一名は門外、一名は門内、うち一名は当日死亡)/捕虜となった襲撃者一名/公使館員一名/公使館の従僕二名……計八名
●軽傷者
大君の護衛七名/大名の護衛二名/寺の僧侶一名/公使館員一名……計一一名

現場の死傷者総計二三名

＊2　アレクサンダーの著書によれば、一八六一年八月十五日付の母親宛に書いた手紙の中で、赤羽根接遇所の厳重な警備体制について、次のように述べている。

「私どもの住まいは、要塞と申すより、むしろ牢獄と同じようなものです。矢来・逆茂木・防御柵がありまして、入口をかため、約三〇〇人の足軽や武士が、家屋敷を守っていると申しますし、四〇人の武士は家の中にもおります。夜になりますと、すべてが戦闘態勢です。警ら隊は、槍・銃・大刀・小刀で完全武装し、鉄の甲冑に身をかためて、絶えず屋敷内を列を作って通ってゆきます。角という角には実弾をこめた銃を持った番士が立ち、非常にたくさんの提灯や松明が辺りを照らし出していました。こういう予防策が必要なのかどうかは、時が経てば判るでしょう。この点では幕府はもちろんできるだけのことをやっているわけです」(一三三頁)。

他に、「東大シーボルト文書」第四十三号「文久元年六月、外国奉行より老中へ芝・赤羽根外国人旅宿へ箱番屋竝忍返等仕付に就ての申上附五日作事奉行付」があるので参照のこと。

＊3　「東大シーボルト文書」第二十七号「文久元年五月二十九日。外国奉行より老中へ赤羽根外国人旅宿へゲルヘル筒備付に就ての申上附晦日講武所奉行承付」参照。

＊4　『独文日記』では、タウンゼント・ハリスとなっている。

七月七日（日曜日）旧五月三十日

八時、東禅寺に行き、イギリス公使を訪問した。ジーブルグからの手紙。彼に返書を書く。

〔補注〕『蘭文日記』七月七日（日）旧五月三十日には、「外国奉行あてに一通の手紙を書いた。（＊1）その中で、私はこの襲撃事件に関する私の意見や忠告を外国掛老中に提供できることを希望すると述べた。朝八時、オールコックを見舞った」と記している。

＊1　「東大シーボルト文書」第二十八号「文久元年五月晦蘭人シーボルトより外国奉行へ英公使假館東禅寺の變事につき自説を述べんとの書」参照。なお、ブランデンシュタイン家所蔵文書に、七月七日に書かれた「シーボルトから幕府外国奉行宛書簡〔下書き〕江戸・赤羽根にて」（請求番号10852　オランダ語一枚）がある。

七月八日（月曜日）旧六月一日

六日の東禅寺襲撃事件に関する私の手紙に対する返書を、外国奉行から受け取った。老中安藤対馬守との会見が六月三日〔七月十日〕午後一時から二時と決定したという。（＊1）第一級の外国奉行が来訪し、私の俸給〔月々四〇〇両（一六〇〇タイル）〕が決定したことを知らされた。（＊2）

＊1　「東大シーボルト文書」第三十二号「文久元年六月朔日外国奉行より蘭人シーボルトへの返翰（東禅寺異變一件意見忠告の申稟領承・本月三日安藤対馬守邸に可来旨）参照。なお、原史料はブランデンシュタイン家所蔵文書の中の「新見伊勢守、竹内下野守ほか六名の連名によるシーボルト宛書簡」（請求番号120831　日本語三枚）である。

＊2　長尾正憲の著書によれば、「一両＝四タイルの換算になっているとし、田辺太一著『幕末外交談』は月俸一〇〇両、別段手当年二〇〇両としている」（五三一―五三二頁）

とある。

七月九日[*1]**（火曜日）旧六月二日**

七人の医学者が公的に来訪[*2]。

彗星はスイセイSui sei、すなわちほうき星、またはビセイBi sei、尾の星、ソウセイSô sei、乾いた星と呼ばれる。

＊1　ブランデンシュタイン家所蔵文書に、この日（七月九日）に書かれた「ジーグブルグからシーボルト宛書簡、横浜にて」（請求番号90974 フランス語一枚）と同じく「シーボルトから江戸老中宛書簡、江戸にて」（請求番号61942 オランダ語五枚。添付書簡「大君の老中宛条約文」）がある。

＊2　七人は種痘所教官のうち、戸塚静海・伊東玄朴など将軍侍医の人々。後掲の九月二日〔補注1〕『蘭文日記』参照。

七月十日（水曜日）旧六月三日

外国掛老中安藤対馬守との会談[*1]。暗殺のこと、遣欧使節、主要貿易港長崎、ビリレフの対馬来航について。

一般にホオズキHotsug（Physalis）の熟した実は、口の中で独特の音色を出すために売られる。

〔補注〕『蘭文日記』七月十日（水）旧六月三日[*2]には、

「ひとつの政治的話しあいを申し出たので、外国掛老中との会談が開かれた。いまの外国掛老中の首座久世大和守〔広周〕、次席安藤対馬守〔信正〕、第二級の高官（ワカドシヨリ）酒井右京亮〔忠毗〕、通訳森山多吉郎、アメリカに派遣された首席の外国奉行新見伊勢守〔正興〕がいた。会談においては、遣欧使節一件の留意事項、長崎を主要貿易港に高めること[*3]、ロシア人〔ビリレフ〕の対馬来航が話し合われた」

と記している。〔 〕は長尾氏による。

＊1　保田孝一編著『文久元年の対露外交とシーボルト』に収載の「酉六月三日対馬守宅於て　荷蘭シーボルト対話書」（一二〇―一三八頁）参照。

＊2　「東大シーボルト文書」第三十三号「文久元年六月三日和蘭領事館よりシーボルト江　江戸滞留に付問合の書状」参照。

＊3　マクリーンの論文（七八頁）には、「八十人の護衛に守られて行き、午後六時まで続いた。老中は使節団へのシーボル

トの参加、長崎の自由港化についてオランダ国王ウィレムの援助を要望した」と記述している。

七月十一日（木曜日）旧六月四日

多くの手紙を書く。

無人販売。江戸の通りでは家や垣根のまわりなどの公の場所に、二フィート□〔二フィート平方か？図版参照〕ほどのひな壇状の箱が置かれている。そこにはさまざまな日用品の小間物、楊枝などが展示され、値がついている。客はなんでも好きなだけ手に取り、お金を足元にある引き出しの中に入れる。売り手も監視もいない。その家では損を覚悟で商売している。

〔覚書〕無人販売

江戸では、人が足繁く訪れる場所、寺の境内などの壁や垣根のそばに、およそ二フィートの□の箱がよく置かれている。そこではさまざまな小間物の必需品、

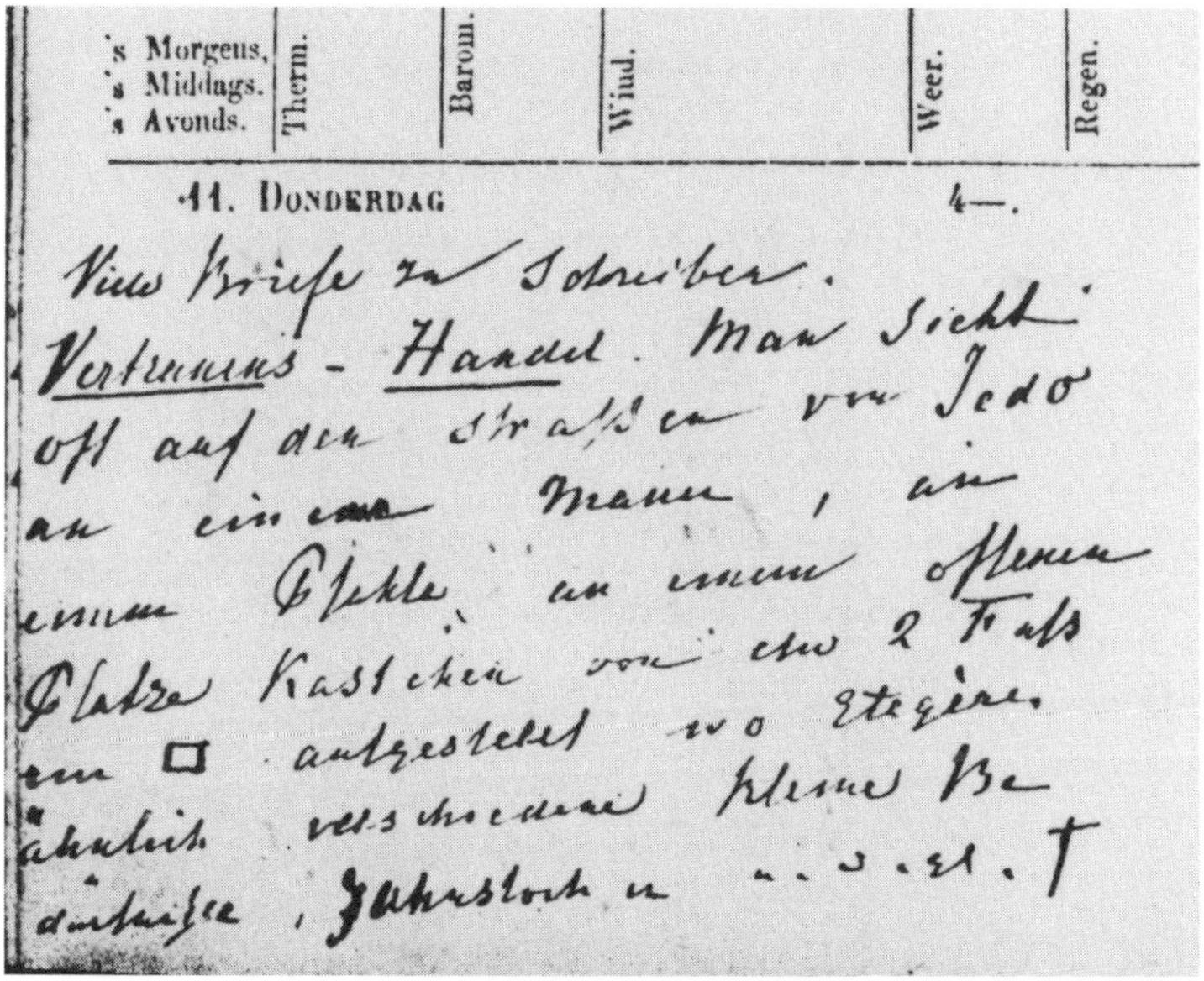
's Morgens, 's Middags. 's Avonds. | Therm. | Barom. | Wind. | Weer. | Regen.

11. DONDERDAG 4—.

Viele Briefe zu Schreiben.
Vertrauens - Handel. Man sieht
oft auf den Straßen von Jedo

1861年7月11日の『独文日記』

楊枝などが、しっかりと値をつけて販売されているが、売り手はいない。客はなんでも好きなだけ手に取り、お金を足元にある小さな引き出しの中に入れる。世界で最も人口の多い都市の一つがこうである！　この商売は貧しい家族、貧しい人々を支えるために、すべての町人たちとの信頼により成り立っている。

七月十二日（金曜日）旧六月五日

植民大臣、蘭領インド総督パヒュドPahud[*1]、司令官リハチョフLihatschef[*2]、ヘレーネHelene、ブロスBross[*3]等々への手紙を船便で送る。

外国奉行鳥居越前守、つづいてイギリス公使ラサフォード・オールコック来訪。……〔この部分未記入〕……祭りには花の市が立つ。

*1　パヒュド（Charles Ferdinand Pahud 1803–1873）。シーボルトはパヒュドと記しているが、この年（一八六一年）ファン・デル・ベーレ（Baron Sloet van der Beele 在任 1861–1866）が蘭領インド総督に就任している。パヒュドとの交替時期は不詳。

*2　保田孝一編著『文久元年の対露外交とシーボルト』によれば、シーボルトからリハチョフ宛の書簡を七月十一日に江戸で書き、日記にあるように十二日に船便で送る。内容は「東禅寺事件に関する情報提供と対馬占領についての幕府の問合せを受けたことの報告、七月十日の老中安藤対馬守との会談でシーボルトがはじめてポサードニック号について知らされたことなど」（一二五―一二八頁）。

*3　ファン・ブロス（van Bross 生没不詳）であれば、オランダ通商会社の役員。

七月十三日[*1]（土曜日）旧六月六日

昼、気温華氏九一・五度〔摂氏約三三・八度〕

第一級の外国奉行が来訪し、教授のこと、汽船の借入れのこと、オランダ向けの品物および輸送について話合った。

新見伊勢守。第一級の外国奉行。

水野筑後守。

浅野一学[*2]〔目付〕。

〔補注〕『蘭文日記』七月十三日（土）旧六月六日には、

「〔アメリカ公使館書記官の〕A・L・C・ポルトマンPortman氏へ、ハリスHarrisアメリカ公使通訳兼私的秘書であった不幸な〔最後を遂げた〕H・C・J・ヒュースケンHeuskenに関するいくつかの質問。[*3] イギリス公使館書記官ローレンス・オリファントLawrence Oliphant[*4]。長崎駐在イギリス領事モリソンMorrison氏[*5]。ヒュースケンは一八六一年一月十五日に殺害された。オイレンブルグ伯Graf. Eulenburgは一月二十七日江戸を出発、二月八日神奈川を出帆した。第一級の外国奉行、新見伊勢守・水野筑後守〔忠徳〕、および〔目付〕浅野一学が来訪し、教授のこと、汽船借入れ、オランダ向け品物の輸送について話しあった。」（五三二頁）

と記している。〔 〕は長尾氏による。

＊1 ブランデンシュタイン家所蔵文書に、この日（七月十三日）に書かれた「インデルマウルからシーボルト宛書簡、出島にて」（請求番号91057 オランダ語一枚）、同じく「シーボルトから幕府外国奉行宛書簡、江戸・赤羽根にて」（請求番号10853 オランダ語二枚）がある。

＊2 浅野一学（生没年不詳）幕末の幕臣。目付。

＊3 ブランデンシュタイン家所蔵文書に「シーボルトからA・L・C・ポルトマン宛書簡、江戸・赤羽根」（請求番号10850 オランダ語一枚）がある。

＊4 オリファント（Lawrence Oliphant 1829-1888）イギリス旅行家、外交官。一八六一（文久元）年、日本公使館の第一書記官として着任したが、東禅寺事件で負傷して帰国した。

＊5 モリソン（Georg S. Morrison 生没年不詳）一八六一（文久元）年、長崎駐在イギリス領事。

七月十四日（日曜日）旧六月七日

午後一時、華氏九四度、摂氏三四・五度。木陰での気温。

目付、密偵、監視人らは身分の高い低いを問わず、高官たち同士の、あるいは外国人との会談の時はいつでも居合わせ、相互の議論のやりとりを一緒に聞き、次々とメモを取り、彼らの業務命令書にそって、その都度大君の幕府に報告することができる。

〔覚書〕密偵、監視人

日本国中、特別な階級の役人がいる。身分の低い方が目付、すなわち監視人、身分の高い方が大目付ないし御目付Onmetsuke、つまり高位の目付と呼ばれている。彼らは、非常に尊敬されていて、高位高官と直接的な公務上のつながりがあり、権力のある者のすべての公的な業務活動、および他のグループとの交渉などに同席する。しかし、聞いたもののうち、必要にして重要なことをメモし、業務命令書に従って高位高官に報告する、ということ以外に、活動や会議、尋問などに関与することはできない。二五〇年間、オランダ人は出島にて耐え忍んでいた。厳密に言うと、普段から厳しい監視下にあった商館の使用人は除いて、日本人は誰一人として、目付の同伴なしでオランダ人と同席したためしはなかった。この政治的な役人は、監察官Dwaarskijker―目付Metsuke―横目でにらむ者Schief Seherである。彼らは決してスパイという意味ではない。いわば、秘密の監視人、秘密検察官、検事補である。

七月十五日（月曜日）旧六月八日

昼、雷雨。

野々村丹後守の来訪[*1]。蕃書調所の舎密《せいみ》〔化学〕の二人の教官[*2]と二人の医者[*3]を紹介され、私に博物標本の贈物をくれる。

旗本Hatamoto、すなわち旗手士官、旗本の数は八万人。その俸給は九九九〇石から八〇石である。

〔覚書〕旗本、旗手士官

将軍の警護人をこう呼ぶ。江戸の将軍の都にいる侍。旗本は将軍に仕える、武勇に秀れた封建家臣で、その数は八万人を数える。九九九〇石から八〇石の俸給を与えられる。身分の低い家臣らは特別の兵舎に入れられ、護衛の務めを果たす。彼らは決められた服装はしていない。しかし誰もが二刀を差し、衣裳、陣笠、その他の持ち物にも家紋をつけている。誰もが自身の武具をもち、馬に乗る者には馬丁が付く。馬丁はその馬の人の後ろを徒歩で追い、馬の面倒を見る（中世の騎士制度と比較されたい）。

＊1　野々村兼寛（生没年不詳）幕末の幕臣。通称丹後守。外国奉行。

*2　原平三著『幕末洋学史の研究』（「十二、市川兼恭」新人物往来社　一九九二年刊　二四五頁）によれば、二人は市川兼恭と大島惣左衛門で、ともに福井藩士である。

*3　長尾正憲の著書によれば、「医師の二名は不明。医学伝習の世話掛の役をした医学所頭取大槻俊斎らであろう」（五三三頁）と述べている。

七月十六日(*1)（火曜日）旧六月九日

午後一時二〇分に非常に大きな地震。明らかに馬車に乗っているような独特な揺れを感じた。地震の方向は南南東と北北西。書斎の梁が軋んだ。執筆をしている時に揺れを感じ、少しばかりからだが右に動いた。

気温〔華氏〕八三度〔摂氏約二八・三度〕。気圧計二七秒一〇・三。無風。

〔覚書〕**一八六一年七月十六日、江戸の地震**

午後一時二〇分に非常に激しい地震。明らかに馬車に乗っているような揺れを感じた。地震の方向は南南東と北北西。赤羽接遇所の私の書斎の梁が軋んだ。丁度、執筆している時で、からだが右へ動いた。

気温〔華氏〕八三度〔摂氏約二八・三度〕。気圧計二七秒一〇・三。無風。

〔補注〕『蘭文日記』七月十六日（火）旧六月九日には、

「イギリス公使館襲撃事件に関し、外国奉行あてに書面で、数ヶ条の質疑をあげて説明を請うた(*2)」

と記している。

*1　保田孝一編著『文久元年の対露外交とシーボルト』によれば、

「この日ドゥ・ベルクール、横浜から江戸に来てフランス公使館の済海寺《そうかいじ》〔現在の東京都港区三田三丁目〕に入る。幕府に書簡を送り、東禅寺事件の事後処理について意見を述べた」（三九頁）

とある。

*2　ブランデンシュタイン家所蔵文書に「シーボルト発幕府外国奉行宛書簡〔下書き〕（請求番号10855　オランダ語一枚）、同じく「東禅寺事件に関する幕府外国奉行宛質問草稿、シーボルト自筆書簡〔下書き〕」（請求番号10866　オランダ語二枚）がある。「東大シーボルト文書」三十六号「赤羽根滞在の蘭人シーボルトより外国奉行へ東禅寺の變事につき真実を欧州へ報知せん為め数箇条の疑問の答を請ふ書附質問の箇条書」

参照。長尾正憲の著書によれば、『維新史料綱要』を引用して、

「誤報によって幕府が蒙る損害を除くため真相を欧州各国に通報すべきを告げ、質疑十四カ条をあげて問うたと記している」（五三三頁）

とある。

七月十七日（水曜日）旧六月十日

冶金学の講義。

御使番Otsukaiban、高位の伝達監視人を意味する、大君の家臣たちである。彼らは命令を伝達し、委任された通りに実行し、偵察をし、それについて報告する。これはそもそも彼らの戦時下での仕事である。平常時でも、特に江戸では、彼らは常に頻繁に生じる火災を監視し、後日そのことを大君に報告しなければならない。安寧秩序を乱すすべての事件においても然りである。

〔覚書〕御使番

高位の伝達監視人を意味する。将軍の家臣たちはこう呼ばれている。将軍の命令を伝え、偵察し、報告をする。これはもともと戦時下における彼らの仕事である。平常時は、とりわけ江戸では火災が発生すると、彼らは命令を受ける。火事現場に直行し、火災、その進行状況と消火について、幕府に報告する。江戸での騒乱や他の憂慮すべき事故でも、彼らは同じような仕事をする。彼らは馬で行き、戦場では旗本の役を務める（前述の旗本を参照せよ）。

〔覚書〕火災

火災は、江戸や他の町でも大変な事件である。木造の家屋、寺や他のすべての建物に、途方もない損害が引き起こされるので、瞬時の実行力のある、専門的な処置と援助を必要とする。火消したちは、それゆえに日本全国で軍事的に組織されている。

江戸の町にはどこにも火消し団があって、彼らは印《しるし》半纏《ばんてん》を身につけ、纏《まとい》を持っている。どの封建家臣、役人、警護人たちにも事前に、火災の時の彼らの配置と役割りが決められている。そして、いたるところに立てられている火の見櫓にある半鐘が、独特のリズムで

火災の現場と程度と必要なる援助を知らせる。遠い町の火消し団も、事情によっては助けに馳せ参じ、将軍のいる江戸城からも数百人の防火番らが、指揮官らは馬で、役人、一般の侍らは特別な、ときにはかなり高価な火消しの衣裳を身につけて行く。前もってすべての者に正確に、現場位置と為すべき援助と仕事が知らされる。たとえ誰であれ命令なくして、消火活動や、物や人の保護や救助に携わることはできない。強引に火事現場に侵入しようとする者を殺すことさえも、火消し団は許されている。

　身分の高い女性には、次のような権利がある。彼女らの家や館が火事になった場合、馬で群集の中を通り抜け、前もって指定されている避難所に逃げ、独特の武器である、大きく、切れ味のよい薙刀を手に持って、群集の中を突き進み、避難を邪魔する者は切って捨てる。すべて高貴な女性たちは、武器の訓練を受けている。火災については、別の個所でまた書くつもりだ。

〔補注〕『蘭文日記』七月十七日（水）旧六月十日には、
　「私の十六日の手紙の返事として、質疑の箇条についての答えを受けとった。[*1] 私の採鉱学Bergbaukundeと冶金学Metalurgieの講義を開始」
と記している。

＊1　ブランデンシュタイン家所蔵文書の中に「和文書簡、シーボルトの質問に対する回答（東禅寺事件犯人捜査に関するもの）、江戸」（請求番号120757　日本語一枚）がある。

七月十八日（木曜日）旧六月十一日

新見伊勢守の来訪。
肥後守[*1]には三つの邸宅があり、一つにつき三〇〇〇人の武士がいる。

　軍事制度は各藩で異なっている。ある藩では、農民たちはわれわれの国の軍隊と同じように、数年間兵役に服さねばならない。

〔覚書〕兵役

　兵役の義務は各藩によって異なる。ある藩では農民らも、わが国の軍人と同様に、数年兵役に服さねばならない。

＊1　松平肥後守容保（一八三五―一八九三）幕末の会津藩主。京都守護職となり、尊攘派を弾圧、公武合体に尽力。鳥羽伏見の戦に敗れ東帰、征東軍に抗したが降伏。鳥取藩などに幽せられ、のちに赦免。

江戸の人口は急激に増加した。以前はおよそ八〇万人あったが、今では一二〇万人を数える。これは町人たちが住んでいる町のことだ。藩邸のある地域はこれに含まれていない。

〔覚書〕江戸の人口

一八二六年(＊2)における江戸の人口は、天文方Hofastronomenの公式な発表によると、町人だけでも一一三万一〇〇〇人である。そこには数百という各藩主の家族も、その家臣、侍、役人、使用人、兵士、僧侶、尼僧らの相当数の随員なども含まれていなかった。それ以降、この町は……〔この後未記入〕……。

七月十九日（金曜日）旧六月十二日

大君の侍医に仙台産の辰砂《しんしゃ》(＊1)Zinober〔Zinnober〕を講義。

＊1　辰砂。水銀と硫黄との化合物。深紅色の六方晶系の鉱石。塊状で産することが多い。水銀製造や赤色絵具の主要鉱石。朱砂。丹朱。

七月二十日（土曜日）旧六月十三日

幕府要人宛〔イギリス公使館への〕襲撃に関して手紙を書いた。(＊1)

＊1　「東大シーボルト文書・蘭語文書」第六号「英国公使館襲撃につきシーボルト先生の書翰」参照。また、ブランデンシュタイン家所蔵文書に「草稿。江戸のイギリス使節襲撃事件（東禅寺事件）の歴史的、政治的観点からの考察」（請求番号10844　ドイツ語七枚）、同じく「差出人不明（シーボルト?）宛先不明、江戸・赤羽根にて」（オランダ語七枚）、「東禅寺に関する記述」（請求番号10871　ドイツ語四枚）がある。なお、「歴史的立場から観察した江戸の英国公使館の暗殺計画」と題

した報告は外国掛老中とオランダ総領事に提出され、十一月五日付『ケルン新聞』三〇七号で公表された。沓沢宣賢の論考「一八六一年東禅寺事件に関する一資料」（『湘南史学』七・八合併号　昭和六一年刊）、同『新・シーボルト研究』Ⅱ所収〈資料紹介：シーボルト著「歴史的政治的観点より見たる江戸のイギリス公使館への暗殺計画」（全訳）〉参照。

＊2　原文では一八二六年と書いてあるが、おそらくシーボルトの勘違いによる記述であろう。もし一八二六年であるとすれば、江戸の人口は五〇万人前後ということになる。例えば『角川日本史辞典』高柳光寿・竹内理三編（昭和五十一年　角川書店）収載の『近世後期の人口表』によれば、「一八三二（天保四）年の江戸の人口は、四十七万四千〇七四人」と記している。

七月二十一日（日曜日）旧六月十四日

ヨーロッパ人に対する暗殺計画についての手紙を書いた。真夜中、私の文書が幕府から若干の所見[＊1]とともに戻ってきた。

〔補注〕『蘭文日記』七月二十一日（日）旧六月十四日には、「上記論文執筆終了。真夜中ころ、かの声明書が若干の考慮すべき点を付けて、一通の手紙[＊2]とともに戻ってきた」と記している。

＊1　ブランデンシュタイン家所蔵文書に「新見伊勢守、竹内下野守ほか七名発シーボルト宛書簡」（請求番号120696、日本語五枚）（図版参照）がある。

＊2　「一通の手紙」とは、『シーボルト関係書翰集』（日独文化協会　昭和十六年　一三三頁）によれば、

「譯司よりSiebold へ　六月十三日付、Jhr. Ph. F. シーボルト様尊敬するヨンクヘール　フォン　シーボルト様　あなたが送られた手紙は直ちに翻訳して政府へ送りました。それには領事の保證が書いてないといふので政府より送り返して来ましたので御返し申します。譯司」

とある。

七月二十二日（月曜日）旧六月十五日

上海へ船便で書簡を出す。二十日付で植民大臣、ママ〔妻〕、ボードウィン、クルース宛。アレクサンダーが、それをアメリカ領事館に持っていく。

浪人についての話。よからぬことを考えている浪

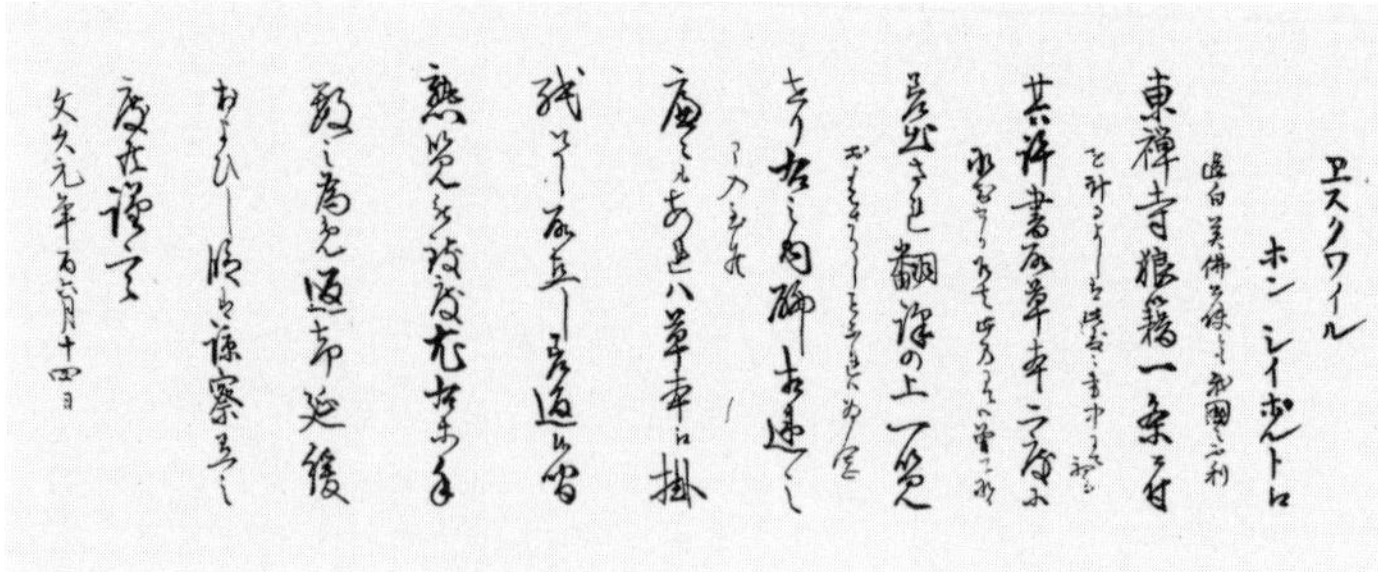

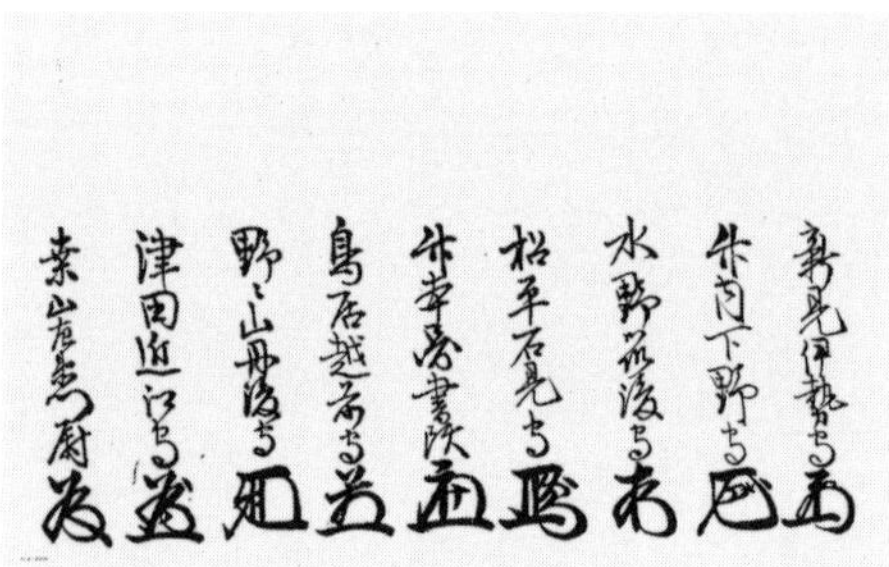

新見伊勢守
竹内下野守
水野筑後守
松平石見守
竹本図書頭
鳥居越前守
野々山丹後守
津田近江守
桒山左衛門尉

「新見伊勢守、竹内下野守ほか7名の連名による東禅寺襲撃事件に関するシーボルト宛書簡」
（文久元年（1861年7月21日）六月十四日）
（フォン・ブランデンシュタイン家所蔵）

人が、神奈川で捕えられたという。対馬でロシア人と藩主の家臣との間で小競り合いがあったという。

七月二十三日(＊1)**（火曜日）旧六月十六日**

冶金学の講義。

御用出役 Gojositsihak　二名の指揮官と三二名の士官。

御手付出役 Otetsugisitsijaku 八名。

頭取 Tôtori

一） 大久保求馬 Okubo Motome(＊2)

二） 栗林 Kuribajasi

両者の副官の地位

調役 Sirabejak' は上級役人 Oberbeambte

五人の士官は組 Kumi、その司令官は肝煎 Kimoiri と呼ばれる。

＊1　ブランデンシュタイン家所蔵文書に、日記の日付（七月二十三日）と同じ日に書かれた「クラークからシーボルト宛書

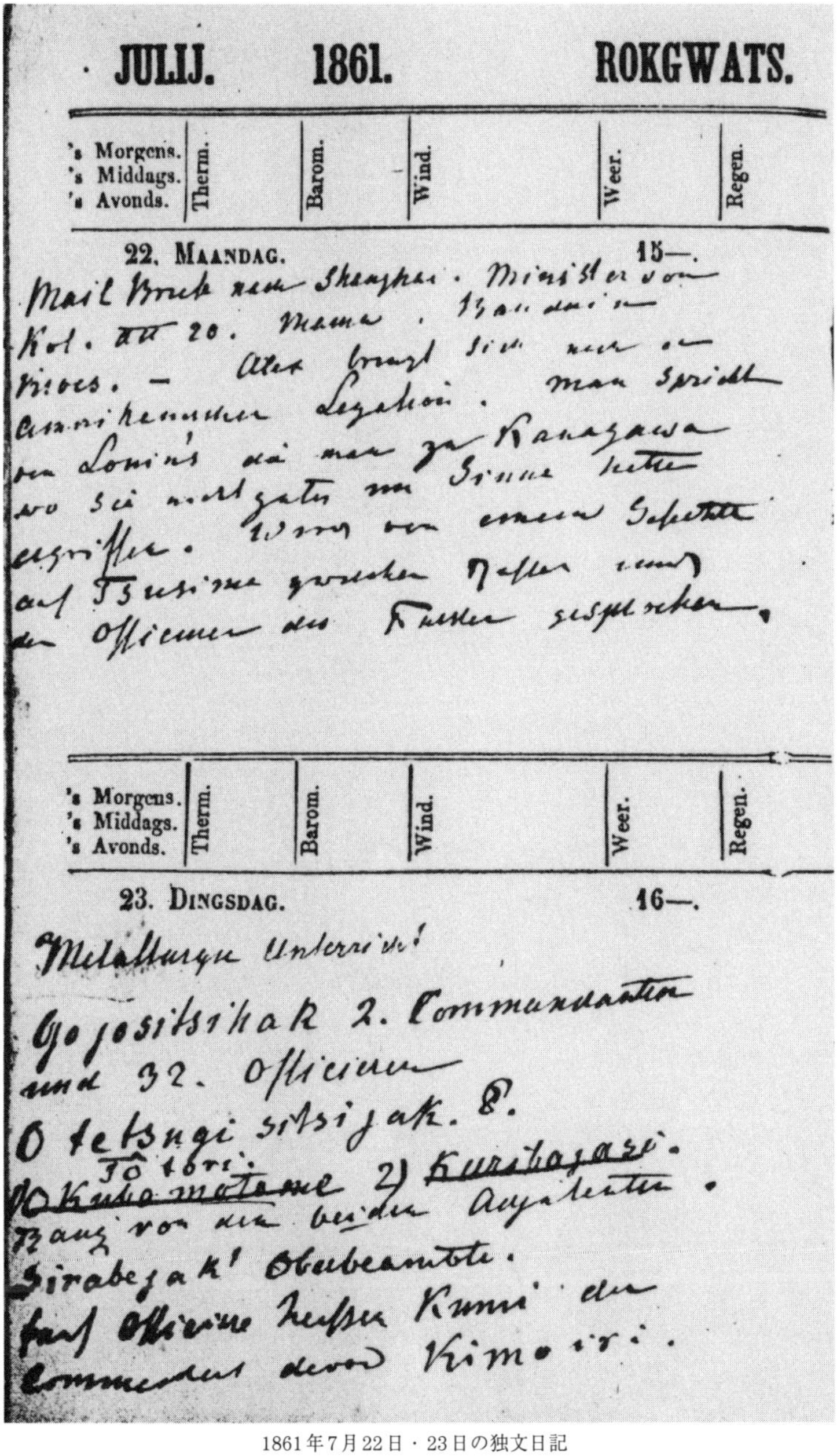

JULIJ. 1861. ROKGWATS.

's Morgens. 's Middags. 's Avonds.	Therm.	Barom.	Wind.	Weer.	Regen.

22. MAANDAG. 15—.

's Morgens. 's Middags. 's Avonds.	Therm.	Barom.	Wind.	Weer.	Regen.

23. DINGSDAG. 16—.

1861年7月22日・23日の独文日記

簡、横浜にて」（請求番号91212　ドイツ語一枚）がある。

＊2　大久保求馬（生没年不詳）。文久元年一月十九日外国御用出役、同月二十四日頭取となる。栗林に関しては不明。

七月二十四日（水曜日）旧六月十七日

ハリスを訪問〔善福寺〕。ベルクールはアメリカ公使とイギリス公使との調停を試みる。

普通、公娼は女郎Sjoroと呼ばれる。楽しませる女Vergnügungsmädchenという意味の遊女Jusjo、あるいは遊び女Asubionaiという名称の方がふさわしい。

七月二十五日（木曜日）旧六月十八日

医者と自然科学者への講義。

龍涎香《りゅうぜんこう》（＊1）や苦木（＊2）Nigagiについての実験結果と報告書を入手した。

外国奉行宛に手紙を書く。

〔補注〕『蘭文日記』七月二十五日（木）旧六月十八日には、

「かの襲撃事件に関するいくつかの情報と警告を、外国奉行あてにおこない（＊3）、協議と提案をおこなった。医者と自然科学者への講義。龍涎香。薬用クアシァ（ニガキ、苦木）」と記している。

＊1　龍涎香。抹香鯨から採取する、松脂に似た一種の香料。麝香に似た風雅な芳香がある。

＊2　苦木（Picrasma quassloides Benn）ニガキ科の落葉高木。枝および葉に苦味があり、樹液を駆虫・健胃薬に供する。

＊3　「東大シーボルト文書」第四十号「文久元年六月十九日蘭人シーボルトより外国奉行へ各公使等の関係を告げ、東禅寺の変事の処置に就て存意を述べんとの事」およびブランデンシュタイン家所蔵文書に「シーボルト発幕府外国奉行宛書簡〔下書き〕江戸・赤羽根」（請求番号10858　オランダ語二枚）参照。他に、この日（七月二十五日）に書かれた「シーボルトからオランダ植民大臣宛書簡、江戸にて」（請求番号30964　オランダ語二枚）がある。

七月二十六日（＊1）（金曜日）旧六月十九日

エドワード・クラークとヘレーネ宛に手紙を書い

た。日本の使節団用の汽船について。

近年、多くのヨーロッパ産、アメリカ産の観賞用植物Zierpflanzeおよび有用植物Nutzpflanzeが輸入された。

ツメクサ、ムラサキツメクサ、ボウフウPastinak、イブキジャコウソウThimian、フタナミソウScorzonera、ミツバSellerie、スカンポSauerampfer、キンギョソウAntirrhinum、オドリコソウGaleopsis、ムギワラギクStrooblumen、カタバミOxalis、コマツナギIndigofera、マツムシソウScabiosaなど。

〔補注〕『蘭文日記』七月二十六日（金）旧六月十九日には、

「別荘の「浜御殿」を将軍の名において、現在の外国公使たちに提供するという文書の写しを受けとった」

と記している。

＊1　ブランデンシュタイン家所蔵文書に、日記の日付（七月二十六日）と同じ日に書かれた「J・K・デ・ウィットからシーボルト宛、植物購入についての書簡、横浜にて」（請求番号71942　オランダ語一枚）、同じく「差出人不明（シーボルト?）からオランダ植民大臣宛書簡、江戸にて」（請求番号61955　オランダ語二枚）がある。

七月二十七日（土曜日）旧六月二十日

外国奉行〔津田近江守〕[＊1]と会談。大君の幕府が大名に宛てて出す布告案文と遣欧使節の件。

赤羽根はいたるところ〔警備が〕強化され、新しい警護所が設けられた[＊2]。

＊1　津田正路（生没年不詳）幕末の幕臣。通称近江守。外国奉行のち勘定奉行、大目付。

＊2　長尾正憲の著書によれば、

「『福沢全集』（訳稿）七月三十一日付布告案文の件の書簡に、津田・桑山とある」

と述べ、さらに『維新史料綱要』を用いて、

「この日、高田藩・館林藩・田辺藩にそれぞれ英・米・仏仮公使館の宿寺を警備させた。赤羽根もこれに準じたのであろう」（五三四頁）

と書いている。

七月二十八日[*1]（日曜日）旧六月二十一日

前記〔七月二十七日〕の布告案文を整理する。気分がすぐれない。江戸近郊の庭園でユリ属Liliumの植物を捜してもらうため、庭師Gärtenerを送る。

馬には餌としてナスSol.〔Solanum〕esculentumが与えられる。

〔覚書〕馬の餌

馬にも、ナスSolanum esculentumの実が餌として与えられる。この実はしばしば大量に栽培され、野菜として売り出される。

〔覚書〕カラスムギ、ライムギ

カラスムギAvena sativaは日本全国、雑草としてオオムギ畑やコムギ畑、道端等に分布している。信じられないことに、これは馬の餌として使用されていない。横浜近郊で私は、五月の末と六月?の初めにたくさんの量のカラスムギがオオムギ畑やコムギ畑から引き抜かれ、道端に捨てられているのを見た。これで数百頭の馬に餌が与えられるだろう、と思った。江戸、神奈川、横浜近郊で、この引き抜かれ、半分しか成長していないカラスムギによって、数千頭の馬を数ヵ月間養える。日本では平野部だけで、コメや穀物栽培を行っている。山間部で栽培できるカラスムギは、馬の飼料として活用でき、人々の食生活にも有益となるであろう。

われわれには馴染み深い穀物ライムギSecale cerealeは日本にはない。これをオランダ人たちは数百年間、パンとして食してきたが、これは〔日本においては〕他ならぬオオムギHordeum hexastichon nudum、ハダカムギHimalaiaにあたり、最も早い時期に収穫できる農作物である。——私は長崎と江戸で幕府にカラスムギとライムギに対して、もっと目を向けるよう忠言した。

*1　ブランデンシュタイン家所蔵文書に、日記の日付（七月二十八日）と同じ日に書かれた「シーボルトからJ・K・デ・ウィット宛、植物購入についての書簡、江戸・赤羽根にて」（請求番号71941　オランダ語一枚）がある。

七月二十九日[＊1]**（月曜日）旧六月二十二日**

前記の布告案文の起草で多忙。

カノコユリ Lilium speciosum Imperiata の美しい線を描かせる。画家を絵一枚につき四両で雇う[＊2]。その半分を前払いした。

＊1　ブランデンシュタイン家所蔵文書に、日記の日付（七月二十九日）と同じ日に書かれた「A・L・ポルトマンからシーボルト宛書簡、江戸にて」（請求番号90960　オランダ語一枚）がある。

＊2　画家は三吉（後の清水東谷）のことか。後掲の覚書「巨大なタコ」の記述に「江戸にいる私の画家三吉」とある。

七月三十日（火曜日）旧六月二十三日

外国奉行小栗豊後守来訪[＊1]。

喫煙は日本では以前何度か禁止された。しかしここでもまだ、この嗜好品の継続的な使用に歯止めをかけることはできなかった。

日本の医師たちの来訪。以前ラ・ペルーズ La Perouse[＊2]が、サハリンと蝦夷で発見した黒い実のなるブドウの木は、北日本の奥州や出羽でも見られる。

コレラが江戸で発生した。

〔補注〕『蘭文日記』七月三十日（火）旧六月二十三日には、
「外国奉行小栗豊後守が来訪。日本の学者。将軍の別荘の「浜御殿」をヨーロッパの公使たちに臨時の邸宅として提供することにつき、私の意見を提示した」
と記している。

＊1　小栗豊後守は六月二十八日、対馬に派遣される。

＊2　ラ・ペルーズ（La Perouse 1741-1788）フランスの航海者。ルイ十六世の命で一七八七年アジア東北沿岸を探検。日本海をヨーロッパ船として最初に北上してサハリンに至る。間宮海峡までいったが、海峡と確認しないまま南下し、宗谷海峡をラ・ペルーズ海峡と名づけた。その後赤道を越えサンタ・クルーズ島海峡で遭難した。

七月三十一日（水曜日）旧六月二十四日

前記の布告案文の入った書簡を外国奉行宛に書いた[＊1]。ヘレーネからの手紙。

＊1　「東大シーボルト文書」第四十一号に、「文久元年六月二十四日シーボルトより外国奉行へ東禅寺に變事の處置に就て意見を述ぶる書附諸藩への布告案」参照。なお、ブランデンシュタイン家所蔵文書に「シーボルト発幕府外国奉行宛書簡〔下書き〕江戸・赤羽根」（請求番号10861　オランダ語四枚）、同じく「オランダ国王発幕府将軍宛警告書草案〔シーボルト筆一八六一年七月三十一日付書簡下書き〕江戸・赤羽根」（請求番号30948　オランダ語九枚）がある。また、長尾正憲の著書によれば、『維新史料綱要』を引用して、

「この布告案の目的を、内は諸侯に開港の必要性を知らせ、外は信を締盟列国に失わないこととしている」

とし、

「『福沢全集』（訳稿）に福沢が訳したシーボルトの布告案文達の通知（外国奉行あて）がある」（五三五頁）

と書いている。

八月一日（木曜日）旧六月二十五日

画家は来なかった。[*1]

直訴Sekiso。奉行が嘆願書を受け取らない時には、日本人は誰でも、それを江戸城に向かう老中に手渡しする権利を持っている。彼〔直訴者〕はその場合、この嘆願書を竹竿につけて、高位高官の乗物に近づく。しかし彼の訴えが通るか否かが決定されるまで、身柄は牢獄に拘束される。

〔補注〕『蘭文日記』八月一日（木）旧六月二十五日には、

「ひとりの老中een der Ryksradenに対する暗殺の企てが噂になっている」[*2]

と記している。

＊1　画家三吉（のちの清水東谷）のことか。
＊2　後掲の八月六日の日記参照。

八月二日（金曜日）旧六月二十六日

日本のムクドリStaarenは、八月から群れをなして棲息するという。その生態以外は、ヨーロッパのムクドリと同じだ。

江戸は本当にカラスRabenの町である。以下のような考えも可能である。多くのカラスが夕方、江戸に集まってくる。この鳥が高い樹木に覆われた寺の

境内と丘に移動すると、地平線のいたるところ、その鳥で騒がしくなる。そして夜明けには、その鳴き声で目を醒まされる。

〔覚書〕**ムクドリ**

日本のムクドリは、ヨーロッパのと同じように群居性がある。八月には大きな群れをなして集まる。

〔覚書〕**カラス**

江戸は本当にカラスの町だ。高い松の木の生えた寺や鎮守の森がカラスのねぐらHorsteである。彼らはそこで数千羽で棲息している。早朝、江戸八百八町に分散し、食物をあさり、しばしば海岸にまで行き、そこで貝や他の海の幸を食べ、夕方、多くの群れをなし、大きな声を上げて、巣を作っているnistenねぐらに戻ってくる。この黒い訪問客には町に特別な場所があって、そこを棲家Hauseとし、そこから毎日、あちらこちらへ行っているのが分かった。そのような場所には、いくつかのカラスの家族がまるで定住しているようである。夕方になると、よく肥った家族の長が荒々しい声で皆に呼びかけて、夜のねぐらに向かって行く。学名Corvus crassiostrisである。

〔補注〕『蘭文日記』八月二日（金）旧六月二十六日には、
「米・英・仏・蘭各国公使へあてた外国掛老中二人から外国事務に関する通達が来た。[*1] それにはタイクン自身が別荘の浜御殿を当分の間の滞在場所に提供する[*2]としてあった」と記している。

*1　ブランデンシュタイン家所蔵文書に「アメリカ・イギリス・フランス・オランダ全権に対する幕府書簡の写し」（請求番号10242　ドイツ語二枚）がある。

*2　長尾正憲の著書によれば、『維新史料綱要』を引用して、「二十四日米国、二十六日英・仏・蘭に御殿山公使館の竣工まで、浜御殿内に仮館を設けることを提議した」（五三五頁）と書いている。

八月三日（土曜日）旧六月二十七日

自然科学者たちから、龍涎香が採れるマッコウクジラMakkōについて興味深い報告を聞く。

ほぼ八日前から体調不良。下痢、ひどい食事、大変な暑さ、僅かばかりの夜の睡眠が原因だ。

八月四日（日曜日）旧六月二十八日

私が箱根の山に送った召使新太郎が、そこで集めた植物および昆虫をもって帰ってきた。

人の話によると、浪人Lonin'が直訴者[*1]をよそおって老中の乗物に近づき、隠し持っていた刀を抜いたという。

＊1　八月一日の日記参照。

八月五日[*1]（月曜日）旧六月二十九日

中国人たちは彗星、すなわちほうき星をビセイとも呼んでいる。またその星はソウセイ、すなわち乾いた星という名でも呼んでいる[*2]。というのも、経験からして彗星が現われる年はとても乾燥し、暑いことが分かっているからだ。彗星がもたらす、ブドウの実りの良い年を思い出す。

＊1　ブランデンシュタイン家所蔵文書に、日記の日付（八月五日）と同じ日に書かれた「E・クラークからシーボルト宛書簡、横浜にて」（請求番号30920　ドイツ語二枚）がある。

＊2　七月九日の日記とほぼ同内容。七月二日付の覚書はこの八月五日の日記も参考にしたと思われる。

八月六日（火曜日）旧七月一日

冶金学の講義。

江戸幕府から知らせを受けた。昨日、松平豊前守が[*1]自邸から乗物で大君の江戸城へ登城したとき、ある浪人[*2]によって襲われた。しかしその浪人は、刀を抜いて乗物を襲った際、捕り押えられた。

〔覚書〕老中松平豊前守に対する襲撃

この老中は、乗物で自分の藩邸から江戸城への登城の途中、刀を抜いて襲いかかってきた浪人に襲われた。この犯罪人は警護していた護衛に捕り押えられた。しかし人の話では、この浪人は嘆願書を棒の先につけて近づき、受け取られようとしたまさにその瞬間、突然隠し持った刀で、編み細工でできた乗物を突き刺したが、老中には怪我はなかったという〔前記の直訴〔八月一日日記文中〕を見よ〕。

＊1 老中松平豊前守信義（在職一八六〇年十二月二十八日～一八六三年九月五日）前職大坂城代、丹波亀山藩主五万石

＊2 長尾正憲の著書によれば、『維新史料綱要』を引用して、「犯人は水戸藩士落合鏞之助。登営の途に要して捕えられ、今治藩に預けられた」（五三五頁）と書いている。

八月七日（水曜日）旧七月二日

エドワード・クラーク宛の手紙。昨日、ジーブルグに手紙を書いた。

生理学上の意味で注目すべきは、ここ〔江戸〕の多くの植物の葉は、先端や表面が色とりどりであったりする。確かに同種のものではあるが、いろいろな斑入りが存在する。

〔覚書〕斑入りの葉

注目すべきことに、ある種の植物の葉は、先端や表面が白かったり、黄まだらであったりする。確かに同種であるが、いろいろな斑入りがある。例えばマサキEvonymus Jap.、葉はミセバヤ Sedum Sieboldii ……〔この部分未記入〕……、サクラン Hoja carnosa ……〔この部分未記入〕……、その他の属や種など。

八月八日[＊1]（木曜日）旧七月三日

外国奉行野々山丹後守来訪。昨年来、薩摩藩邸に逃げこんでいた水戸の浪人らが、水戸に送り返され、そこで禁錮の処分を受けている。彼らは尋問にあったが、彼らが狼藉者であるとの発見は何もなかった、との報告を受けた[＊2]。

＊1 ブランデンシュタイン家所蔵文書に、日記の日付（八月八

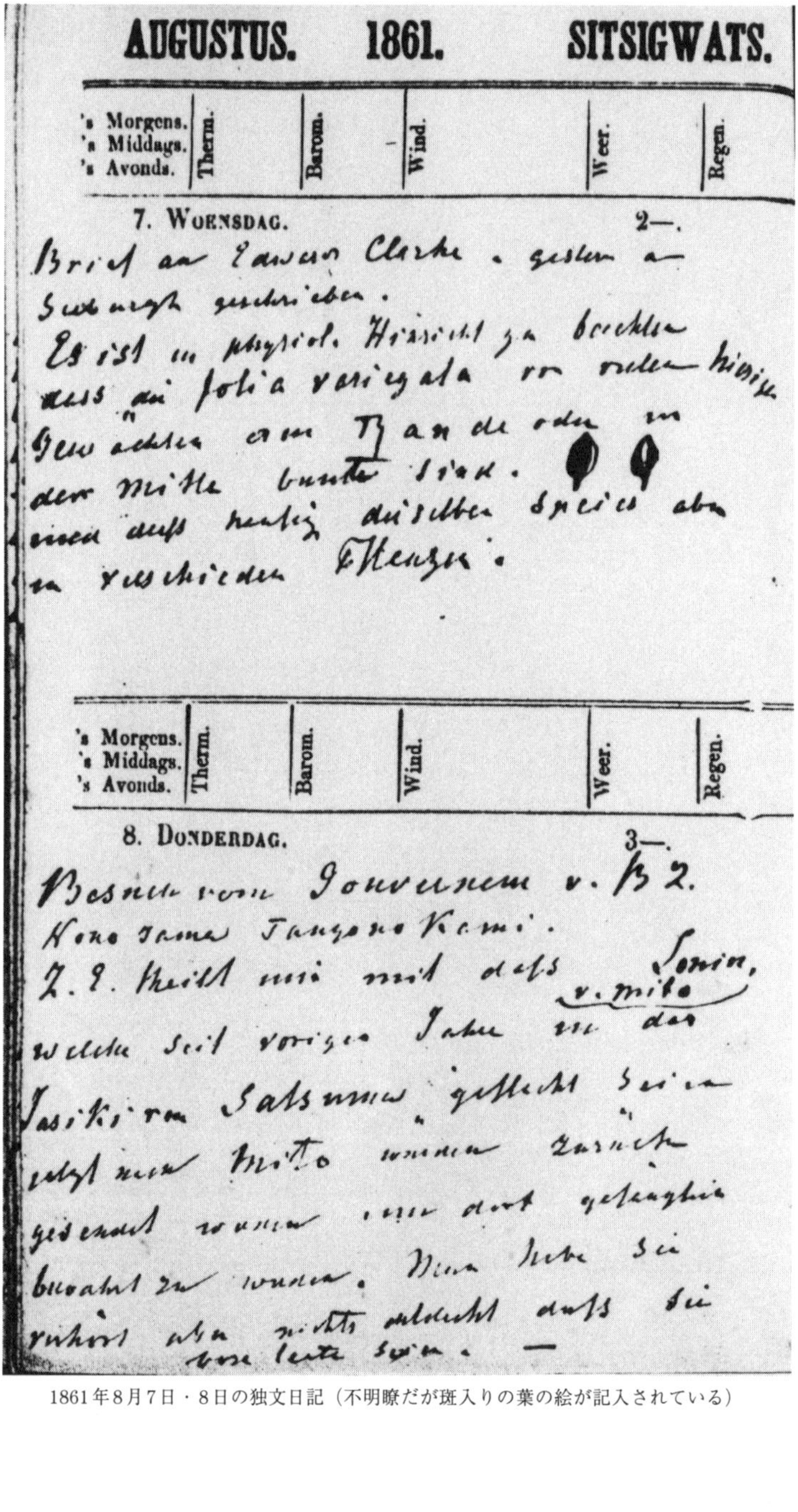
AUGUSTUS. 1861. SITSIGWATS.

's Morgens. 's Middags. 's Avonds.	Therm.	Barom.	Wind.	Weer.	Regen.

7. WOENSDAG. 2—.

Brief an Lawson Clarke . gestern a-
Schwaegst geschrieben.
Es ist in physiol. Hinsicht zu beachten
dass die folia variegata von vielen hiesigen
Gewächsen am Rande oder in
der Mitte bunte sind.
dass häufig dieselbe Species aber
in verschiedenen Pflanzen.

's Morgens. 's Middags. 's Avonds.	Therm.	Barom.	Wind.	Weer.	Regen.

8. DONDERDAG. 3—.

Besuch vom Gouverneur v. Y. Z.
Hono sama Tangono Kami.
Z. Z. theilt mir mit dass Ronin, v. Mito
welche seit vorigen Jahre in das
Yasiki von Satsuma geflucht seien
selbst nach Mitto wurden zurück
gesandt worden und dort gefangen
bewahrt zu werden. Man habe sie
verhört aber nichts entdeckt dass sie
böse Leute seien. —

1861年8月7日・8日の独文日記（不明瞭だが斑入りの葉の絵が記入されている）

日）と同じ日に書かれた「Ｅ・クラークからシーボルト宛書簡、横浜にて。シーボルトのメモ書き一枚含む」（請求番号30879　ドイツ語三枚）がある。

＊2　長尾正憲の著書によれば、『維新史料綱要』七月五日条を引用して「元水戸藩士林以徳ら三八人（一人は後から來投）」とある。前年八月二十七日、薩州藩邸に投じ、攘夷の先鋒となりたいと請うたものたちである」（五三五頁）と書いている。

八月九日（金曜日）旧七月四日

ジーブルグへ手紙を書いた。

一〇〇斤（ポンド）の銅（赤穂）は銀二〇匁 monme に換算される。銀一貫目は一一から一三匁の金に換算される。

竜脳《りゅうのう》（Campfer Baros）という薬は色が灰色で、白色のものより良質、一斤二二テール。〔覚書「竜脳」参照〕

〔覚書〕銅

赤穂の銅一〇〇斤（ポンド）は、銀二〇匁に換算される。およそ三分の一フローリン（オランダギルダー）。銀一〇〇匁（一貫目）は、一一から一三匁（重さ）の金に換算される。

〔覚書〕竜脳(＊1)

竜脳はスマトラ産で、とりわけシボガ Si-boga とナタル Natal、そしてバロス Baros といった地方で採れる。これは、中国と日本で薬および香料として高く評価されている。日本では灰色の粒の方が、白色のものよりも好まれる。一斤の値はおよそ二〇テールで、これはスマトラでの値段と比較すると、六〇から七〇ギルダー少ない。周知のように、竜脳は長くて丸く、ときには一インチの長さのある水晶に似た塊で、樹皮の下に見つかる。しかし根にはない。また、すべてのリュウノウジュに結晶があるわけではないが、中には大きな塊を含んでいるものもある。よく〔竜脳が〕見つかる国〔スマトラ〕の長官であった私の友人クーペルス P. Th. Couperus は、かつてこの樹木に数インチの大きさの塊を目撃した。そこでは五から二〇ポンドのものを、またときには一つの幹の中で一〇〇カッチエ[*2]以上のものをよく見つけた、とも言っていた。スマトラでの値段は、一カッチェにつき七〇ギルダーである。

＊1　『世界有用植物事典』堀田満・山崎耕宇・星川清新編「植物編」（平凡社　一九八九年）によれば、竜脳樹。現学名Dryoblanops sumatrensisは、マレー半島、スマトラ、ボルネオの熱帯降雨林に分布する常緑大高木で、この属の最も代表的な樹種である。樹体内に竜脳を多く含み、芳香が強い。竜脳はもっぱら本種から採取された。また、竜脳はリュウノウジュ属Dryobalanopsのすべての種にあるが、竜脳樹に最も多く、ときには樹幹内の空隙に純粋な蠟白色の結晶として存在する。古くは中国、ヨーロッパで癲癇、頭痛、内臓病、眼痛、歯痛の薬として知られ、一三世紀末マルコ・ポーロの旅行記にも記されている。当時は貴重な医薬として高価で取引されたので、竜脳採取が盛んであった。しかしクスノキCinnamomum camphoraから樟脳が産業的にはるかに安価で生産されるようになり、二〇世紀に入ってからは竜脳採取はほとんど行なわれなくなった（三九九頁）。

＊2　シーボルト『日本』第四巻「第二章当初から現在までの日本におけるオランダ人の貿易」（二二〇頁）および「第四章日本と中国の貿易」（二六五頁）によれば、

「一斤Katjesは一〇〇分の一ピコルPikol。ピコルは旧オランダの重量で、一二〇と八分の七リーブル。一斤はまたおよそ一と五分の一ポンド」と記している。

八月十日（土曜日）旧七月五日

冶金学の講義。

ドゥ・ベルクール氏の秘書の来訪。クラーク氏からの手紙[*1]。

琉球諸島は二〇〇万斤の黒砂糖と三万斤の薄茶色の砂糖を供給する。日本の九州は八〇〇万斤、四国の讃岐（高松周辺）は二〇〇万斤、天草諸島は二〇万斤である。白砂糖は一斤につき四匁で、三〇万斤が売買されている。

〔覚書〕琉球と日本の砂糖

琉球諸島では、毎年二〇〇万斤（二万ツェントナー〔一万キログラム〕）の黒砂糖と三万斤（三〇〇ツェントナー〔一五〇キログラム〕）の白砂糖がとれる。日本の九州地方は八〇〇万斤を産する（八万ツェントナー）。四国の讃岐地方（高松に藩邸を置く地方）は二〇〇万斤（二万ツェントナー）。これによると、日本国全体では、一二万三〇〇ツェントナーの砂糖が自らの消費用に生産される。小判の値が高騰したことにより、目下、〔われわれが〕砂糖を東インドから輸入して販売しても利益にはならない。というのも白砂糖は一斤につき四匁以上にならず、オランダ〔の通貨〕で換算すると、およそ二五セント以上にはならないからだ。

＊1　ブランデンシュタイン家所蔵文書に「E・クラークからシーボルト宛書簡、横浜にて」（請求番号30878　ドイツ語一枚）がある。

八月十一日[*1]（日曜日）旧七月六日

ひとりの外国奉行が来訪して、私に次のことを知らせた。一水戸藩士が逃亡したこと、彼は江戸に滞在して、なにか良からぬことを考えているのではないか、と心配しているとのこと。

ウズラを飼っている。ウズラの飼育は割のいい仕事である。それに美味だ。ニガキ Nikaki〔苦木〕は重要な輸出品目になりうる。

＊1　ブランデンシュタイン家所蔵文書に、日記の日付（八月十一日）と同じ日に書かれた「シーボルトからオランダ植民大臣宛に、イギリス使節襲撃事件に関しての書簡、江戸・赤羽根にて」（請求番号71925　オランダ語八枚）がある。

八月十二日[*1]（月曜日）旧七月七日

デ・ウィット氏に浜御殿のことで一通の手紙を書いた[*2]。

ススキ Erianthus bisetrius、大きな黄色の染色用の草が箱根山に生えている[*3]。

〔覚書〕ススキ

この緑色をし、黄色の染色用の草は箱根山に多く見られる。

＊1　マクリーンの論文によれば、「シーボルトはこの日、植民大臣宛の手紙を書き、安藤対馬守と会談のおり、浜御殿の臨時外国公館として提供する件を意見として述べた」（七九頁）としている。

＊2　ブランデンシュタイン家所蔵文書に「シーボルトからデ・ウィット宛書簡、江戸・赤羽根」（請求番号61953　オランダ語一枚）がある。

＊3　八月四日に新太郎が持ち帰った植物であろう。

八月十三日（火曜日）旧七月八日

出島、ヘレーネ、そして植民大臣宛の手紙を書くことに専念。

ノウゼンカズラ Tecoma thunbergii の花の匂いは、婦人たちを不妊にするといわれている。

八月十四日[*1]**（水曜日）旧七月九日**

十一時、速達を横浜のクラーク氏へ送る。

七月と八月、江戸湾と江戸および周辺では高温。ときには木陰でも華氏九四度〔摂氏約三四・四度〕まで達することがある。たえず、南と南東の風が吹く。これは、厚くて黒い瓦をもち、その熱に包まれたこの巨大なる町が、異常なほど暖められた当然の結果である。

〔**覚書**〕**気象**

七月と八月には、江戸湾と江戸の町は温度が上がり、ときには木陰でも華氏九四度にまで達することがある。たえず南から、南東から風が吹く。この風は地表の空気が、黒くて厚い屋根瓦によって異常なほど暖められた当然の結果である。この黒い屋根瓦は、巨大なる都市の数マイルにも及ぶ面積を覆っている（江戸の表面積は、大きな地図で算出される）。

＊1　ブランデンシュタイン家所蔵文書に、日記の日付（八月十四日）と同じ日に書かれた「E・クラークからシーボルト宛の書簡、横浜にて」（請求番号30877　ドイツ語一枚）がある。同じく「デ・ウィットからシーボルト宛書簡、横浜にて」（請

求番号61954　オランダ語一枚）がある。また、保田孝一編著によれば、この日リハチョフはシーボルト宛の書簡（八月二〔十四〕日付）をフリゲート艦上で書いている。内容は「シーボルトの子息アレクサンダーの任官許可の連絡について」（一三二頁）である。

八月十五日（木曜日）旧七月十日[*1]

遣欧使節団についての計画案を作成することで多忙。私が報告を受けたのは、大君の学者、幕臣、医者の他に、次の二人の阿波侯の医師も私の講義を聴くことになったとのこと[*2]。一人は井上伸庵[*3]で、もう一人は須田泰嶺[*4]である。

イギリス公使が浜御殿を視察した。

＊1　「東大シーボルト文書」第四十四号「文久元年七月十日赤羽根滞在の蘭人シーボルトより外国奉行へ横浜辺の風聞を告る書（英船江戸より横浜海路を実測せし旨を密告する書翰）参照。

＊2　「東大シーボルト文書」第四十二号「文久元年六月二十四日松平阿波守より其藩醫をシーボルトに就き修行為致度伺書」参照。

＊3　井上伸庵（一八二一―一八九二）名は默、字蹊夫。通称は初め左門太、後に伸庵、号は春洋、春漁または不鳴。淡路の洲本に生れる。同藩の銃隊長前羽信近の子、その藩の典医井上玄貞の養子となる。小石元瑞に医学を学び、その後、長崎に遊学し、蘭医について産科を修める。母子双全術を受け、鉗子を齎し、これにより難産を救治する。また牛痘漿が伝来すると、これを多人数で試みる。四国の種痘は伸庵がその嚆矢であるといわれている。

＊4　須田泰嶺（一八二五―一九〇八）信濃国伊那の医家の出身。名は経哲。通称幼児は安吉、長じて泰嶺、餐霞または老嶺と号する。佐藤泰然、林洞海、伊東玄朴らにも従い、交友関係も深い。一八六一（文久元）年の下腿切断手術にクロロフォルム麻酔を使用。象先堂塾頭。後ち阿波藩医、高遠藩医。

八月十六日（金曜日）旧七月十一日

アレクサンダーの誕生日[*1]。彼にマガホニーの箱Magahonikisteに入った二連銃を贈る。

十六日から十七日にかけての夜二時ごろ、激しい地震。その時ベットは動き、家は軋んだ。路面電車が遠くから近づいてくるような轟音を伴って揺れた。

〔覚書〕八月十七日、朝二時の地震[＊2]

激しい地震。私のベットが揺れ動き、家（赤羽根接遇所）の梁が軋んだ。これにはまたしても、路面電車が接近してくるような轟音を伴って揺れた。

＊1　アレクサンダー（Alexander Frhr. von Siebold 1846–1911）は、一八四六年八月十六日オランダのライデン付近のライデルドルプに、シーボルトが建てた日本様式に近い簡素な白亜の別荘「ニッポン」で生まれた。

＊2　日付は八月十七日になっているが、八月十六日の日記の内容とほぼ同じなので、ここに記した。

八月十七日（土曜日）旧七月十二日

将軍の幾人かの侍医と応接。第一の侍医伊東玄朴[＊1]は私の門人の一人で、かって一八二四年から二五年[＊2]まで私の下で授業を受けた。彼は私と丁度同じ年齢である。第二の侍医静海も私の門人であった[＊3]。何と言っても、私の鳴滝塾がこの国にしっかり根づいた時であった。このような願ってもない僥倖《ぎょうこう》は、ヨーロッパでは一度も認められたことはなかったが、私にとっては何にもかえられない報奨である。

＊1　伊東玄朴が長崎に遊学したのは、一八二三（文政六）年であるが、間もなくシーボルトの門人として蘭語および医学を学んだ。一八二六（文政九）年シーボルトの江戸参府のとき、同行して江戸に至り、浅草天文台役宅に入って蘭学を教えた。翌（文政十）年六月、一時長崎に戻ったが、再び江戸に出て、本所・下谷等で開業した。なお、シーボルトは玄朴と同じ年齢と記述しているが、実際はシーボルトが一七九六年生れ、玄朴が一八〇〇年生れであるから、シーボルトの方が四歳年上ということになる。

＊2　『蘭文日記』（八月十七日付）では、一八二四～七年と記している。玄朴は二六年の江戸参府にも同行しているので、『蘭文日記』の記述のほうが正しいようだ。

＊3　「東大シーボルト文書」第五十一号「文久元年七月戸塚静海・伊東玄朴・伊東貫齋・竹内玄同よりシーボルトへ質問罷越度伺書」参照。

八月十八日（日曜日）七月十三日

夜、アメリカ公使館のある寺〔善福寺〕で暴動が起こった。ここでも〔赤羽根接遇所〕全員武装した。[*1]

電磁気の機器[*2]を見る。英国のモデルに従って、日本の道具製造職人ヒロセジコクHirose Dzikok'[*3]によって模倣された。

〔覚書〕誘導コイル

将軍の侍医たちは、私に英国のそれをモデルにした電磁気の機器を見せた。これはヒロセジコク Hirose Dzikok'という江戸の道具製造職人によって作られ、その出来はきわめて丹念で、品質も良好であった。

＊1　長尾正憲の著書によれば、『維新史料綱要』を引用して「十二日夜、米国公使館ニ発砲スルモノアリ」（五三六頁）と書いている。

＊2　電気治療器のことであろう。現在、幕末期のもので製作者は不明だが、愛知県尾西市在住の個人蔵があり、また大阪府教育センター理科第一室（物理・化学）教室には、復元した象山作の電気治療器がある。『郵政研究月報』（総務省郵政研究所　二〇〇二・四）によれば、「安政四年（一八五七）石阪空洞が口授した門人山田貞順が筆記した『内服同功』エレキテルである。西洋医学の多彩な医療器具類による新療法は薬と同じ効能があるとして、内科医のための外科・新療法を紹介したものである。その中に、電気治療法として二種類紹介されている。その一つが、「越歴的児法」でライデン瓶を備えた摩擦起電型のものである。エレキテルの適応域として、リュウマチ・麻痺不遂・聾・唖・痙攣症、神経病・その他頑固経久の諸病があげられている。もう一つは、萬延元年（一八六〇）に最新型の「ガルバニ電気治療器」を記述している。コイルとボルタ電堆を使用したものである」（四一頁）と記述している。シーボルトが見たという誘導コイルは、「ガルバニ電気治療器」であろうか。

＊3　ヒロセジコク Hirose Dzikok' なる人物は不詳。

八月十九日（月曜日）旧七月十四日[*1]

煎剤Decoctumダツラ Datura〔チョウセンアサガオ〕とアコニット Aconit〔トリカブト〕[*2]は、麻酔剤として手術前に与えられる。レプラ Lepra は両親から孫にも子供を飛び越して遺伝する。――天然痘は子供より大人の方が危険だ。それは良性でも、また悪性でも現われる。

〔覚書〕日本のクロロフォルム

苦痛を伴なう手術の前には、トリカブトAconitum sinense の液が麻酔液として使用される。

〔覚書〕レプラ

レプラLepraは両親から孫の代まで、子供を飛び越して遺伝する。（両親とは、つまりレプラに罹った両親のことである）。

〔覚書〕天然痘

天然痘は子供より大人の方が危険だ。良性のものと悪性のものとがある。

＊1　オランダ総領事デ・ウィット、シーボルト在留の件について（七月朔日付外国事務宰相書簡の返信として）手紙を書く。「東大シーボルト文書」第四十六号「文久元年七月十四日和蘭総領事より老中へ返翰（同各国公使ノ移住地ニ無官ノ外人ノ雑居スルコトハ各国公使ノ協議ニ決セン、但シーボルトハ日本政府ノ徴招ニヨリシモナレバ、他の外人トハ異ナレドモ、是又諸国ノ商議ニ従フベシノ回翰）参照。

＊2　ハンセン病のこと。ハンセン病は細菌によって伝染するが、伝染力は弱い。シーボルトは遺伝すると誤解して記述している。

八月二十日（火曜日）旧七月十五日

ハリスを訪問。

私の教え子たちから、[＊1]避雷針についての要領よい解説書をヨーロッパから取り寄せてほしい、との要望があった。試作するためのさまざまなヒントを手に入れたいのだ、というのである。

＊1　「東大シーボルト文書」第五十号「文久元年七月十五日奥医師伊東玄朴よりシーボルト貰受候物品ニ付伺」、同五十一号「文久元年七月戸塚静海、伊東玄朴、伊東貫齋、竹内玄同よりシーボルトへ質問罷越度伺書」参照。

八月二十一日（水曜日）旧七月十六日

昼、気温華氏八八度〔摂氏約三一・一度〕。夜、七八度〔摂氏約二五・六度〕。

私の昔の門人で、現在大君の侍医である〔戸塚〕静海が来訪。

ベルクールとビダリング博士Dr. Vidaling 来訪。

八月二十二日[*1]（木曜日）旧七月十七日

気温華氏九一度〔摂氏約三二・八度〕。

遣欧使節団についての私の計画案をまとめた[*2]。

＊1　ブランデンシュタイン家所蔵文書に、日記の日付（八月二十二日）と同じ日に書かれた「久世大和守他、幕府要人連名からシーボルト宛書簡、江戸・赤羽根にて」（請求番号61964　オランダ語五枚）、同じく「シーボルト?から幕府老中宛書簡、江戸・赤羽根にて」（請求番号61975　オランダ語一五枚）、「シーボルト?から幕府老中宛書簡。添付書類〔医師及び学者の名簿〕、江戸・赤羽根にて」（請求番号62003　オランダ語一枚）、「シーボルト?から幕府老中宛書簡、江戸・赤羽根にて」（請求番号62037　オランダ語二枚）がある。

＊2　「東大シーボルト文書・蘭語文書」第七号「遣欧使節に関するシーボルト先生の注意」（訳文）参照。

八月二十三日[*1]（金曜日）旧七月十八日

キク属Chrysanthemum〔Pyrethrum〕Jap.は、いわゆるローマカミツレ römischen Kamillen によく似ているが、ここでは、完全にこの代用となっている。特に注目に価するのは、ニガキ Nikaki〔苦木〕、サルトリイバラ類 Smilax pseudochina、その他多くの薬草である。これらは輸出品目になるかもしれない。

〔補注〕『蘭文日記』八月二十三日（金）旧七月十八日には、

「私の健康を回復するため暫く横浜に赴くことの許可を求めた[*2]」

と記している。

＊1　ブランデンシュタイン家所蔵文書に、日記の日付（八月二十三日）と同じ日に書かれた「インデルマウルからシーボルト宛書簡、出島にて」（請求番号120439　オランダ語二枚）、

同じく「E・クラークからシーボルト宛書簡、横浜にて」(請求番号30876　ドイツ語一枚)がある。

＊2　「東大シーボルト文書」第四十八号「文久元年七月十八日蘭人シーボルトより外国奉行へ所労保養の為め横浜に赴く許を求め月俸の下賜を請ふ書」参照。

八月二十四日(土曜日)旧七月十九日

ある妊婦が夫を失った。彼女は夫の死で気を病み、錯乱した。自殺しようとして、煙草の煙管《キセル》を飲み込んだ(しかし、これは周知のごとく非常に小さい)。彼女はほどなくして血を吐いた。しかし、そのとき自分の身に何が起こっていたかは知らなかった。そして彼女は健康な子供を生んだ。その後すぐに脇腹に腫れ物が現われた。何と、煙管が見えてきたのだ。結局はそのままの形で、彼女の体内から抜き取られた。〔覚書「呑み込んだ煙草の煙管」参照〕

〔覚書〕呑み込んだ煙草の煙管(＊1)

日本の煙管はとても小さい。頭部はメタルで、小指ほどの大きさである。メタルの吸い口は三から四インチで、中心の棒は竹の管でできていて、およそ長さ六インチである。

ある妊娠中の漁師の婦人が夫を失った。彼は海で遭難したのだ。彼女はこの不幸で心が病み、錯乱してしまった。彼女は幾度か自殺を試みた。その都度、彼女を心配しつつ見守っていた兄弟にとめられた。しかしある日、自殺の恐れのある一切の道具は、前もって遠ざけてあったにもかかわらず、彼女は誰もいないことを見計って、唯一持っていた小さな煙管を呑み込んだ。兄が帰宅して、不幸な妹が血を吐き、痙攣しているのを見つけた。誰もその〔痛みの〕原因を突きとめられなかった。かくして彼女は苦しみ、血を吐き、たえず腹痛を覚え、数ヵ月間悩まされていた。彼女の身に何が起こったか、誰も診断できなかった。やがて彼女は元気な子供を生み、からだの状態は良くなった。そしてついに、鼠蹊部《そけいぶ》 Leistengegend のすぐ上の所に腫れ物が現われた。それを切開すると、何かよく分からない物が見えてきた。救助を求められた医者は、すぐに煙管の先と分かり、一度で取り出せなかったので、これを鋸で切断した。残った煙管に錐で穴をあけ、糸を通し巻きつけて、その都度しっかり固定しておいて、数日のうちに煙管を全部抜いた。この女性は回復し、次第に心身ともに元気になった。（私の友人で門人の(*2)阿波の医師須田泰嶺によって報告され、詳細は原稿に記述されている。）

＊1　ブランデンシュタイン家所蔵文書に、原典資料の「請、和蘭失勃児禿先生　清鑒　日本阿波醫臣　井上伸庵識。産後《サンゴ》瘍口烟管《エンクハン》ヲ抽《ヌキン》デ出《イダ》スノ記」（請求番号50848-50849　日本語二枚）があり、そこには次のような記述がある。すなわち「日本土佐國《トサコク》久禮浦ノ漁夫《ギヨフ》某《ソレガシ》ノ妻妊娠五箇月ニシテ其夫病死《ビヤウシ》ス妻《サイ》悲號シテ狂氣《ケウキ》シ自殺《シサツ》セントスルコト数々《シバシバ》ナリ夫《オツト》ノ弟《オトウト》介抱《カイホウ》スル内少《ウチスコ》シ鎮静《チンセイ》スルヲ見合《ミアハ》セ包丁鎌《ホウテウカマ》ナドノ類《ルイ》ヲ匿《カク》シ隣人《トナリヒト》ニ狂婦《ケウフ》ヲ頼《タノ》ミヲキテ漁事《ギヨジ》ニ出《イ》ズ帰《カヘツ》テ聴《キ》ケバ隣人曰今日姉《イハクコンニチア子》ハ頻《シキリ》ニ嘔《ヲウ》シテ血ヲ吐《ハキ》セシトソレヨリ食《シヨク》ヲ減《ゲン》ズルコト数日《スジツ》ニシテ常《ツ子》ニ復《フク》ス臨《リン》月《ゲツ》ニ近《チカ》ヅシテ狂病《ケウビヤウ》モ自《ミツカ》ラ常ニ復シテ安産《アンザン》ス産后《サンゴ》左ノ髖骨《クハンコツ》上瘍ヲ生シテ膿潰ス潰口一硬物《イチカウブツ》ヲ現《アラハ》ス醫是《コレ》ヲ見《ミ》レバ烟管ノ吸口《スヒクチ》ナリ徐々《ソロソロ》ニ牽《ヒ》キ出セバ痛苦《ツウク》ニ耐《タ》ヘズ出《イデ》シタケヲ鋸《ノコギリ》ニテ截《キ》リ取リ残《ノコリ》ノ端《ハシ》ヲ錐《キリ》ニテ横《ヨコ》ニ穴《アナ》ヲ穿《ウガ》チ栓《セン》ヲ挿《サシ》テ是《コレ》ヲ留《トド》メ明日《ミヨウニチ》膿《ウミ》ノ廻《マハ》ルヲ待《マチ》テ又牽《マタヒ》キ出《イダ》セバ痛苦ニ因《ヨリ》テ又截《キ》リ取《ト》リ猶一分《ナホイチブン》ヲ残《ノコ》シ三《ミツ》日目《カメ》ニ烟管ノ全形《センケイ》ヲ出《イダ》シ盡《ツク》ス三片合《サンヘンアハ》シテ長《ナガ》サ九寸《クスン》日本尺是定《コレサタメ》テ前《マヘ》ノ嘔血《ヲウケツ》ノトキ死《シ》セントテ咽《ノンド》ヘ撞《ツキ》コミシ者ナラン狂気中《ケウキチウ》故《ユヘ》其事《ソノコト》ヲ記《キ》セズ却《カヘツ》テ別病《ベツビヤウ》ヲ醸《カモ》サザリシ者カ奇ト云ベシ予奥道逸《オクドウイツ》先生《センセイ》京都高名ノ産科ナリニ従《シタガフ》テ産術《サンシユツ》ヲ学《マナビ》シトキ土佐ノ門人某《モンジンソレガシ》圖説《ヅセツ》ヲ以テ先生ニ告《ツゲ》ルヲ見《ミ》タリ今其醫《イマソノイ》ノ名《ナ》忘《ワス》レタリ」とある。

＊2　「原稿」とは須田泰嶺が、この井上伸庵の記述をシーボルトに報告したものであり、これを蘭訳したのは三瀬周三である。これについては後掲の八月二十六日の〔注〕＊1で併せて詳述した。

八月二十五日（日曜日）旧七月二十日

夜、不快。ヘレーネとボードウィンに手紙を書いた。注目すべきことに、日本のカミツレ Kamille の名はカモメギク Kamome Kik、すなわちカモメのキクという意味である。のちにカモメール Kamomêlu と呼ばれる。私がここで注釈をつけねばならない点は、特にカミツレは江戸および横浜周辺ではヤマギク Yamakik という名で親しまれている。花は白で、ローマカミツレとよく似ている。長崎あたりでは、この花は黄色だ（キク属 Chrysanth. japonicum）。

八月二十六日（月曜日）旧七月二十一日

私の門人須田泰嶺は、ある注目すべき事例の子宮外出産を語った。江戸のある侍の妻が妊娠し、脇腹に腫れ物が出来た。これが次第に大きくなり、ついに裂け目が入った。ほどなくして、そこから子供の頭が見え、亀裂が大きく広がり、元気な赤ん坊が現われ出た。この亀裂はその後すぐに閉ざされた。かくしてこの婦人は三人の健康な子供を得ることになった（詳細な記述は、これから担当医〔井上伸庵〕が伝えるであろう）。〔覚書「子宮外出産」参照〕

〔覚書〕子宮外出産

私の旧友で、門人の阿波の須田泰嶺は、私に注目すべき事例の子宮外出産を語った。これは、彼の江戸の同僚の一人〔井上伸庵〕が最近観察し、記述したものだ。(*1) 江戸の侍の妻が妊娠したが、彼女の脇腹に苦痛を伴った腫れ物が出来た。これが次第に大きくなり、ついに裂け目が入った。ほどなくして、そこから子供の頭が見えた。さらに亀裂が大きく広がり、ここから赤ん坊が生まれ出た。出産後、この亀裂は閉ざされ、完治した。同じような方法で、この女性はさらに二人の子供を生んだ。三人とも生きている（この注目すべき事例についての詳細な記述を、須田泰嶺が私に私の講義の中で報告してくれた）。

〔補注〕『蘭文日記』八月二十六日（月）旧七月二十一日には、
「私の二十三日の手紙にたいする返事」(*2)
と記している。

*1　この原典資料は、前述の八月二十四日の〔注〕*2で紹介したものと同じ井上伸庵の記述で、ここには「三児瘍口《サンジヤウコウ》ヨリ誕《タン》スルノ記」（請求番号50846-50848　日本語三枚）がある。すなわち「日本江戸深川組屋敷某《ニツポンエドフカガワクミヤシキソレガシ》ノ妻妊娠九箇月《サイニンシンクカゲツ》ニメ左肋下《サロクカ》ニ瘍ヲ生ズ醫《ニ》江澤養樹ヲ延テ療《コ》ヲ請フ瘍終《ツイ》ニ腫脹膿潰《シユチヤウノウクワイ》ス児《ヂ》頭潰口《トウクワイコウ》ヨリ露《アラハ》レ出《イ》ヅ養樹止《ヤム》コトヲ得《エ》ズ是ヲ牽《ヒ》キ出《イダ》ス児啼哭常《テイコクツ子》ノ如《ゴト》ク潰口ヨリ腸《チヤウ》ノ脱出《ダシユツ》スルヲモ見ズ尓後膿血悪露《ヂゴノウケツアクロ》盡《コトゴト》ク排《ハイ》出《シユツ》メ母《ハハ》モ亦常《マタツ子》ニ復《フク》ス其後年《ソノノチトシ》ヲ経《ヘ》テ再《フタタ》ビ妊《ニン》ス九箇月ニメ瘍ヲ生ズルコト前《マヘ》ノ如シ又養樹ヲ延《ヒ》ク其妻泣《サイナイ》テ曰嚮《イハクサキ》ニハ君《キミ》ノ術《ジユツ》ニ因《ヨリ》テ萬死《バンシ》ヲ出《イデ》テ一生ヲ得《エ》タリ今又此難産《イママタコノナンザン》ニ嬰《カカ》ル命《イノチ》此《ココ》ニ絶《タヘ》ント然《シカ》ルニ膿潰生誕前《ノウクワイセイタンマヘ》ノ如クニメ母子《ボシ》再《フタタ》ビ恙《ツツガ》ナシ後年又《コウ子ンマタ》妊ス九箇月ニメ又瘍ヲ生ス其妻養樹ニ向《ムカヒ》テ曰妾《イハクセツ》ノ産ハ此《ココ》ニ道《ミチ》ヲ開《ヒラ》ク者ト見《ミ》エタリ今度《コンド》モ死《シ》セジト膿潰生誕又前ノ如クニメ母子遂《ツイ》

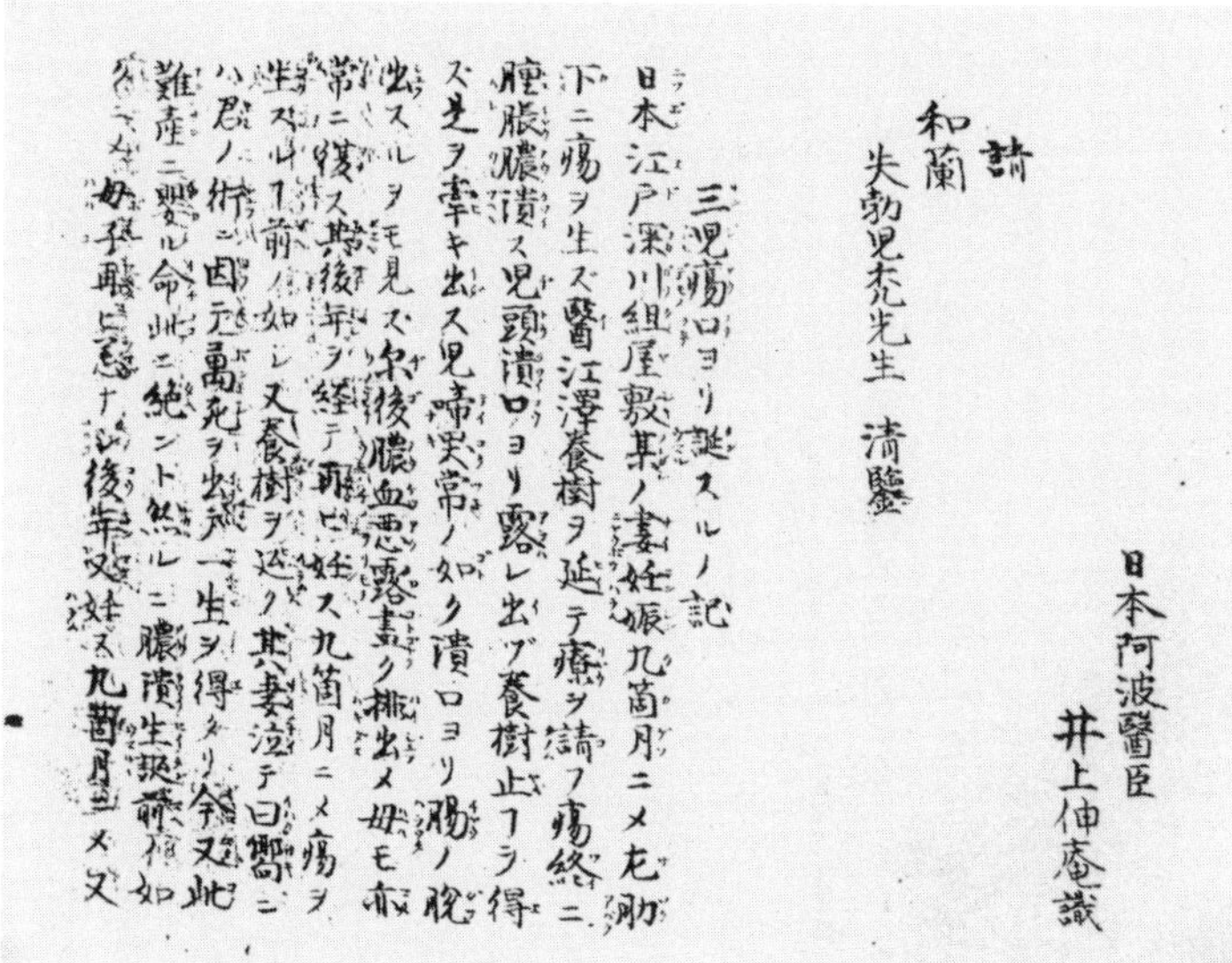
請
和蘭
失勃児杰先生　清鑒
日本阿波醫臣
井上伸庵識

三児瘍口ヨリ誕スルノ記
日本江戸深川組屋敷某ノ妻妊娠九箇月ニメ左腋
下ニ瘍ヲ生ズ醫江澤養樹ヲ延テ療ヲ請フ瘍終ニ
腫脹膿潰ス児頭潰口ヨリ露レ出ヅ養樹止コヲ得
ズ是ヲ牽キ出ス児啼哭常ノ如ク潰口ヨリ瘍ノ脱
出スルヲモ見ズ其後膿血悪露盡ク排出メ母モ赦
常ニ復ス其後年ヲ経テ再ビ妊ス九箇月ニメ瘍ヲ
生ズ此ノ前ノ如シ又養樹ヲ延ク其妻泣テ曰嚮ニ
ハ君ノ術ニ因テ萬死ヲ出テ一生ヲ得タリ今又此
難産ニ嬰ル命此ニ絶ント然ルニ膿潰生誕前ノ如
[illegible]母子聡ニ懸ナシ後年又妊ス九箇月ニメ又

阿波の医師井上伸庵の手稿「三児瘍口ヨリ誕スルノ記」部分
（フォン・ブランデンシュタイン家所蔵）

ニ恙《ツツガ》ナシ誠《マコト》ニ奇《キ》ト云ベシ養樹ハ宇《ウ》田《ダ》川《ガワ》榕《ヨウ》庵《アン》高名ノ西洋学者也ノ實《ジッ》父《フ》ニメ予榕庵ヨリ直《ジキ》ニ聞《キ》ク所《トコロ》ノ話《ハナシ》ナレバ訣《ケッ》メ虚《キョ》誕《タン》ニアラズ」とある〔図版参照〕。なお、独文日記に書かれている「詳細な報告」とは、三瀬周三が井上伸庵の記述をそのまま蘭訳したものを指すのであり、これは八月二十四日〔注〕で述べた蘭訳と併せて、国立国会図書館付属東洋文庫所蔵の「シーボルト資料フォト・シュタット版」（請求記号 II Autographs, Nippon. 60）の中にある。

＊2　「東大シーボルト文書」第四十九号「文久元年七月二十一日外国奉行よりシーボルト横浜行を許可し、且四箇月の俸金を支給するの回翰」参照。

八月（日付不詳）

〔覚書〕四六人の義士たちの墓

幕府高官吉良上野介は、赤穂（播磨）の藩主浅野内匠頭に対して感情を傷つけるようなやり方で、しかも挑発的に侮辱した。そのため、この藩主は上野介の面前で切腹して命を果てたが（＊1）、侮辱した方も武士の習慣に従ってすぐに彼の例にならう〔切腹する〕だろう、と思われていた。ところが、この幕府高官はこの求めに応じず、その上、その地位に就いたままだった。

この不幸なる藩の第一の家臣〔家老大石内蔵助〕は、四五人の側近の家来たちと一緒に主人の死の仇を討とうと誓った。彼は自分の意のままになる藩主の金蔵から相当の金額を用意して、同志たちと一緒に江戸へ赴いた。そこで彼らは有名な吉原という娼家や遊興場のある小さな町に一年間滞在し、他の多くの金のある貴族と同様に、派手な生活を送った。高官上野介は、赤穂の家臣たちが吉原通いをして、そこで遊んでいるのを知ったが、念には念を入れて多くの護衛を身辺に置き、自分の身の安全のために、さまざまな処置を講じた。しかし数年間、赤穂の家臣たちが遊郭に遊び、主人の仇を討つという素振りを少しも見せないでいるので、彼はだんだん不安が薄れてきた。

一時的には荒れた生活を送っていたが、復讐を誓った人々は復讐心に燃えて、彼らの計画を実行に移すべく機会を狙っていた。その間、彼らは自分たちの主君の殺害者を暗殺という卑劣なやり方で殺すという、幾度か訪れた機会を逸していた。そこで彼らは白昼堂々と、武器を手に彼の屋敷を襲い、殺害しようと心に決めた。

その幕府の高官は卑怯で、多くの国の藩主から軽蔑と憎しみを受けていた。仇を誓った者たちは、江戸にいるどの藩主らも彼に手を貸す者はいないだろう、と確信していた。しかし彼らは辛い戦いを覚悟していた。というのも、その高官は自らの屋敷の周囲に強力な護衛を置いていたからである。

彼らは夜明けとともに彼の屋敷に突入しようと決心し、前もって、他の幕府の高官たちに自分たちの計画を知らせておいた。それだけでなく、敵本人にさえも警告しておいた。幕府の要人たちはこれを無視し、脅迫された本人でさえも、このような警告に聴く耳をもたなかった。

四六人の男たちは完全武装して夜明けとともに、その幕府の高官の屋敷前に現われ、鐘や太鼓を叩いて入口から押し入り、彼らに抵抗する者を切り倒し、部屋に押し入ったが、そこには男、女、子供らは……〔この部分未記入〕……誰もいなかった。そしてなんとか仇を討とうとして、隠れた家の主人を探し続けた。彼らは障子や金色の襖に覆われた部屋を槍で刺し続けた。ようやく、その槍が瞬間的に手ごたえを感じた。しかし、槍には血がついていなかった。彼らは薄い障子の壁を打ち破って、とうとう復讐の犠牲者が傷ついているのを見つけた。主人は冷静な態度だった。彼の身体を傷つけていた槍を引くときに、自分の衣裳の長い袖でこれを拭き取り、血によって居所が分からないようにしていたのだ。彼は、確かに傷を負ってはいたが、まだ生きていた。復讐を誓った者たちの真ん中に連れてこられて、彼らの主人に対する彼の恥ずべき行為や卑劣な臆病さが彼の前で述べられ、即刻、卑劣な罪人のごとく彼の首は刎ねられた。

　屋敷には誰一人として命を許された者はなかった。そして死の静けさが支配していた。四六人の志士は、主人の無念を晴らした後に、屋敷の広間の中央に集まり、共に愛と友情の酒を酌み交わし、家老〔大石〕の合図一つで厳粛な武士として、切腹によって、自らの命を絶った。

　どの藩主も、どの高官もこの幕府の高官を援助する者はいなかった。武器の騒音でも、助けを求める声でも、死にいく者たちのうめき声でもない。静けさ、広く開いた門を有する屋敷の数時間に及ぶ静けさが、証人らに前代未聞の行動をとらせた。

　将軍は単に主人の仇を武士としてのやり方で討ったばかりか、彼を軽蔑した高官をも一掃したこの英雄たちを、自らの特権をもって無罪放免にはあえてしなかったが、この四六人の勇敢な尊敬すべき男たちのために、厳かな葬式を行い、泉岳寺Sengakusiに埋葬し、彼らの名前と功績を記した立派な記念碑を建てようと、決めたのである。

　これは元禄十四年のことで、西暦年では一七〇一年のことだ。このよく保存されている記念碑の建っている寺の墓地には、それぞれの思いをもって参拝者たちが足繁く訪れる。一八六一年八月に、私と息子アレクサンダーもここを訪れた。[*2] 国民的な演劇〔歌舞伎「仮名手本忠臣蔵」〕として、この英雄的な行為は末長く舞台で上演され、記憶にとどめられている。

＊1　記述には、浅野が侮辱に耐えかねて吉良を斬りつけるくだりがない。シーボルトはこの物語をよく理解していなかったのであろうか。

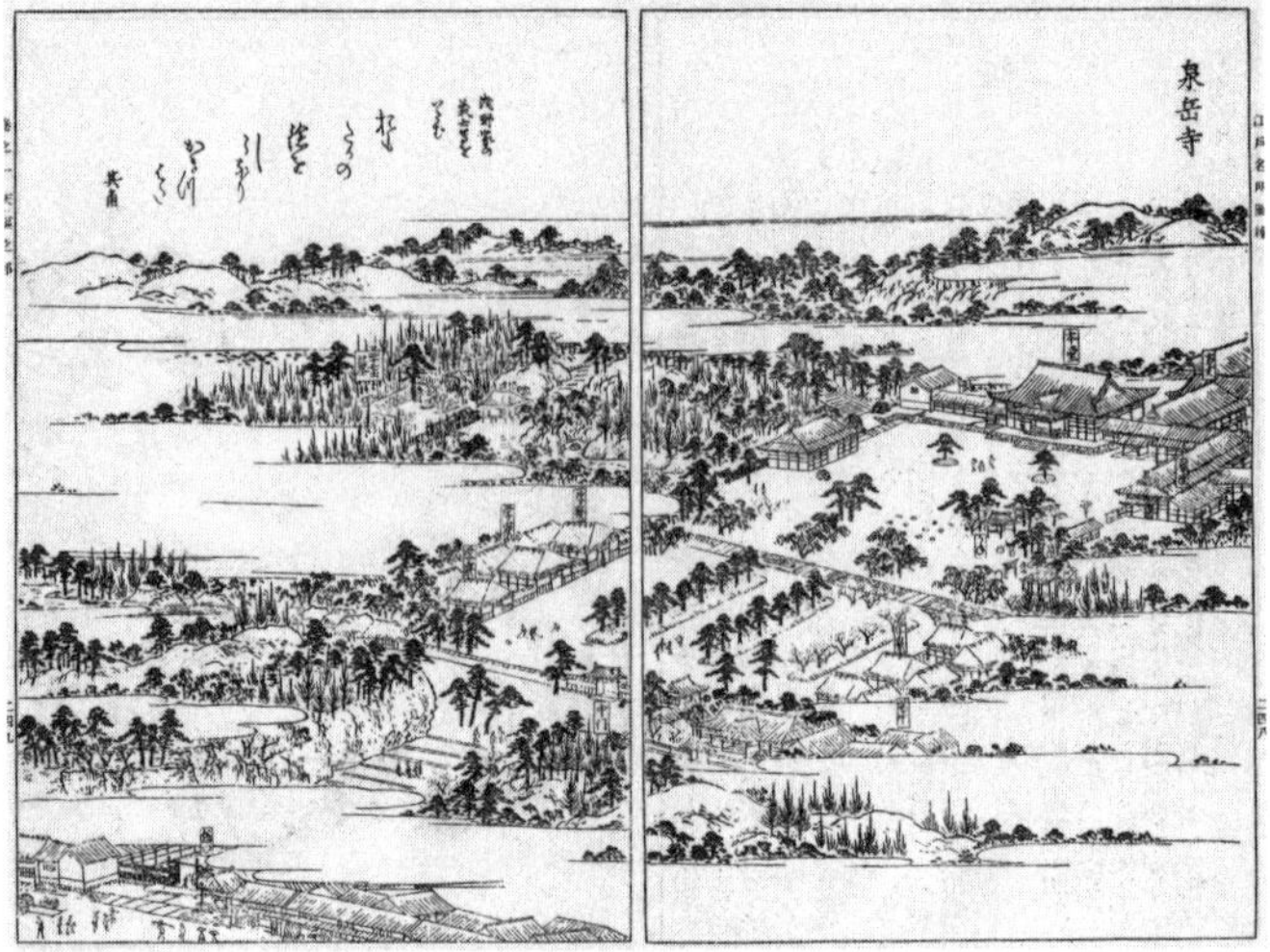

「泉岳寺」（『江戸名所図会』長谷川雪旦画　1834年）

＊2　一八六一年八月の江戸滞在時に泉岳寺を訪れたとあるので、ここに掲載した〔日付は不明〕。

八月二十七日〔江戸から横浜へ〕

八月二十七日（火曜日）旧七月二十二日

船で江戸から横浜へ出立。かなり長い間、朝六時から夕方の四時まで海上にいた。

品川の山の手で二十歳の娘が放火犯として火あぶりの刑にされた。

富士山の見晴らしがすばらしい。昼ごろ、南斜面にもやが発生し、一部、富士の頂を覆った。

〔覚書〕火刑

一八六一年八月二十七日、われわれは少し離れた位置で、品川の刑場(*1)で二〇歳の女性が、放火したかどで、火あぶりの刑に処せられるのを見た。

〔覚書〕富士山、参府旅行

富士山の見晴らしはすばらしい。朝の冷気で澄み切った視界。その中で、この天まで達するピラミッドがさながら目前に迫ってくる。かつて火山であったさまざまな特徴、沈んだクレーター、まだ雪に覆われている頂上の溶岩の塊、柱や隆起や窪みの形をしたさまざまな山腹の痕跡、これらが清い空気の中で、はっきりとした輪郭をもって姿を現わしている。しかしそれも束の間、日中の温度の上昇がその白い頭を薄い灰色の

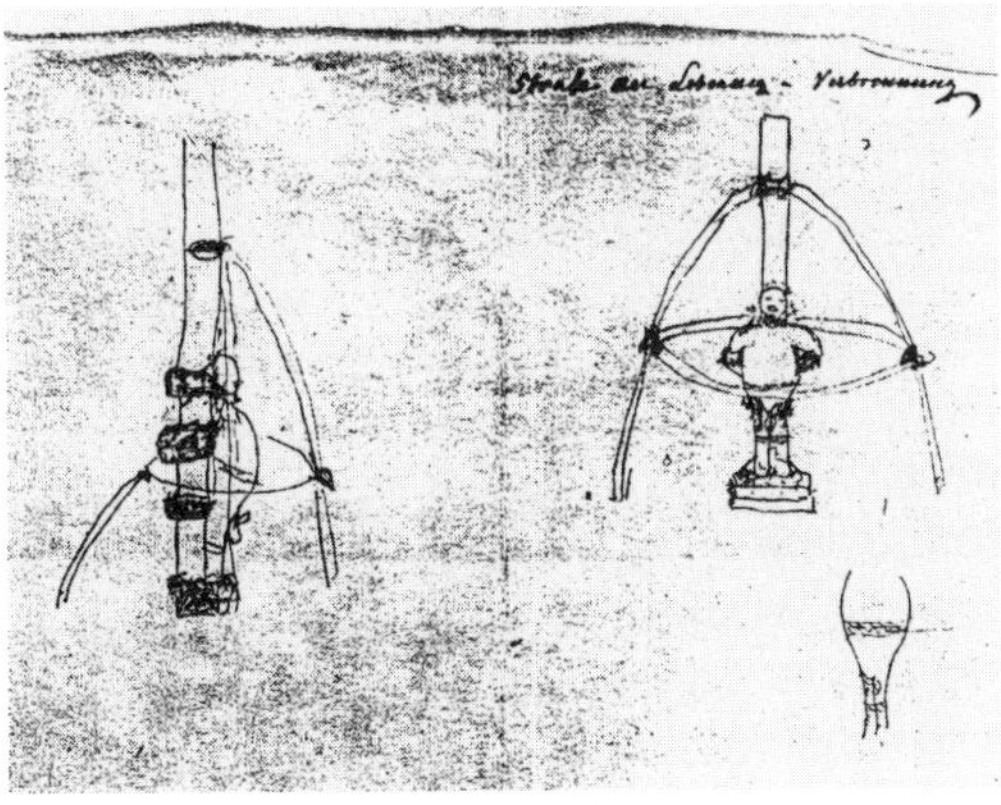

シーボルト画「火刑の図」
（フォン・ブランデンシュタイン家所蔵）

ベールで覆う。白い巻き毛がだんだんと消え、霧の海がこの火山の力でできた巨大な作品を覆い隠す。

〔覚書〕水路地理

江戸湾の出口では、南には白浜、南西には大島、北西には富士山が見えた。

〔覚書〕富士山

富士山の南側（真南）に長い窪みがある。それは富士山の真中の下の方、おおよそ五〇〇〇フィートの所から始まり、山の全体の高さ（多く見積って一万三〇〇〇フィート）(*2)の四分の一を占めている。この東側の下の方の斜面には、高い隆起のような丘が見られる。この丘の形は、横浜から見た限りでは、富士山の姿に似ている(*3)。私はこの長い窪みを、側面からの爆発のときに生じた山崩れ、この斜面の高く聳える隆起状の頂上を、側面爆発のときに球状のものが落下してできた、その先端と見ている。長い窪みの下には、森林限界がある。さらに下の東側斜面には、ラクダの瘤のようなものが四つ見られる。富士山の北斜面の、前記の窪みが終る所（下の方）の丘の上にも、これと似ている窪みが見える。おそらく、これもこの火山が側面噴火をしたときに生じたものであろう。両方とも側面噴火で出来た、沈んだクレーターである（歴史的に有名な爆発については『日本』の中の「和漢年契」Wa kan nen kei(*4)を参照のこと）。

＊1　鈴ヶ森の刑場。東海道筋、品川の南の地（現在の東京都品川区南大井二丁目付近）。

＊2　一八六〇年オールコックによる測定は、標高四三二〇・八メートル。現在は一般的には三七七六・二メートル（約一万二三八五フィート）である。

＊3　富士山南東側の中腹にある寄生火山の宝永山。宝永四（一七〇七）年爆裂のため一山峰を形成したもの。海抜二、六九三メートル。

＊4　シーボルト『日本』第三巻（第三章「和年契もしくは日本の歴史年表」一八二―三一七頁、富士山の爆発記述は、二二一・二二六・二三一・二四〇・二八六頁）参照。

八月二十八日〜九月十七日〔横浜滞在〕

八月二十八日[*1]（水曜日）旧七月二十三日

オランダ総領事ベルクール公使、およびエドワード・クラークを訪問。夕方、散歩に出かける。

＊1　アレクサンダーの著書によれば、再びヨコハマ・ホテルに滞在していたころについて、こう書いている。

「私たちは、その間再びヨコハマ・ホテルに滞在していたが、ここで父は知り合いになった人々と交際しているうちに、江戸での政治活動の辛労を多少とも恢復することができた。ここでは入口の部屋に武装した人などいなかった。ある晩、バーの辺りで一度ピストルの音がしたが、人々は危険のないことを知っていた。私たちの友人のうちには、ポルトガルの名誉領事で、大デントDent商会の代表者、エドワード・クラークEdward Clarke氏がいた。彼は海外貿易をするイギリス貴族特有の、そんな性格を持った人のひとりで、真面目で、信用があり、目先がきいた。また彼は若いころマインツで長年暮していたので、非常にうまくドイツ語を書いた」（一五九―一六〇頁）。

八月二十九日[*1]（木曜日）旧七月二十四日

早朝、散策。以前アブラナ、小麦そして大麦があった所に、今はゴマSesamum orientale、サツマイモBatatas odalis、サトイモCaladium esculentum、ツルマメDolichus（Soja）hispid、アズキPhaseolus aureus Bundo Atsuki〔文豆小豆〕、ナスSolanum esculentumが見られる。稲作の状態が悪い。田はすっかり干上がっている。畦に沿って水はほとんど無い。森には美しい草の茂み、家畜には良い飼料である。

〔覚書〕二毛作

六月大麦、アブラナそして小麦が収穫できたが、同じ畑で八月の末にはサツマイモ、ゴマSesamum、サトイモCaladium esculentum、ツルマメDolichus soja、アズキPhaseolus umbellate Bundo. Atsugi.〔文豆小豆〕、ナスSolanum esculentumがとれる。

〔覚書〕森の草と山の草

春から晩秋にかけて多くの草の生える森や山は、牛や羊の群れに最も滋養となる食物を提供する。そして、冬でもこれらの家畜は、他の国々の家畜以上に、はるかに良い餌を屋外で見つけることができるであろう。

しかし、牛の飼育数は非常に限られているし、羊の飼育も必要とされていない。家畜の飼育の主要なる産物、肉、脂肪、さらに牛乳を日本人は必要としていないのである。これらを食料として用いることは、血の穢れを恐れる冷徹な仏教の僧侶により、民衆に禁じられている。自然に死ぬ牛や馬は充分に皮を提供するし、羊のウールは木綿の補足となる。

牛と馬は、ここでは労働する農民階級の生活に有益な伴侶となっている。今ではもう仏教の戒律ではなく、善良なる農民の、これらの家畜に対する愛着が、この有益な動物を殺したり、ましてやその肉や血で彼らの欲望を満たそうとすることを許さない。

私は、ある牛を屠殺するときに、女性たちが泣いているのを見たことがある。屠殺者は、わが国の死刑執行人以上に軽蔑されている。後者は有害な人を、前者は有用な生物を死に至らしめる。その上皮革製造者、これには専らエタJeta'sという排斥された階級の人が事に当たっているのだが、彼らも蔑まれている。日本の国民が、西洋の血に飢えた諸国民らに兄弟のように手を差し伸べるに至るまで、これから先、どのくらいかかるであろうか。

＊1　ブランデンシュタイン家所蔵文書に、日記の日付（八月二十九日）と同じ日に書かれた「E・クラークからシーボルト宛書簡、横浜にて」（請求番号31038　ドイツ語一枚）がある。

八月三十日（金曜日）旧七月二十五日

ホテル内は、少し不快。非常に蒸し暑い。

八月三十一日（土曜日）旧七月二十六日

フランス領事、陸軍大佐、v・d・ゴッホ v. d. Gochを訪問。

九月一日（＊1）（日曜日）旧七月二十七日

昼、クラーク邸へ。

日本人は、概してすべての文明化されていない国の人と同様に、飲食に節度がある。だが、彼らが文明の段階に昇れば昇るほど、無節制となる。万能の食料を得ているすべての民族は羨ましい。その中で最も幸福なのは主婦である。

〔覚書〕日本人

日本人は元来、東アジアの大部分の国民たちと同様、飲食においては慎ましい。しかし、彼らが文明の段階に昇れば昇るほど、無節制になる。日本には大食漢や大酒飲みがいる。しかし彼らが次のようになったことは、考慮を要する。

日本の遣米使節団総勢十五名のために、バタヴィアのアメリカ領事館は、彼らがアメリカから帰国途中、インド人経営のホテルで宴会を催した。その時、日本の使節団は暴飲暴食、とりわけシャンパンを多量に飲んだため、ホテルの支配人は一日の飲食代として、四〇〇〇ギルダーの請求書をアメリカ領事館に渡すことになった。他人の金で、この通常の百倍にも上る暴飲暴食することこそ考慮を要する。私はこのような無銭飲食の非を、私の日本の友人たちの名誉のために、ここで公然と唱えないわけにはいかない。私の日本の友人たちは、普段は……〔この部分判読不能〕……私は彼らがアメリカから帰国した後、江戸で彼らと知り合いになったが、とても品のある男性たちであった。しかしながら、この全額を支払ったのは、北アメリカの合衆国政府である。

〔覚書〕万能の食物

一つないし二つの、万能の食材をもっている国の人びとは羨ましい。素朴な庶民の食べ物である米、野菜、魚から、特に都市で、独特な食べ物が大規模の施設で製造されている。これらはごく低価格で売られる。豆腐Tofu、蒟蒻《こんにゃく》Konjak、味噌Mizo、胡麻Gomen、うどんUdo、そばSoba、糀《こうじ》Kojesiなど、この場に居る私でも挙げることができる。主婦たちにとって都合のよい食材だ。

＊1　ブランデンシュタイン家所蔵文書に、日記の日付（九月一日）と同じ日に書かれた「差出人不明のシーボルト宛書簡、長崎にて」（請求番号 40890　ドイツ語二枚）がある。

九月二日（月曜日）旧七月二十八日

田舎の純朴さLändliche Unschuldはわれわれのヨーロッパでも、まだ牧歌的な理想として存続している。ここ日本の農村で最も他愛ない無邪気な行為が繰り広げられる夏の光景を見たら、六十歳になる女性でも顔を赤らめるであろう。だが、他愛もない無邪気さはかえって羨ましい。ある村の家族の老若男女が生殖器官の発達の度合が、著しく異なっているにもかかわらず、花壇のユリやバラの雌しべ、雄しべのように、お互いに見せ合っているのだ

〔覚書〕田舎の純朴さ

田舎の純朴さは、ヨーロッパでもまだ辛うじて牧歌的な理想として存続している。〝差恥心は道徳の娘〟であるが、非道徳的なものと考えているすべてのものを、人の目から隠そうとする。純朴な自然人は、倫理も差恥心も持たない。われわれが非道徳的と呼んでいるものを、彼自然人が意識しなければしないほど、ますます他愛なく〝自然の衣をまとって〟現われる。

暑い夏、漁村や農村で男子も女子も八歳から十歳ごろまで裸で歩いているのを目にする。彼らは見知らぬ人に出会っても、ただ目を大きく開けて見つめるだけである。なぜなら子供たちは、自分が今、恥ずかしいと思われる状況にいることが、わからないからである。ほとんどすべての労働階級の人は、暖かな季節になると裸で歩き回る。ただ白日の下では、入念に隠すべきものは、いちおうだらしなく覆ってはいるのだが。手工業者、自由な町人たちはうだるような夏の夜には、田舎風の衣裳を着て通りを横切り、銭湯に行き、衣服を脱いだり着たりする。彼らの妻も娘も、腰のところまではだけた上着をまとい、玄関の前の座布団の置いてある縁台に坐っている。そして戸外や室内の暑さのため、多少なりとも膨らんだ胸を団扇で扇いでいる。誰もこれを見て、行儀が悪いなどとは思わない。ヨーロッパの女性たちは、これを野蛮と思うだろう。しか

しわれわれ自然科学者は、そのような〝顕花植物的 phänerogamischen な成長〟をしている自然な人々に出会って、驚嘆のあまり立ち止まるのだ！

〔覚書〕私の古い門人たち

　私が一八五九年八月、日本に再び到着したときに、私の古い門人たちのうち、なおも以下の者が生きていた。

・二宮敬作。一八二三年には知識欲旺盛な若者であった。彼は一八二六年江戸参府の折、私に同行して富士山に登り、気圧計を使って測定した。彼は残念ながら、一八六二年二月に死亡[*1]したが、死に至るまで私に献身的であった。

・戸塚静海。私の最も勤勉にして、最も学識のある門人の一人。ある藩主の医者になり、今、一八六二年大君の侍医である。

・伊東玄朴。大君の第二の侍医。

・竹内玄同。江戸の学者。

・伊藤圭介。すでに一八二七年[*2]には著名な植物学者。数年を長崎の私の下で過ごし、私および他の数人の日本の本草家たちと一緒に調査した。私が日本で発見したすべての植物の体系的な中国名、日本名を定めた。彼は、これにさらに彼所有の数百種もある植物標本を加えた。彼は、今は尾張藩の藩主の侍医で、一八六二年一月[*3]、江戸の私を訪ねてきた。そして、私に植物標本並びに日本の植物学の分野における多くの興味ある発見物の一部を見せてくれた。彼は一〇年以上も前から疲れを知らぬ勤勉さをもってこれらを調査し、きわめて豊富なものに仕上げた。彼は数冊の植物学の書物を書いて、リンネの体系を祖国に紹介した[*4]。

・石井宗謙。一八二四年以来、彼は常に私のそばにいた。私の江戸参府に同行し、私のために資料を集め翻訳した。のちに江戸で、ある小さな藩の藩主〔美作勝山藩主三浦志摩守、二万三千五百石〕の侍医になったが、残念ながら一八六一年、私が江戸に到着〔六月十八日〕した数日のうちの六月三十日に死亡した。彼との再会は果たせなかった。彼は、赤羽根にいる私を幕府の特別の許可なしに訪れることはできなかった。なぜなら彼は、ある藩主の侍医であったからだ。

　さらに、ここで一八二三年から一八三〇年までの私の秀れた門人たちの名を簡単に記しておかなければならない。

・伊藤圭介。尾張出身、植物学、前記参照。
・高良斎[*5]。阿波（四国）出身、植物学、翻訳家。
・海蔵〔平井海蔵〕[*6]。三河出身、植物学、彼から四冊の植物標本の大型本を入手した。
・二宮敬作。外科医、参府旅行同行者。
・石井宗謙。外科医、参府旅行同行者、翻訳家。
・鈴木周一。奥州出身。植物学、外科医。
・高野長英。翻訳家。
・稲沢宗庵
・賀来佐一郎。
・戸塚静海。前記参照。
・伊東玄朴。前記参照。
・桂川甫賢。通称ボタニクス。
・桂川国寧。その弟、書家。
・轟武七郎。侍、古代日本、砲術。
・私の二人の使用人。コマキ〔熊吉〕と弁之助。
・竹内玄同。江戸の学者。

〔補注1〕『蘭文日記』九月二日（月）旧七月二十八日には、「私の古い門人、ならびに幕府の要請により赤羽根において教授をした学者の名簿」が記されている。

種痘館の学校における将軍の医師たちの仲間

一　戸塚静海。将軍の侍医。一八二四～七年の間の私の古い門人。
二　伊東玄朴。将軍の侍医。私の古い友人。
三　伊東貫斎。〃　〃
四　竹内玄同。〃　〃
五　桂川甫周。私の古い友人で将軍の侍医桂川甫賢、通称ボタニクスBotanicusの子。
六　松本良甫。将軍の侍医。
七　吉田収庵。〃
八　林　洞海。〃
九　大槻俊斎[*7]。〃　医学におけるたいへん学識ある人。
一〇　大槻玄俊。同人の子息で、長崎にいた。

藩医

一一　三宅艮斎。鉱物〔六箱の鉱物、絵図、押し葉にした植物〕。本草学者。
一二　戸塚静甫。戸塚静海の子息。外科医。鉱物学。
一三　高須松亭。一〇種の石炭の入った小箱、沃土鉄舎利別[*8]。
一四　池田多仲。子宮外妊娠？　種々の五倍子に関する論文。
一五　野中玄英。龍涎香、鯨。

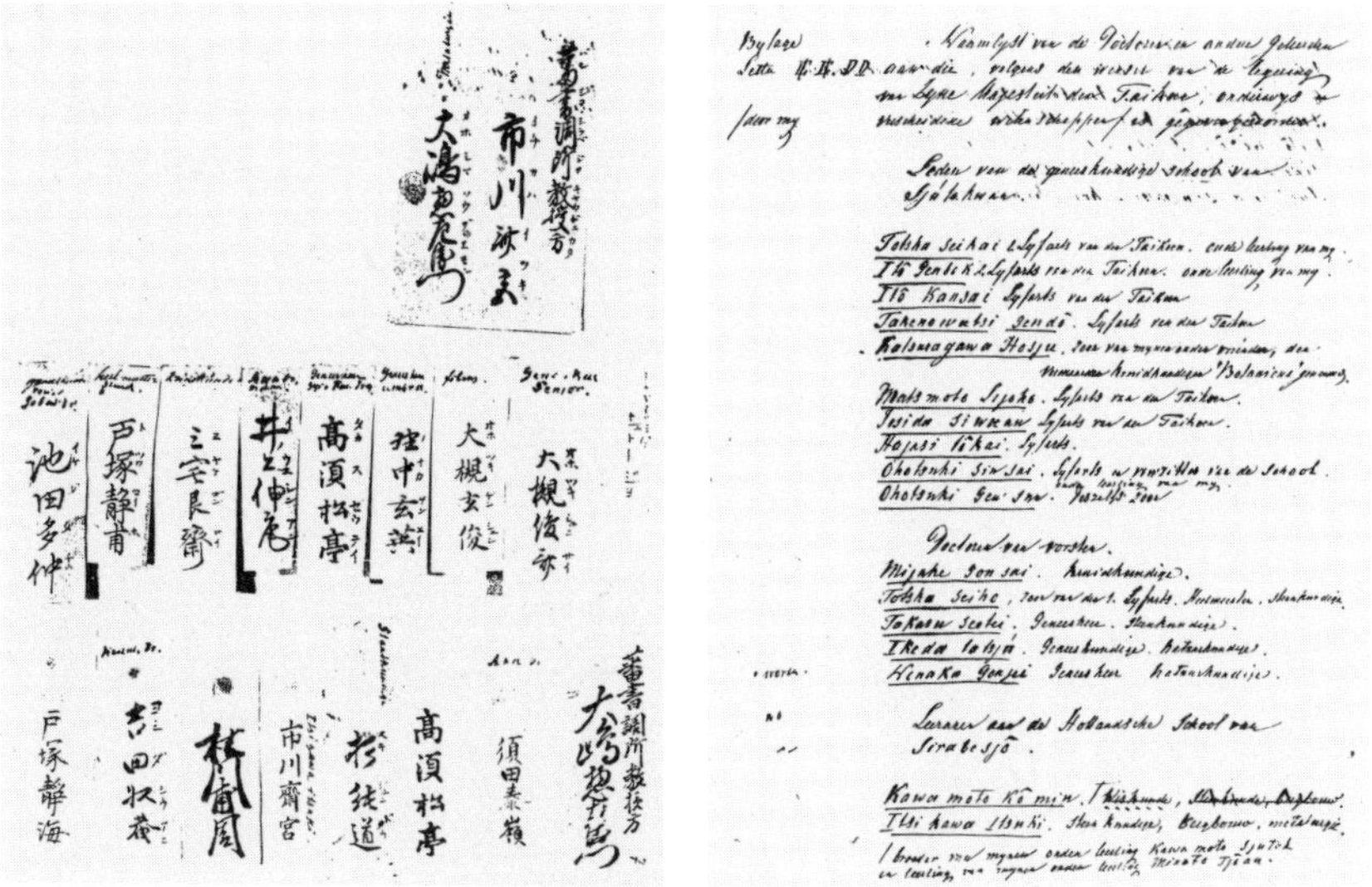

蕃書調所教授方 市川斎宮 大嶋惣左衛門

大槻俊斎 大槻玄俊 高須松亭 井上伸庵 三宅艮斎 戸塚静甫 池田多仲

蕃書調所教授方 大嶋惣左衛門 須田泰嶺 高須松亭 杉純道 市川斎宮 吉田収庵 戸塚静海

右：「江戸蕃書調所教授名一覧（オランダ語）」の一部
左：「江戸蕃書調所教授名一覧（日本語・オランダ語）」の一部
（フォン・ブランデンシュタイン家所蔵）

蕃書調所の教官、Geleerde aan de Hollandsche Akademie Sirabesio

一六　川本幸民。化学にたいへん学識のある人。ドイツ語、鉱物学。

一七　市川齋宮（兼恭）。冶金学。手紙を書いた。(＊9)

一八　赤沢寛堂。医学。

一九　小野寺丹元。ロシア語。

二〇　杉純道（亨二）。政治学、学校制度。(＊10)

二一　加藤弘蔵（弘之）。政治学。

二二　設楽莞爾。政治学。病院の設備。

二三　塩野谷久太郎。

二四　杉山三八。本草学。

（　）および〔　〕は長尾氏（五三七―五三八頁）による。

〔補注2〕『蘭文日記』九月二日の内容から推測して、覚書「私の古い門人たち」をここに記した。

〔補注3〕ブランデンシュタイン家所蔵文書の「医師、その他の学者名簿」（請求番号30930―30931　オランダ語二枚）には、大島惣左衛門の名が見える。また、同じく「江戸蕃書調所教授名一覧」（請求番号10237―10238、日本語・オランダ語二枚）には、井上伸庵、須田泰嶺、大島惣左衛門の名が記されている〔図版参照〕。ほかに「幕府御典医並びにシーボルト門人名一覧」（請求番号10239　日本語・オランダ語一枚）、「日本人名一覧」（請求番号10240　日本語・オランダ語一枚）がある。

*1　二宮敬作の死去は一八六二年四月十日（旧三月十二日）であり、シーボルトの記述の二月は彼の勘違いであろう。なお、事歴については三〇八頁*1参照。
*2　数年と記述しているが数ヵ月の誤り。シーボルトの勘違いであろう。伊藤圭介に関しては、三〇三頁*5参照。
*3　「東大シーボルト文書」第九十二号「文久元年十二月十二日シーボルト先生より伊藤圭介へ絵像を贈る書状」参照。
*4　伊藤圭介著『泰西本草名疏』一八二九（文政十二）年刊のことであろう。本書はリンネの二四綱植物分類法を日本ではじめて詳しく紹介したもので、二巻および付録二巻から成る。シーボルトから贈られたツュンベリー著『日本植物誌』を訳述。日本産植物約七〇〇種について学名をＡＢＣ順に記し、それに和名など漢名をあてた。圭介はシーボルト事件を配慮し、シーボルトを稚胆八郎という和名で紹介した。雄蕊《おしべ》・雌《め》蕊《しべ》などの訳語はこの書に始まる。
*5　高良斎に関しては、三〇三頁*6参照。
*6　平井海蔵（一八〇九―一八八三）三河国幡豆郡西尾希町の人で、幼名周吉。文政六年元服して退蔵。諱は重直。退蔵は五代目。元服後、海蔵と名のって長崎に赴き、シーボルトの門下生として、一、二年過した。帰途、紀州の知人のもとで蘭学書を焼き、帰省後は大庄屋を勤め、文人とまじわった。したがって、同家には海蔵旧蔵の蘭学書はまったくないという。現在、オランダのライデン国立植物標本館には、この海蔵が収集した二つ折本の繻子で結んだ日本原産の標本集四冊が所蔵されている。この標本集に関する論考に、加藤僖重著「平井海蔵作成の標本帖」（『独協大学語学研究』一、一二　一九九八年）がある。
*7　大槻俊齋（一八〇四―一八六二）蘭方医。名は肇《ただし》、号は弘淵、蘭齋。陸奥国桃生郡生まれ。江戸へ出て足立長雋に学び、のち長崎に遊学。一八四一（天保十二）年江戸で小児に種痘を施し成功する。一八五四（安政五）年江戸神田お玉ヶ池種痘所設置に関与し、一八六〇（万延元）年幕府直轄となった種痘所の初代頭取および幕府御番医となる。翌年西洋医学所と改称後も頭取を勤めた。なお、「東大シーボルト文書」第三十号に「文久元年五月、大槻俊齋等より蘭人シーボルトへ質問に罷越度伺書」、同第三十一号「文久元年五月、大槻俊齋より蘭人シーボルトへ医術薬品物産等質問の為罷越度者之件伺書」がある。
*8　長尾正憲の著書によれば、
「無色、微緑色、微黄色透明の舎利別（シロップ）で五パーセントのヨード鉄を含有、貧血病によい」（五三八頁）と書いている。
*9　十月十八日の蘭文・独文日記にシーボルト宛に手紙を送ったとある。
*10　長尾正憲の著書によれば、
「別にEm. Kent.と書いたものがあるが意味不明。Eminent Kenntnisであれば〝卓越した知識〟」（五三八頁）と書いている。

九月三日（火曜日）旧七月二十九日

今日私は昼ごろ、森の中の涼しい農家に涼を求めた。よく働くドロテーア[*1]は、外から帰ってきた夫に昼食を出していた。米と麦を合わせて炊いた山盛りのご飯、塩漬けのナス、大豆、お茶。夫婦仲睦まじく頭を寄せ合っている様に、夫人のちょっとした気配りによって一段と美味しくなる。それにもかかわらず、私は歓迎される客として無視されることはなかった。このような静かな家庭の幸せをうっとりとして見ていると、自ら幸福な気持ちになれる。彼女は泣き叫ぶ赤子をあやしてもいた。

〔覚書〕横浜近郊の田舎の昼食

私は、暑い真昼に森の中の涼しい農家に涼を求めた。まめに立ち働くドロテーアは、農作業から帰って来た夫のために昼食の用意をしていた。米と麦を合わせて炊いた山盛りのご飯、塩漬けのナス、大豆、お茶。微笑ましい頭と頭の寄せ合い。粗食もこの若い夫人の気配りによって一段と美味しくなる。と同時に、彼女は泣き叫ぶ赤子をあやしてもいた。そんな最中でも私は歓迎された客として、お茶と干柿（Diospyros kaki）でもてなされていた。なぜなら、私はすでに数回この親切な女性の所に立ち寄っていたからである。かくも静かな家庭的な幸福をそばでうっとりと見ていると、私自身も幸福な気持ちになるのである。

＊1　ドロテーアは、ゲーテの叙事詩『ヘルマンとドロテーア』Hermann und Dorothea の中の登場人物ドロテーアのことであろうか？一七九七年作。シーボルトは横浜の一農婦を同様に貧しくも働き者のドロテーアに譬えて書いたのであろう。

九月四日（水曜日）旧七月三十日

（一坪1 tsubo）一反Ittanまたは三〇〇□歩Puの畑は、ここ横浜では一分銀四〇から五〇枚の値段である。毎年一分銀四から五枚の年貢を収める。稲田は割合高く、その年貢も当然領主に払われる。一反の稲田に三、四、五斗Tōの米の年貢を払う（一〇斗は一石Koku）。〔覚書「畑の売却値段と年貢」〕

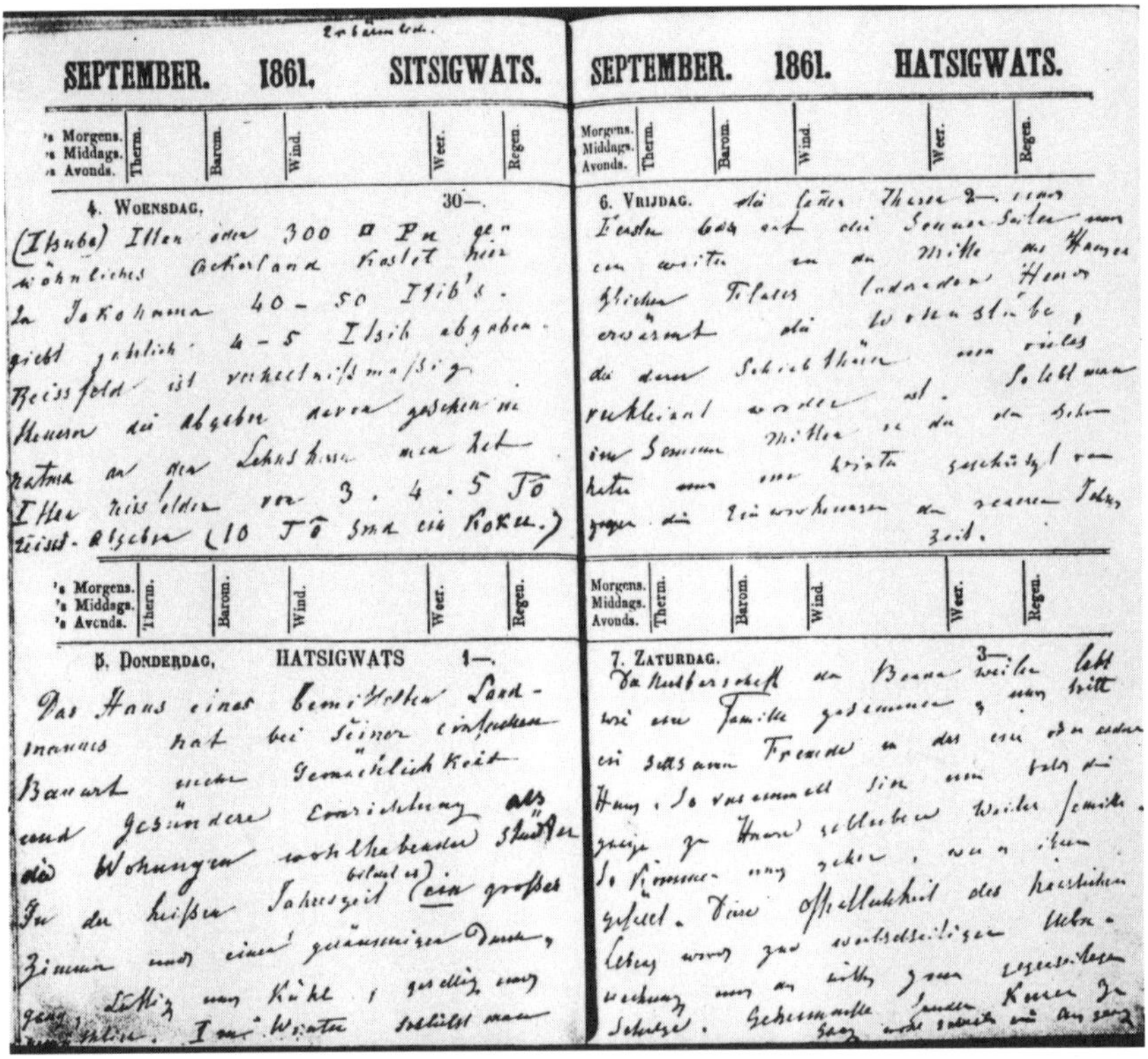
SEPTEMBER. 1861. SITSIGWATS. SEPTEMBER. 1861. HATSIGWATS.

Morgens. Middags. Avonds. Therm. Barom. Wind. Weer. Regen.

4. WOENSDAG. 30—.

6. VRIJDAG.

5. DONDERDAG, HATSIGWATS 1—.

7. ZATURDAG. 3—.

1861年9月4日～7日の独文日記

〔覚書〕畑の売却値段と年貢

一反ないし三〇〇□歩の畑は、横浜近辺では一分銀四〇から五〇枚の値段である。この畑では毎年一分銀四から五枚の年貢を収める。稲田の年貢は当然領主に払われる。稲田では一反につき、三、四、五斗の米の年貢が課せられる。一歩は三・六四四二八一平方メートル、一〇斗は一石、一石は六・五尺、つまり〇・三〇三メートルあるいは一・一二フィート。一分銀Itsibu一枚は一オランダギルダー。

九月五日（木曜日）旧八月一日

九月六日（金曜日）旧八月二日

資産のある農民の家の方が、裕福な町人たちの家よりも、素朴ではあるがより快適な住居であり、その設備もより健康的である。暑い季節には、大部屋にもなるし、広い廊下としても活用している。通気がよく、涼しく、親近感が湧き快適だ。冬には格子戸 latten Thüren〔障子〕や窓は、陽の当たる側は別として閉める。それに家の真中の部屋にある、大きくて、火の燃えている囲炉裏Herdは部屋を暖める。この部屋は、引戸〔襖〕によってさらに小さく仕切られる。かくて、夏には美しい自然の真っ只中にあるし、冬には寒風吹きすさぶ季節の影響から保護されている。〔二日分にわたり記入、覚書「農家」参照〕

九月七日（土曜日）旧八月三日

農村の近隣の住民たちは、家族のように共同生活している。誰か見知らぬよそ者が一軒一軒訪ねて行くと、やがてそのよそ者の回りに、家で留守を預かっている者たちが寄ってくる。彼らは好きなように隣近所を行き来する。このような開放的な家庭関係が相互の監視になり、相互援助のための手段となる。秘密が入り込む余地もなければ、また外に漏れることも滅多にない。〔覚書「農家」参照〕

〔覚書〕農家

資産のある農民の家は、その素朴な建築方法ゆえに、裕福な町人のそれよりも一層快適であり、その設備もより健康的である。暑い季節にはこの家は大部屋にもなるし、ゆったりとした玄関にして、入口にもなる[＊1]。通気性があり、涼しく、心が和む。陽の当たるところ以外には障子 papierfenster がある。家の真中にある火の燃えている四角い囲炉裏は部屋を暖める。この部屋は引戸によって、小さな部屋に仕切られる。囲炉裏の上には、湯を沸かす茶飲み用のやかんが掛かっている。このようにして、夏は外の自然の中にいるようだし、冬は荒々しい気候から守られ、快い太陽を享受している。

農村の隣近所の人たちは、一つの家族のように共同生活をしている。そして見知らぬよそ者が家々を訪ねると、すぐに留守番をしている村中の者たちが彼の回りに寄ってくる。好奇心の強い老婆らが、孫や甥たちを連れて急いでやってくる。それから若い男性、さらにはびくびくしながら娘たちがくる。こういう者たちは隣近所を行ったり来たりしている。それぞれの家の主人が囲炉裏の端に坐って、ゆったりと煙草を吸い、前に出されたお茶を飲んでいる。このような開放的な家庭関係は、相互の監視に役立ち、必要とあらば相互扶助にもなる。秘密の入りこむ余地がない。しかし何かニュースがあると、矢のように忽ち広がってゆく。

＊1　縁側のついた座敷などのことであろうか。

九月八日（日曜日）　旧八月四日

輸出品目。シュロ Chamaerops excelsa の織物。

九月九日（月曜日）旧八月五日

九月十日[＊1]（火曜日）旧八月六日

九月十一日（水曜日）旧八月七日

さまざまな外国人の人種を特定することは難しい。彼らは世界の四方八方から〃ゴールド・ラッシュの鐘の音〃を聞いて横浜に馳せ参じた。骨格は〃情熱の手〟によって……〔この部分判読不能〕……ここにいる外国人の人種的な違いを確実に表す、物理的な特徴である。皮膚は、色褪せることのない木綿色かロシア革の色かである。前者は陽の光を恐れ、夜に夢中になったためであり、後者は海と陸での長年の経過の結果である。アーリア系の主人たちに仕える黒人や黄色人種の皮膚の色ですら、色褪せ、変色する。夜、通りを馬で走っている、多くの紅毛の髭を生やした馬乗りたちは、ゲルマン民族と見なしたい。しかし彼らはドイツ人のものではない。彼らの目はぎらぎらと輝き、舌もドイツ人の目をしていないし、舌もドイツ人のものではない。彼らの目はぎらぎらと輝き、舌はざらざらと乾き、もはや彼らは快い言葉を発することができないのである。〔三日分にわたり記入〕

〔覚書〕**横浜の外国人**

外国人の人種を特定することは難しい。彼らは世界各国から〝ゴールド・ラッシュという鐘の音〟を聞いて、横浜に馳せ参じたのである。〝情熱の手〟によって作り上げられた骨格、……〔この部分判読不能〕……若干の人種的な特徴として呼べる皮膚、目、口、そして髪の毛という人相書的な特徴からして、人間探究者は彼らの故郷の痕跡を発見し、外国人の素性の違いを指摘する。……〔この部分判読不能〕……皮膚が色褪せることのない木綿色をもっているとすれば、それは光を恐れ、夜に夢中になることの所産である。皮膚の色がロシア革の色に似るとすれば、それは海と陸での長年の経過の産物である。それがバラ色ではなく、白色と青味がかった陰影があるとすれば、その皮膚にはヴィーナスかバッカスが白粉を塗ったのだ。アーリア系の主人らに仕える黒人や黄色人種の皮膚ですら、色褪せ、変色することがある。今でも紅毛の髭を生やした馬乗りたちに出会うが、彼らはゲルマン民族の者と見たい。しかし、彼らは誠実なドイツ人の目をしていないし、舌もドイツ人のものではない。彼らの目はぎらぎらと輝き、舌はざらざらと乾き、もはや快い言葉を一言も発することができないのである。

＊1　ブランデンシュタイン家所蔵文書に、日記の日付（九月十日）と同じ日に書かれた「三瀬周三からシーボルト宛書簡」

（請求番号110884　オランダ語一枚）がある。

九月十二日[*1]**（木曜日）旧八月八日**
九月十三日（金曜日）旧八月九日
九月十四日（土曜日）旧八月十日

　森の中では、きわめてユニークなコンサートが行なわれる。セミ、コオロギ、バッタが暑い季節（七月と八月）に森で歌う。そこでは翼のある鳥の歌い手たちは黙るか、追われるか、あるいは自ら出ていったりする。

　四種類のセミが、この季節に林や森を活気づける。彼らこそ自然交響楽団の本当の声の芸術家だ。彼らはからだを震わせて歌っている。どの種のセミも、それぞれ独自の国歌をもっている。その際目につくことは、最も小さいがとりわけ羽が長く、体は長細く、とてもすばしっこく、落ち着きのない小さなセミ Cicada plebeia でも、声高に最もメロディカルな曲を歌う。これに対して、大きな種の、頭でっかちで、膨れたからだつきで、カエルのようなセミは、幅広いビロードのコートを着て、じっと動かず、木の幹に停まり、単調な繰り返しで、彼らのゆったりとしたさまを伝えている。九回、ティケ ホイ ティティ ティティ tike hŏi titi titi、そしてイホイ ヒチホイ ihoi hitsi hoi、そして五から七回、ピオエー ピオエー ピオエ pioe-pioe-pioe、さらに三回、ピールルルル piere rrrr と繰り返す。いつもフィナーレはこれである。[*2]その際、数千匹ものバッタやコオロギが間断なくピー ピー ピー pi pi pi やシー シー シー si si si、と歌って伴奏する。

　遠くの高いニレや常緑のカシやモミの木からも、モリバト Holztaube が憂いのある声で、トゥリ タタ tūri tă tă、カラスがザラストロ Sarastro'sch[*3]のようにクラー クラー kra- kra- と鳴いている。

〔覚書〕虫のコンサート
（九月十二日、十三日、十四日）

一八六一年八月横浜近郊の森。きわめてユニークなコンサートが行なわれる。セミ、コオロギ、そしてバッタが森の中で歌う。丁度そのころ、翼のある鳥の歌い手たちは黙るか、追われるか、あるいは自ら出ていったりする。

四種類のセミは、この七月、八月の暑い季節に林や森に活気を与える。彼らこそ交響楽団の真の歌手の芸術家たちだ。彼らはからだを震わせて歌っている。どの種のセミも自分自身の国歌を演奏している。注目すべきことには、小さな種の方は、羽根が長く、細っそりとしていて、動きがすばやく、声高に最もメロディカルな声を出す。これに対して大きい方の種は、頭でっかちで、膨れた身体つきで、ビロードの羽のコートを着てじっと動かず、木の幹に停まっている。そして単調な声の繰り返しで、彼らのゆったりとしたさまを伝えている。前者は、ホイ ティティ ティティ、イホイ ヒチ ホイ と、五から七回繰り返してフルートを吹く。後者は蛙に似たような声、ピア ピア ピア とさらに三回、ピール ルルル と鳴く。無数のコオロギやバッタがこの名人のために、間断なくピー ピー ピー、そしてシー シー シー と伴奏する。

遠くの高いマツやニレ、常緑樹のカシの木からはモリバトがトゥトゥリ タタ と鳴き、ザラストロのような低い、クラ クラ という声でカラスがアンコールを叫んでいる。

〔補注〕『蘭文日記』九月十四日（土）旧八月十日には、

「神奈川奉行所に江戸の外国奉行あての手紙一通を出した。その中で私は、九月十八日、朝七時に横浜を発って江戸へ戻ることに決めたことを通知した」（*4）

と記している。

＊1 ブランデンシュタイン家所蔵文書に、日記の日付（九月十二日）と同じ日に書かれた「幕府要人八名連名からシーボルト宛書簡、江戸にて」（請求番号62012 オランダ語一枚）がある。

＊2 ツクツクボウシ（Meimuna opalifera）のようである。

＊3 シーボルトは、モーツアルト（Wolfgang Amadeus Mozart 1756-1791）の『魔笛』（一七九一年作曲）第一幕第三場「森の中」高僧ザラストロの登場（合唱「ザラストロよ永遠に」Es lebe Sarastro）と第二幕第十場「大きな岩山」のザラストロの勝利と合唱の場面を比喩して、記述したのであろう。

＊4 「東大シーボルト文書」第五十三号「文久元年八月十日横

浜滞在の蘭人シーボルトより外国奉行へ、所労快然ならずと雖担当の科業遷延を恐れ推て帰府せんと欲するを以て接遇所の準備を請ふの書翰」（福沢諭吉謹訳・高畠五郎謹校）参照。

九月十五日（日曜日）旧八月十一日

恵比寿Jebisuは商人の神様だ。この神の祭りの日は毎年恒例の市が立つ。

私のフランス語の門人バダショウイチロウBado Sjoitsiro（＊1）が長崎から横浜へやって来た。

〔覚書〕商人の神

恵比寿、この海の神Seegottは商人たちの守護神でもある。このため、祭日には毎年恒例の市が立つ。

＊1　阿蘭陀通詞馬田源十郎の縁戚か？『長崎洋学史』（上）一〇六頁によれば、

「源十郎は文化五（一八〇八）戊辰年二月六日、阿蘭陀大通詞石橋助左衛門、同中山作三郎、同見習本木庄左衛門、小通詞今村金兵衛、同楢林考四郎（のち栄左衛門）、馬田源十郎以上六名は、甲比丹ヘンデレキHendrik Doeffの指導を受けて仏蘭西語を研究すべき事を命ぜられた」とある。この日記に見える「バダショウイチロウ」は、源十郎のあとを受けてフランス語を学んだ人物であろうか。

九月十六日（月曜日）旧八月十二日

日本人は、非常に快適に安く旅行ができる。ありとあらゆる旅行の必需品が、安価でどこでも購入できる。人や物の運搬人、乗物、馬が宿場にすべて規定どおりの値段で用意されている。休憩所、宿屋、親切なもてなしが間断なく列をなして、街道に沿って用意されている。

〔覚書〕快適な旅行

日本人は、非常に快適に安く旅行ができる。ありとあらゆる旅行の必需品は、どこでも安価で購入できる。人や物の運搬人、乗物、馬は宿場にすべて規定どおりの値段で用意されている。休憩所、宿屋、親切なもてなしが間断なく列をなして、この国の大きな街道に沿って用意されている。

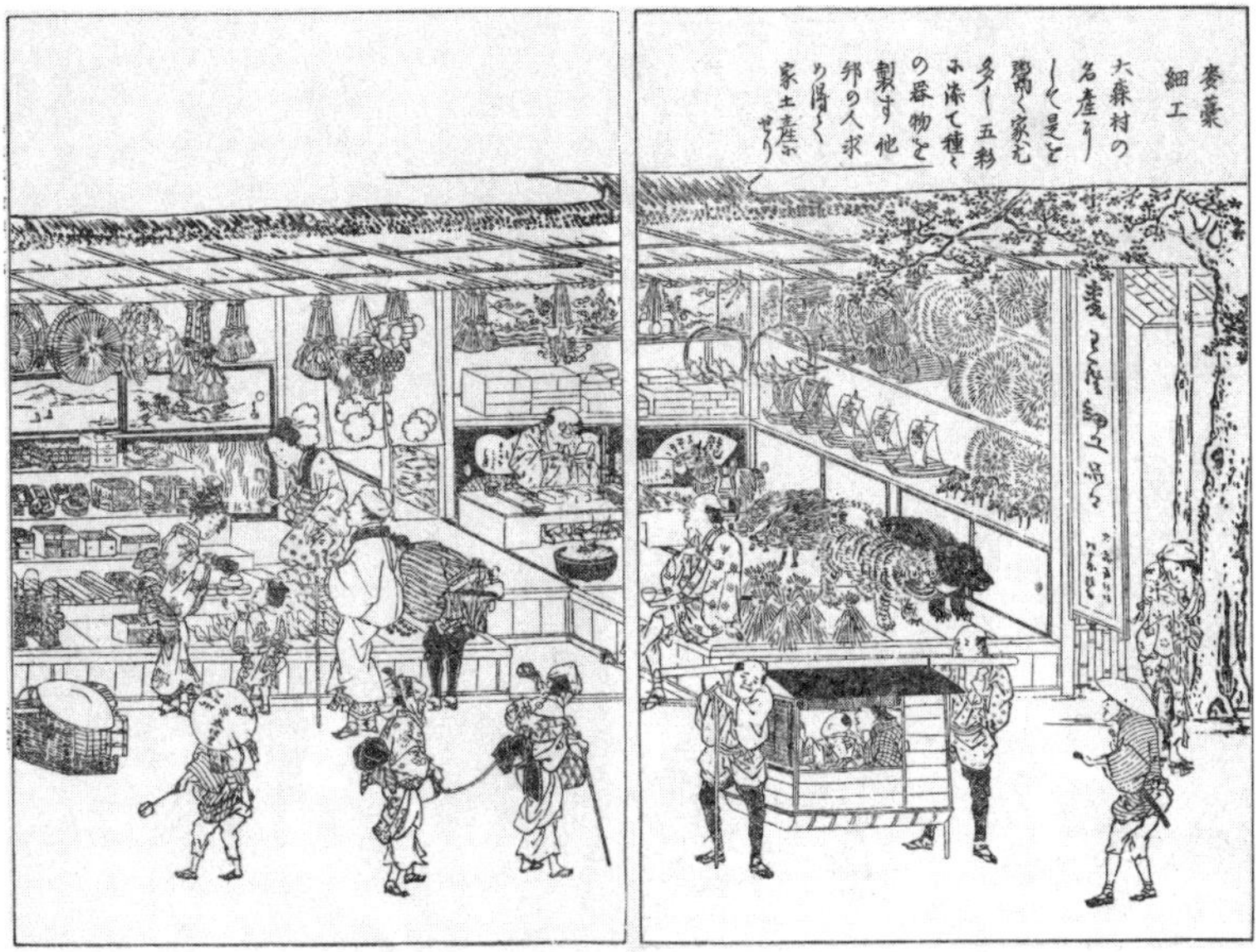

大森の「麦藁細工」(『江戸名所図会』長谷川雪旦画　1834年)

九月十七日（火曜日）旧八月十三日

神奈川から品川までのいくつかの村には、藁細工を売っている店がある。大抵はよくできた子供の玩具で、ロクロ細工や彫刻やシュロ Chamaerops excelsa の葉柄で編んだ編細工であって、まるでニュルンベルクの玩具を売るクリスマスの店そっくりである(※1)。

草履の使用はとても多い。使い古した草履の山が肥料として、集められているのをよく見かける。旅行者がいかに頻繁に往来するかの一つの証である。

〔覚書〕藁細工と参府旅行

神奈川から品川までの村々には、藁細工を商う店が見られる。大抵はよくできた子供の玩具で、ロクロ細工や彫刻やシュロの葉柄で編んだ編細工であって、まるでニュルンベルクの玩具を売るクリスマスの店だ。藁は編み細工や蓆《むしろ》などに用いることが多い。特に人間と動物用の履物になる。街道では、旅人たちが失くしたり、脱ぎ捨てたりした草履の山が肥料として集められているのをよく目にする。

＊1『江戸参府紀行』（シーボルト著　斉藤信訳　東洋文庫　平凡社　昭和四十二年　以下『江戸参府紀行』とする）〔江戸から京都の帰りの旅、五月十八日〕（二二〇頁）およびシーボルト『日本』第三巻　第十章「江戸から京都への帰り道」（一〇六頁）とほとんど同じ記述である。しかし、シーボルト『日本』初版の中には、この記述は見られない。おそらく息子アレクサンダーとハインリッヒが第二版（一八九七年）を出版するに当たって、初版の記述に関係する箇所を補うために追加したものと思われる。それは斉藤信訳『シーボルト参府旅行中の日記』の「解説」の中で、第二版の序文を引用して

「……分冊として刊行された『日本』の初版が周知のように完結に至らなかったのは残念なことである。この欠陥を補っていた諸記録に基づいて補い、それによってこの著作を本来の腹案に従って完成することが、第二版の編者たちの努力目標であった。この作業は残っていた資料の中から欠けていた部分が、ほとんど完全に推蔵を経た文の形で見つかったので、編者はただ最後の年で加えるだけで済んだ」

と記し、このことから斉藤信氏は、

「第二版によって『参府紀行』の全貌が明らかになった」

（二〇〇―二〇一頁）

と述べておられる。したがって訳者は、当時、二人の息子たちはまだ父親の『再来日の日記』の存在を知らず、手元にある日付のない再来日時の「日記風雑記」や「メモ類」などをそのまま用いて『江戸参府旅行』に書き加えて、第二版を出版したのではなかろうかと、推察している。いずれにしても、今後シーボルト『日本』に収載の「江戸参府旅行」の記述について、改めて「日記風雑記」や「メモ類」などをもとに多方面から精査・検討していく必要があろう。

九月十八日〔再び横浜から江戸へ〕

九月十八日[*1]（水曜日）旧八月十四日

七時、江戸への出立。いくつかの僅かな区間は除いて、大きな街道は間断なく、村と村とが互いに繋がっている。家々は街道の両側に立っているため、村と村はますます繋がっていく。いたる所、明日のお祭のための準備で忙しく、家々の前の竹竿にススキ Erianthus〔Mascanthus〕、イグサ Juncus 、さらに秋の植物を飾っていた。

〔覚書〕大きな街道

東海道 Tokaitô は、この国で最も重要な街道である。ごく僅かな山岳を通る区域を除いて、この街道はほとんど間断なく、町、村、休憩所の連続だ。通常の村とは二列に並んだ家に挟まれた道からなり、このためとても長く、一方の村と他方の村とが互いに繋がっている。

＊1 ブランデンシュタイン家所蔵文書に、日記の日付（九月十八日）と同じ日に書かれた「シーボルトから宛先不明（外国奉行?）宛書簡〔下書き〕、江戸・赤羽根にて」（請求番号41832 オランダ語一枚）がある。

九月十九日〜十一月十七日〔江戸滞在〕

九月十九日[*1]（木曜日）旧八月十五日

外国奉行宛に私の江戸到着を知らせた。[*2]

月見―月祭りTsuki-mi–Mondfestが祝われた。そのためわれわれは、昨日、大名行列Zügen vornehmer Reisendenにも会わなかった。民衆の姿もほとんどなかった。

〔覚書〕月見の祭

八月十五日、月見tsuki-miが行なわれる。神奈川から江戸へ行く街道のいたる所、家の玄関の前に二本の竹竿が立てられている。花を咲かせているススキErianthus、ヨシPhragmites、その他の秋の植物で飾られている。

＊1　ブランデンシュタイン家文書に、日記の日付（九月十九日）と同じ日に書かれた〔ボードウィンからシーボルト宛書簡、出島にて〕（請求番号91178　オランダ語二枚）、同じく「E・クラークからシーボルト宛書簡と契約書、横浜にて」（請求番号90978、ドイツ語一枚）がある。

＊2　「東大シーボルト文書」第五十四号「文久元年八月十五日蘭人シーボルトより外国奉行へ其男子と共に赤羽根に帰り生徒に教授せん事を報ずるの書翰」参照。

九月二十日[*1]（金曜日）旧八月十六日

ハリス邸を訪問した。

＊1　ブランデンシュタイン家所蔵文書に、日記の日付（九月二十日）と同じ日に書かれた「E・クラークからシーボルト宛書簡、横浜にて」（請求番号31031　ドイツ語一枚）がある。

九月二十一日（土曜日）旧八月十七日

一日中雨。朝五時半ごろ、かなり強い地震が南から北の方向にあった。

〔覚書〕地震

九月二十一日、朝五時半に南と北の方向に、かなり強い地震があった。

九月二十二日（日曜日）旧八月十八日

イギリス戦艦リングダブRingdove号〔司令官クレーギー大佐〕でヘレーネとボードウィン、および東インド会社宛に手紙を送った。レイエーモーンLyeemoon号の石版画を老中に、外国奉行を通じて送った。[*1]

〔補注〕『蘭文日記』九月二十二日（日）旧八月十八日には、

「外国奉行あてに、文書で、レイエーモーン号Lyeemoonのリトグラフ〔石版画〕を送った。そして、この汽船買入れの可能性について、早く返事をくれるように、通商会社の重役会に手紙を書いた」（五三八頁）

と記している。〔　〕は長尾氏による。

＊1　レイエーモーン（Lyeemoon）号は、のちに幕府がイギリス商社デント商会から一七万五〇〇〇ドルで購入した蒸気帆船。「東大シーボルト文書」第五十七号「文久元年八月十九日蘭人シーボルトより外国奉行へ英国龍動製造の蒸気船の購求を勧むる書」参照。同じく第五十六号「文久元年八月十九日蘭人シーボルトより外国奉行へ清国咸豊帝七月十七日崩ずるの新聞を得たりと報ずる書附英字新聞訳」（福沢諭吉謹訳）参照。

九月二十三日[*1]（月曜日）旧八月十九日

赤羽根接遇所のある場所は、以前はある藩主の所有地であった。彼はさほど裕福でなく、自分の屋敷の一部を、商人の居住地Bauplätzenとして貸していた。のちに将軍がこれを買い取り、調練場にした。最近、ここは外国の使節たちの滞在所に定められた。

〔覚書〕赤羽根[*2]

私の住居は江戸の赤羽根の地、接遇所と呼ばれた大きな土地にある。以前、ある藩主の所有地であった。彼は裕福ではなく、この土地を商人たちの居住地として貸していた。のちに将軍がこれを買い取り、ここを調練場にした。最近、下田のアメリカ公使ハリス氏のために作られていた屋敷が地震で崩壊し、ここに移って来た。そして外国の使節たちの住居に定められた。

＊1　ブランデンシュタイン家所蔵文書に、日記の日付（九月二十三日）と同じ日に書かれた「E・クラークからシーボルト宛書簡、横浜にて」（請求番号40893　ドイツ語一枚）がある。

＊2　赤羽根接遇所（現在の東京都港区東麻布一丁目、飯倉公園に当たる）は、外国人旅宿・外人応接所・外人接遇所・異人旅館などと呼ばれた。増上寺赤羽根門外にあった講武所付属調練場の空地二、八六〇坪余が、一八五九（安政六）年三月、外国人旅宿所に指定され、同年八月に作事奉行関出雲守行篤らの手によって、普請が出来上がった。プロシア使節オイレ

「江戸切絵図（愛宕下之図）」（1861年）
右に増上寺、左下に中ノ橋、中央下に赤羽橋、
その上に赤羽接遇所である外国人旅宿が見える

赤羽根付近（F. ベアト撮影　横浜開港資料館蔵）
接遇所は見えないが、川右手の道の向こう。奥に見える中ノ橋右側路上あたりがヒュースケン襲撃現場。

ンブルグ伯一行が最初の滞在者として、通商条約締結交渉に成功して帰った後、そこへシーボルトが入った。呉秀三博士著『シーボルト先生其生涯及功業』（吐鳳堂　大正十五年）によれば、幕府側の役人について

「御目付・翻訳方・書記を合せて一吏廰の形をなせり」

と記している。さらに

「旧幕府時代に独逸公使館を此に置き、普漏生人旅宿と称へ、又此所にて幕吏屢外国人と応接せるを以てかくは称せるなり」（四六四頁）

とある。また、アレクサンダーの著書によれば、赤羽根接遇所についてこう述べている。

「最近までオイレンブルグ伯が随員といっしょに滞在していて、プロイセンと日本の間で最初の通商条約が調印されたこの赤羽根接遇所は、父が滞在するために幕府が指定した所であった。屋敷は町の真ん中にあり、大きな屋根のある広々とした建物で、縁側が回りについていた。芯をつめた畳を敷いたたくさんの部屋があり、これらの部屋は紙を貼った引き戸で分けられ、それぞれ外に面した方は閉めてあった。夜になると全部の建物の戸を閉めるが、これは非常にうすいので、足で強く蹴れば破ることができるくらいだった。到るところにドイツ人が泊まっていた名残りがあった。私は回ってみて、たくさんのドイツ人の名まえが彫り込んであるのを見つけたが、船員たちのおもしろい洒落が大部分で、壁のあちこちに書きちらしてあった」（一一五―一一六頁）。

九月二十四日（火曜日）旧八月二十日

朝、気温摂氏一七・一〇度。昼、一九・二六度。晴天。

有名な天台宗der Secte von Tendaiの浅草寺へ遠出[※1]した。ここはもともと薬師が祀られていた。そののち観音Kwanwon（正観音Sjô Kwanwon）つまり本当の観音を祀っている。そのご神体は、三人の漁師が隅田川で釣上げたもので、この三人自体も半神として祀られている。本尊は非常に小さく、金でできていて高さ三寸五分。これは竜を形どった目貫Menuki（刀の飾り）で、大きな観音像の下に置かれていたものだという。この小さな本尊を大きな仏像の下に安置するのは、その網目を通して、何千の参詣人が持ち込む塵《ちり》Staubが積もると、年に二〇升にもなり、その塵をお守りとして売るためだ。商人がそれを門の前に撒き、塵の霊験によって千客万来を

浅草寺（F. ベアト撮影　横浜開港資料館蔵）

願うのだという。最初の門は雷門 Kaminari Mon（雷神の門）という。赤い方が雷神、左の方は風神、第二の門は仁王門 Niwo Mon（二王の門）〔現・宝蔵門〕である。十二月に、そこで大きな歳の市 Tosinoitsi（観音の市 Kwononnoitsi）が立つ。そこでは、新年に必要なすべての物が売られる。

〔覚書〕江戸の浅草寺

江戸の浅草寺は天台宗の寺で、もともとは薬師如来が祀られていた。そののち観音、救いの神と呼ばれ、正観音、すなわち救い神、守護神という意味の神が祀られている。本尊は江戸の隅田川で三人の漁師によって釣上げられた。非常に小さく、三寸五分の大きさで、金でできている。さらに、これは目貫（刀の飾り）で、竜を形どっている。この本尊は、大きな浅草観音像の下に置かれている。そこでは三人の漁師も半神として祀られている。この本尊が大きな観音立像の下に安置されているのは、本尊の納めてある小さな箱の格子から見えるからである。数多くの参拝者たちが、この寺に参詣する時に持ち込む塵は相当なもので、その量は格子を通って本尊の安置されている小さな箱に至り、その箱を埋め尽くす。これが積もると、年に二〇升（一・二五立方フィート）にもなる。この塵をお守りとして売る。これには霊験があり、商人がそれを門の前に撒き、千客万来を願うのだという。このため商人は、しばしばこの寺、すなわち日本で最も有名な寺の一つに参拝し、このお守りを手に入れようとする。

浅草寺には、二つの門がある。外側の門は雷門、雷神の門である。この門の両側にも建築上の傑作、二つの巨大な仏像が立っている。右側の赤い像は雷神、もう一方の白い像は風神である。第二の門は二王門、すなわち二人の王の門で、この仁王像も、巨大な立像として門の両側に立てられている。十二月には、この寺の大きな境内で広く知られている歳の市が開かれる。歳の市または観音市と呼ばれ、新年に必要とされるすべての物が売られる。一年中を通じて、そこには数多くの店が並んで、さまざまな物が売られている。境内の横には茶店と休憩所があって、このそばを長い道が通っている。ここには江戸の参拝者や訪問客で絶えずごった返している。私は息子アレクサンダーと一緒に、そこで楽しい午後を過ごし、この数行を書き下ろした。

＊1　シーボルトの記述を裏づける日本側の史料について、鹿子木敏範著「ヨーロッパにおける新資料」（『科学医学資料研究』第一一八号　野間科学医学研究資料館）によれば、外国掛の役人の覚書を、『幕府引継文書』の中に見いだしたとして、これを紹介している。すなわち、

「蘭人遊歩儀申上候書付（文久元年八月）御届　外国掛り　今廿日　朝五時　出門而　赤羽根接遇所在留之蘭人シーボルト外士官壱人　芝田町波止場より乗船して　浅草辺へ罷り候に付き　途中取締りのため私共見廻り下役共　付添いとして出役仕り候処　武州寺嶋植木屋へ立寄り　夫より浅草並木町料理渡世勇三郎方にて中食致し候後　観音境内へ罷り越し　見世物見物致し　同所植木屋六三郎方へ立寄り　無間茂　浅草駒形町より猶また乗船して帰宿仕り候然して途中相替る儀無御座候　依って申し上げ候　以上」。

鹿子木氏は、当時の「外国人外出届」が、偶然、この年の分だけ残っていたとして、

「この文書によれば、外国掛の下役人数名が、隠密のようにシーボルト一行の行動を見きわめ、立寄先を逐一上司に報告していたことが分かる。届の日付は文久元年（一八六一年）八月二十日となっているが、これは旧暦で、新暦ではまさに九月二十四日である」（一〇頁）

と考察されている。

九月二十五日[*1]（水曜日）旧八月二十一日

採鉱学の講義[*2] Unterricht über Bergbau.。

〔補注〕『蘭文日記』九月二十五日（水）旧八月二十一日には、

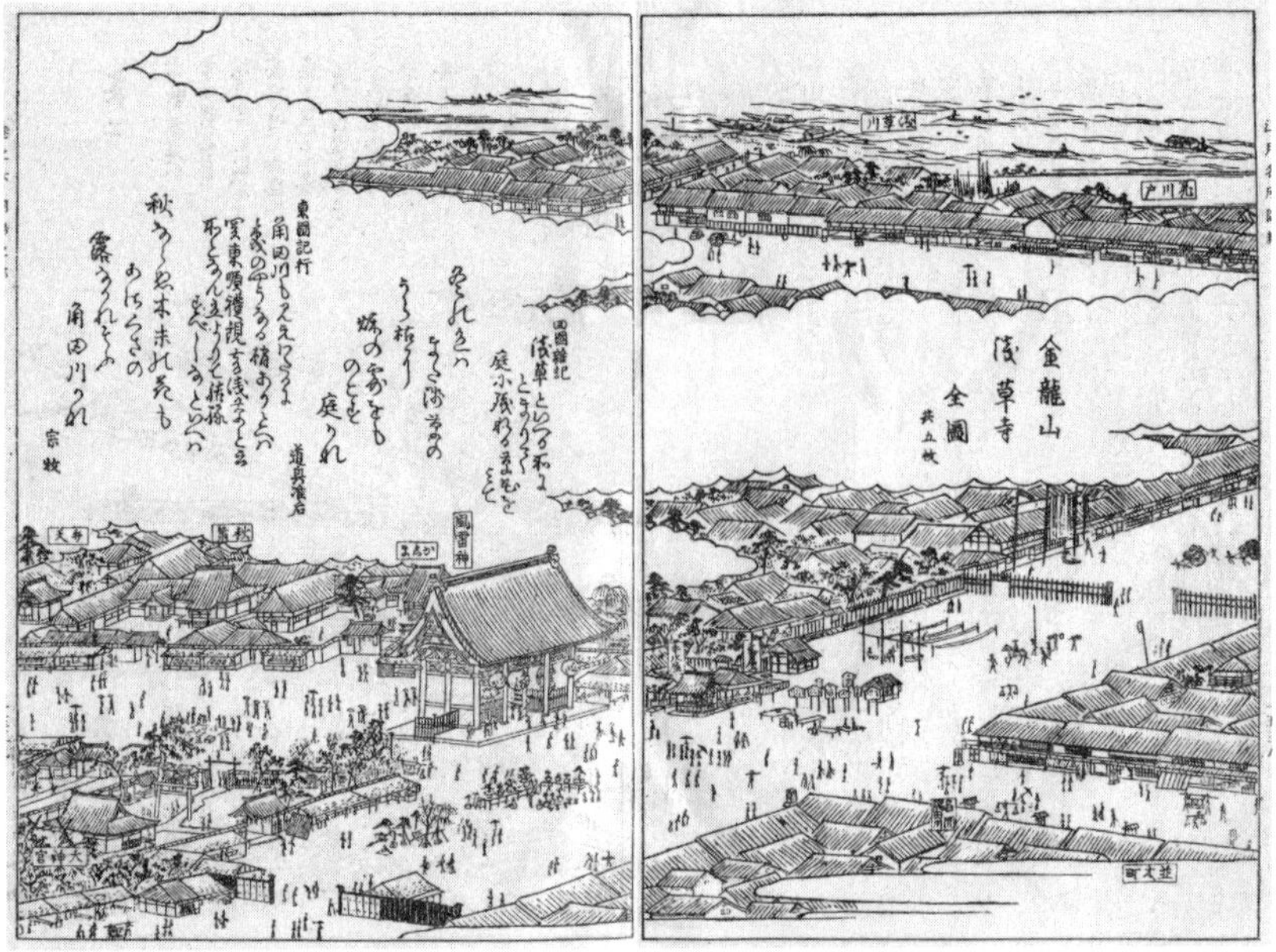

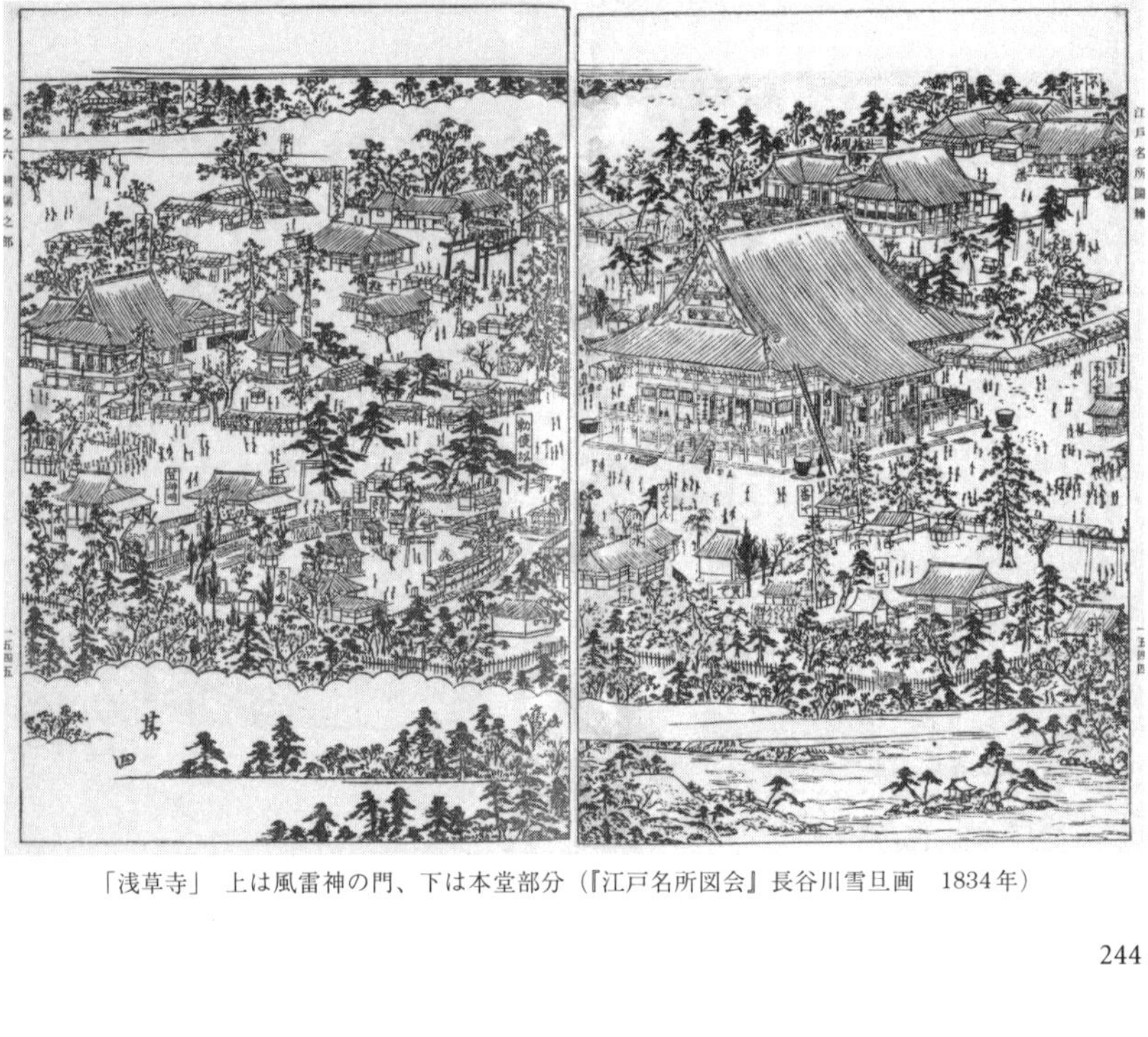

「浅草寺」 上は風雷神の門、下は本堂部分（『江戸名所図会』長谷川雪旦画 1834年）

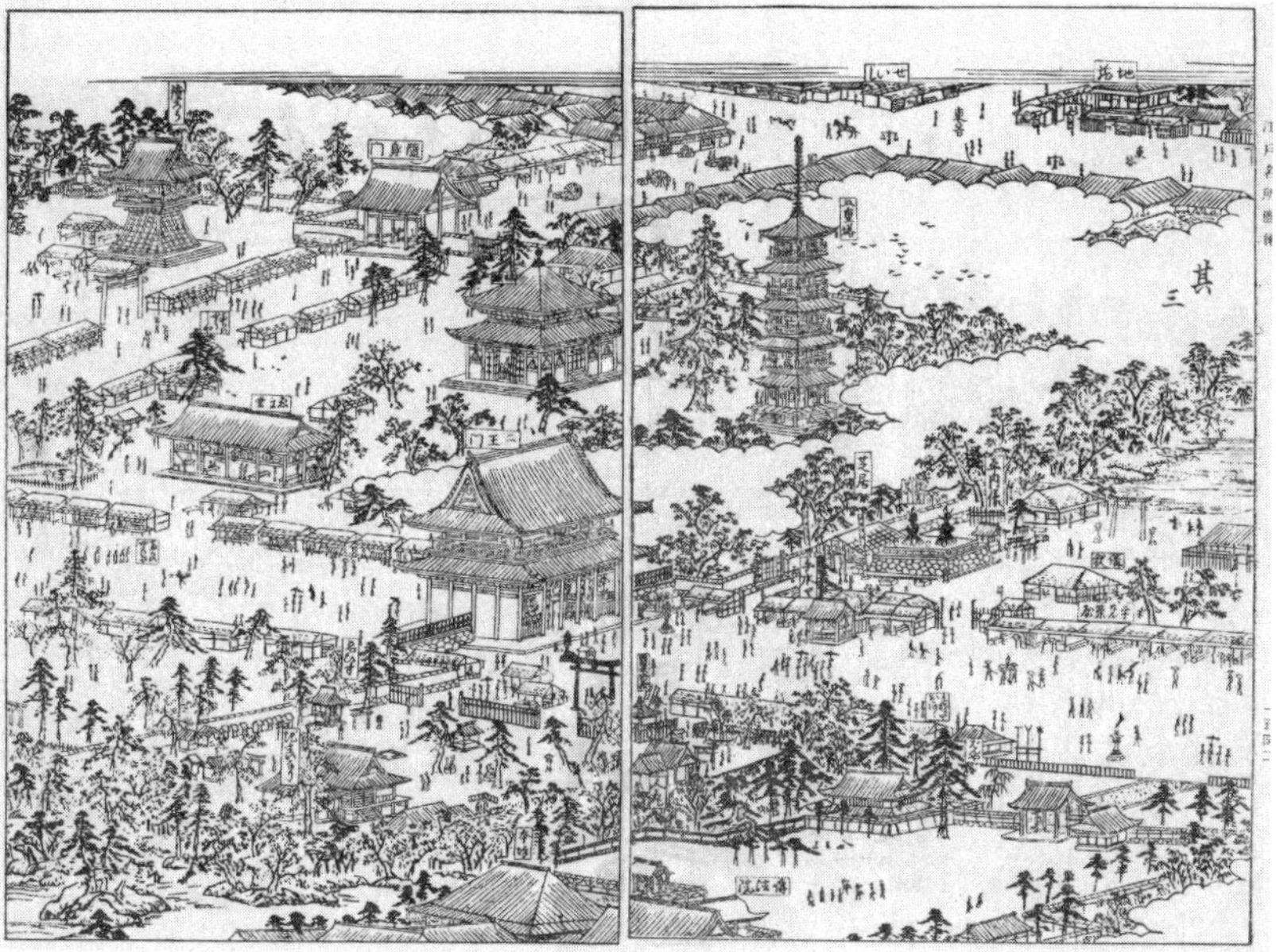

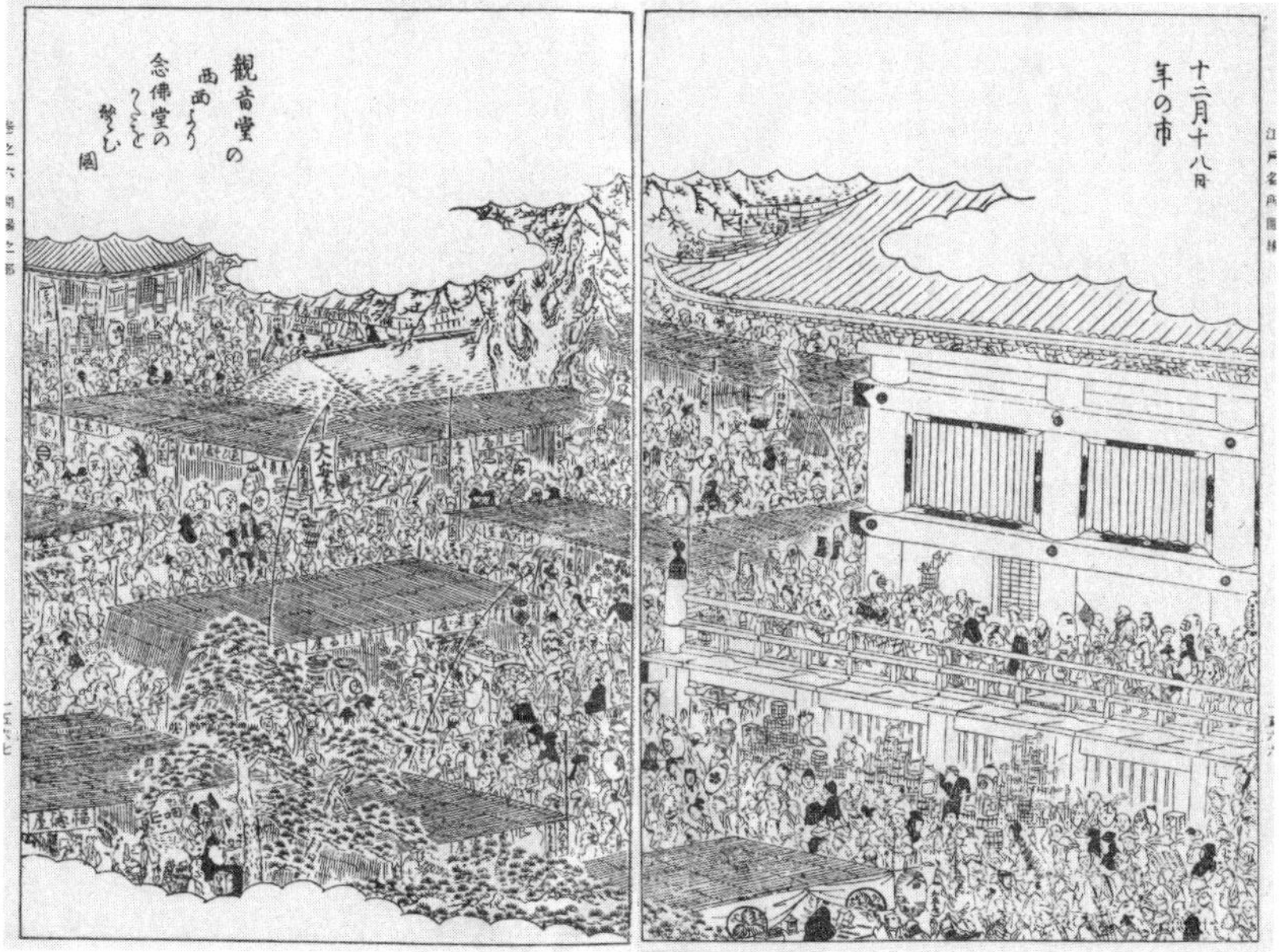

「浅草寺」 上は二王門部分、下は浅草寺の「年の市」(『江戸名所図会』長谷川雪旦画 1834年)

「冶金学の教授を再開」
と記している。

＊1 長尾正憲の著書によれば、この日、
「幕府は遣欧副使に、水野・桑山を停め、松平康直を命じた」（五三九頁）
と書いている。

＊2 蘭文日記では「冶金学の教授」となっている。

九月二十六日（木曜日）旧八月二十二日

ヘレーネ、ボードウィン、リンダウ、クラーク、リハチョフ（＊1）、二宮〔敬作〕への手紙。上海からの手形。

真鍮製の花瓶などに暗い青銅色がつけられる。つまり、これらは充分に沸騰した酢酸に硫酸銅と緑青を加えた溶液を塗るか、または花瓶ごとその中に入れるかである。

〔覚書〕青銅

真鍮製の花瓶などの器に暗い青銅色がつけられる。つまり、これらの器には酢酸に硫酸銅と緑青を加えた溶液を塗るか、あるいは花瓶ごとその中に入れるかである。

＊1 保田孝一編著によれば、シーボルトからリハチョフ宛の書簡を江戸・赤羽根で書いて送っている。内容は「対馬占領に関する情報の要請と退去の要請、遣欧使節派遣計画に関するシーボルトの展望などを説明」（一二九―一三一頁）。

九月二十七日（金曜日）旧八月二十三日

〔津和野〕藩主亀井隠岐守の侍医、池田多仲が今日ひとりでやって来た。

九月二十八日（＊1）（土曜日）旧八月二十四日

地震。眼鏡職人の店には大きな磁石があった。そこには多くの針金や他の鉄製品のものが付いていて、彼の店に見世物用の珍しい物として展示されていた。江戸に大地震が起ったその日、すべての鉄製のものが八時に磁石から落ち、十時には恐ろしい地震が生じた。この〔地震の前には〕磁石が効かなくなることを発見した人は、地震を予知するために、ある道具を考え出した。[*2] 多くの記述……〔この後未記入〕……。

〔九月二十九日の覚書「地震の予兆」参照〕

＊1 保田孝一編著『文久元年対露外交とシーボルト』によれば、シーボルトからリハチョフ宛の書簡を、九月二十八日に江戸・赤羽根で書いている。内容は「アレクサンダー任官の謝意と対馬占領についての返事を要請するなど」（一三三―一三五頁）。

＊2 『安政見聞誌（下巻）』にシーボルトの日記と同じような記述があり、和時計の磁石を利用した地震計の図が描かれている。

「浅草かや丁〔茅町〕大すみといふ眼鏡屋に三尺有余の磁石を有す然るに彼の日の夜五つ時頃とかや彼石に吸つけ置たる古釘古錠其外鉄物悉く落たりとなん亭主ハ見るより大いに驚き我強《あながち》に此石を売らんとハ思ハねども見世の看板或ひハ又珍らしく大きなる故大名衆の目にも留らバ幸ひならんと居へ置しも鉄を吸ハねバ只の石也定めて多くの年を経たれバ自然其気の薄らぎたる咄大きなる損毛《そんもう》ぞと心よからず更る夜の四つ時の大地震なり其後彼石に鉄を吸すに元の

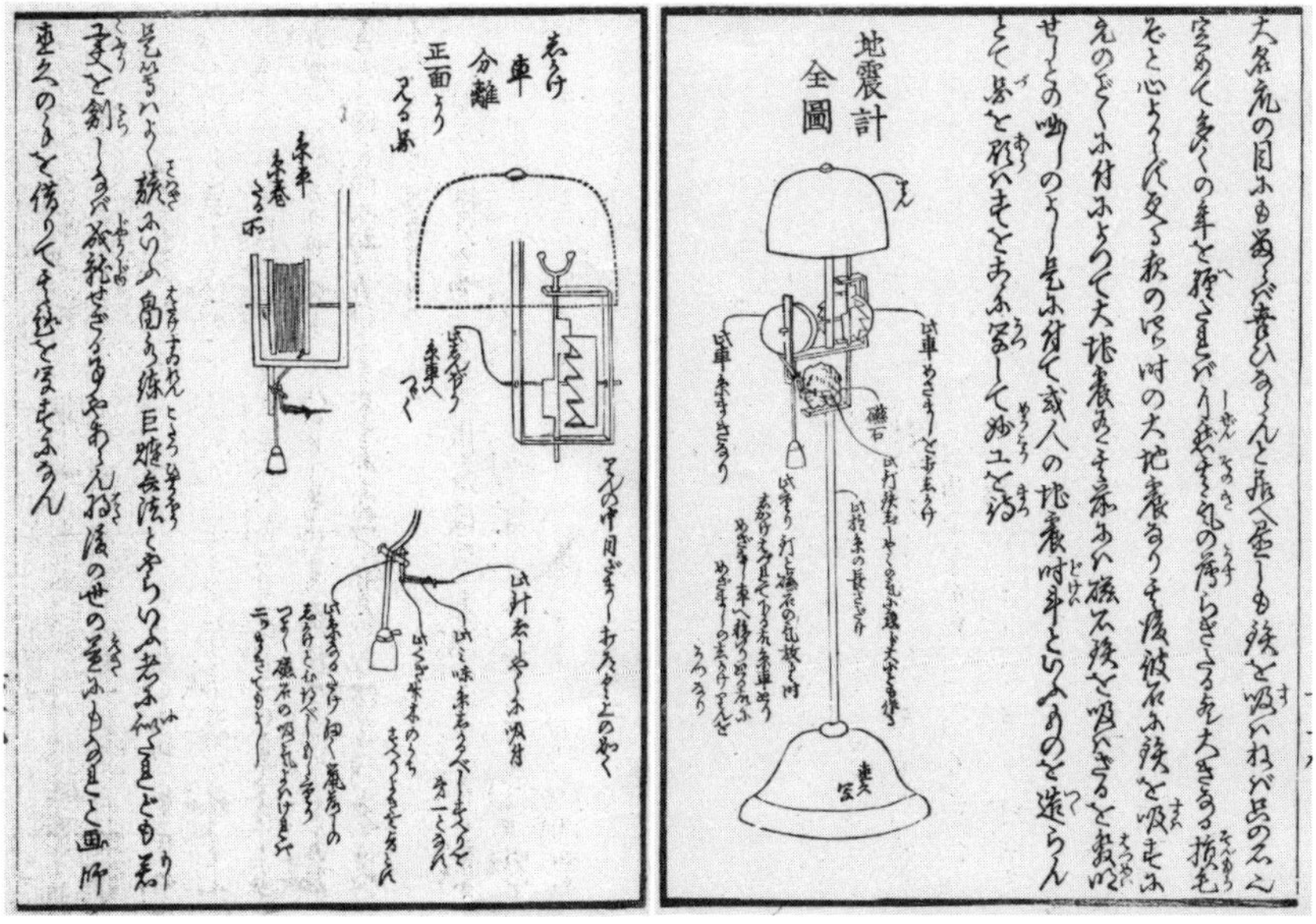

地震計（『安政見聞誌』より）

ごとくに付によつて大地震有其前には磁石鉄を吸ハざるを
発明せしの話のよし是に付て或人の地震時斗《どけい》といふものを
造らんとて図を顕ハすをここに写して妙工を待
是等ハよく諺にいふ畠水練《はたけすゐれん》巨燵兵法《こたつひやうほう》とやらいふ者に似
たれども若《もし》工夫を創しなば成就せざる事やあらん将《はた》後の世
の益にもなれと画師直久の手を借りて其趣を写すになん」。

また、佐久間象山（一八一一―一八六四）がこれと似たような磁石を利用した日本最初の地震予知器「人造磁玦《じけつ》」を製作したといわれている。この予知器は、現在、象山記念館（長野市松代町松代一四四六―六）に所蔵されている。

九月二十九日（日曜日）旧八月二十五日

夜、十一時、波状の激しい、南から北への揺れがあった。江戸城の南側の玄武岩と花崗岩を切りとってキプロス風(*1)に積み上げた高い城砦を見て、大きな岩がもとの位置から数インチずれていることに気づいた。これは大きな地震によるものだ。

〔覚書〕地震

九月二十九日に南から北へ、激しい波状の地震。夜十一時、江戸。

〔覚書〕地震の予兆

江戸の眼鏡職人は大きな磁石を持っていた。それには多くの針金や他の鉄製のものが付いていて、彼の店では珍しいものとして見世物になっていた。江戸の有名な大地震（一八五四年十二月二十三日(*2)）が起ったその日、突如としてすべてのこれらの鉄製品が磁石から落ちた。それは八時のことで、十時には恐ろしい地震が発生した。このように磁石が効かなくなることを発見した人は、地震を前もって感知することができるように、ある道具を発明した（この地震と発見した地震予知について詳細な記述がある。私の『日本叢書』Jap. Bibliothek(*3)を参照のこと）。この大地震の当時、江戸城本丸の北西部の大きな幅の城壁と、城壁の下にある土塀とが城の濠の中に崩れ落ちた。（私自身、この崩れ落ちた跡をしかとこの目で確かめた。）江戸城の南側に、キプロス風にいくぶん曲がった方向に高く積み上げられた玄武岩や花崗岩の城壁を見て、直径数メートルもある巨大な岩の塊が、もとの位置から数インチずれていることに私は気づいた。これもまた、この間の地震の時によるものだそうだ。

＊1　トルコ南方の地中海にあるキプロス島の遺跡のひとつ、中世の城壁・城砦様式に譬えて、江戸城の城壁をキプロス風と書いたのであろう。

＊2　嘉永～安政年間には、じつに十三回に及ぶ大きな地震が多発した。一般的に「江戸安政の大地震」は一八五五年十一月十一日（安政二年十月二日）で、シーボルト記述の一八五四年十二月二十三日（嘉永七年十一月四日）は「駿河、遠江、伊豆、相模の大地震」などと呼ばれることが多い。

＊3　『日本叢書』は一八三三（天保四）年から一八四一（天保十二）年までに、中国人郭成章とホフマンの協力で全六冊発行された。原書名はBibliotheca Japonica, sive selecta quaedam opera Sinico-Japonica in usum eorum, qui literis Japonicis vacant in lapide exarata a Sinensi Kotsching dschang et edita curantibus Ph. Fr. de Siebold, & . J. Hoffmann. Libri sex Luguni-Batavorum 1833-41 ex offica lithogr. Editoris.。

九月三十日[＊1]**（月曜日）旧八月二十六日**

採鉱学[＊2]についての講義。蕃書調所から一〇人の教官が来た[＊3]。

長いこと私は、カラタチ Aegle sepiaria の垣根を、棘が多く強いために通り抜けないもの、壁より良いものと考えていた。なぜならば、この棘の垣根は乗り越えられないからだ。私が高さ八フィート、幅三フィートのカラタチの垣根に見とれていると、日本の幕臣たちの一人がこう言った。泥棒や敵は、ここに穴をあけて樽を押し込み、何の障害もなく潜り込めると。

〔覚書〕**カラタチの垣根**

長いこと私は、カラタチの生け垣を棘が多く強いために通り抜けないもの、すなわち壁よりも良い守りになると思っていた。なぜなら、この棘の垣根は上ることができないからだ。私はある散策の途中に、高さ八フィート、幅三フィートもある、庭を廻らす垣根に見とれていると、護衛の一人が言った。この棘のある垣根も、泥棒や敵の侵入を防ぐことはできない。よく切れる刀で穴を一つこしらえ、そこに酒樽を入れて中をもぐりさえすればよいのだと。これにはなるほどと感心した。

〔補注〕『蘭文日記』九月三十日（月）旧八月二十六日には、
「冶金学の講義。蕃書調所 de Hollandsch Akademie "Ban sjo Sirabe zjo" から一〇人の教官が来た。たいへん知的で学識ある人々である」
と記している。

＊1　ブランデンシュタイン家所蔵文書に、日記の日付（九月三十日）と同じ日に書かれた「久世大和守他、幕府要人八名連名からシーボルト宛書簡、江戸にて」（請求番号62010　オランダ語一枚）がある。

＊2　蘭文日記では冶金学と記載している。

＊3　東洋文庫シーボルト資料の名簿ヲカワマチシラベショ（小川町調所）の川本幸民・塩野谷久太郎・赤沢寛堂・小野寺丹元・杉純道・加藤弘蔵・設楽莞爾・杉山三八、教授方、市川齋宮・大嶋惣左衛門（高任）の一〇名となっている。

十月一日（火曜日）旧八月二十七日

江戸城の本丸の北西側の城壁は、地震発生時には上方の壁のかなりの部分が、そしてさらには、土塁までもが崩れ落ちた。

十月二日[*1]（水曜日）旧八月二十八日

ハクウンボク Styrax obassia は樹木のようにもなる。太さ三から四インチ、高さ一二から一八フィートの江戸産。

キリ Paullownia は、その軽さ故に下駄 Geta に使われる。

〔覚書〕**ハクウンボク**

ハクウンボク Styrax obassia は樹木のようになる。江戸周辺の庭園の中で、太さおよそ四インチ、高さ一八フィートの一本の樹木を見た。

〔覚書〕キリ

良質で軽いキリP.〔Pawllownia〕imperial.〔imperialis〕の木は、下駄に加工される。

〔補注〕『蘭文日記』十月二日（水）旧八月二十八日には、

「アメリカ汽船セント・ルイス号St. Louisに関して、[*2]A・J・ボードインBauduin氏〔オランダ通商会社駐日筆頭代理人〕に〔手紙を書いた〕」（五三九頁）

と記している。〔 〕は長尾氏による。

*1 ブランデンシュタイン家所蔵文書に、日記の日付（十月二日）と同じ日に書かれた「T・クルースからシーボルト宛書簡、上海にて」（請求番号90985　オランダ語一枚）、同じく「ジョン・ウィルソンJohn Wilson〔アメリカ公使館職員〕からシーボルト宛書簡、横浜にて」（請求番号90991　英語一枚）がある。

*2 「東大シーボルト文書」第六十号「文久元年八月二十八日蘭人シーボルトより外国奉行へ長崎碇泊の米船政府の購納を願ふと雖、一時祝融に罹り実用に不可也と忠告の書翰」参照。

十月三日（木曜日）旧八月二十九日

今日までの俸給を新太郎に払った。料理人に一分銀四枚。

本丸innere Schlossとは本当の要塞のことで、一六〇六年家康によって、当時のヨーロッパの要塞の計画に則って築城されている。おそらく、当時家康の側近であった、オランダ船デ・リーフデ号De Liefdeの水先案内人アダムスAdams[*1]の協力を得たのであろう。

〔覚書〕江戸城[*2]

江戸城は将軍の住む所だが、一六〇六〔慶長十一〕年家康によって建てられたもので、完全に当時のヨーロッパの要塞計画に則って築城されている。おそらく、当時家康の側近にいたイギリス人アダムスの協力によるものであろう。彼はオランダ船デ・リーフデ号の水先案内人であった。この船は一六〇〇年、日本の南東の海岸で難破した。

*1　ウィリアム・アダムス（William Adams 1564-1620）最初の来日のイギリス人。一六〇〇（慶長五）年、オランダ船リーフデ号の水先案内人（按針）として豊後に漂着、幕府から相模国三浦郡逸見の地をもらい、三浦按針と名のった。平戸で病没。

*2　『江戸参府紀行』五月四日〔旧三月二十八日〕の記述とほとんど同じである。これについては、前掲九月十七日の*1参照。

十月四日[*1]（金曜日）旧九月一日

江戸城の土塁にある高いモミの木Tanneの頂きに、常にたくさんのカラスCarboraneが棲息している。彼らは広々とした、魚のたくさんいる濠で餌を獲る。城の北西にある濠には、スイレンNymphaea（ハス属Nelumbium）も植えられていて、多くの水鳥Wasservögelやカモ Ente、ハトTaube、オオバンWasserhühnなどが棲息している。

〔覚書〕白鷺[*2]

江戸城の土塁の上に立つ樹木の上に、よくシラサギやカラスがとまっている。これらは魚の多い城の濠で餌を獲っている。そこには数百羽のオオバンと野生のカモも見られる。城の西北にある濠は一面ハス（Nelumbium speciosum）で覆われている。このハスの根は好まれて城中で食される。ドンケル・クルチウス氏Donker Curtius[*3]は、この白い鳥のことを、「白くておとなしいカラスだ」と説明した。私はこのシラサギArdea albaを自ら観察した。これはまさしくシラサギである。

*1　ブランデンシュタイン家所蔵文書に、日記の日付（十月四日）と同じ日に書かれた「久世大和守他、幕府要人八名連名からシーボルト宛書簡、江戸にて」（請求番号62005　オランダ語一枚）がある。

*2　前掲十月三日の〔覚書　江戸城〕同様、『江戸参府紀行』五月四日〔旧三月二十八日〕の記述とほとんど同じである。

*3　『江戸参府紀行』では、「ドンケル・クルチウス」ではなく、「オランダのある使節」となっている。ドンケル・クルチウスは、シーボルト再来日の際のオランダの最後の出島商館長（在任一八五二―一八六一）であり、江戸参府の時期と合わな

いため、アレクサンダーとハインリッヒは第二版出版に当たり、編集上意図的にこれを書き直したのであろうか。クルチウスに関しては、二九七頁＊2参照。

十月五日(＊1)（土曜日）旧九月二日

大名屋敷の周辺を常に警備の者が巡回している。私は武器を持たない男によって縄で捕らわれた囚人と出会った。われわれの護衛の話では、質素な身なりをして武器を携えずに、囚人を連れて行った男は、幕府の高位にある奉行所の役人で、犯人を探り出し、縄をかけたりして、この者を牢屋に連れて行くのだという。(＊2)

〔覚書〕奉行所役人の変装

江戸で普通の職人の身なりをしているが、刀を所持していない男に出会った。彼はある囚人を縄をかけて連行した。私の護衛から聞いた話では、この質素な身なりの男は、奉行所の高官であって、犯人をわり出し、縄で捕え、最寄の奉行所へ連れて行くのだという。

＊1　ブランデンシュタイン家所蔵文書に、日記の日付（十月五日）と同じ日に書かれた「ジーグブルグからシーボルト宛書簡、横浜にて」（請求番号90992　フランス語一枚）がある。

＊2　捕吏《ほり》、捕手《とりて》のことか。刀を持たず、十手を用いて犯人を捕らえていた。

十月六日（日曜日）旧九月三日

十月七日（月曜日）旧九月四日

……〔地名未記入〕……の植木屋まで遠出。

不思議なことに、非常に長く経済的なダイコン・ニンジン・ゴボウなどの根菜類が、横浜周辺や江戸近郊の肥沃な〇・五から一メートルの深さの腐植土の中で生育している。私は長さが二から三フィートのダイコンやニンジンを見たことがある。そもそも、この地方の土地が肥沃であることは異常なほどだ。多くの農地は三毛作で、さまざまな野菜をもたらす。農夫はいろいろな経験から目的に適った交換栽培によってこれを促している。同じ農地で単に穀物、野菜、そして商業用の植物を交互に育てているばかりではなく、それらが完全に実って収穫される前に、さらなる植物の種子が播かれたり、植えられたりする。〔二日分にわたり記入〕

〔覚書〕異常なほどの肥沃さ

不思議なことに、異常なほど長いダイコン、ニンジン、ゴボウなどの根菜類が、横浜や江戸周辺の肥沃な〇・五から一メートルの深さの腐植土の中で生育する。私は市場で、長さ二から三フィートのまるまる太った大根と一・五フィートのニンジンを見たことがある。ここの土地は他に類を見ないほど肥沃で、多くの畑は三毛作である。これには農夫が細心の注意を払って行なう交換栽培が大きく貢献している。単に穀物、野菜、そして商業用の植物を交互に育てているばかりでなく、最初の実りがまだ熟さないうちに、次のものの種子が播かれたり、植えられたりする。

十月八日（火曜日）旧九月五日

さまざまな種子の入った手紙を、外国奉行らに送った。ハリスとクラークが来訪。園芸市。

〔補注〕『蘭文日記』十月八日（火）旧九月五日には、「亜麻の実、ホップ、オリーブの種、ジキタリス（強心剤の薬草）とヒヨス（有毒植物）を江戸の外国奉行ならびに長崎奉行あてに贈る手紙を送った[*1]」と記している。

＊1 「東大シーボルト文書」第六十一号「文久元年九月五日蘭人シーボルトより外国奉行へ蘭産種物五種を政府に贈進の書翰」参照。

十月九日（水曜日）旧九月六日

ハリスとクラークが来訪。

十月十日（木曜日）旧九月七日

……〔この部分判読不能〕……の画家に一分銀二枚支払

った。料理人、伊三郎と周三に別れの前に三両払った。

英国・仏公使、オランダ総領事デ・ウィット氏らと外国掛老中のもとで会談。その後ハリスを訪問。彼も私に別れの挨拶を述べた。

〔補注〕『蘭文日記』十月十日（木）旧九月七日には、「汽船レイエモーン号の属具目録 inventaris[＊1] を外国奉行あての文書として作り、かつ、遣欧使節に関する私案について想起してもらうようにした。地方諸侯あての布告について私が出した手紙の返事を受けとった。[＊2] 英・仏公使、オランダ総領事が外国掛老中と江戸において商議[＊3]」と記している。

＊1　「東大シーボルト文書」第六十四号「文久元年九月七日蘭人シーボルトより外国奉行へ鯉魚門船購入の件に就ての返答を促す書付・鯉魚門船明細書」参照。

＊2　「東大シーボルト文書」第六十三号「文久元年九月七日外国奉行より蘭人シーボルトへ同人が東禅寺事件に因て諸侯に告諭の案文を呈し且つ執政に面晤をめ求し件につき返翰」参照。

＊3　長尾正憲の著書によれば、「英国とは、八月二十七日と九月一日、外国奉行水野忠徳、鳥居忠善が英国仮公使館でオールコックと会談した。オランダはデ・ウィットが九月七日安藤老中を訪問し、水野・鳥居と敷地見分をした。フランスは、十一日、久世・安藤両老中がベルクールと安藤邸で商議。安藤邸で十六日オールコックと、十八日ハリスと御殿山公使館敷地及び地代の協定が結ばれた」（五四〇頁）と書いている。

十月十一日（金曜日）旧九月八日

ムクドリはまだいる。カラスは数千羽が、寺院の高いモミの木の上にいて、そこをねぐらにしている。そもそも江戸の町では、ものすごい数に繁殖しているので、そのけたたましい鳴き声が一日中、仕事の妨げになっているに違いない。

十月十二日（土曜日）旧九月九日

ガン Wilde Gänse が数百羽の群れをなして、朝夕、江戸の上空を聞き馴れた鳴き声で、V字形で飛んでいく。この形は、大きく拡がったり、小さく密になったりして、広範囲に地平線を覆う。朝は南から北へ、夕方は北から南へ飛んでいく。

〔覚書〕ガン

十月の中ごろになると、毎夕、ガンが数百羽の群れをなして、知っての通りV字形をして江戸の町を北から南へ、朝には南から北へと帰ってくる。そして神奈川近くの畑や、六郷川の蛇行する支流に舞い下りる。私は早朝、そこでこれらを見た。その一方では飼い馴らされたガチョウZahmen Gänseが餌を食べ、泳いでいるそのそばを通り過ぎたが、飛び立つこともなかった。江戸周辺では火器の使用を厳しく禁じていたので、他の所では人間を恐れている鳥でも、危険がないのを知っていて、よく人間に馴れていた。

十月十三日（日曜日）旧九月十日

十時ごろ、外国奉行水野筑後守が来訪。彼は私の江戸滞在について伝えに来た。[*1]

〔補注〕『蘭文日記』十月十三日（日）旧九月十日には、
「十時ころ、外国奉行水野筑後守が来訪、政府が〔私の〕江戸退去を要望していることを知らせた。外国奉行との重要な会談[*2]」（五四〇頁）
と記している。〔　〕は長尾氏による

＊1 『シーボルト父子伝』によれば、
「一八六一年十月十三日、シーボルトは幕府からできるだけ早く江戸を退去するように懇請された。この通告は彼の全く予期しなかったものだった。彼は日本人をこよなく信頼していた。オランダ人の利害のために貢献出来ることも確信していた。したがって彼は講義を打ち切り、顧問の仕事を断念しなければならなくなったことに大いに失望した」

（一四一頁）

とある。

＊2 十月十日の＊2を参照。

十月十四日（月曜日）旧九月十一日

冶金学、政治学、法律制定の講義。クラーク氏が来訪。外国掛老中の会談に居合わせたベルクール氏からの問合わせ。

気分悪し。野中玄英のため焼灼法。

十月十五日[*1]（火曜日）旧九月十二日

コチニール虫[*2]が中国から、丸い綿の中に入れられてきた。綿はその色に染まっていた。生臙脂《しょうえんじ》Sjöjenziと呼ばれ、それは三種類に区別される。大きなもの（スープ皿の大きさ）、中位のもの（デザート皿の大きさ）、小さいもの（ソーサーの大きさ）。

〔補注〕『蘭文日記』十月十五日（火）旧九月十二日には、

「レイエモーン号〔汽船購入〕に関する私の九月二十三日付ならびに十月十日付の手紙にたいする返書[*3]。九月十四日と十五日は神田明神祭のため外出しないようにという、二回目の手紙が来た[*4]」（五四〇頁）

と記している。〔　〕は長尾氏による。

＊1　ブランデンシュタイン家所蔵文書に、日記の日付（十月十五日）と同じ日に書かれた「久世大和守他、幕府要人五名連名からシーボルト宛書簡、江戸にて」（請求番号62018　オランダ語一枚）がある。

＊2　三月二十九日の＊1参照

＊3　「東大シーボルト文書」第六十七号「文久元年九月十二日外国奉行より蘭人シーボルトへ鯉魚門船購入の件につき右は運送船にて軍用に不向なるを以て当時不用なりと拒絶の返辞」参照。

＊4　「東大シーボルト文書」第六十五号「文久元年九月十二日外国奉行より蘭人シーボルトへ神田明神祭礼市中雑踏懸念不少を以て出行巡歩遠慮されたしとの書翰」参照。

十月十六日[*1]（水曜日）旧九月十三日

カマキリ Mantis Kamakiriの内臓の中に、とても長い糸状の虫、ハリガネムシ Hariganemusiというのが生きている。

〔覚書〕**昆虫の内臓の中にいる虫**

カマキリ Gottesanbetherin Mantis（Jap. Kama

kiri）の内臓の中には、とても長い線虫ハリガネムシがいる。ハリガネムシとは線または針金の形をした虫のことである。

〔補注〕『蘭文日記』十月十六日（水）旧九月十三日には、
「有用なヨーロッパ種の種子提供に関する私の十月八日の手紙への返事[*2]」
と記している。

*1 保田孝一編著『文久元年対露外交とシーボルト』によれば、この日（十月十六日）リハチョフからシーボルト宛の書簡を、十月二十六日に上海より香港に航行中の汽船アデン号で書いている。内容は「対馬は海峡の測量に過ぎないと説明」（一三七―一三九頁）。

*2 「東大シーボルト文書」第六十八号「文久元年九月十三日外国奉行より蘭人シーボルトへ種物贈越につき謝礼の返翰」参照。

十月十七日[*1]（木曜日）旧九月十四日

（記入なし）

*1 ブランデンシュタイン家所蔵文書に、日記の日付（十月十七日）と同じ日に書かれた「長崎奉行高橋美作守からシーボルト宛書簡、長崎にて」（請求番号61910　オランダ語一枚。）、同じく「インデルマウルからシーボルト宛書簡、出島にて」（請求番号111936　オランダ語二枚）、「E・クラークからシーボルト宛書簡、横浜にて」（請求番号31035　横浜にて）がある。

十月十八日[*1]（金曜日）旧九月十五日

冶金学の講義。

蕃書調所の私の学生の一人から、一通の注目すべき手紙を受け取った。

とても大きく、肌色をしたブドウは非常に甘く、甲斐国産。江戸ではその液果は緑色で、酸っぱい。ポルトガルの宣教師たちによって、日本に輸入されたとのこと。

〔補注〕『蘭文日記』十月十八日（金）旧九月十五日には、
「冶金学などの講義続行。冶金学における私の学生で、蕃書調所教官大嶋惣左衛門[*2]ならびに市川齋宮[*3]から、一通の最高にすぐれた手紙を受けとった」
と記している。

＊1　ブランデンシュタイン家所蔵文書に、日記の日付（十月十八日）と同じ日に書かれた「E・クラークからシーボルト宛書簡、横浜にて」（請求番号31040　ドイツ語一枚）がある。

＊2　長尾正憲の著書によれば、
「大嶋惣左衛門（高任）は万延元年、出役教授手伝」（五四〇頁）
とある。

＊3　市川齋宮は、前掲の九月二日〔補注〕『蘭文日記』を参照。

十月十九日（土曜日）旧九月十六日

ごく最近まで狂信的な風習が残されていた。法華宗の僧侶によって、生きながら寺院に埋葬されるという。これは蓮華往生Renge-wozjo(＊1)と呼ばれ、〔直訳すれば〕蓮の花に往き再び生まれる、つまり再び生まれ変るために蓮の花の上に坐るという意味である（最近では禁止されている）。このような僧侶のまやかしについては、注目すべき話が語られている。

〔覚書「残酷な僧侶のまやかし」参照〕

一分銀の印は、一、定Sadame　二、金座Kinsa、三、常是Sjôze　四、一分Itsibu。〔記述は翌日二十日の欄にまで及んでいるが、二十日にも二行だけ書き込んでいる。覚書「貨幣学」および図版参照〕

〔覚書〕残酷な僧侶のまやかし

最近まで狂信的な風習が残っていた。法華宗の僧侶によって、生きながらその寺院に埋葬されるという。これは蓮華往生と呼ばれ（Rengeとは蓮の花Lotus、woとは往く、Zjôとは生きる）、再び生まれ変るために蓮の花の上〔蓮華座〕に坐るということである。この不幸な犠牲者は、寺の大きな蓮の花〔作られた蓮華座〕の上に、喪服をまとった僧侶たちの読経の合唱の中で、厳粛に腰を下す。そして蓮の花は〔地中に〕沈んでゆく。最近になって、蓮が沈んだ後に〔まわりから見えない地中で〕槍で殺されていたという、僧侶のまやかしが暴露された。このような残虐な行為は厳禁された。—受戒Sjukai—　戒名nomen posthumは、初

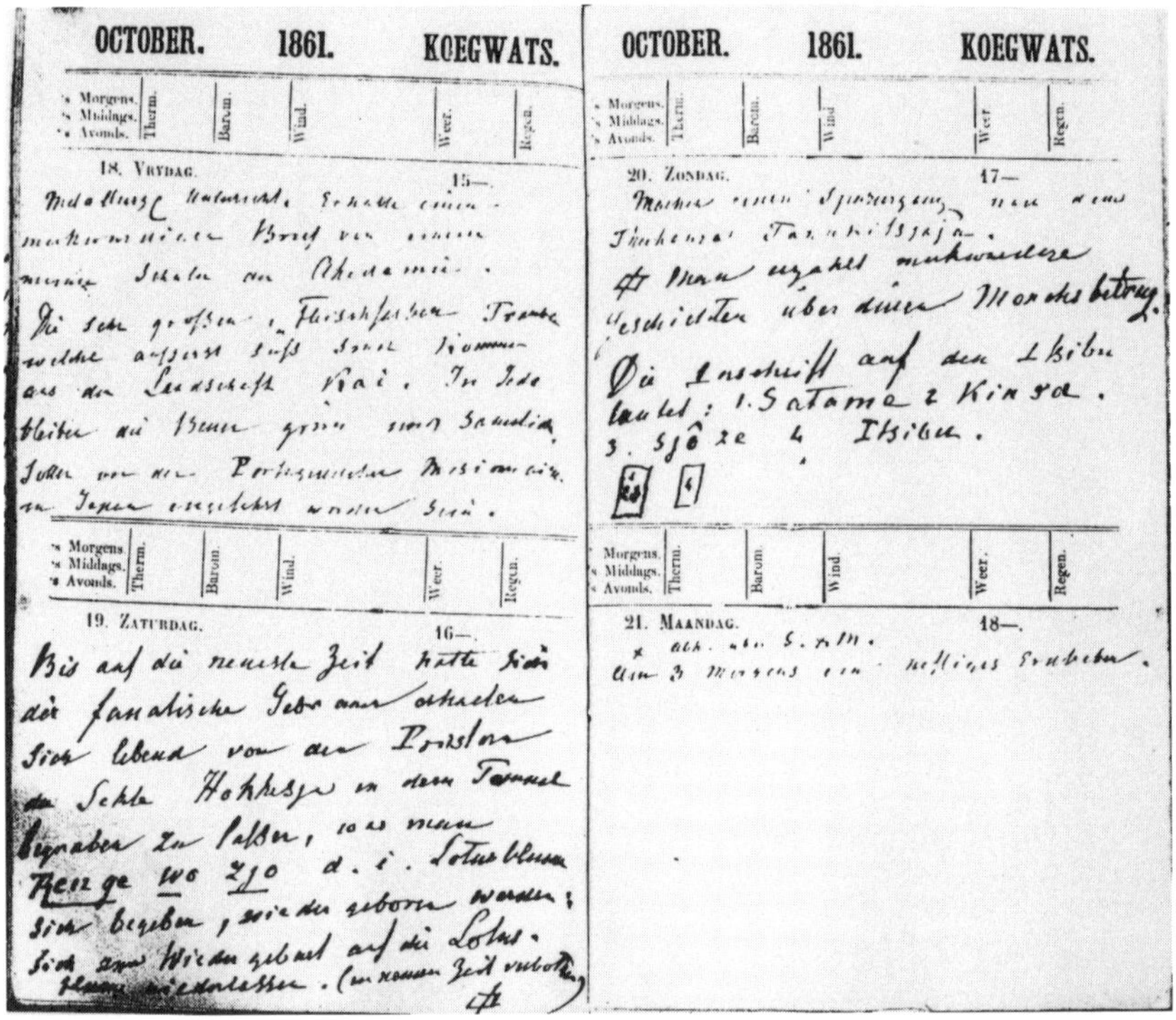

1861年10月18日～21日の独文日記

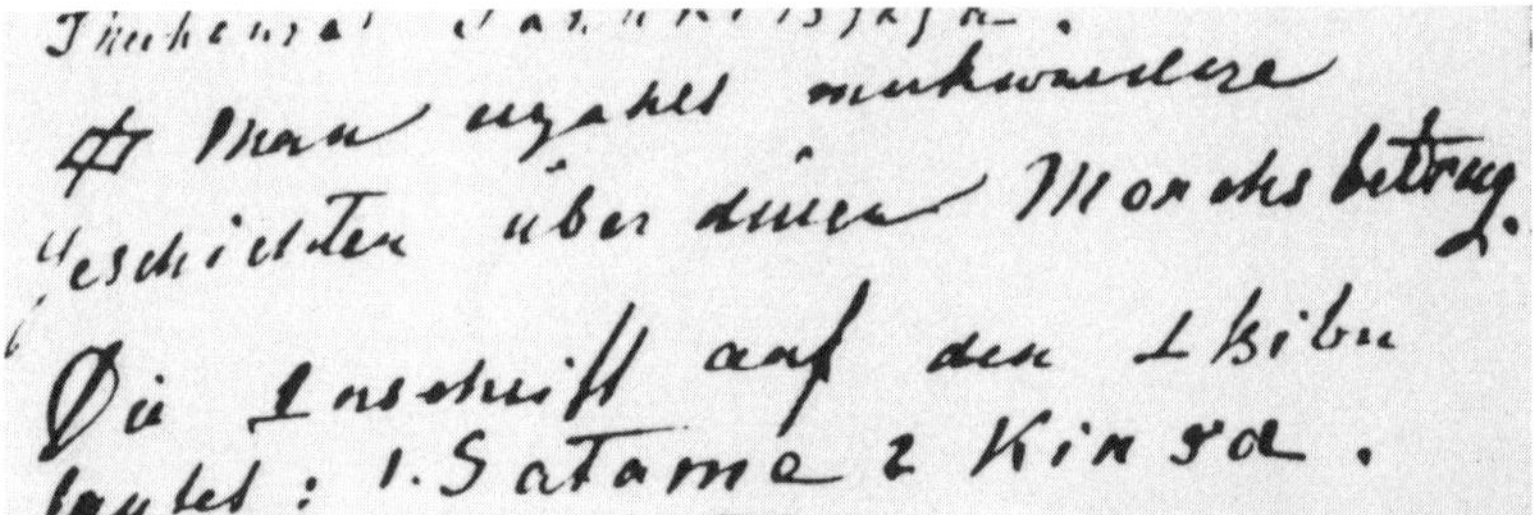

1861年10月20日の独文日記（一分銀図解部分）
右はシーボルトが日記中で図解した当時の一分銀
（天保8年（1837年）、個人蔵）

七日に与えられる（さらに後には、この注目すべき話がある）。

〔覚書〕**貨幣学**[＊2]

一分の印：定（刻印）、金座（銀の鑑定場所）、常是（貨幣鋳造責任者の名前）と一分。

＊1 「蓮華往生」とは、死後、極楽浄土の蓮華座上に生まれること。寛政（一七八九―一八〇一）のころ、上総国で、日蓮宗不受不施派の僧が説いたという邪教。仕掛けのついた蓮台に信者を座らせ、槍で刺殺して往生したかのように見せかけたという。つまり即身成仏として信者を密殺していたという。

＊2 『シーボルト関係書翰集』（一二〇頁）によれば、三瀬周三がシーボルトに宛てた書簡の中に、貨幣学に関する記述がある。覚書きに見られるものは、おそらく三瀬周三の記述を参考にしたのであろう。

十月二十日（日曜日）旧九月十七日

茶店の狸茶屋に散歩に出かけた。

十月二十一日（月曜日）旧九月十八日

SとM[＊1]について……〔この部分未記入〕……

朝三時、激しい地震。

＊1 「SとM」、また文頭に×印がついているが、これらについては不明。〔図版参照〕

十月二十二日[＊1]（火曜日）旧九月十九日

トウフジウツギ〔中国名　酔魚草〕Budlea Lindliana の葉が魚釣りに用いられる。この植物は魚を麻痺させる。

〔覚書〕**漁**

トウフジウツギの葉が魚を麻痺させるものとして、魚釣りに用いられる。

＊1 独文日記には書かれていないが、この日（十月二十二日）シーボルトが蘭文で書いた患者名不詳の処方箋がある。林道倫述「シーボルト先生の処方箋」（一八六一年十月二十二日江

戸赤羽根）（『実験治療』第一五九号〈一九三五年〉）。また、ブランデンシュタイン家所蔵文書に、日記の日付（十月二十二日）と同じ日に書かれた「カッテンダイクからシーボルト宛書簡、ヘット・ローデンにて」（請求番号111157　オランダ語二枚）がある。

十月二十三日（水曜日）旧九月二十日

新太郎が箱根から乾燥させた植物と種子をもって帰って来た。

十月二十四日（木曜日）旧九月二十一日

法律や法律の制定について言及することは禁じられた（蕃書調所の掲示板によって）。

ヘレーネ宛に手紙を書いた。

〔覚書〕江戸の蕃書調所(*1)

幕府に関わる事項、法律など政治的な事柄について言及することは、教官や学生も禁止された。

〔補注〕『蘭文日記』十月二十四日（木）旧九月二十一日には、「私の学生のひとりがこっそりと知らせたのであるが、蕃書調所においては、日本の法律や制度に政治的に言及することが布告plakaartにより禁止されたとのことである」と記している。

＊1　一八五六（安政三）年幕府が九段坂下（現在の東京都千代田区九段南一丁目）に創立した洋学の教育研究機関。洋学の教授・統制、洋書の翻訳に当った。翌年開校、一八六二（文久二）年一橋門外に移転、洋書調所と改称し、さらに六三年開成所と改称した。

十月二十五日（金曜日）旧九月二十二日

十月二十六日(*1)**（土曜日）旧九月二十三日**

（記入なし）

＊1　ブランデンシュタイン家所蔵文書に、日記の日付（十月二十六日）と同じ日に書かれた「ドゥ・ベルクールからシーボルト宛書簡、横浜にて」（請求番号111170　フランス語一枚）、

同じく「リハチョフからシーボルト宛書簡、上海―香港定期船アデン号船上にて」（請求番号111634　フランス語四枚）、「E・クラークからシーボルト宛書簡、横浜にて」（請求番号30290　ドイツ語一枚）、「差出人不明（シーボルト?）から幕府老中宛書簡、江戸・赤羽根にて」（請求番号62006　オランダ語一枚）がある。

十月二十七日（日曜日）旧九月二十四日

（記入なし）

〔補注〕『蘭文日記』十月二十七日（日）旧九月二十四日には、
「外国奉行あてに一通の手紙を書いた(*1)」
と記している。

*1 「東大シーボルト文書」第六十九号「文久元年九月二十四日蘭人シーボルトより外国奉行へ自分の和蘭総領事又は公使に任ぜられらる儀、和蘭政府へ希望の書翰を与へられん事を望み、又伝習を止る理由の書記を請ふ書」参照。

十月二十八日（月曜日）旧九月二十五日

外国奉行にして、遣米使節大使新見伊勢守と二名の新任の外国奉行竹本隼人正〔正明〕、根岸肥前守〔衛奮〕が来訪。

十月二十九日（火曜日）旧九月二十六日

静海〔来訪〕。

十月三十日（水曜日）旧九月二十七日

赤いシソ Siso（シソ科ヒキオコシ Ocymum rugos.〔rugosum〕）は主に食物を色づけするために用いられるが、赤カブ以上に化学的な実験のために使われるようになるだろう。

〔覚書〕赤い汁液

赤い日本のシソ Ocymum rugosum Th. var.

purpurea. は、普通食物の色づけ用に使われる。われわれにとっては、赤カブの代用になりえるであろう。種子は香ばしく、その実った種子の輪生体を砂糖漬けにして食す。

十月三十一日(*1)（木曜日）旧九月二十八日

十一月一日（金曜日）旧九月二十九日

十一月二日（日曜日）旧九月三十日

十一月三日（日曜日）旧十月一日

（記入なし）

〔補注1〕『蘭文日記』十一月二日（土）旧九月三十日には、

「外国奉行あてに、汽船レイエモーン号購入の取りやめを速やかに発表するよう通知した(*2)。外国奉行の手紙として、老中の名において私が駐日オランダ政府の代表として戻ってくることを希望している、といってきた(*3)」

と記している。

〔補注2〕『蘭文日記』十一月三日（日）旧十月一日には、

「外国奉行あての手紙を書き、終わりに私が江戸から退去するようになった理由を明らかにしてほしいと書いた(*4)」

と記している。

〔補注3〕十月三十一日から十一月三日までの四日間、独文日記は書かれていない。江戸滞在も終わりに近づき、外国奉行との折衝などに多忙をきわめたからであろうか。

＊1　ブランデンシュタイン家所蔵文書に、日記の日付十月三十一日に執筆された「草稿。江戸の門人、高名な医師、学者に対する最後の挨拶。シーボルト自筆、江戸にて」（請求番号20699　オランダ語二枚）があり、また「オイレンブルグからシーボルト宛書簡」（請求番号111167　ドイツ語一枚）がある。

＊2　「東大シーボルト文書」第七十二号「文久元年九月晦日、蘭人シーボルトより外国奉行へ鯉魚門船の図及附属諸道具の目録の返却を請ふ書」（福沢諭吉訳・箕作秋坪校）参照。長尾正憲の著書によれば、「『福沢全集』（訳稿）、船図及び目録返却方請求の件（デント商会E・クラークから返却を求められたので）がある」と記し、また『維新史料綱要』を引用して、「シーボルトの雇傭をこの日解く」（五四一頁）とも書いている。

＊3　「東大シーボルト文書」第七十一号「文久元年九月晦日外国奉行より蘭人シーボルトへ我国在留官吏となして再渡を望む旨の書」参照。原史料はブランデンシュタイン家所蔵文書（請求番号120685　日本語五枚）にある。なお、『維新史料綱

日光で採集した標本「レンゲショウマ」
1861年11月4日に桂川が渡した標本なのかもしれない（東京都立大学牧野標本館所蔵）

要』には、「この日シーボルトの雇傭を解く」としている。

＊4　「東大シーボルト文書」第七十三号「文久元年十月朔日蘭人シーボルトより外国奉行へ伝習を止むる理由の書記を再請求する書翰」（箕作秋坪訳・福沢諭吉校）参照。原文はブランデンシュタイン家所蔵文書の「差出人不明（シーボルト？）から幕府老中宛書簡、江戸にて」（請求番号62008　オランダ語二枚）である。

十一月四日[＊1]（月曜日）旧十月二日

静海[＊2]、アメリカ人オーナーH. Owner[＊3]が来訪。桂川〔甫周〕が日光から一〇種の植物を持参してきた。

＊1　ブランデンシュタイン家所蔵文書に、日記の日付（十一月四日）と同じ日に書かれた「E・クラークからシーボルト宛書簡、横浜にて」（請求番号30288　ドイツ語一枚）がある。

＊2　「東大シーボルト文書」第七十号「戸塚・伊東・林諸氏より蘭人シーボルトより贈物之儀に付伺書」参照。

＊3　オウナー（H.Owner）はアメリカの商人。横浜居留地にあるShip compradore, provision marchantに所属。

十一月五日（火曜日）旧十月三日(*1)

（記入なし）

*1　ブランデンシュタイン家所蔵文書に、日記の日付（十一月五日）と同じ日に書かれた「E・クラークからシーボルト宛書簡、横浜にて」（請求番号31032　ドイツ語一枚）がある。

十一月六日（水曜日）旧十月四日

新任の外国奉行が来訪。

〔補注〕『蘭文日記』十一月六日（水）旧十月四日には、
「十月二十七日の私の手紙の返事が来た。(*1)ひとりの外国奉行が来訪」
と記している。

*1　「東大シーボルト文書」第七十四号「文久元年十月四日外国奉行より蘭人シーボルトへ学術伝習差止めの理由を書き送る書」参照。

十一月七日（木曜日）旧十月五日(*1)

（記入なし）

*1　「東大シーボルト文書」第七十五号「文久元年十月五日伊東・林二氏より蘭人シーボルトへ贈物致度存念の届書」参照。

十一月八日（金曜日）旧十月六日

〔前の〕晩の七時から朝まで激しい嵐。西から、南から、南西からの風。温度計は一挙に華氏七三度〔摂氏約二三・八度〕に上昇した。最低気温は四六度〔摂氏約七・八度〕。昼には八一度〔摂氏約二七・二度〕の高い気温を示した。

〔覚書〕**気象的なこと**

一八六一年十一月七日から八日にかけての夜。江戸で激しい嵐、最低気温は四六度、朝には一気に七三度、昼には八一度まで上昇した。嵐は西南および南西の風。

〔補注〕『蘭文日記』十一月八日（金）旧十月六日には、

「外国奉行あての手紙で、私の教授を取りやめたことと、江戸から私の退去を命じたことにつき、加えられた説明に感謝するとともに、外国掛老中にいちど会見したいこと、ならびに、種痘館Sju to Kwan〔種痘所〕(＊1)と〔蕃書〕調所Sirabesioという二つの科学的施設を訪問したいと申し出た」(＊2)

と記している。

＊1　長尾正憲の著書によれば、「種痘所が幕府直轄となったのは万延元年十月十四日、西洋医学所と改称したのが文久元年十月二十五日」（五四二頁）と書いている。

＊2　「東大シーボルト文書蘭文文書」第八号「江戸退去の原因を問ひ、老中謁見、番書調所訪問を乞ふ」の書簡（訳文）。「東大シーボルト文書」第七十六号「文久元年十月六日シーボルトより伝習を止め及び此都を去る由を報告し、謝辞を述べ、又外国事務執政に謁を乞、種痘所等を訪はんこと申出る書簡」参照。

十一月九日（土曜日）旧十月七日

静海、桂川および他の多くの学生たち。桂川(＊1)が私に乾燥した植物の大きな標本を持ってきた。種痘所の所員より贈物として、大きくて立派な植木鉢を貰った。(＊2)

〔補注〕『蘭文日記』十一月九日（土）旧十月七日には、
「〔戸塚〕静海、桂川やその他の門人が来訪した。種痘館de School Sjutokwanの私の学生からの贈物として、完全な薬箱と、いくつかの医学上の道具が運ばれてきた」（五四二頁）
と記している。〔　〕は長尾氏による。

＊1　今泉源吉著『蘭学の家　桂川の人々』続編（篠崎書林　昭和四十三年刊）に、十一月十三日付のシーボルトが甫周に与えた甫賢の追憶文が載っている。すなわち
「貴君の父君をば、人々はカネール・リビール・ボタニクスとお呼びしています。そのお名前は今なおオランダで有名です。彼は、三十五年前から、私の友人でしたが、ああ！　もうついにお目にかかることができなくなりました。このことは、深い傷となって私の心を傷つけます。それでも私はいつでも、思い出すことによって彼は私の心の中に存在することを感じます。

一八六一年十一月十三日江戸赤羽根において、私の博識の弟子である桂川甫周君にこれを差し上げます。江戸にて、フランツ・フィリップ・ペー・フォン・シーボルト」（五四

二―五四三頁）

とある。

＊2 宮崎道生博士の著書（三二七頁）によれば、ルール大学所蔵のシーボルト・コレクション中に、種痘所から贈物目録「箱入植木鉢一」があると記されている。

十一月十日（日曜日）旧十月八日

朝、気温華氏五二度〔摂氏約一〇・六度〕。真夜中、さほど激しくないが、長く続いた地震があった。

〔覚書〕地震

一八六一年十一月十日の真夜中あたり、非常に激しく、長く続いた地震があった。

〔補注〕『蘭文日記』十一月十日（日）旧十月八日には、

「十一月二日、三日の私の手紙への返書があり、外国掛老中への別れの面会は明朝九時に決定したと言ってきた」と記している。

＊1 「東大シーボルト文書」第七十七号「文久元年十月八日外国奉行より蘭人シーボルトへ老中へ面会を乞ふ旨を容れ、安藤対馬守が邸に迎るの返翰」参照。

十一月十一日（月）旧十月九日

二人の外国掛老中に謁見。閣老全員が立ち会い、非常に友好的に歓待された。大君から、私の国家に果たした功績に対して名誉太刀一振りと、私の講義に対して高価な錦繍五巻を賜わる。[＊1] オランダ総領事の抗議により、幕府はこう弁明した。解雇はするが再び帰還することを切望していると。[＊2]

〔補注1〕『蘭文日記』十一月十一日（月）旧十月九日には、

「外国掛老中の邸での別れの面会の席で、私の悲しみと関心とについて、ひとつの文書による提案をした。[＊3] 外国奉行は全員出席していた。タイクン殿下から、私の国家的な働きにたいする褒美のしるしとして名誉太刀を賜わり、また、科学に関する講義にたいしては高価な絹布を賜った。老中（複数）は、オランダ総領事の報道と意向によって、私が暫時失職することになったこと、また、私が再びやってきて

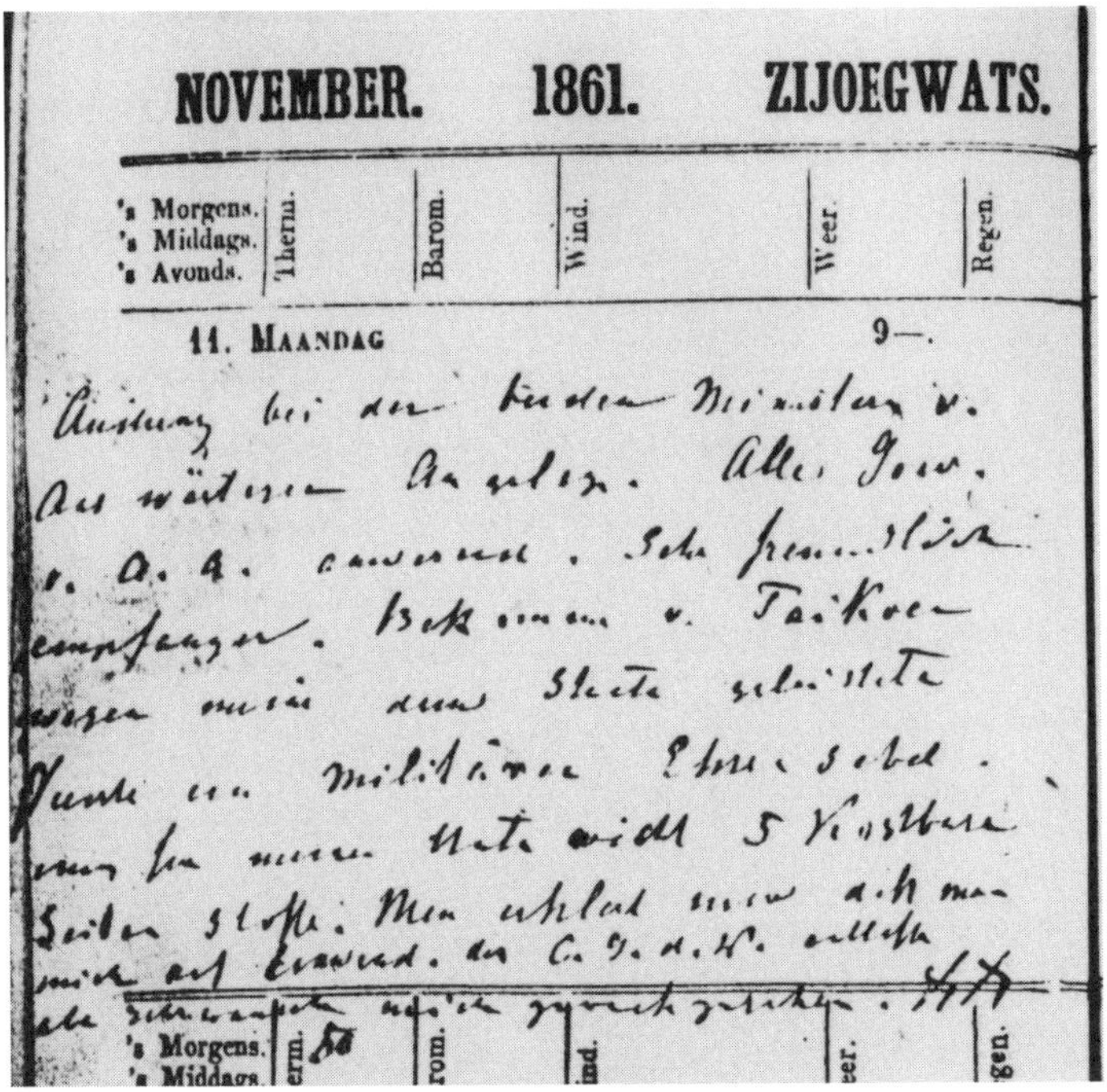

NOVEMBER. 1861. ZIJOEGWATS.

's Morgens. 's Middags. 's Avonds. | Therm. | Barom. | Wind. | Weer. | Regen.

11. MAANDAG 9—.

1861年11月11日の独文日記

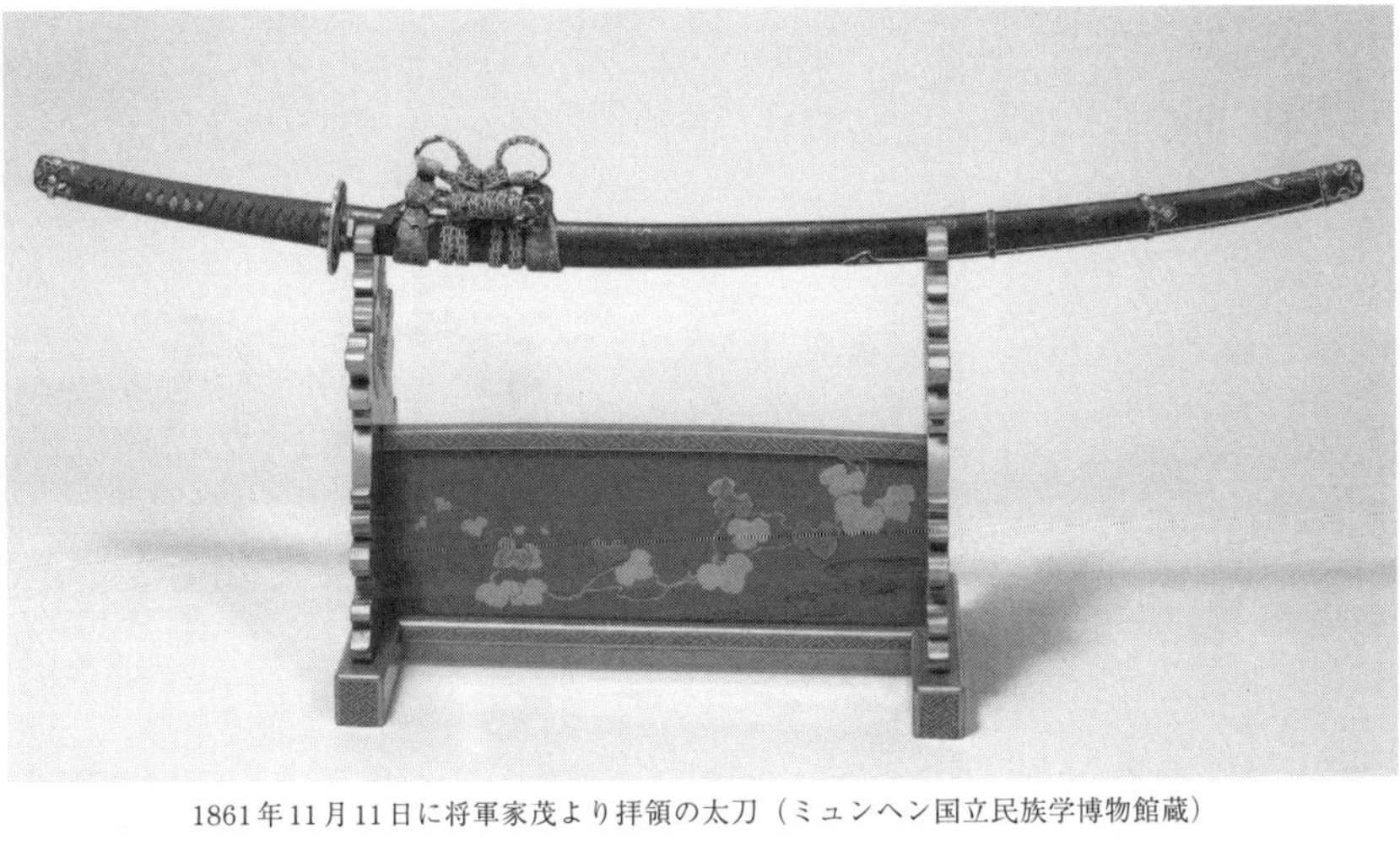

1861年11月11日に将軍家茂より拝領の太刀（ミュンヘン国立民族学博物館蔵）

会えることを希望すると、私に述べた」と記している。

〔補注2〕アレクサンダーの著書によれば、

「出発前に彼は、将軍の名において立派な記念の太刀に、数巻の錦襴を添えて贈られ、表彰された。幕府の高官たちは繰り返し口頭や文書で彼の立派な功績に対して深く感謝していることを表明した。彼の友人や門弟は、みんな別れの挨拶をするために、接遇所に集まってきた」（一五六―一五七頁）

とある。

＊1　日記中に記載の「名誉太刀一振りと高価な錦繡五巻」は、現在ドイツのミュンヘン国立民族学博物館に所蔵されている。また、これらについては呉秀三著『シーボルト先生其生涯及功業』（吐鳳堂　大正一五年　四七七頁。以下、呉秀三の著書とする）、石山禎一編著『シーボルトの日本研究』（平成九年一一月刊、一二七―一三〇頁）、展示目録『シーボルト父子のみた日本』―生誕二〇〇年記念―（編集―ドイツ・日本研究所　一九九六年　一三〇頁）を参照。なお、ブランデンシュタイン家所蔵文書の中に「江戸滞在中外国奉行からの贈答品目録」（請求番号120196―120198　日本語・オランダ語三枚）がある。

＊2　『シーボルト父子伝』（一四一―一四二頁）には、この日の日記を引用している。

＊3　「東大シーボルト文書」第七十八号「文久元年十月九日蘭人シーボルトより老中へ再び恩謁を請ひ、且文政度出島幽の苦情を述べし書翰。是日安藤対馬守対面中に進呈」参照。

十一月十二日(＊1)（火曜日）旧十月十日

横浜で大火事。

〔覚書〕火事

一八六一年十一月十二日、横浜の日本の商人居留地の半分以上が焼失した。

＊1　ブランデンシュタイン家所蔵文書に、日記の日付と同じ日（十一月十二日）に書かれた「E・クラークからシーボルト宛書簡、横浜にて」（請求番号91000　英語一枚）がある。

十一月十三日（水曜日）旧十月十一日

アレクサンダーが横浜に向かって出発。

十一月十四日（木曜日）旧十月十二日

隅田川に架かる永代橋は一一〇間の長さである。

十一月十五日[*1]（金曜日）旧十月十三日

四季折々の富士山の大部分の絵は東からのものだ。北側や北西側は、南側や南東の側と比べると、ほとんど一年中より大きな残雪があるからであろう。因みに、ヒマラヤの雪線は北斜面の方が、南や南東斜面より低い。フォークトの地理学第Ⅱ巻三頁Vogt-Geologie page 3 v. II. を参照のこと。

〔覚書〕富士山

四季折々の富士山の絵のほとんどは東側から描かれたものだ。北側や北西側の方は、南側や東側と比べると、より大きな残雪が暑い季節にも残っていることは考えられる。ヒマラヤ山脈でも、雪線は南斜面よりも北斜面の方がより低いところにある（フォークトの地理学。第Ⅱ巻三頁を参照）。

〔補注〕『蘭文日記』十一月十五日（金）旧十月十三日には、「蕃書調所の所長あてに手紙を書いた[*2]」と記している。

*1　ブランデンシュタイン家所蔵文書に、日記の日付（十一月十五日）と同じ日に書かれた「アメリカ公使タウンゼント・ハリスからシーボルト宛書簡、江戸にて」（請求番号90968　英語一枚）がある。

*2　「東大出島爪哇蘭語文書」第三十六号の最後に「追加」とあり、そこに「一八六一年十一月十五日附シーボルトから江戸蕃書調所長宛書翰」（呉秀三の著述、乙編　四五三頁）がある。なお、ブランデンシュタイン家所蔵文書に「シーボルトから江戸蕃書調所所長宛書簡（下書き）江戸にて」（請求番号20702　オランダ語一枚）、同じく「シーボルト?から江戸蕃書調所所長宛書簡、江戸にて」（請求番号62026　オランダ語一枚）がある。また、同日シーボルトから杉山三八宛に十一月十五日付で書いた手紙が『シーボルト関係書翰集』（二十一頁）に収められている。

十一月十六日[*1]（土曜日）旧十月十四日

私の学生たちが別れのため来訪。多くの贈物と博

物学的な標本。[＊2]
アメリカ公使への訪問。

〔補注〕『蘭文日記』十一月十六日（土）旧十月十四日には、

「すべての私の学生たちが別れのため来訪した。かれらに、器具、書物、医薬、筆記具などを分配し、また、珍しい博物標本natuurzeldzamhedenやその他の小さな贈物をもらった。そしてさいごに一場の挨拶を述べ、その中で私はオランダの科学の研究に今後も精進しようと、学生たちを励ました。[＊3]われわれ、多くの老人たちと以前からの私の門人たちどうしは、心から感激して別れを惜しんだ[＊4]のであった」と記している。

＊1　ブランデンシュタイン家所蔵文書に、日記の日付（十一月十六日）と同じ日に書かれた「タウンゼント・ハリスからシーボルト宛書簡、江戸にて」（請求番号90969　英語一枚）がある。

＊2　宮崎道生博士の著書（三二七―三二九頁）によれば、ルール大学所蔵のシーボルト・コレクション中に「手簞笥壱以上、伊東玄朴〔付〕書状、眼洗スポイト　目薬返謝一、手簞笥壱以上　伊東玄朴」と書かれた贈物目録があるとして、「伊東の贈物は、シーボルトの日記記事から推して、十一月十六日以後、それに近い日のことだった」と考察されている。

＊3　『シーボルト関係書翰集』（二二一―二二三頁）によれば、次のような記述がある。すなわち、

「私が向學の志ある賢き醫師達に自然科學と醫學とを教へてから卅七年の年月が過ぎ去つた。新しい醫薬や醫科の道具、當時の最良の醫書や又病気の療法等が私及び私の門人達によつて大日本國到る所にひろめられた。歐州の科學は日本を第二の母国とするに至つた。

尊敬すべき諸君等は、私の周りを取巻いて私の國の言葉で私の教へを理解し、日本の為に祝福すべき種を播いた人々である。

諸君を長い間有してゐることは大なる幸である。諸君を神がこの上とも長く見守られんことを。我々は諸君を思ひ出し、諸君は更に諸君の師の合理的學問を言行によつて人の住む限りの地にひろめんことを。」

とある。なお、ブランデンシュタイン家所蔵文書中に、シーボルトが江戸で一八六一年十月三十一日に執筆した草稿『江戸の門人、高名な医師、学者に対する最後の挨拶』（請求番号20699、オランダ語一枚）がある。

＊4　『シーボルト父子伝』（一四二頁）には、この日の蘭文日記が引用されている。

十一月十七日[*1]（日曜日）旧十月十五日

ライデン〔に発送〕のためのキク〔科〕。

一番、Ligularia Lassel〔メタカラコウ属、種名不詳[*2]〕の大きな花、上と下が赤茶色。

二番、〃〃〃〔Ligularia Lasselの大きな花〕上方へ曲がった披針状、硫黄色。

三番、……〔この部分未記入〕……。

四番、〃〃〃〔Ligularia Lasselの大きな花〕硫黄色。

五番、Ligularia cylinis〔種名不詳〕の中形の花、黄色。

六番、同、小形……〔この部分判読不能〕……バラ色の花。

〔補注〕『蘭文日記』十一月十七日（日）旧十月十五日には、「十月九日（十一月十一日）老中にあてて個人的に出した私の提案への返書」と記している。

＊1　ブランデンシュタイン家所蔵文書に、日記の日付（十一月十七日）と同じ日に書かれた「シーボルトからリハチョフ宛書簡、江戸にて」（請求番号111673　フランス語二枚）がある。

＊2　分類学者の誰もが行なうことであるが、調査途中での学名はとり合えずつけておいて後で調べるので、ここでの記述も本当の種名は不詳ということになる。

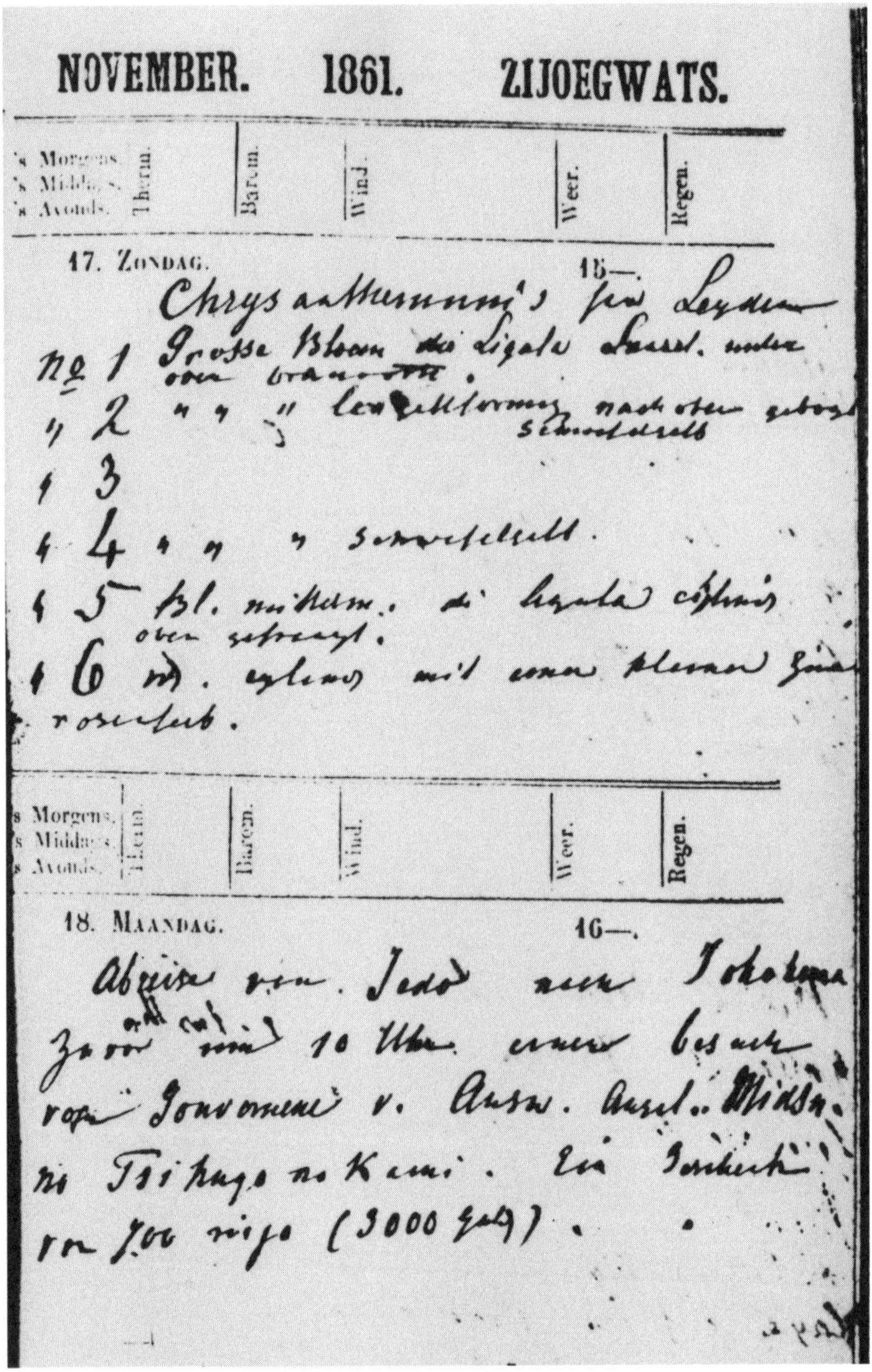

NOVEMBER. 1861. ZIJOEGWATS.

's Morgens. 's Middags. 's Avonds. Therm. Barom. Wind. Weer. Regen.

17. ZONDAG. 15—.

Chrysanthemum's [illegible] Leyden

No 1 Grosse Bloem [illegible]

2 " " " [illegible]

3

4 " " " [illegible]

5 Bl. [illegible]

6 [illegible]

's Morgens. 's Middags. 's Avonds. Therm. Barom. Wind. Weer. Regen.

18. MAANDAG. 16—.

Abreise von Jedo nach Yokohama [illegible] 10 Uhr [illegible] von 700 rijo (3000 Guld).

1861年11月17日・18日の独文日記

十一月十八日〔江戸から横浜へ〕

十一月十八日（月曜日）旧十月十六日[*1]

江戸を出発して横浜に向かう。出発前の十時に、外国奉行水野筑後守が来訪。七〇〇両（三〇〇〇ギルダー）の贈物。

〔補注〕『蘭文日記』十一月十八日（月）旧十月十六日には、

「江戸を出発して横浜に向かう。そのあと十時ころ[*2]、外国奉行水野筑後守が私を待っていて訪れ、政府の名において私に特別に七〇〇両（二八〇〇テイル）を贈る、と述べた[*3]。私は、外国掛老中と幕府の目付opzienderならびに外国奉行にあてて、高価な武器そのほかのヨーロッパの品物から成るものを贈るよう申し出た[*4]」

と記している。

*1 「東大シーボルト文書」第八十二号「文久元年十月十六日伊東玄朴より蘭人シーボルトよりの贈物に付其処分方伺書」参照。

*2 「そのあと十時ころ」とあるが、独文日記では「その前十時ころ」と記載している。

*3 特別手当「二八〇〇テイル」は、独文日記では「三〇〇〇ギルダー」と記載している。

*4 「東大シーボルト文書」第七十九号「文久元年十月十六日蘭人シーボルトより老中久世大和守へ螺管猟銃呈上の書」、第八十号「文久元年十月十六日同老中安藤対馬守へ猟銃呈上の書」、第八十一号「文久元年十月十六日若年寄酒井右京亮へ猟銃呈上の書」、「東大シーボルト文書・蘭文文書」第九号「外国奉行に献呈の品々目録」参照。

十一月十九日～十二月三十一日〔横浜滞在〕

十一月十九日（火曜日）旧十月十七日

競売。若干の古い漆器を購入。

十月十八日(*1)、赤羽根での私の護衛らに感謝の意を表す。

ヨク　ツトメテ　クダサッテ　アリガトウ　ノチノチ　ツネニ　オクニノタメニ　ヨク　オツトメナサル　ヨウニ　ネガイマス　Joku tsutomete kudasatte arigatô. notsi notsi tsuneni oku ni no tameni jokŭ otsutome nasaru joni negasi masu.

〔覚書〕謝辞

一八六一年十月十八日、江戸から横浜まで私に同伴してくれた、私の護衛らに感謝の意を表す。

ヨク　ツトメテ　クダサッテ　アリガトウ　ノチノチ　ツネニ　オクニノタメニ　ヨク　オツトメ　ナサ

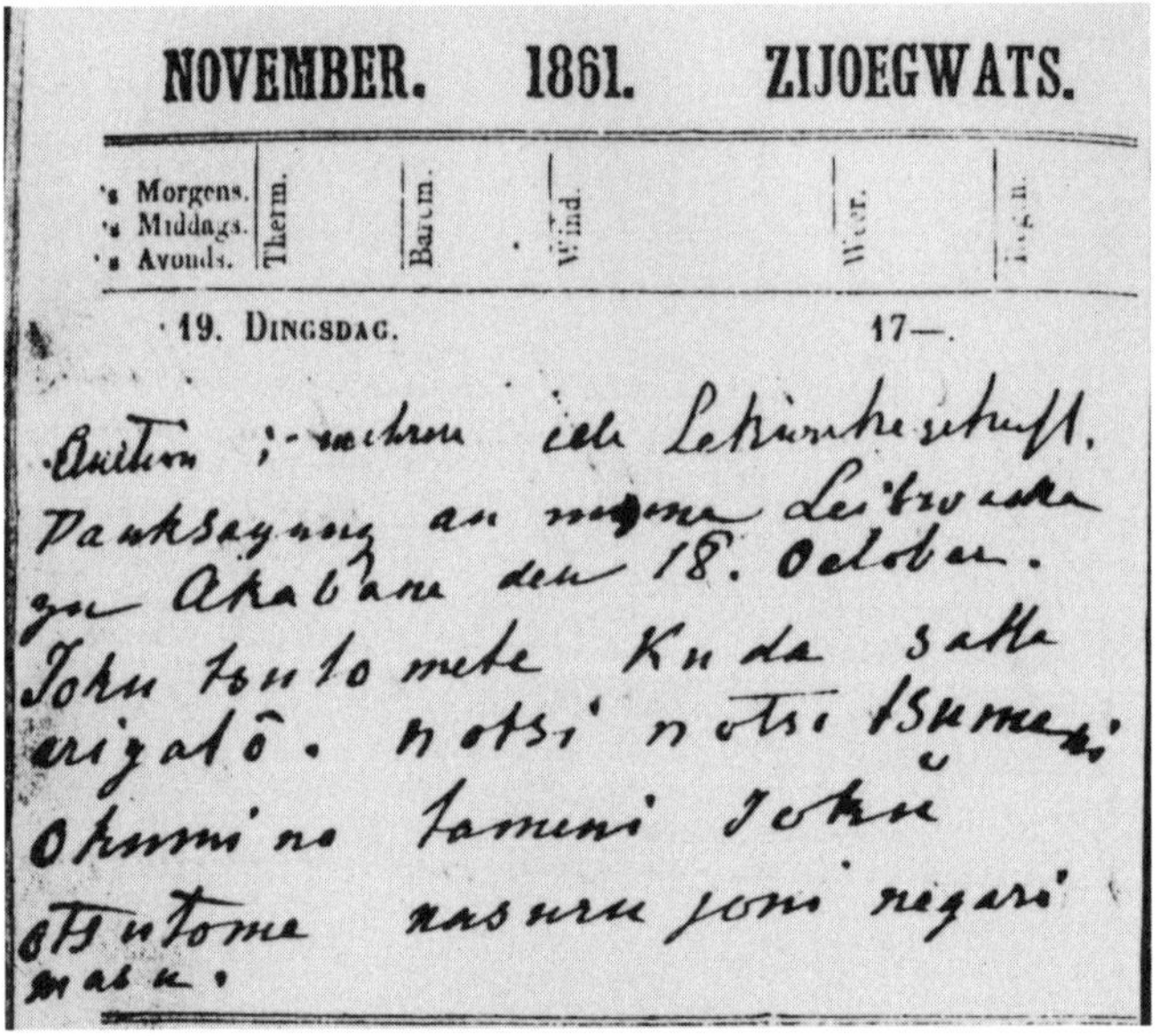
NOVEMBER. 1861. ZIJOEGWATS.

's Morgens. 's Middags. 's Avonds. Therm. Barom. Wind.

19. DINGSDAG. 17—.

Danksagung an meine Leibwache zu Akabane den 18. October.
Joku tsutomete Kudasatte arigatô. notsi notsi tsuneni okuni no tameni jokŭ otsutome nasaru joni negasi masu.

1861年11月19日の独文日記

ルヨウニ　ネガイマス

〔補注〕『蘭文日記』十一月十九日（火）旧十月十七日には、

「長崎奉行高橋美作守〔和貫〕[*2]から、私のこの前の十月八日の手紙にたいする返事をきょうの配達でうけとった」と記している。

＊1　「旧十月十八日」は翌日であるが、口頭用の練習書きであろうか。原文では18. Octoberとあるが、「十一月十八日」の記述ミスならば昨日ということになる。シーボルトは新暦の十一月と旧暦の十月を勘違いしているのか。

＊2　ブランデンシュタイン家所蔵文書に「長崎奉行高橋美作守発シーボルト宛書簡」（請求番号101156　オランダ語一枚）がある。なお、高橋美作守は勘定吟味役より昇進し、長崎奉行に九月着任している。

十一月二十日（水曜日）旧十月十八日

神奈川奉行を訪問。E・クラーク氏による夕食会。

〔補注〕『蘭文日記』十一月二十日（水）旧十月十八日には、

「横浜運上所[*1]の有能な役人たちをとおして、外国奉行あてに私の七・八・九月と十月十六日までの俸給を支払ってもらうよう要請した。[*2]神奈川奉行と会見」と記している。

＊1　一八五九（安政六）六月、横浜開港と同時に「神奈川運上所」を開設（のち「横浜運上所」と改称。〔現在の神奈川県庁本庁舎の場所（横浜市中区日本大通り）〕に置かれていた）。運上所は現在の税関に相当するもので、神奈川奉行所の出先機関として全般的な行政機関としての役割を担っていた。

＊2　「東大シーボルト文書」第八十三号「文久元年十月十八日蘭人シーボルトより己に退去するを以て外国奉行へ月俸の給与を請ふ書」（福沢諭吉訳・箕作秋坪校）参照。

十一月二十一日（木曜日）旧十月十九日

フランス公使〔ベルクール〕とオランダ総領事を訪問。ホープ提督Hopeと知り合う。[*1]

＊1　ホープ提督（Hope, Sir James）英海軍の東インドシナ艦隊司令長官、海軍中将。

十一月二十二日[*1]（金曜日）旧十月二十日

イギリス公使〔オールコック〕を訪問。

＊1　ブランデンシュタイン家所蔵文書に、日記の日付（十一月二十二日）と同じ日に書かれた「シーボルトからオランダ植民大臣宛書簡、横浜にて」（請求番号62028　オランダ語三枚）がある。

十一月二十三日（土曜日）旧十月二十一日

横浜で、小田原湾で獲れた最も大きなシマガニSimagani〔Ibacus〔Inacus〕Kaempferi〕〔タカアシガニ〕[*1]を手に入れた。二つの腕を広げると二メートル五四センチの幅になった。甲幅三〇センチ、甲長三五センチ。そのうちの一匹は、今も生きている。甲には赤い斑点がついている。

〔覚書〕シマガニ

この巨大なシマカニは、小田原湾で獲れたもので、鋏のついた腕を伸ばすと、二メートル五四センチにもなった。甲幅三〇センチ、甲長三五センチであった。私は五匹手に入れた。そのうちの四匹は比較的に小さく、一匹はまだ生きている。生きているうちは甲に黄色味があり、赤い斑点がついている。

＊1　シーボルトは、シマガニの学名を原文でIbacus Kaempferiと書いているが、これは彼のスペルミスで、正しくはInacus Kaempferiである（前掲の山口隆男博士のご教示による）。十二月二十二日にもシマガニの記述があるが、こちらは間違えてはいない。

十一月二十四日（日曜日）旧十月二十二日

（記入なし）

十一月二十五日（月曜日）旧十月二十三日

注目すべきことに、乾いた竹の筒はいかに容易に強く燃えることか。他の木の燃料と比べて実験することは有意義だ。

〔覚書〕竹の松明

乾いた竹はすぐに燃え、その炬は赤々と燃えることは、注目に価する。

十一月二十六日（火曜日）旧十月二十四日

十一月二十七日（水曜日）旧十月二十五日

（記入なし）

十一月二十八日（木曜日）旧十月二十六日

〔ポルトガル領事〕E・クラーク Edward Clarke(*1)邸での夕食会。

*1 クラーク（Edward Clarke　生没年不詳）デント商会横浜支店代表でポルトガル国名誉領事。

十一月二十九日（金曜日）旧十月二十七日

（記入なし）

〔補注〕『蘭文日記』十一月二十九日（金）旧十月二十七日には、

「E・クラーク氏を通じて、イギリス公使オールコックが私の息子〔長男〕のアレクサンダー〔十五歳〕をイギリス公使館の日本語通訳に所望している、と知らされた(*1)」（五四四頁）

と記している。〔 〕は長尾氏による。

*1 アレクサンダーの著書（斉藤信訳）によれば、

「クラーク氏は、私をロシアの海軍に入隊させるという父の計画を聞いて、それに異議をとなえた。候補生として海の男のつらい務めに就くことは、当時丈夫でなかった自分の体のことを考えると、適当ではない、と私は思っていた。母もちょうど同じ理由で、もう前々からはっきり反対していた。ある日散歩中にクラーク氏は、大英帝国の公使館に勤めてはどうか、俸給は高いし、立派な地位だが、ときり出したので、私はびっくりした」（一六〇頁）

と書いている。

十一月三十日（土曜日）旧十月二十八日

私が間もなく旅立つことを、外国奉行たちに手紙を書いた。

アレクサンダーのことでイギリス公使と話し合った。

〔補注〕『蘭文日記』十一月三十日（土）旧十月二十八日には、

「外国奉行あてに、私が長崎へ旅をするにさいし、たとえば英国のビクトリア女王が将軍へ贈呈したエンペラー号〔蟠龍丸〕のような日本汽船を利用させてほしいと要請を出した(*1)。アレクサンダーのことで、イギリス公使と話した」（五四四頁）

と記している。〔 〕は長尾氏による。

*1 「東大シーボルト文書」第八十七号「文久元年十一月三十日シーボルトより長崎寄航の便船なき故日本政府の船にて送らる、か又は陸路を帰らしめんことを乞ふ書翰」（高畠五郎・福沢諭吉訳）参照。

十一月〔日付不詳〕

〔覚書〕魚類

ホシカレイ Platessa variegata、若いものは裏側が白、またはレモン色である。横浜　十一月。タウエガシ Stichaeus Gunellus（allionymus pseudocil.）。

十二月一日（日曜日）旧十月二十九日

（記入なし）

〔補注〕『蘭文日記』十二月一日（日）旧十月二十九日には、

「十月二十九日交付で、第一の外国奉行水野筑後守の手紙を受けとったところ(*1)、私からの外国掛老中（複数）への贈物を「喜んで受取った」こと、ならびに私に数個の「ささやかな物」を感謝のしるしとして贈ったことが書いてあった」

と記している。

*1 「東大シーボルト文書」第八十五号「文久元年十月二十九日、外国奉行水野筑後守より蘭人シーボルトへ閣老参政及水野筑後守、浅野一学等に餞別品を贈りしを謝し答礼品を贈る書翰」参照。

十二月二日（月曜日）旧十月三十日

朝、雨。昼、暴風雨。

十二月三日（火曜日）旧十一月二日

朝、雨。昼、暴風雨。

神奈川奉行のところへ来るように求められた。二人の外国掛奉行と外国奉行たちから贈物を受け取った。

周三、江戸にて喚問。明日十時、彼の出発が決まる。十二時ごろ、地震。一時間前、かすかな揺れが感知された。

〔覚書〕地震

昼、十二時ごろ、横浜に地震。一時間前、かすかな揺れが感知された。

〔補注〕『蘭文日記』十二月三日（火）旧十一月二日には、

「神奈川奉行のところへ来るよう求められた。外国掛老中と外国奉行からの贈物を受取った。私の弟子の〔三瀬〕周三がかれの藩侯[*1]から江戸に喚問された」（五四四頁）と記している。〔　〕は長尾氏による。

＊1　大洲（伊予）藩主加藤出羽守の下谷にある藩邸。

十二月四日（水曜日）旧十一月三日

朝、晴。

外国奉行宛に周三について手紙を書いた。午前十時、アレクサンダーが周三[*1]を運上所から外国奉行のところに連れて行き、手紙を渡す。

〔補注〕『蘭文日記』十二月四日（水）旧十一月三日には、

「神奈川奉行の招きにより、弟子の〔三瀬〕周三を奉行に渡した。これはこの閣下〔奉行〕あてに本日書かれた書簡にもとづいたものである。アレクサンダーが、午前十時運上所から奉行所にかれを連れていった」と記している。

＊1　アレクサンダーの著書によれば、

「私たちが連れてきた三瀬周三は、父が「国民文化の発達史と幕府の成立とその理由」という論文（『ニッポンの記録集』第二部　民族と国家、参照—脚注）を仕上げるのに力を貸し、日本歴史を抜粋し翻訳する仕事をしたが、そのことを赤羽の接待係りが怪しいとにらんで、生真面目にその筋に報告した。その結果、私たちが横浜に帰るとすぐに、同伴の三瀬周三に少々尋ねたいことがあるので、横浜奉行に引き渡すように、と父に対し正式に督促してきた。父にしてみれば、この指示を断わることはできなかったし、またこの可哀想な男に対し、何ら悪意など抱いていないという約束を信じたのである。とにかく彼を捕り方に引き渡したのは、残念なことだった。私自身が、彼を奉行所に連れて行ったが、彼は私の目の前から永久に姿を消してしまった。数年後に私は初めて彼の気の毒な事件のことを聞いたのである。要するに彼は歴史の〔翻訳の〕仕事をしたために幕命によって取り調べをうけ、しまいにはその資格がないのに、士分を象徴する二本の刀を差していたという口実で、囚人が三ヵ月以上生き永らえた例はめったにないという、江戸の佃島にある牢獄に無期刑でぶち込まれてしまった、という」(一五八頁)
と記している。〔　〕は斎藤氏による。

十二月五日(木曜日) 旧十一月四日

アレクサンダーをオールコック氏に紹介した。彼をイギリス公使館の通訳官として年俸三〇〇ポンド・スターリング Libra Sterl.で雇うという約束をとりつける。(*1)

〔覚書〕私の息子アレクサンダー

一八六一年十二月五日、アレクサンダーをイギリス公使ラザフォード・オールコック氏に紹介した。彼は息子をイギリス公使館の通訳官として、年俸三〇〇ポンド・スターリングで雇うという約束をした。息子は十五歳二ヵ月半になったばかりである。十二月十一日に公務に就き、十二日、彼が職に就いたことを祝して、イギリス公使邸で夕食会。

*1　アレクサンダーの著書によれば、
「数日後には、三〇〇ポンド(約六〇〇〇マルク)の俸給で官舎を支給し、とりあえずは公使の家に食費・宿泊費とも無料で、イギリス公使館の予算外の日本語通訳官に任命する、という正式の申し出を受け取った」(一六〇頁)
と記している。

1861年12月11日にイギリスの画家ワーグマンによって描かれたシーボルトの肖像。上部に「アレクサンダーへ」と記されている。ワーグマンは同じ日に来ていた伊藤圭介の肖像も描いている（フォン・ブランデンシュタイン家所蔵）

十二月六日（金曜日）旧十一月五日

十二月七日（土曜日）旧十一月六日

十二月八日（日曜日）旧十一月七日

十二月九日（月曜日）旧十一月八日

十二月十日（火曜日）旧十一月九日

（記入なし）

十二月十一日（水曜日）旧十一月十日

私の旧友で、現在の本草学の第一人者である伊藤圭介が来訪。アレクサンダーがイギリス公使館に職を得た。

十二月十二日（木曜日）旧十一月十一日

前日と同じ。

アレクサンダーが通訳官として、イギリス公使館に職を得たことを祝して、オールコック公使邸で夕食会[*1]。

＊1　アレクサンダーの著書によれば、この時の様子をこうに書いている。
「私たちは、ラサフォード・オールコック卿Sir Rutherford Alcockのところに就任の挨拶に出かけた。それから間もなく私は任命されることになって、イギリス公使館にゆくと、公使はじめすべての同僚に心から出迎えられた。「サー」という言葉で書き始め、末尾に「敬具」と書いてサインがしてある大切な任命の辞令を受取った時には、十五歳の少年だった私は、嬉しくて跳びあがってしまった。なんの役にも立たない少年から一躍よい地位の公使館員に昇進したのである」（一六〇―一六一頁）。

十二月十三日（金曜日）旧十一月十二日

リンダウ博士Dr. Lindau、マキシモヴィッチ博士Maximowitsch(＊1)がアメリカの汽船セントルイス号で箱館から来る。

＊1　マキシモヴィッチ（Karl Ivanovich Maximovich 1827–1891）ロシアの植物学者。日本・黒竜江地方の植物を研究し、わが国には一八六一（文久元）～六四（元治元）年滞在。日本植物を数多く採集して命名した。

十二月十四日（土曜日）旧十一月十三日

シーボルト番号、一、二、三、四のついた生きた植物と種子をシー・ウィッチSea Witch号という船で、上海のT・クルースの所へ送った。

十二月十五日（日曜日）旧十一月十四日

（記入なし）

十二月十六日（月曜日）旧十一月十五日

新太郎は江戸へ。オハンナOhanna〔不明〕。

〔補注〕『蘭文日記』十二月十六日（月）旧十一月十五日には、
「私の十一月三十日の手紙に拒絶の返事(＊1)が来た。アレクサンダーの召使新太郎Sindaroを秘密に江戸にいる〔三瀬〕周三のところへ送った」（五四五頁）と記している。〔　〕は長尾氏による。

＊1　「拒絶の返事」とあるのは、後述十二月十八日＊1の「外

国奉行からの手紙」なのか。ただし、旧十一月十五日に翌日付（旧十一月十六日）の手紙を受け取っていることになってしまう。「返事」とは「人による伝達」のことか。もしくは、もう一通手紙が存在するのであろうか？

十二月十七日（火曜日）旧十一月十六日

アムール河と間宮海峡での流氷の後、その地域はまた寒くなる。なぜならば氷の塊が溶ける時には、多くの熱を吸収するからだ。

黒潮は、丁度メキシコ湾流と同じように、台風に大きな影響を与える。

〔覚書〕**気象に関すること**

アムール河と間宮海峡での流氷の後、その地域はより寒くなる。なぜならば氷の塊が溶ける時に、多くの熱を吸収するからだ。

黒潮は、丁度メキシコ湾流と同じように、台風に大きな影響を与える。

十二月十八日（水曜日）旧十一月十七日

新太郎帰る。

私の出発に関する外国奉行からの一通の手紙。

〔補注〕『蘭文日記』十二月十八日（水）旧十一月十七日には、

「私の出発に関する外国奉行の一通の手紙[*1]（十一月十六日の）。上〔右〕を見よ。」

と記している。〔 〕は長尾氏による。

＊1 「東大シーボルト文書」第八十八号「文久元年十一月十六日外国奉行より蘭人シーボルトへ長崎帰旅の件につき送船陸行共に其需に応じ難しとの回翰」参照。また、文末に「上〔右〕を見よ」とあるのは、旧十一月十五日の「拒絶の返事」を指すのであろうか？

十二月十九日（木曜日）旧十一月十八日

〔旧十六日付の〕手紙に返事を書いた。[*1]

＊1 「東大シーボルト文書」八十九号「文久元年十一月十八日蘭人シーボルトより老中へ帰崎の件につき尚護送を請ひし船号の誤並陸行を止まる旨を再び告げ来る書翰」参照。

十二月二十日（金曜日）旧十一月十九日

外国奉行を訪問。周三について報告した。

私の辞書(*1)〔日蘭英仏辞典〕と対馬について話した。

〔補注〕『蘭文日記』十二月二十日（金）旧十一月十九日には、

「神奈川奉行を訪問して、三瀬周三について、かれ自身を私の辞書製作に協力させたことを率直に話した(*2)」

と記している。

＊1 「日蘭英仏辞典」について、沓沢宣賢「シーボルト第二次来日時の外交的活動について」(『東海大学紀要文学部』第四十一輯 昭和五十九年 一一九頁）によれば、

「三瀬が辞書作成の所でも協力していたことは一八六二年一月十日、横浜より老中宛出した書翰の中に「余出島に於て和蘭語・英吉利語・佛蘭西語を書き入れたる日本辞書を刊行せんとする企あり。余此辞書を著述せんと欲して三十五年以来取掛れり。周三は二年以来此著書の事に就き余を助けたり。余此後彼の助けを得ざれば、此書を刊行せしむること能はず」とあることからも伺える。」

として、同論文の註に、次のように記載されている。

「『三瀬諸淵先生遺品文献目録』には「日蘭英仏対訳日本大辞典」として、三瀬が二十二歳の時長崎出島においてシーボルトと共に作製したものであると説明されている」。

＊2 「東大シーボルト文書」第九十一号「文久元年十二月十一日蘭人シーボルトより老中へ門生周三が犯法の為に拘留にあへる歎訴の書翰」、同第九十七号「文久二年正月二十日、外国奉行よりシーボルトへの返翰」、同第九十九号「文久二年五月十五日伊予国大洲城主加藤出羽守家来より老中へ蘭人シーボルトに従ひ医術修行の者預の儀に就ての届」参照。

十二月二十一日（土曜日）旧十一月二十日

とても甘いクネンボ Citrus nobilis が紀州から来た。

相変わらず市場にはブドウが出回っており、全て肌色をした種類で、ことのほか甘い。もともとその皮は、われわれのものよりも割合に厚いものであるが、マラッカのブドウによく似ているとのこと。

〔覚書〕クネンボ

このきわめて良質のオレンジは、紀州藩から江戸にきたものである。しかし長崎のものもすばらしい。

十二月二十二日（日曜日）旧十一月二十一日

市場に大きなシマガニ Inacus Kaempferi[*1]が出回る。鋏を拡げると八フィートにもなる一匹の他、数匹を購入した。これらは小田原湾で網にかかったものである。[*2]

＊1　十一月二十三日の＊1参照。
＊2　同様の記述が十一月二十三日に見られる。想像ではあるが、シーボルトは新暦と旧暦の日付を間違えて記入し、どちらかを書き直したのであろうか？

十二月二十三日（月曜日）十一月二十二日

奉行は私に一つの住居を提示した。しかし私はそれが小さすぎ、状態も悪いとの理由で〔手紙にて〕拒否した。[*1]

＊1　この手紙の返書が翌年一月四日に、神奈川奉行所組頭からシーボルト宛に届けられている。すなわち「和蘭人ヱスクハイル・ホン・シーボルトえ」として、次のように書かれている。

「我十一月廿二日被差出候書翰致披見候手廣之御役宅借用致旨申出候趣尤に候得共既に過日被致一覧候御役宅も是迄住居之者退転して其許之貸渡すべきと存候程にして當時支配之役に未だ銘々一軒宛配給するに致らす半者農家ニ假住居し加え各国コンシェル等之貸渡たるも数軒なれ者其許被望候恰好之家者無之候間不都合之儀者察し候得共及断候間回答如此候　謹言　文久元年酉十二月五日〔西暦一八六二年一月四日〕若菜三男三郎　松村忠四郎　星野金吾」『シーボルト書翰集』（一三二頁）。

十二月二十四日（火曜日）旧十一月二十三日

七フィートもあるサメ Haifisch を市場で見た。[*1]

〔覚書〕サメ

横浜の市場で七フィートもあるサメを見た。

＊1　二十二日の記述か？　筆跡が似ている。

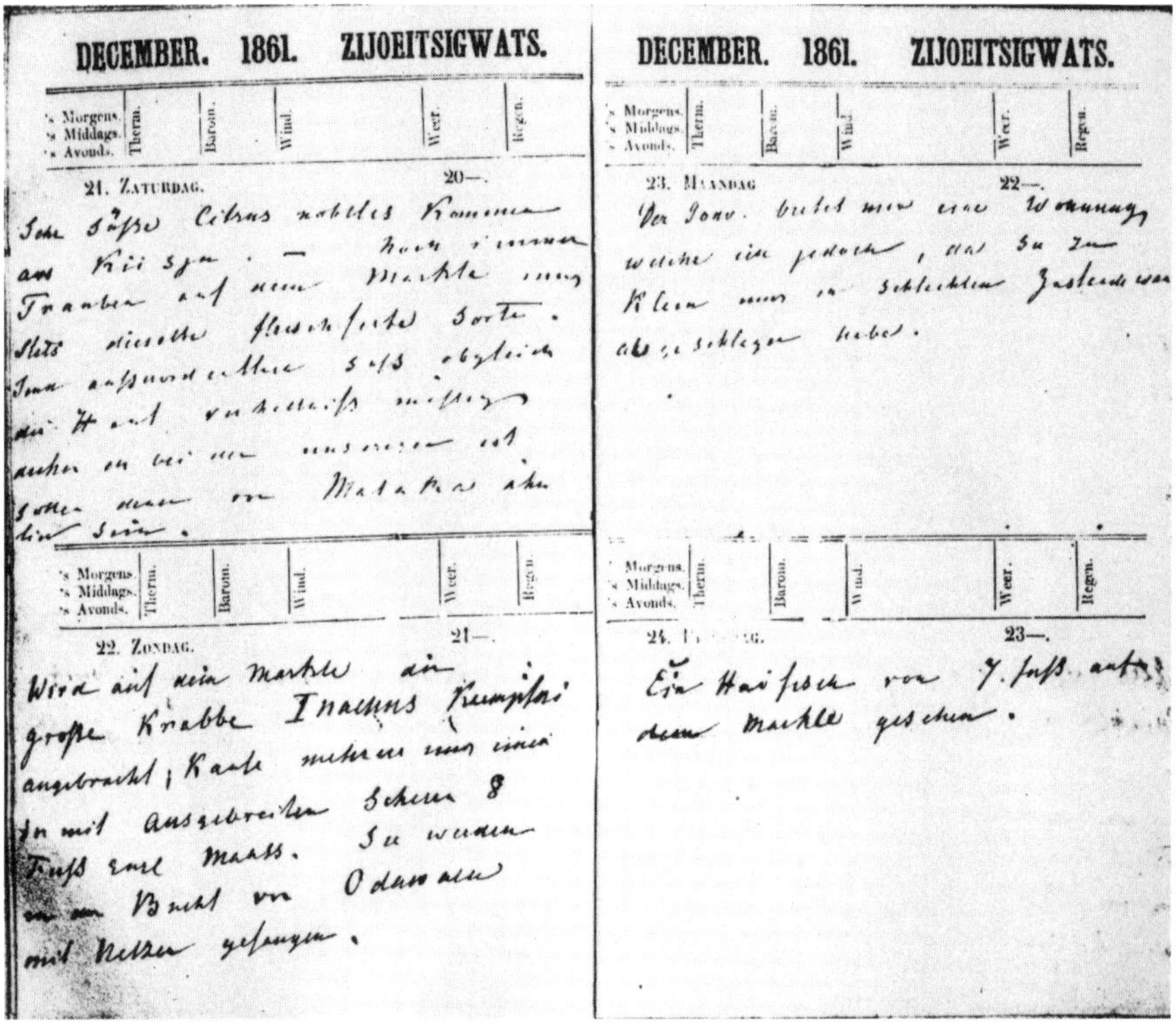
DECEMBER. 1861. ZIJOEITSIGWATS.

's Morgens. 's Middags. 's Avonds. Therm. Baron. Wind. Weer. Regen.

21. ZATURDAG. 20—.

Sehr süsse Citrus nobilis Kunenbo aus Kiisju. — Noch immer Trauben auf dem Markte, stets dieselbe fleischfarbige Sorte. Innen ausserordentlich süss, obgleich die Haut verhältnissmässig [illegible] [illegible] Matsmai [illegible] sein.

's Morgens. 's Middags. 's Avonds. Therm. Baron. Wind. Weer. Regen.

22. ZONDAG. 21—.

Wird auf dem Markte eine grosse Krabbe Inachus Kaempferi angebracht; [illegible] einen Fuss mit ausgebreiteten Scheren 8 Fuss engl. Maass. Sie werden in der Bucht von Odawara mit Netzen gefangen.

DECEMBER. 1861. ZIJOEITSIGWATS.

's Morgens. 's Middags. 's Avonds. Therm. Baron. Wind. Weer. Regen.

23. MAANDAG. 22—.

Der Gouv. bietet mir eine Wohnung welche ich jedoch, da sie zu klein und in schlechtem Zustande war, abgeschlagen habe.

's Morgens. 's Middags. 's Avonds. Therm. Baron. Wind. Weer. Regen.

24. [illegible] 23—.

Ein Haifisch von 7. Fuss auf dem Markte gesehen.

1861年12月21日～24日の独文日記

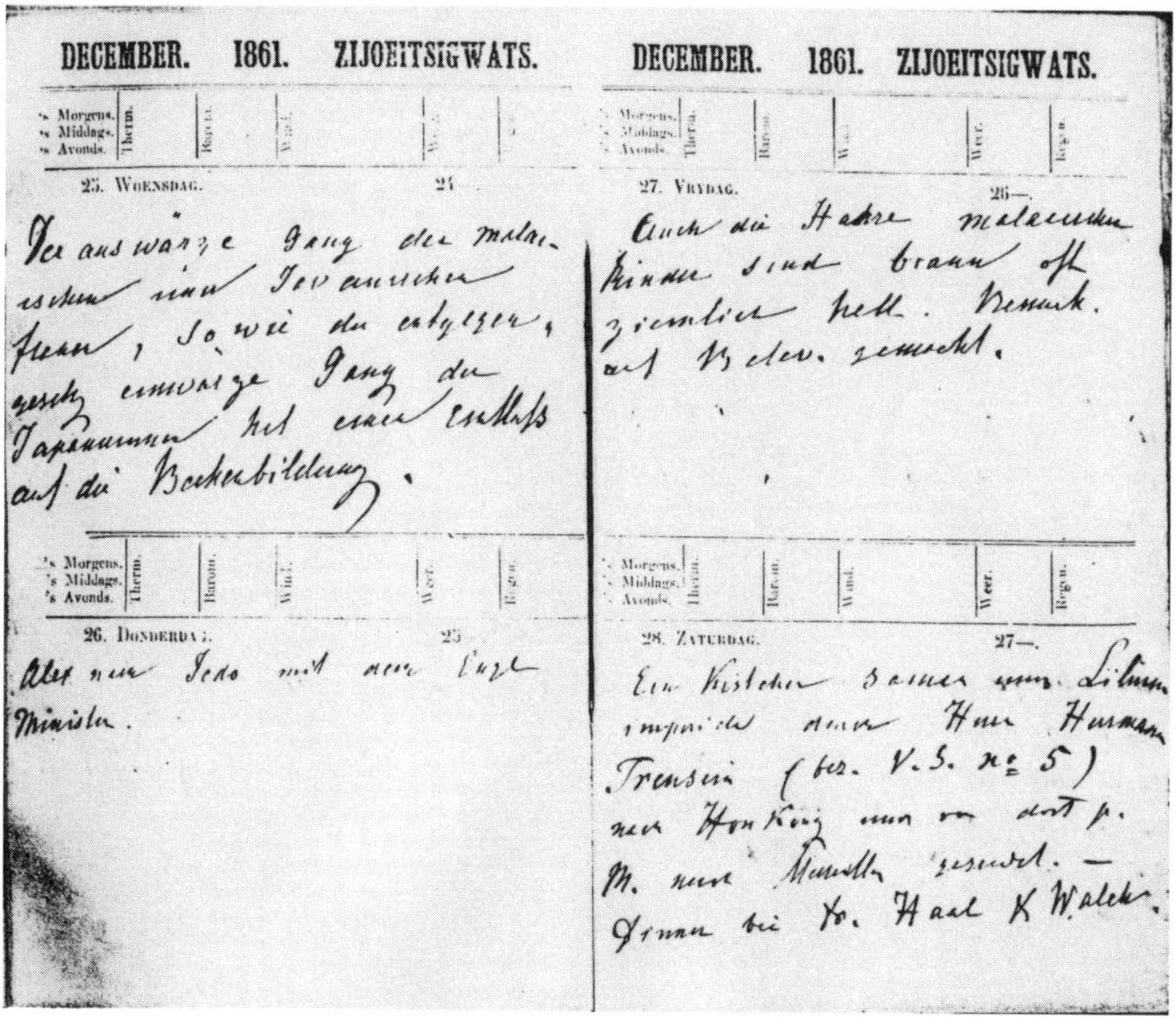

1861年12月25日～27日の独文日記

十二月二十五日（水曜日）旧十一月二十四日

マレーとジャワの女性たちは外股で歩行する。これに対して日本の女性たちは内股で歩行する。これは骨盤の形成に影響を及ぼす。(＊1)

〔覚書〕**解剖学的なこと**

マレーとジャワの女性たちは外股で歩行し、日本の女性たちは内股で歩行する。これは骨盤の下部の形成に影響を及ぼす。

＊1　ここの記述も筆跡が他とはやや異なり、内容から見て翌年（一八六二年）のヨーロッパ帰国途中のジャワ滞在期間（六月十七日―十一月十四日）に観察記録したものと推察される。未記入であった十二月二十五日の欄にメモとして記載したのであろうか。〔図版参照〕

十二月二十六日（木曜日）旧十一月二十五日

アレクサンダーがイギリス公使に同行して江戸へ向かった。

十二月二十七日（金曜日）旧十一月二十六日

マレーシアの子供らの髪も茶色で、かなり明るい色をしているものもいる。バタヴィアで観察。(＊1)

＊1　ここの記述も十二月二十五日の＊1と同様。

十二月二十八日（土曜日）旧十一月二十七日

種子の入った小さな箱とヨシノユリ Lilium imperialeを、ヘルマン・トロイザイン Hermann Treusein氏を通じて（シーボルト番号、五）香港へ、そこから船便でマニラに送った。(＊1)

ハール博士とワァルシュ博士 Dr. Haal & Walsh の家で夕食。(＊2)

＊1　「シーボルト番号、五」は十二月十四日の記述に続くものであろう。

＊2　シーボルトは Dr. Hall を Dr. Haal と聞き違えたのだろうか。Dr. Hall であれば、のち一八六二年四月ワァルシュ（Thomas Walsh）とアメリカ系商社 Walsh Hall & Co. を設立

した人ということになる。社長にワァルシュが就任。彼は長崎のアメリカ名誉領事となった人でもあった。

十二月二十九日（日曜日）旧十一月二十八日

シカ、イノシシは非常によく市場に出回る。横浜界隈では、クマ Ursus Tibetanus、キジ Fasianus Kiji、またはウサギもよく見られ、テンジクネズミ Meerschweinchenも飼われている。

〔覚書〕**動物学のこと**

シカ、イノシシ、キジFasianus Kisi、そしてウサギはよく横浜の市場に出回る。サル、クマ、クジャク、ツル、キンキジやギンキジ[*1] Gold und Silberfasan、ガチョウ、バリケン[*2] Bisamenten、テンジクネズミがたくさん購入できる。バリケンは真っ白。

＊1　キンキジ（錦雉）はキジの一種。中国原産。形状・羽毛とともにキジに類した羽毛美麗。雄はことに美しく頭上に黄金色の冠羽を戴き、背は緑色、翼は藍色。羽毛は褐色。雌は茶褐色。黒斑がある。ニシキドリ。赤雉。なお、シーボルト『日本』第二巻の「第三章　長崎から小倉への旅、二月二〇日〔旧一月十四日〕の条」に、

「キンキジやギンキジは日本の原産ではなく、わが国におけると同様に、ただ楽しみとして飼われるだけであるが、繁殖力が強くたくさんとれる。その原産地は多分中国である」（二五五頁）

と記している。

＊2　台湾鵞・広東鵞、カモの一種。南アメリカ産。家畜化されて飼育されるが、現在日本では少ない。台湾アヒル。

十二月三十日（月曜日）旧十一月二十九日

アレクサンダーに手紙を書いた。

真っ白なバリケンと、首が長く、嘴にこぶのあるガチョウが手に入る。キンキジ、ギンキジ、クジャクも。〔図版参照〕

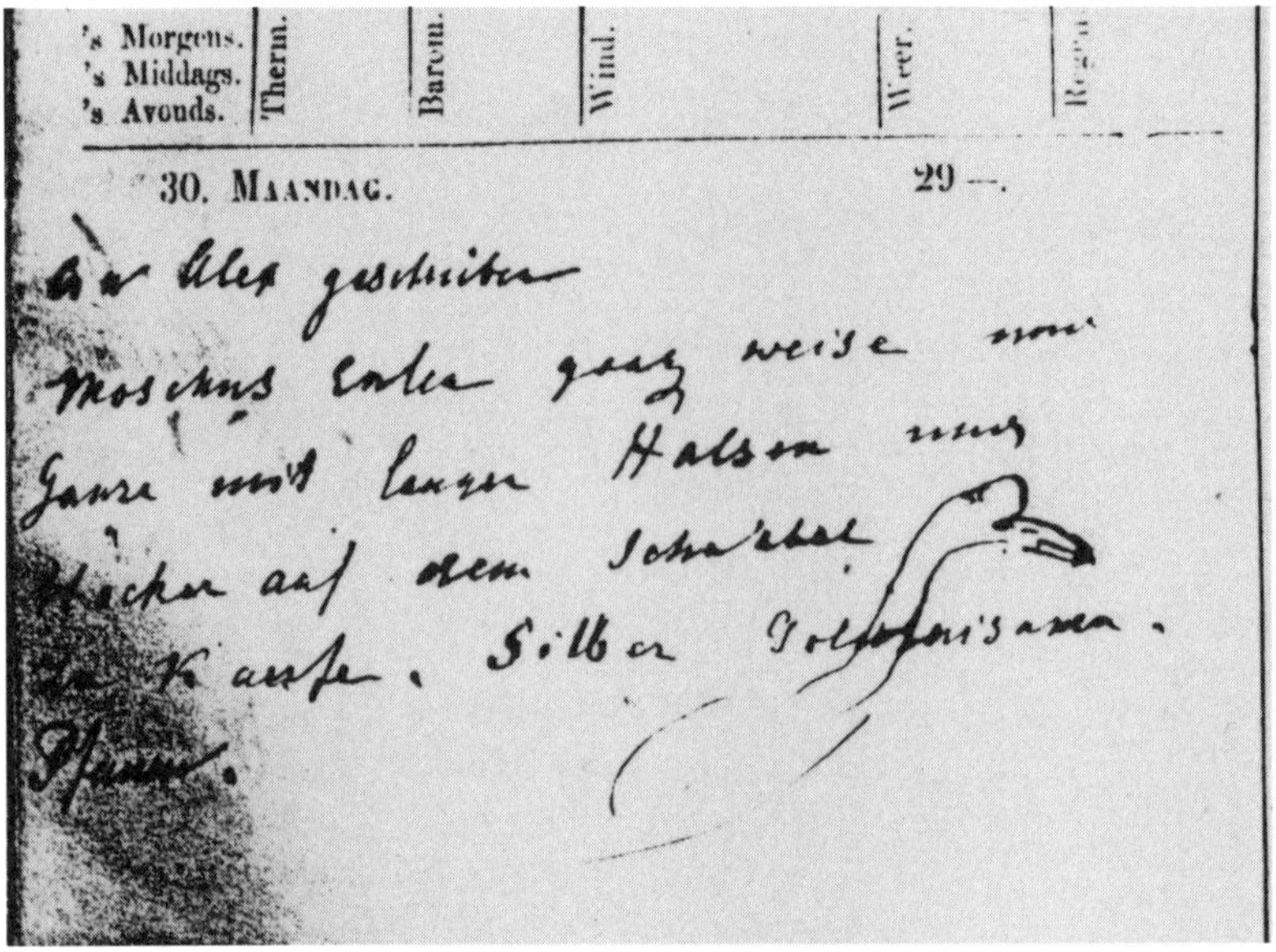

1861年12月30日の独文日記。ガチョウが描かれている。

十二月三十一日（火曜日）旧十二月一日

セントルイス号の船上で朝食。

あるマツ、繊細な葉を有するトラノオToranowoという植物に、アビエス・オールコッキアナAbies Alcockianaという名称が与えられた。(＊1)

〔覚書〕アビエス・オールコッキアナ

オールコック氏の富士登山に同伴した、イギリスの園芸家ヴェイチ(＊2)は、箱根の山に生えているマツをアビエス・オールコッキアナAbies Alcockianaと命名した。これは日本名トラノオという繊細な葉を有するトウヒ類で、アビエス・ポリータAbies polita(＊3)に似ている。

＊1　これは正式発表されていない。現学名はPicea alcokiana、和名はマツハダ。

＊2　ヴェイチ（John Gould Veitch1839–1870）イギリスの園芸家。

＊3　現学名はPicea polita S. & Z.、和名はトラノオモミ。

一八六二年一月一日〜三日〔横浜滞在〕

一月一日（水曜日）旧十二月二日

水戸藩主は、将軍家の家臣の中に多くの同志をもっている。例えば、次のような藩主がいる。薩摩、越前、筑前、肥前、土佐（隠居）、伊予（隠居）、仙台、尾張（隠居）─。御三家には尾張、紀州・水戸がある。御三卿は一橋、清水、そして田安がある。

〔覚書〕政治的なこと

水戸藩主には、将軍家の家臣の中に多くの同志らがいる。例えば、薩摩、越前、筑前、肥前、土佐（隠居）、伊予（隠居）、仙台、さらに尾張（隠居）の藩主たちである。御三家、すなわち三つの徳川家、尾張、紀州、そして水戸がある。御三郷は一橋、清水、田安である。

一月二日（木曜日）旧十二月三日

長崎奉行支配組頭依田克之丞〔手紙を書く〕。

一月三日（金曜日）旧十二月四日

（記入なし）

「もはや未来をもたない者に、現実は嘔吐を催す」

〔補注〕最後の一行の記述は、日付なし。〔図版参照〕

〔『独文日記』（一八六一年一月一日〜一八六二年一月三日分）記述は以上〕

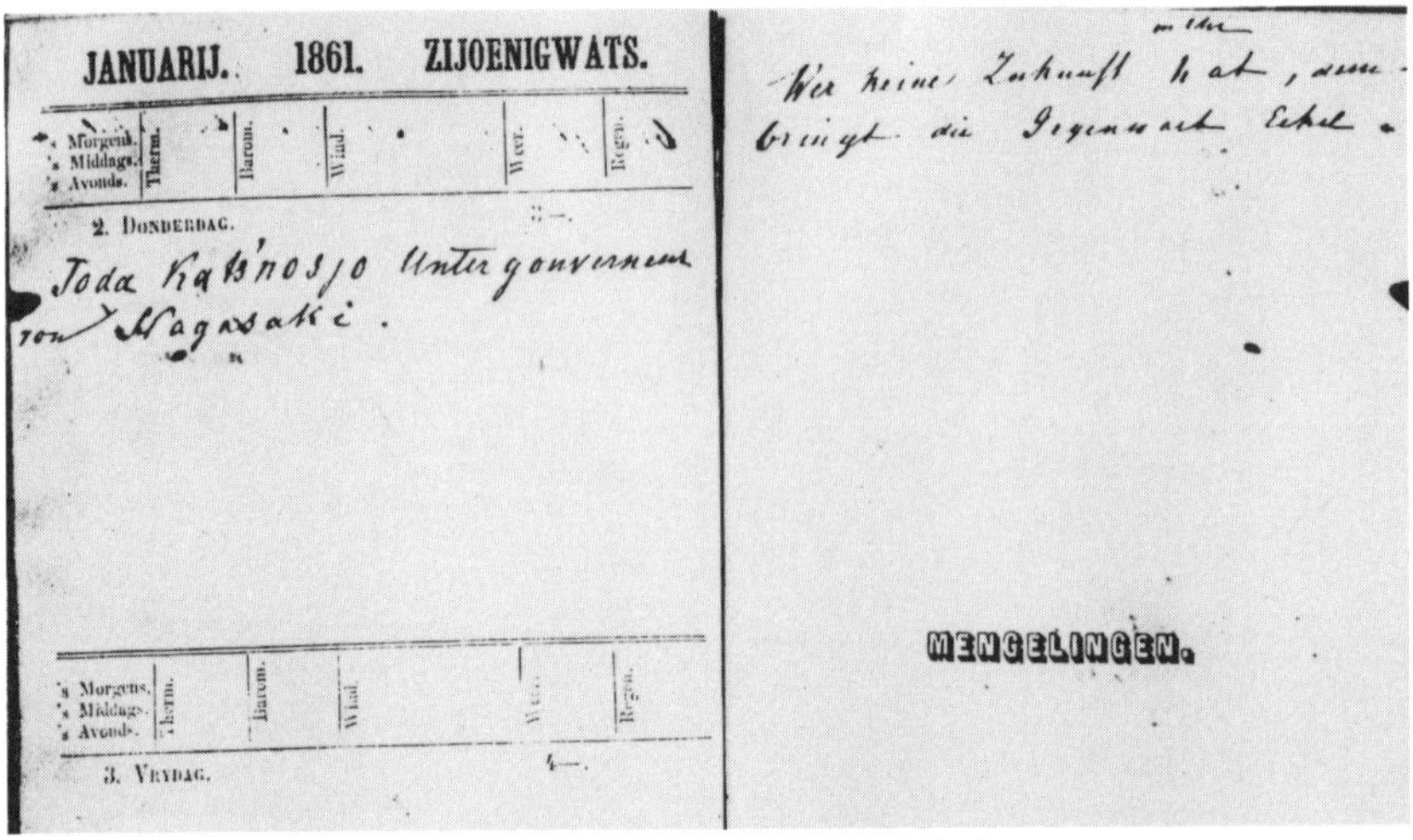

JANUARIJ. 1861. ZIJOENIGWATS.

's Morgens. 's Middags. 's Avonds. Therm. Barom. Wind. Weer. Regen.

2. DONDERDAG.

Toda Katsnosjo Untergouvernem von Nagasaki.

's Morgens. 's Middags. 's Avonds. Therm. Barom. Wind. Weer. Regen.

3. VRYDAG.

Wer keine Zukunft hat, dem bringt die Gegenwart Ekel.

MENGELINGEN.

1862年1月2日の独文日記（日記部分最終頁）
最上部の年号が1861年になっているが、この頁は年を越えた1862年1月2日・3日である。3日の欄は未記入。次頁MENGELINGEN（寄せ集め、雑記）部分の扉に最後の一行が記されている。

それ以前

（一八五九・一八六〇年の「日記風雑記」より）

一八五九年八月六日〔シーボルト二度目の来日〕

八月六日（土曜日）安政六年七月八日

日本の出島に到着。(*1)

*1 アレクサンダーの著書によれば、出島上陸についてこう書いている。

「私たちはボートに乗って出島に渡り、いわゆる水門から上陸した。陸地に面していた町の門と同じように、以前は門番がいた。数人が一団となってそこに待機していたが、私たちを迎えに出ているようだった。彼らのうちにはいわゆる荷倉役もいたが、彼、彼は長官ドンケル・クルチウス氏Donker Curtius(*2)の名代として父に挨拶し、官舎に泊まるように招じ入れた。父はこの招待を感謝して受け、深く感動していた」(四八頁)。

*2 ドンケル・クルチウス(Jan Hendrik Donker Curtius1813-1879）オランダの外交官。一八三五年ジャワ島に渡り、司法官となり、高等法院に転じ、一八五二（嘉永五）年出島のオランダ商館長として来日。国書によって、近くアメリカ船が

「出島」表門部分。水門はこの絵の部分より左側にある。
（『オイレンブルク日本遠征記』より、ドイツ東洋文化研究協会蔵）

来航して開国を求めることを警告し、日蘭通商条約の締結を求めたが、幕府はこれをいれず、日米条約締結後、ようやくこれに準じて新条約を結んだ。その他、海軍伝習、士官招聘、軍艦の建造などに尽力した。一八六一（文久元）年オランダへ帰国。

八月十六日（火曜日）旧七月十八日

長崎奉行（岡部駿河守）に謁見。[＊1・2]

＊1　アレクサンダーの著書によれば、

「父が出かけて行った最初の公式訪問のひとつは、長崎奉行岡部駿河守のところで、ドイツ語でいえばOkabe, Herr von Surugaである」（五〇頁）

として、さらに

「奉行との対面はたいへん仰々しく取り行なわれた。父はオランダの陸軍大佐の制服を着て、たくさんの勲章をつけていた。私はビロードの上着をきて父について行った。奉行所の玄関では用人が私たちを出迎え、広間に集っていた役人たちの傍らを案内されて通り過ぎたが、彼らはみんな礼装し、真新しい畳に跪づき、体を曲げてお辞儀をした」（五二頁）

と述べ、この時の対面の状況を詳しく書いている。

＊2　岡部駿河守長常（一八二五―一八六七）。一八五七（安政三）年から一八六一（文久元）年まで長崎奉行。在任期間中の一八五八（安政五）年には、日蘭通商条約の交渉をはじめ、飽之浦製鉄所建設、英語伝習所設立などに努力。また、ポンペと松本良順の意見を容れて、長崎養生所の開設、死体解剖、コレラ防疫など医学普及に理解を示した。

八月二十一日（日曜日）旧七月二十三日

本蓮寺の境内に移った。[＊1・2]

＊1　アレクサンダーの著書によれば、

「父は出島や外国人の住居地以外の、ある寺に居を定めることを認めてほしい、と奉行に頼み、間もなく願い通り許可され、本蓮寺へ移転が実現した」（五二頁）

と述べ、さらに

「本蓮寺は、緑の月桂樹の冠で囲んだように、町の高いところを取り巻いているたくさんの寺院のひとつで、はるか下の方にある市街や大名屋敷や港湾を望む景色はすばらしく、両側に突き出た丘は、その湾の添景をなしている」（七五頁）

として、周辺の景観についても詳しく記している。また、移り住んだ部屋について、

長崎・大浦外人居留地（右）と出島
（F. ベアト撮影　1864年頃　横浜開港資料館蔵）

「内部には表座敷全体の長さの戸棚が作ってあり、その中に以前は仏像やこの寺に埋葬されている人々の位牌があった。これらのものはすでに片付けられて、その代りに父の蔵書が入っていた。冊数は数千もあり、およそ四〇の箱につめてあった。その間に再び修理を終えた高度計や最高・最低温度計や湿度計が表座敷に掛けられ、それで観測するのが私の仕事になった」（七六頁）と述べている。

＊2　一六二〇（元和六）年、本瑞院日恵によってサン・ジョアン・バウチスタ教会の跡地に建立された日蓮宗の寺院（現在の長崎市筑後町）。海軍伝習生頭役として、長崎を訪れた勝海舟が一八五五（安政二）年から翌年までこの境内の大乗院に滞在した。シーボルトが起居したのは、境内の一乗院（門を入った左側）であった。

八月二十六日（金曜日）旧七月二十八日

蝦夷のことなど

ムラカミチョウゾウ Murakami Tsjo sô、この六十六歳になる老人(＊1)は私にある紙片を返した。それは彼が蝦夷へ旅行したときに、私の希望しているものの一覧表として持たせておいたものである。当時、この侍は日本の勘定奉行所にいて、私が望む多種多様な珍品を調達してくれていた。

＊1　ムラカミチョウゾウ Murakami Tsjo sô なる人物は不詳。

八月二十七日（土曜日）旧七月二十九日

町医者吉雄幸載が来訪

町医者の幸載が来訪。(＊1) 今は七十歳代の高齢者。私は一八二三年、彼の家で初めて日本の病人の診察をした。そして彼について来た当時七歳の息子に、日本で最初の牛痘を行なった。(＊2) しかも首尾よく成功した。(＊3) 彼は今日に至るまで、天然痘が猛威をふるっている最中にあっても、この伝染病にはかからずにいたのである。

＊1　吉雄幸載（一七八八―一八六六）は圭齋の子として生まれ、初め猪熊五兵衛と称した。諱は種通、素友と号して吉雄幸載（種徳）の養嗣となる。初め幸沢、のち幸載と改める。出島オランダ商館および唐館出入りの医師となり、一八一七（文化一四）年長崎施薬院外科に任ぜられる。一八二四（文政七）年三月、樺島町の家塾（青嚢堂）をシーボルトに提供し、シーボルトのための治療講習所を設け、また門人として従学。一八二九（文政一二）年隠退。一八六六（慶応二）年没。著書に『和蘭外科諸膏製薬書』『吉雄流外科製薬書』がある。

＊2　シーボルトは当時七歳の子供に牛痘を行なったと書いているが、『長崎オランダ商館日記』十（日蘭学会編　雄松堂出版一九九九年）の一八二三年八月二十四日の条には、「医官ファン・シーボルトは二人の子供にワクチン〔牛痘〕の最初の実験を行なった。そのうち一人は名をチョウソロウTsiosoroといい五歳、そして、もう一人は名をイメシImesiといい一歳である」（二九六頁）と記載している。『出島の科学』―日本の近代科学に果たしたオランダの貢献―展覧会目録（長崎市立博物館二〇〇〇年十月十八日～十一月二十六日開催）によれば、「シーボルトの来日（一八二三年）のとき乳飲み子の圭齋は牛痘を植えてもらった。一八五九年再来日したシーボルトは圭齋の腕をみて痘がついているのを確かめた」とある。商館日記に記載のイメシImesiは、この『出島の科学』に記載の圭齋であろうか。シーボルトの日記は三〇年後のものであり、種痘した二人の子供のいずれかの年齢を勘違いして書いているのであろう。その圭齋は、吉雄圭齋（一八二二―一八九四）のことであり、幕末・明治前期の医家。吉雄耕牛の弟猪熊五兵衛の子孫、樺島町吉雄家の始祖吉雄幸載から数えて三代目。一八四七（弘化四）年出島出入医師となり、一八四九（嘉永二）年モーニッケが牛痘接種法を伝来した時、その普及に尽力。一八五五（安政二）年ファン・ブルックJ.K.van Broekより医術、化学、物理を学び、写真術を修習した。一八六三（文久三）年長崎病院御用掛、一八六八（明治元）年長崎医学校の執事、一八七〇（明治三）年熊本病院長を歴任したが、翌年長崎に戻って開業した。一八九四（明治二七）年没。

＊3　シーボルトは最初の渡来の十一月十八日に、出島から叔父

のエリアス・フォン・シーボルト宛の手紙の追伸で心から謙虚な気持ちを述べ「私はワクチンを最初に日本に紹介しました」と、初めて実験を試みたと書いている。『シーボルト父子伝』によれば、

「シーボルトがジャヴァから持参した牛痘漿は、長い間船倉におかれたため効力を失っていた。その後船足を速めて始めて牛痘漿は一八四八—九年にオランダの陸軍々医オット・モーニッケによって長崎で実施された」（二八頁）

とあり、モーニッケが最初に成功した人物であると述べている。また、栗原福也氏の論文「フォン・シーボルト来日の課題と背景」（『シーボルト日本の開国・近代化』宮崎道生、箭内健次編　続群書類従完成会　三五—六頁、三九頁）では、さらにシーボルトと種痘との関係について詳しく考察され、善痘しなかったと書いている。シーボルトは「首尾よく種痘が成功した」と記述しているが、これは彼が述べているだけのことであって、その根拠となる資料がないので、真偽のほどは定かではない。

九月一日（木曜日）旧八月五日

松本

松本良順(*1)。江戸に住むこの学識ある医者が、長崎の町年寄を来訪。江戸から長崎に派遣されたオランダ海軍伝習所の学生たちの教育指導が彼に委ねられた。彼が言うには、栗本鋤雲（一八二六年将軍の侍医であった私の友人瑞見の息子(*2)）が幕府から蝦夷の箱館に派遣されて、この島の植生を調査しているとのことである。紙。和紙、浅草紙は植物を乾燥させ保存するのに特に適している。

＊1　松本良順（一八三二—一九〇七）、下総国佐倉藩医佐藤泰然の次男。幕府医官松本良甫の養子となり、良順のち順と改名。長崎に留学してポンペの助手となった。のち江戸に帰り西洋医学所頭取になり医学所を改革。戊辰戦争では会津に病院を設けて傷病者の治療に尽くした。

＊2　栗本鋤雲（一八二二—一八九七）、父は喜多村槐園。栗本家の養子。幕府の侍医だったが、一八五八（安政五）年箱館に移住してさなざまな開発に尽力し、一八六二（文久二）年箱館奉行所組頭。翌年江戸に召喚され、以後横浜鎖港交渉、横須賀造船所・製鉄所の建設、フランス式陸軍伝習の導入などに尽力し、軍艦奉行・外国奉行などを歴任。明治期は新聞記者として活躍した。

九月三日（土曜日）旧八月七日

猛暑

午後二時から三時まで、日陰で西向きの温度計の最高気温は華氏九七度、[*1] 最低気温は夜の七八度。部屋の中でも摂氏三四度あった。

*1 華氏九七度は摂氏約三六・一度、華氏七八度は摂氏約二五・六度。これらの記述によると、シーボルトは屋外では華氏温度計、屋内では摂氏温度計を使用していたと思われる。

九月六日（火曜日）旧八月十日

日本の医師たち、河野禎造

日本人医師―長崎奉行の主治医オオゾノリュウコウ Wôzono rijko[*1] と大村藩王[*2]の侍医尾本公同[*3]は、二人ともオランダ語を話す。

河野禎造[*4]の来訪。彼は筑前藩の役人で、すぐれた本草家でもある。彼から植物名とその解説に植物画が添えられた、三巻からなる書物を貰う。文章も絵も彼自身の手によるもの。日本人たちの模写。

私が一八二三年から一八二九年までに収集し、当時の植物学者伊藤圭介[*5]、高良斎[*6]およびその他の門人たちと一緒に作成した、日本のあらゆる植物を体系的に命名した目録[*7]は、私の当時の発見と命名の証拠と見なされよう。しかしそれを心ないC・L・ブルーメ博士 Dr. C. L. Blume[*8] は、植物学者ではないH・ビュルゲル氏 H. Bürger[*9] を第一の発見者とし、その功績を私から奪ってしまった。[*10]

*1 オオゾノリュウコウ Wôzono rijko なる人物は不詳。

*2 大村純熈（一八二五―一八八二）幕末の大名。肥前国大村藩主。父は純昌。一八四七（弘化四）年家督相続。松林飯山を藩校学頭に迎える。一八六三（文久三）年長崎奉行、ついで同総奉行に任ぜられたが赴任しなかった。この間藩内では勤王派と佐幕派の対立が激化。一八六七（慶応三）年藩論を勤王に導き、戊辰戦争では率先して官軍についた。

*3 尾本公同（?―一八九七頃）、三河出身で、涼海とも称した。一八五〇（嘉永三）年大村藩の五人扶ち侍医。第一期海軍伝習が行なわれた際、ファン・デン・ブルク（Dr. J. K. van den Broek 1814-1865）に化学・写真術などを学んだ。一八六二（文久二）年、海外に輸出できそうな商品を探るため、幕府が役人や長崎商人に加えて高杉晋作らを上海に派遣した

調査団に医師として参加している。

＊4　河野禎造（一八一七―一八七一）名は剛。原田種彦の実子で、筑前藩士河野春龍の養子となる。すでに洋学を修め、藩侯（黒田長溥）の命により長崎へ十四年間留学し、医学および化学を学ぶ。また、シーボルトおよびファン・デン・ブルクの指導を受けたともいわれる。自ら農事を修めた。主著に『農家備要』『農事花暦』などがある。

＊5　伊藤圭介（一八〇三―一九〇一）、幕末・明治の植物学者。尾張藩の人。一八二六（文政九）年シーボルトの江戸参府の途次、宿舎を訪れ博物学上の知識を交換したのを機に、翌年長崎に赴いて、シーボルトに師事し、ツュンベリーの『日本植物誌』を翻訳注釈して『泰西本草名疏』を刊行。リンネの植物分類法を初めて紹介した。一八五九（安政六）年尾張侯医師となり、また洋学翻訳教授となった。一八六一（文久元）年蕃書調所に物産学出役を命ぜられた。シーボルトが再び来日した時、横浜で再会している。明治期に入ると東京大学に職を奉じ、一八八一（明治一四）年教授となる。わが国の理学博士第一号となった。著書に『救荒植物便覧』『暴瀉病手当心得書』『日本産物志』など多数ある。

＊6　高良斎（一七九九―一八四六）、阿波国徳島生れ。本姓山崎氏。眼科医高錦国の養子となり眼科を修め、本草学を乾桐谷に学ぶ。一九歳のときに長崎に留学し、蘭学と蘭方医学を学んだ。一八二三（文政六）年来日したシーボルトに師事、鳴滝塾の塾頭となる。一八二六年シーボルトの江戸参府に随行。一八二八年のシーボルト事件に連座したが許され、一八三〇（天保元）年徳島で開業。一八三六年大坂に移り昭淵堂と称して大坂蘭学の中心となり、一八四〇年明石藩の医員となった。著訳に『薬品応手録』『西医新書』がある。

＊7　これについては、山口隆男著「シーボルトと日本の植物学」（『CALANUS（熊本大学合津臨海実験所報）』）特別号一　一九九七年刊に所収の「シーボルト自筆の日本植物リストA」（一一三―一二四頁）、「シーボルト自筆の日本植物についての記述集」（一二八―一一九頁）、「ビュルゲルその他の人々が収集した標本類」（一二八五―一二九七頁）に詳細にわたる解説がある。

＊8　カール・ルートヴィッヒ・ブルーメ（Carl Ludwig Blume 1796-1862）ドイツ人医師・植物学者。一八二二年バイテンゾルフ植物園長。一八二六年ヨーロッパに帰りオランダの国立植物標本館長に任ぜられ、同時にライデン大学教授の称号を与えられた。一八四二年シーボルトと共に王立園芸奨励協会を設立。著述に『ジャワ植物誌』『植物学博物館』などがある。

＊9　ハインリッヒ・ビュルゲル（Heinrich Bürger 1806-1858）ユダヤ系ドイツ人の薬剤師・博物学者。一八二五（文政八）年、長崎のシーボルトの要請で助手として来日。鳴滝塾で理化学・鉱物学を教え、その傍ら日本の自然科学的研究に関与し、鉱泉分析・動植物の収集、目録の作成に従事した。一八三九（天保一〇）年帰国。のちオランダに帰化し、バタヴィ

アに住んだ。

＊10　これに関する記述に「Ｐｈ・Ｆｒ・フォン・シーボルトの晩年の書翰」―オランダの内務大臣宛に書かれた日本植物蒐集に関する書翰―　石山禎一訳（『鳴滝紀要』創刊号　シーボルト記念館　平成三年刊　一二〇―一二一頁）がある。また、前掲＊7山口隆男著に所収の「ビュルゲルの作成した日本植物リスト」（一二八―一二九頁）および「シーボルトとブルーメの確執」（三二二―三二九頁）に詳細な論考がある。

九月九日（金曜日）旧八月十三日

ある処刑された罪人の死体解剖

早朝、二人の罪人が牢屋で首を刎ねられた。一人の死体は、出島のオランダ人医師ポンペ・ファン・メールデルフォールト男爵 Pompe van Meerdervoort（＊1）に、腑分けと外科的な手術のために、長崎の町年寄より委ねられた。これは日本では、数百年以来未曾有の許可である。付き人が三つ合図を出し、その三つ目に盗人は打ち首になった。頭部はエタ Jeta という階級出身の死刑執行人によって一刀の下、斜めに切り落とされた。まるで剃刀を使ったような切り口だった。折しも、長崎にはコレラが蔓延していて、長崎奉行は宗教的理由で普段は行わない死体の腑分けをすることが、一般民衆の感情を刺激しないようにと、御触れを出した。それは、「日本人とヨーロッパ人の身体の違いを認識し、コレラの治療に生かすために、死体の検分を行なう」というものであった。

西洋医学の信奉者は皆、この腑分けに参加した。そして、この罪人は人びとの役に立ったということで、奉行は次のことを敢えて行なった。処刑されたものの死体を墓地で僧侶によって、一般の人と同様に埋葬し、そこに墓石を建てたのである。通常、処刑された罪人の死体は清められない場所に、僧侶の祈りもなく埋葬されるだけである。〔一八六一年三月八・九日の覚書「刑罰、斬首」参照〕

＊1　ポンペ・ファン・メールデルフォールト（Johannes Lydius Catharinus Pompe van Meerdervoort 1829–1908）オランダの軍医。一八五七（安政四）年海軍伝習所医官として来日。長崎の養生所（精得館）などで西洋医学を教授。著書に『日本における五年間』がある。

九月十二日（月曜日）旧八月十六日

尾本公同が来訪。金、銀、そしてコバルトなど、筑前で採れる鉱物を贈られた。

九月十三日（火曜日）旧八月十七日

芸をするヤマガラ

われわれの所に芸を仕込まれたヤマガラ Jamakara の雄が持ち込まれた。小さな箱を開け、番号を取り出し、自分の餌を長い柄の付いた桶で井戸から引き上げ、藁縄を動かし、矢を射る。音にはとても従順！「もっと」、つまり「もう一度」、という呼び声でその芸を繰り返す。この雄のそばの籠の中に若い雌がいた。こちらは青味がかった黒色。飼い主が言うには、その色は年とともに変わるとのこと。

九月十四日（水曜日）旧八月十九日

出島の植物園 ―ケンペル・ツュンベリーの石碑―

出島の地を訪れる。一八二四年、私はそこに植物園をつくった。一八二九年末にはおおよそ一二〇〇もの樹木や草が――そのうちほとんどが有用で観賞用の植物――植えられ、可能なかぎり名前を記した。しかし、その最後の区域が私が出島に到着する直前（一八五九年八月六日）に資材置場にするために、樹齢三〇年以上の木が、ヴァンダル族 Vandal(＊1) のような破壊欲をもって伐り倒された。私が自分の住居の傍に植えておいたシダレヤナギ Trauerweide、チョウセンマツ Pinus Koraiiana、クロベ属 Thujen、ビャクシン属 Juniperus、そして門の入口にある二本のイヌマキ Podocarpus Maki は無事だった。というのも、これらは住居の庭にあったからだ。ただ、この庭の部分がオランダ商館員の住居を取り囲んでいたにもかかわらず、多くの珍しい植物は救われなかった。〝日本における自然科学的調査を帯びたる〟私が、一八二六年にケンペル Kaempfer(＊2) とツュンベリー Thunberg(＊3) のために玄武岩 Basalt を使って建てた記念碑のピラミッドは、今や以前その周りを囲んでいた華やかな観賞用植物もなく、ただその碑銘のみが彼らがかつて活動していた証となっている。「ケンペル、ツュンベリーよ、見られよ、君たちの植物が此に。来る年ごとに緑そひ、さきい

出島植物園にあるシーボルトが建てた「ケンペル・ツュンベリーの石碑」（現況写真）

で、、そが植えたる主を忍びては、愛でたき花の鬘をなしつ、あるを。フォン・シーボルト博士[*4]」(“E. Kaempfer, C. P. Thunberg. Ecce! virent vestrae hic plantae florentque quatanis.Cultorum memores, serta feruntque pia. Dr. von Siebold.”）この記念碑は、むしろ幸運といってもよいかも知れない。この荒地は吹き曝しになっていた。一八四□年〔□部分未記入〕に商館長ニーマンJ. E. Niemann[*5]が狂信的な愛国心から、これを地中に埋めてしまっていた。なぜならば、ハンマーで叩き壊すことができなかったからである。ところが、外国人嫌いの後継者の一人、貴族のビクP. A. Bik[*6]は、この石碑を再び陽の下に置くことに成功した。この植物学のアトリエに残っていた高さ一〇フィート以上の二本のソテツCiccas〔Cycas〕revolutaは、一方はハンマーの一撃で深く傷つき、他方はそれがある馬小屋の窓を暗くしているとの理由で、その羽状複葉を奪われていたが、二本とも救出することに成功した。今では有り難いことに、私の鳴滝の別荘を取り囲んでいる植物園[*7]を飾っている。

＊1　ヴァンダル族（Vandal）四～五世紀にかけてゴールとスペインを侵略、アフリカにヴァンダル王国を建て、四五五年ローマを掠奪したゲルマン系の部族。

＊2　ケンペル（Engelbert Kaempfer 1651-1716）ドイツの外科医・博物学者。一六九〇（元禄三）オランダ船船医として長崎出島に渡来、商館付医師。二年間滞在、わが国の歴史・政治・宗教・地理を概説した『日本誌』『廻国奇観』（江戸参

府紀行日記）はその巻五）を著す。

＊3　ツュンベリー（Carl Peter Thunberg 1743–1828）スウェーデンの植物学者・医学者。リンネに学ぶ。シーボルト以前の日本研究の第一人者。オランダ東インド会社に入り、一七七五（安永四）年長崎オランダ商館医として来日、翌年出国。著書に『ヨーロッパ・アフリカ・アジア旅行記』『日本植物誌』がある。

＊4　碑銘の訳文は、呉秀三の著書より引用。

＊5　ニーマン（J. E. Niemann 1796–1850）一八三四（天保五）年長崎出島オランダ商館長に任命され、一八三八年に江戸参府をしている。シーボルトの記述には一八四□年とあるが、実際は一八三四年である。一八三八年に一時帰国の予定でバタビアまで戻ったところ、日本から再来日を禁じられ、一八四〇年オランダ東インド会社を退職。翌年に帰国した。

＊6　ビク（Pieter Albert Bik 1798–1885）一八四二（天保一三）年から一八四五年（弘化二）年長崎出島オランダ商館長を勤めた。一八四四年ウィレム二世 Willem II の開国勧告書を乗せた軍艦の来日に当り、両国の紛争を避けるため努力した。

＊7　アレクサンダーの著書に、出島の植物園について次のように記述している。

「間もなく私たちは、父が長い間住んでいて、そこでいろいろな仕事をしていた商館の小さな医師の家へ急いで行ってみた。その近くには父が作った植物園があったが、すっかり荒れ果てていたので、父は残念がっていた。彼は、植物研究の分野における先駆者を記念して建てた石碑だけをやっと見つけ出した。それにはケンプファーやツュンベリーを追憶してラテン語の詩が刻んであった。当時の庭園の美しい施設も、いまは無趣味な建築用地に変わってしまっていた」（四八頁）。

九月十五日（木曜日）旧八月十九日

筑前産の銅鉱

尾本公同より筑前産の銅鉱を貰う。彼の話では、毎年五〇〇万石（五〇〇ポンド Pfund）（斤 Kin）がそこの鉱山から得られるとのことである。

九月十七日（土曜日）旧八月二十一日

ヘレーネ・フォン・シーボルトの誕生日

私の愛する妻ヘレーネ Helene[*1]の誕生日を祝う。

＊1　ヘレーネ（Helene von Siebold. 1820–1877）は、一八二〇年九月一四日ノイマルクのレードルフで生れた。

九月二十一日（水曜日）旧八月二十五日

筑前藩主の来訪の知らせ

河野禎造と尾本公同が来訪。[*1・2] 数ヵ月以内に筑前藩主[*3]が長崎に来て、私を訪問するとのこと。

＊1　ブランデンシュタイン家所蔵文書に、「河野禎造からシーボルト宛に鉱石二箱鑑定依頼目録」（請求番号 120666、日本語一枚）がある。

＊2　河野禎造や尾本公同は、度々シーボルトを訪れ学問上の指導を仰ぎ、また筑前産の鉱物を贈るなどして、鉱山開発の相談をしていたのであろう。アレクサンダーの著書によれば、

「私は筑前侯の役人を思い出すが、彼らは藩領内で炭鉱を開発する相談をしに、度々姿を見せた。これはひとつの企画であるが、表は有能な実業家のボードウィン Bauduin 氏であった。しかし父には会社の指導面にタッチすることが許されなかったので、この会社の代表者に対する父の立場は、かなり微妙なものであった。通商発展のために父は提案したが、必ずしも代表者の支持をえられなかったし、父の計画もそれ相応の支援をしてもらえなかった」（八五頁）と記している。

＊3　黒田長溥（一八一一―一八八七）幕末期の大名。筑前国福岡藩主。美濃守。父は鹿児島藩主島津重豪。福岡藩主黒田斉清の養子。一八三四（天保五）年家督相続。家臣に西洋事情を研究させ、自らも通じた。一八五二（嘉永五）年老中阿部正弘からペリー来航予告情報を洩らされ、ただひとり開国建白を提出。長州戦争では講和に尽力。下剋上的な藩内勤王党に不安を覚え、一八六五（慶応元）年同党を弾圧。このため福岡藩は維新時に主導権を握ることができなかった。

九月二十二日（木曜日）旧八月二十六日

サハリン島の割譲

サハリン島はロシア人に割譲された、との噂が広まった。

九月二十四日（土曜日）旧八月二十八日

皮下脂肪の腫瘍の手術

六〇歳になる私の昔の門人二宮敬作[*1]は、ある女性の首にできた脂肪の腫瘍を手術によって取り除いた。これは一五イギリスインチの幅があった。女性は全快した。

＊1　二宮敬作（一八〇四―一八六二）伊予国宇和島生れ。一八一九（文政二）年長崎で蘭学と蘭方医学を学ぶ。本草学・理学にも通じる。一八二三年シーボルトの来日とともに鳴滝塾

に入門。一八二六年シーボルトの江戸参府に随行。一八二八年シーボルト事件に連座し禁錮数ヵ月。のち帰郷して医業を開く。また宇和島藩医となり、種痘の普及にも努めた。シーボルトの娘楠本いねを養育、高野長英・大村益次郎らと親交があった。

九月二十七日（火曜日）旧九月二日

祭りの祝い

われわれの町の乙名〔長老〕[*1]の家での祭りに参加した。

*1　永松親子著「出島乙名一覧」（『長崎談叢』第七十八輯所収）によれば、当時、シーボルトが祭りに参加した出島乙名の家は、小田喜三兵衛か高石文次右衛門のいずれかであろうと思われる。

十一月九日（水曜日）旧十月十五日

讃岐の植物と貝類

二宮敬作の門人で、讃岐出身のショウノリョウエイSjôno riô jei[*1]に、当地の植物と貝類の採集を委託する。

*1　ショウノリョウエイ Sjôno riô jei なる人物は不詳。

十一月十六日（水曜日）旧十月二十二日

阿蘇地方の布田から木材を集めること

肥後藩の阿蘇地方（ここにこの名をもつ有名な火山がある）の布田出身の商人竹崎律次郎[*1]に、この地方で集めた木材を私に提供するように、と話す。

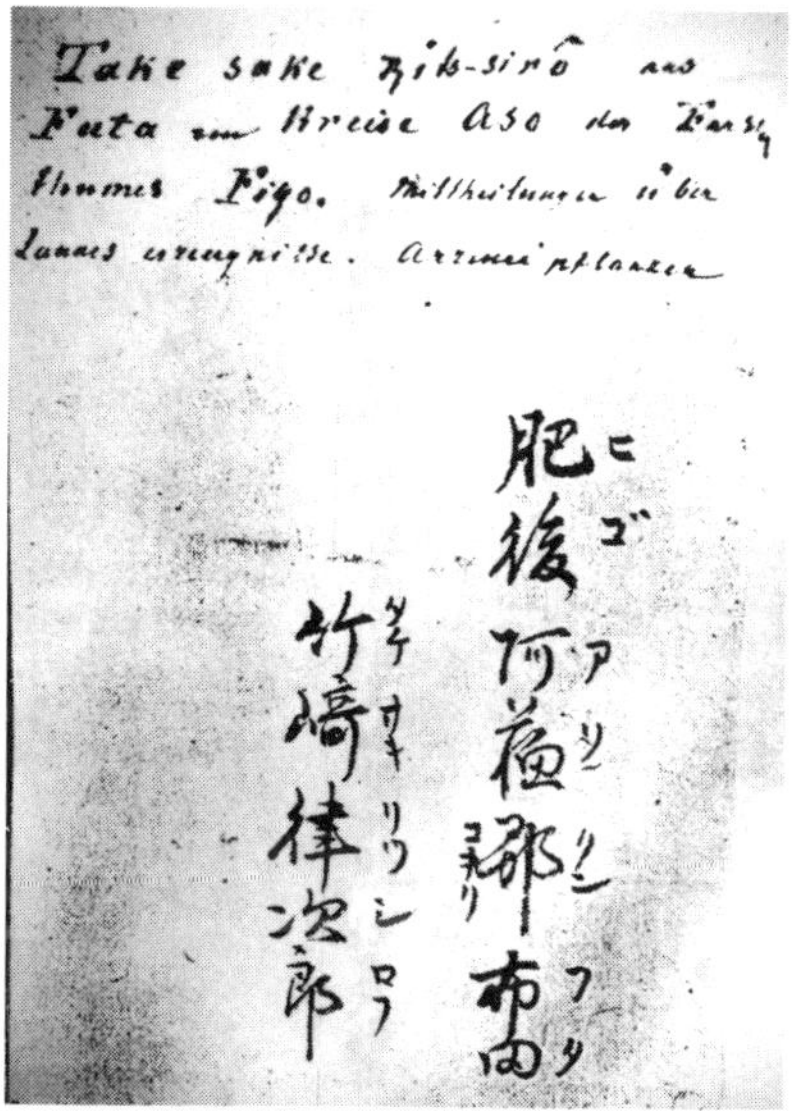

肥後阿蘇郡布田竹崎律次郎の墨書とシーボルトの独文メモ（フォン・ブランデンシュタイン家所蔵）

*1　ブランデンシュタイン家所蔵文書の中の「雑記一葉」（請求番号 120205　日本語・ドイツ語一枚）に、竹崎律次郎 Takesaki ri-sirô（事歴・生没年不詳）についてシーボルトの簡単な自筆メモがある。

1859年頃のシーボルトの肖像
（シャーフガンス画、フォン・ブランデンシュタイン家所蔵）

一八六〇年

一月十日（火曜日）旧十二月十八日

不運

夜、本蓮寺の私の寝室で発生した火災で、不運にも、真っ赤に熱く赤くなった火鉢ofensで両手を火傷し、一月三十日まで重体でベットに横たわっていた。(＊1)

＊1　『シーボルト関係書翰集』によれば、シーボルトの火傷手当てに関するポンペの手紙（日付不詳）がある。すなわち、「フォン・シーボルト尊臺！カルミ花少々を同封致します。その半量を一椀に取つて温湯に一時間続けてつけて下さい。今日は課業があり、又今年の仕事を定めるのに非常に多忙ですからあなたの所へ行けません。何か変わつたことが起きて私の来るのをお望みならS・V・Pに知らせて下されば其内参ります。手浴〔温湯に手を入れて治療するための器〕の新らしいのを備へましたので、よく効くでせう。敬具　出島九時　ポンペ・ファン・メールデルフォールト」（一三八頁）。

一月十三日（金曜日）旧十二月二十一日

山伏たちの冬の修行

真冬、山伏らYamabosiは町や村を練り歩き、施し物を乞う。このような物乞いの行を寒垢離Kan koriという。すでに今夜、山伏の法螺が、明日（一四日）に行なわれる巡行を告げていた。

早朝、摂氏マイナス一度の寒さの中、この僧侶たちの行列が長崎の町の通りに現われ、ここで物乞いの行が行なわれることになった。先頭を歩いているのは、杖についた御幣Gohei（礼拝の表徴、パンテオン(＊1)を参照）をもっている僧侶で、大きな声で歌うように祈っていた。第二番目の人は全身白装束で、祈りに合わせて法螺を吹いていた。彼が主人公であった。なぜなら、彼は何百回と氷のように冷たい水を浴びて、火難除けを祈願しなければならない。その後に、さらに二人の山伏が続いた。大声で祈禱し、法螺を吹き鳴らす一行に、火難除けのお祓いをしてもらう住民たちは、玄関の前に氷のように冷たい水の入った桶を置く。するとすぐに行列は立ち寄る。主役である法螺を吹く僧侶は、褌、白鉢巻、そして藁でできた前掛け以外はすべて脱ぐ。後の二人の山伏が彼の前に来る。そして一人が大声で祈禱する。もう一人は法螺を吹く。この祈禱する者が、家の前に置いてある水の入った桶を、次から次へ取り上げ、これを通りの真中へ置き、そして踊るような足取りで後に続く。贖罪し、火難除けを祈禱する主役の山伏は桶を両手で取り、頭上にかかげ、頭から水を浴びる。かくて一行は、水桶が置かれているかぎり、通りを急いで練り歩く。数百という冷水の入った桶を、山伏は筋肉質の全身を真っ赤にしながら、頭に浴びる。そしてしばらくした後、白装束の寒垢離の受難者は、自ら再び法螺を吹き、御幣を持って戻ってくる。そして自分が犠牲になったことで、たくさん施されたお布施を集める。

二月二十一日（火曜日）安政七年一月三十日

気象

荒れた天気、最高気温華氏六六度、最低気温四四度。

八月三十一日（水曜日）万延元年七月十五日

小さな森

息子アレクサンダーと一緒に、筑後街道に沿って小川 Ko gawa と立山 Tade jama の渓谷まで散歩（私の手が不運にも火傷して以来、初めての散歩）した。われわれはこの名のついた丘の上の小さな森の中で休んだ。この森は、シイ Quercus cuspidata[*1]（ほぼ二五～三〇フィートの高さ）、アラカシ Quercus glauca、ヤブニッケイ Cinnamomum pedunculatum（ほぼ二五～三〇フィートの高さ）、タブノキ属 Machilus、アジサイ Viburnum macrophyllum[*2]、トベラ Pithosporum Tobera、ナワシロイチゴ Rubus triphyllus、ネズミモチ Ligustrum Japonicum や他のいくつかの低木からなっていた。

＊1 シーボルト『日本』第四巻（第八編　日本の宗教　第二章　日本列島の住民の古来の宗教である神の神事（神道）の概要　七六～七七頁）を参照。

＊1　前述一八六一年二月二日の＊1を参照。
＊2　Viburnum はガマズミ科のガマズミ属であるが、シーボルトの記述では確かにアジサイを指している。なお、アジサイの現学名はHydrangea macrophyllaである。

九月〔日付不詳〕

富士山

一八六〇年九月の富士山。ラザフォード・オールコック Rutherford Alcock(＊1) は富士山に登り、火口の周りに氷を発見した。雪が降ったとても晴れた日だった。下山の時、嵐が起った。時が過ぎ、富士山頂にも登れるようになり、人々も頻繁に訪れ、そこには人が住み、訪問者にさまざまな必需品やそれ以外のものを売っている。(＊2)

＊1　オールコック（Rutherford Alcock 1809-1897）イギリスの外交官。福州・上海・広東の領事を経て、一八五八（安政五）年初代駐日総領事に就任、翌年五月江戸へ着任した。第一次東禅寺事件では危うく難をのがれた。十一月公使に昇進、駐日外交団のリーダーとなる。一八六二（文久二）年賜暇で帰国中、外相と遣欧使節竹内保徳との間の開市開港の延期を認めるロンドン覚書調印を斡旋し、一八六四（元治元）年一月帰任した。
＊2　オールコックが江戸を出発して富士登山に向かったのは、一八六〇年九月四日（万延元年七月十九日）であった。これについては、彼の著書『大君の都』山口光朔訳（中巻、第二〇章　一四六―一九一頁　岩波文庫　昭和四四年）に詳しく書かれている。シーボルトは、一八六一年七月初めて江戸でオールコックと出会うが、その後度々会っており、その際彼から富士登山の話を聞いたのであろう。したがって、この独文日記の日付はオールコックの富士登山の日付をそのままメモがわりに記載したものと思われる。

それ以後

（一八六二年の「日記風雑記」より）

一八六二年一月一日～一月十三日〔横浜滞在〕

一月一日（水曜日）旧十二月二日

蒸気船セントルイス号について外国奉行宛に手紙を書く。[*1]〔原文はオランダ語〕

*1 「東大シーボルト文書」第九十号「文久元年十二月二日横浜滞在の蘭人シーボルトより外国奉行へ亜国蒸気船シントロユイスに就て最前・不堅固を忠告し、尚親しく目撃するに弥然なり、されど此船函館・神奈川・長崎の航海には可なりと報る書翰」参照。

〔補注〕『独文日記』一八六二年一月一日とは違う内容を記している。

一月三日（金曜日）旧十二月四日

陶器

ヨーロッパで需要の多い、白色、灰色、青色のガラスで覆われた日本と中国の花瓶などの器は、ひびが入っているように見える。フランスでは壊れた陶器、あるいは傷ついた陶器と悪く呼ばれるが、日本では貫乳青磁Kwanjo-sei siという名でとても有名だ。

一月四日（土曜日）旧十二月五日

気象的なこと

今、横浜は相当寒い。今朝、河川、池沼、水田は一インチの氷が張った。ところどころでスケートができたほどだ。昼ごろは、天気のよいとても清々しい冬の日である。

一月五日（日曜日）[*1] 旧十二月六日

ミカン

今もなお（一月五日、横浜）、九月に実っていた美味なる果物が市場にある。すばらしき柑橘類！ Herrliche Apfelsinen! 最初に市場に出回るのは、小さく皮がつるつるしているもの（柑子 Kosi）。それから小さな皮の厚いもの（橘 Tatsibana）が出る。そして今は大きな、押しつぶしたような、甘い汁を含んだミカン Mikan's だ。これらはたいてい紀州産で、箱に詰められ市場に出回る。

＊1 ブランデンシュタイン家所蔵文書に「草稿〔シーボルト自筆〕幕府による江戸への招聘について、一八六二年一月五日付。シーボルト発ボンの学問上の友人宛書簡の抜粋執筆」（請求番号 10501 ドイツ語五枚）がある。

一月六日（月曜日）旧十二月七日

オランダ総領事デ・ウィット宛の書簡

オランダ総領事宛に、一八六二年一月六日付で重要な書簡を送った。彼とは一月十七日、播磨灘の淡路島近くで会い、副官コープマン Koopman の艦船でさほどうれしくもない会見をする。〔後掲一月十七日参照〕

一月七日（火曜日）旧十二月八日

富士山

富士山は今（一八六二年一月七日）、ほとんど雪に覆われている。他方、その右側に延びる山並みは、これらもほぼ五〇〇〇フィートの高さがあるが、いくつかの場所にしか雪を見せていない。この山並みは富士山の麓から南東の方に延びている。したがって南東の方面では、この標高一万二〇〇〇フィートの円錐形の山が引き起こす寒さの影響を受けずにすむ。南東の斜面では、比較的高い温度が保たれていて、雪はない。おそらくこれら西側そして北側の山並の上のほうは、雪に覆われているであろう。この雪に覆われた円錐形の高山は、この周辺地域の冬の温度に重大な影響を及ぼし、この地域での荒々しい悪天候の原因にもなっている。

一月八日（水曜日）旧十二月九日

一月一日付の手紙の返書〔外国奉行から〕受け取る。〔原文はオランダ語〕

一月十日[*1]（金曜日）　旧十二月十一日

外国掛老中宛に周三の拘留について歎訴の手紙を書く。

〔原文はオランダ語〕

＊1　ブランデンシュタイン家所蔵文書に、一月十日付「横浜発長崎行の荷物リスト、横浜」（請求番号22007―22008　英語・ドイツ語二枚）がある。ウド・バイラス著／宮坂正英訳「フィリップ・フランツ・フォン・シーボルト第二の日本コレクション」（『鳴滝紀要』シーボルト記念館　一九九四年　六八―六九頁）によれば、一月十日（旧十二月十一日）、

「江戸で収集のコレクションは荷物にしてまとめられ、横浜港に停泊のセント・ルイス号に積み込まれた」とある。

一月十二日（日曜日）　旧十二月十三日

横浜カトリック教会[*1]の献堂式

この献堂式は一月十二日の日曜日に厳かに行なわれた。フランス公使ドゥ・ベルクール公爵、その館員たち、沖に停泊しているフランスの軍艦の艦長、その参謀部、海兵、船員、また護衛もすべて正装し、横浜に住んでいるカトリックおよび他のヨーロッパの者も、ジラール神父[*2]と祭式者会が執り行う教会の献堂式に参列した。

＊1　開国後最初のカトリック教会で、シーボルトの記述にあるように、この日に献堂式が行なわれた。この教会の正式名称は「EGLISE DU SACRE-COEUR」（聖心聖堂）といい、建物に『天主堂』と記した文字があることから天主堂と呼ばれた。

横浜天主堂
（現在の横浜天主堂跡の石碑にあるレリーフ）

一八六〇（万延元）年六月ごろ、ジラール神父（Girard）が横浜居留地八〇番地（現在の横浜市中区山下町八〇番地）に聖堂建設用地の借地権を取得。先ず司祭館の建設を進め十二月に完成した。十一月に来浜したムニクMounicou神父がここに住んで聖堂建設に従事し、翌年一月にはジラール神父も来浜し、聖堂は一八六一（文久元）年末に完成した。

＊2　ジラール神父（Prudence Séraphin Barthélemy Girard.1821-1867）パリ外国宣教会宣教師。フランス人。日本布教をめざし一八五五（安政二）年琉球に渡来、天久《あみく》の聖現寺に軟禁される。一八五九年日本教区長として横浜に上陸。一八六一（文久元）年天主堂を建立したが、見物人が逮捕される横浜天主堂事件がおきたため日本を去る。一八六三年横浜に戻り、プティジャンを長崎に送って大浦天主堂の建設にあたらせた。一八六七年横浜で病没。

一月十三日（月曜日）旧十二月十四日

気圧計二八秒八。雨天のため、船は沖に停泊したまま。

一月十四日～一月二十三日〔横浜から長崎へ〕

一月十四日（火曜日）旧十二月十五日

横浜から長崎への旅

一八六二年一月十四日（火曜日）〔旧十二月十五日〕から……〔この部分未記入〕……までのメモ。

アメリカの汽船セントルイス号に乗船。息子アレクサンダーに伴なわれて、午後四時に乗船。夕方、食事が行なわれた。これに参加したのは、リンダウ博士、オランダ領事ポルスブルック伯、ジラール神父、アメリカ公使ハリスの私設秘書ポルトマン氏、そしてこの船の所有者ウェイケンWakenであった。気圧計が下がり、悪天候が予想された。そのため船は沖に停泊したまま。私の荷物はすべて箱に詰めて、神奈川奉行の命令で税金はかからず、検閲なしで船内に運ばれた。[*1・2]

気圧計三〇秒一。八時ごろ、錨が上げられた。富士山のすばらしい眺め。西に見える富士山の南斜面には、小さな丘のような小高いこぶがあって、そこまでまだ雪に覆われている。北の斜面は森で、建物さえなければ、麓に至るまで雪に覆われているのが見えるだろう。大島の煙は真っ直ぐ高く昇っていく。海に注ぐ砂浜は黄色がかった白い粘土と砂だけで、横浜と同じだ。おそらくシロSiro〔白浜か?〕もこれと全く同じ砂浜だろう。

＊1 ブランデンシュタイン家所蔵文書に「横浜発長崎行の荷物リストの一部、横浜。一八六二年一月十日付」（請求番号22007―22008 英語・ドイツ語二枚）がある。

＊2 アレクサンダーの著書によれば、父親との最後の別れについてこう書いている。

「父との別れは、私にはとてもつらかった―そしてこの白髪の老人は、ほとんどぎりぎりの時間まで費して、私に人生に対処する有益な教訓を授けてくれた。だから彼にはこの別れはとくにつらかったろう。

ある晩〔一月十四日〕私は、父を乗せて長崎にゆくことになっていた「セント・ルイス号」という汽船に父を連れていって乗り込ませ、最後の抱擁をして別れた。私は翌朝、汽船がはげしい風雨の中にまだ碇泊しているのを見て、もう一度、和船に乗って汽船に近づこうとした。甲板に立っ

ていた背の高い人影は、陸にもどれ、と私に手を振ってい
た――私に気づいていたが、はげしい波を気遣って私を乗
船させようとしなかったのは、父だった。――これが父の
最後の挨拶だった。私たちは決して二度と会うことはなか
った」（一六二頁）。

一月十五日（水曜日）旧十二月十六日

もの凄い高波。船酔い。船が異常なほど揺れる。大島は、船長S・ローランドS. Rolandの測量では、二つの頂きの高さは二四三五フィートと八〇〇フィートである。……〔この部分未記入〕……それぞれ一二〇〇フィート離れているが火口である。その真中から蒸気が昇る。温度計では摂氏一〇・五度、一一・一四度。気圧計では？、摂氏一九度、天候晴れ。

一月十六日（木曜日）旧十二月十七日

朝、大王岬Daino misakiと潮岬までの海岸がすべて見えた。強風は続いている。波も強い。南東からの流れ。海岸に沿ってしばしば高い切り立った地形が見える。この地形は、ここでも四国の……〔この部分未記入〕……の地形の歴史と同様に、陸地が海に沈んだものとしか説明できない。

一月十七日（金曜日）旧十二月十八日

リンスホーテン海峡〔紀淡海峡〕の入口。朝、大きな大坂湾の入口にあり、淡路島東端、和泉の西端、友ヶ島の前にいる。帆を揚げて一艘の小舟が来る。魅力的な光景である。淡路の東側の海岸には、人がたくさん住んでいる。……〔この部分未記入〕……海峡を帆を揚げて通る。淡路、明石、西側に沿って進む。コープマン艦長に出会い、その船に乗船する。歓迎されない。晩、停泊した。

一月十八日（土曜日）旧十二月十九日

夜明けとともに前進。水先案内人なしで……〔この部分未記入〕……。児島のそばで停泊した。漁村にして港の大畠に着いて、水先案内人を得た。民衆から心のこもった

歓迎を受ける。年老いた乙名Ottonaがわれわれの申し出を聞き入れ、われわれを向かい側のS町に連れて行った。その町は海岸に沿った……〔この部分未記入〕……街道が広がっていた。住民は多い。われわれは質問ぜめにあうが、彼らは追い払われた。臨時として漁船と水先案内人を手に入れる……〔この部分未記入〕……。十一時半錨が上げられる。夜、航行。

〔覚書〕参府旅行での植物学

備前の国の児島半島にある漁村・大畠の周辺で、私は一八六二年二月十八日[*1]に以下の植物を見つけた。花が咲いている生長が貧しいエンドウErbsen、ヨモギ属Artemisien、ギシギシ属Rumex、キク属Chrysanthemum Jap、キズタ属Hedera、ナワシロイチゴRubus triphyllus、バラ属Rosa、ササBambusa sasa、コナラの一種など。ところで、この土地は庭園のようで、平坦で小ぎれいな道路や細道Wegen und Pfädenが造られている。海岸沿いの村々には塩田が見られる。この地方は丘陵地帯で、尖形spitzeや丸味を帯びたkuppelförmige稜線は起伏に富んだ地形を現わしている。海岸には、多くの岩塊が散在している。ほとんどが花崗岩である。

＊1　二月十八日と記しているが、大畠周辺の記述なので、シーボルトの記載ミスであろう。

一月十九日（日曜日）旧十二月二十日

……〔前半部分未記入〕……摂氏八・五度。水温一三度。朝、三島Musimaと向き合う。左側には沖之島、右側には向島I. muko、……〔この部分未記入〕……鞆Tomo。北西方向へ向かい風。二時ごろ、北東の前島と南西の因島の間。三時、……ワラ……wara[*1]のすばらしい景色。ほぼ等間隔に散らばる島々。ヨシバシJosibasi[*2]はもはや存在していないのか？

＊1　2　……ワラ……Wara、ヨシバシJosibasiは不明。

一月二十日（月曜日）旧十二月二十一日

十一時、摂氏八度、海水一〇度から一二度。六時、姫

島とブスザキBususaki〔国東か?〕の沖合にいる。九州、周防、長門の高い山々は雪に覆われていた。これらの地域の雪の境界線は、四国より一〇〇〇フィート下だ。そもそも雪はより多い。四国では湾岸流だ。

一二時、ファン・デル・カペレン海峡〔関門海峡〕。水先案内人……〔後半部分未記入〕……。

一月二十一日(火曜日)旧十二月二十二日

朝、五島と平戸の間。高波。横揺れ。

一月二十三日(水曜日)旧十二月二十四日

長崎到着。長崎奉行〔高橋美作守〕(*1)宛に手紙で、江戸からの荷物の輸入税免除を願い出た。〔原文はオランダ語〕

*1 高橋美作守和貫。一八六一(文久元)年六月十九日から一八六二(文久二)年九月九日まで長崎奉行。

一月二十四日〜五月六日〔長崎滞在〕

一月二十四日（金曜日）旧十二月二十五日
〔長崎奉行から〕輸入税免除の返書を受け取る。〔原文はオランダ語〕

一月二十八日（火曜日）旧十二月二十九日
外国奉行宛にロシア問題に関する手紙を書く。

一月二十九日(*1)（水曜日）旧十二月三十日

*1　保田孝一編著『文久元年対露外交とシーボルト』によれば、この日シーボルトから江戸の外国奉行宛の書簡を長崎で書いて送っている。内容は「対馬占領はロシアがイギリスの対馬占領を防いだものと説明」（一三六―一三七頁）。

二月十日（月曜日）文久二年一月十二日
長崎奉行宛にロシア問題に関する手紙を書く。

二月十七日（月曜日）旧一月十九日
外国掛老中宛にロシア問題に関する、好意的な声明の手紙を書く。

二月十九日（水曜日）旧一月二十一日
外国掛老中宛の私の手紙（一月十日付）の返書を受け取る。〔原文はオランダ語〕

四月四日（日曜日）旧三月六日
長崎奉行の手紙で、オランダからのジギタリスDigital.、ツバキKamellen、ヒヨス属Hyosciamus〔Hyoscyamus〕、およびアマ〔亜麻仁〕Lynzaalの種子を貰いたいとの申し出があった。〔原文はオランダ語〕

四月七日(*1)(月曜日)旧三月九日

〔草稿〕長崎近郊の鳴滝にある私の別荘について(*1)

日本では外国人に対して、幕府はいまだに以前の居住地以外の家屋や敷地の購入を許可していないので、私は江戸で死去した医師ショウゲン〔石井宗謙〕の未亡人で、私の娘オイネさん(伊篤さん)の名義にして鳴滝にある居宅や山林、畑地を購入した。その売買契約書は、出島のオランダ通商会社代理人A・J・ボードウィン氏が検印した箱の、私の書類の中に保管してある。

古い居宅は、台所や付属家屋を全面的に改築し、庭園と畑地の一部を学術的な植物園とした。一八六二年春、新しい家屋に私の蔵書を、付属家屋に博物学上の収集品を充てた。

鳴滝にある私の別荘、その他の費用総額

一八六〇年および一八六一年

- 居宅は庭と山林を併せて、金貨で小判七八枚(一枚がオランダの一〇ギルダーに相当)＝七八〇ギルダー
- 土地の購入費用は、金貨で小判三六枚＝三六〇ギルダー
- 移転費用＝六〇ギルダー
- 古い居宅および付属家屋の改築費＝一一〇〇ギルダー
- 植物園の敷設費および珍しい植物の購入費＝八〇〇ギルダー

小計　三一〇〇ギルダー

一八六二年

- 新しい家屋のための一部土地購入費＝五二ギルダー
- 一八六二年四月七日までの新しい家屋の建築費＝九〇〇ギルダー

小計　九五二ギルダー

合計　四〇五二オランダギルダー

一八六二年四月七日　長崎近郊の鳴滝にて

フィリップ・フランツ・フォン・シーボルト准男爵

〔原文オランダ語〕

＊1　これをもとに考察した論文に、徳永宏著「鳴滝の活動と跡

地の変遷について」（『新・シーボルト研究』Ⅱ　三二〇―三二二頁参照）がある。

四月九日（水曜日）旧三月十一日

中台信太郎を介して、奉行から種子の礼状。〔原文はオランダ語〕

四月二十四日（木曜日）旧三月二十六日

長崎奉行と別離の正式会見。大君Taikoenから政府要人を介して、鉱石四六〇種のコレクション一箱が贈られるとのこと。〔原文はオランダ語〕

四月二十九日（火曜日）旧四月一日

奉行所から幕府要人を介して、〔鉱物〕コレクションが贈られてきたとの返事があった。〔原文はオランダ語〕

五月一日（*1）**（木曜日）旧四月三日**

*1　ブランデンシュタイン家所蔵文書に「一八六二年五月一日、町年寄後藤様より別れに際して」というシーボルトの自筆メモがあり、町年寄後藤惣左衛門の墨書により、「船中御慰《センチウヲンナクサミ》として菓子《クワシ》一折進上致候《ヒトヲリシンジョーイタシ》　以上《イジョー》　四月　後藤惣左衛門　志以ぼると君」（請求番号120202　日本語一枚）の添状がある。〔図版参照〕

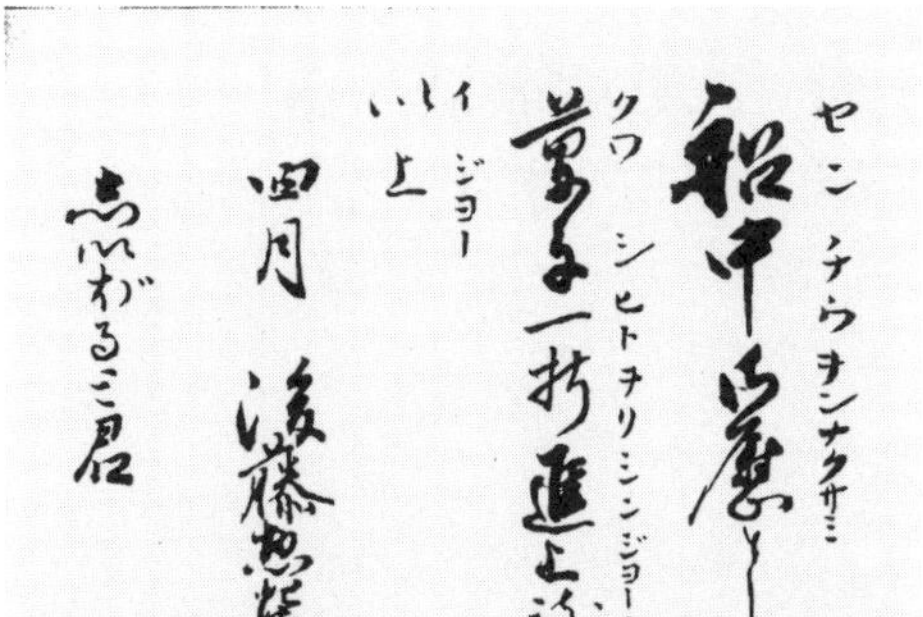

「長崎町年寄後藤惣左衛門からシーボルト宛書簡」
（フォン・ブランデンシュタイン家所蔵）

五月〔日付不詳〕

〔補注〕『蘭文日記』の日記部分最終頁〔図版参照〕に「一八六二年五月　長崎奉行ほかの役人名簿[*1]」として、帰国のため長崎出発当時の長崎奉行ほかの役人名簿が記されている。

奉行　高橋下総守〔美作守和貫[*2]〕
支配組頭　中台信太郎
支配調役　中山誠〔一〕郎
目付　有馬帯刀
組頭兼勘定役　岡田安房守[*3]

〔 〕は長尾氏（五二四頁）による。

*1　長尾正憲の著書によれば、一八六一年二月二日の日付で「一八六二年五月（帰国のため長崎出発当時）に、現在の長崎奉行ほかのリストが記されている」として、右記の役人名簿が紹介されている。この日付はおそらく誤植であろう。なお、ブランデンシュタイン家所蔵文書には「一八六二年の長崎奉行所役人名簿」（請求番号120207　日本語・オランダ語一枚）がある〔図版参照〕。

*2　高橋美作守和貫。一八六一（文久元）年六月十九日から一八六二（文久二）年九月九日まで長崎奉行。

*3　長尾正憲の著書によれば、
「蘭語役職名 untergouverneur & Rechenmeister（reeken-

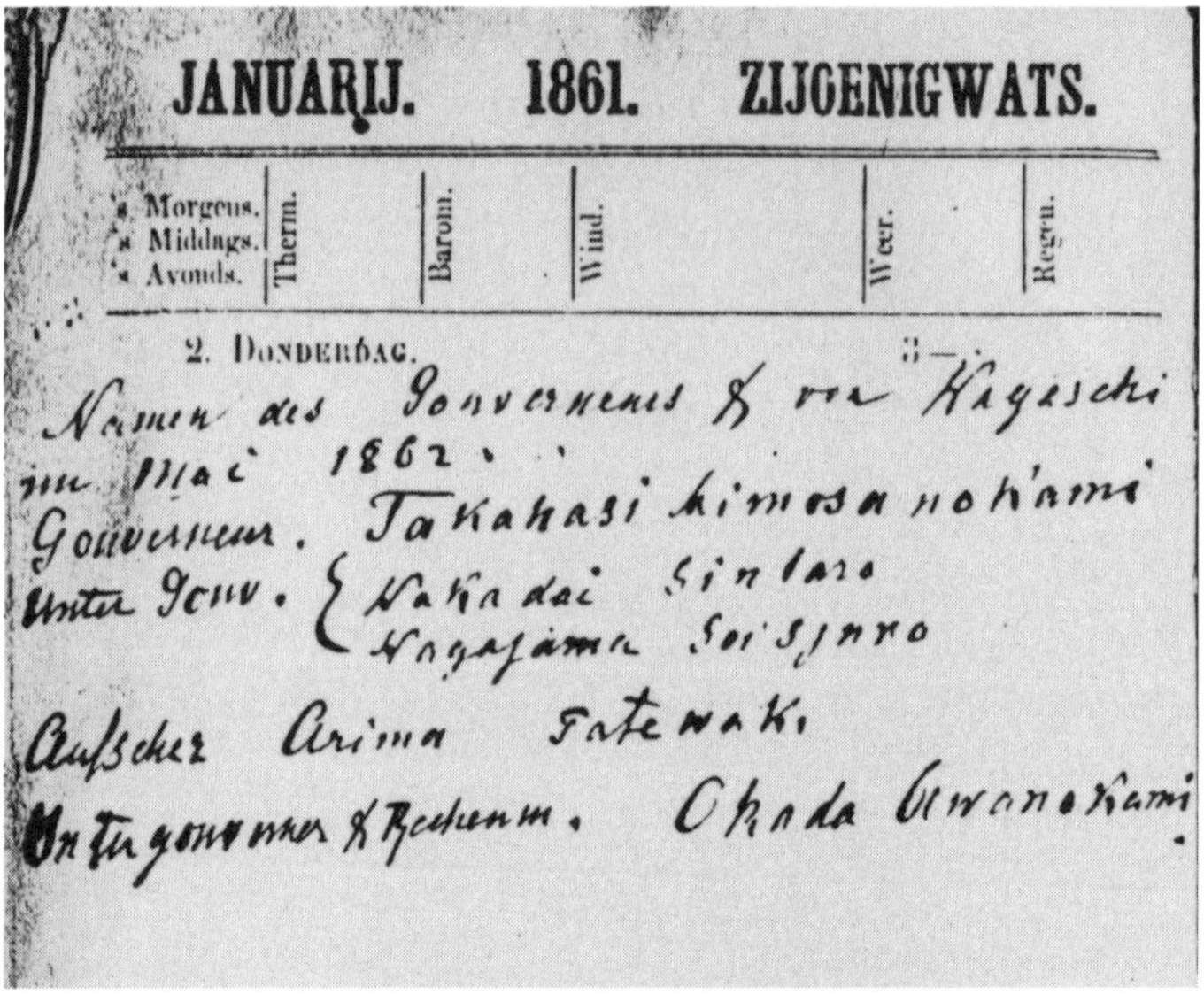

蘭文日記1862年1月2日の欄に記載された
1862年5月　長崎奉行ほかの役員名簿

meester）岡田安房守〔忠養〕この組頭兼勘定役らしいが『柳営補任』には見あたらない」（五二四頁）と記している。

1862年

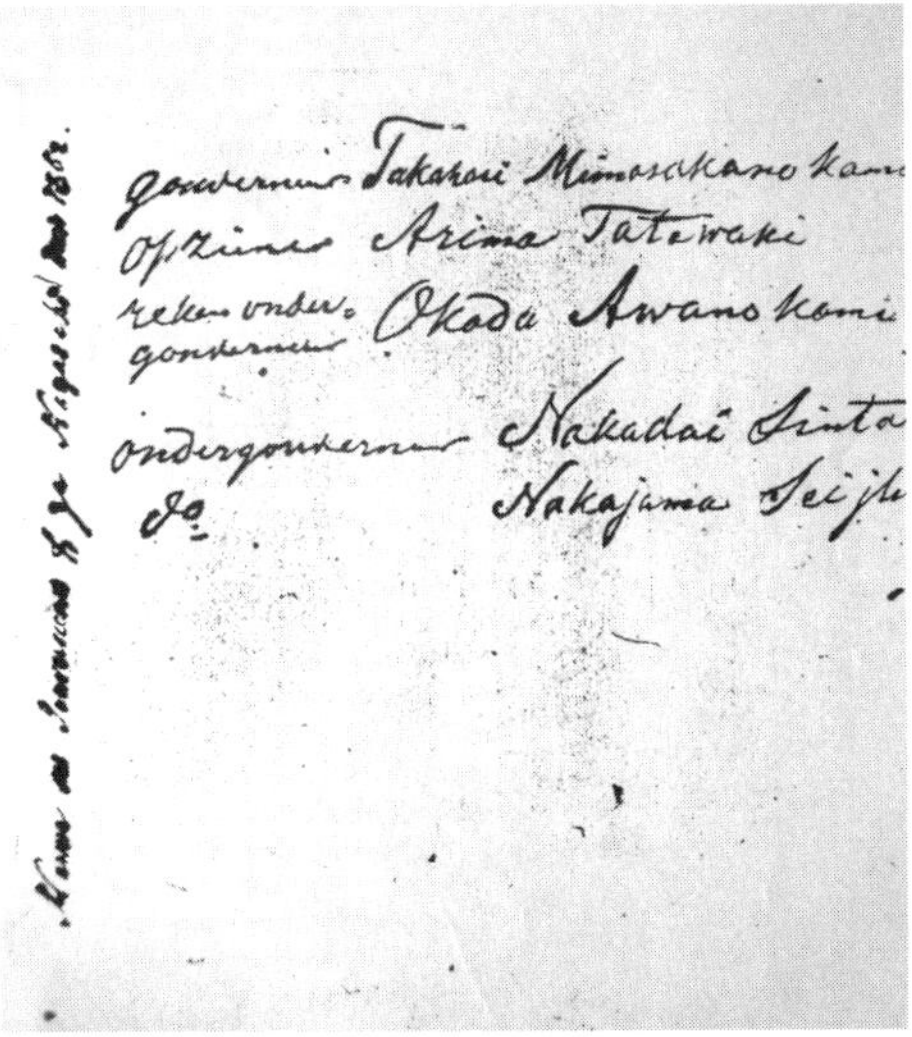

「1862年の長崎奉行所役人名簿」
（フォン・ブランデンシュタイン家所蔵）

五月七日〔長崎から帰国の途へ〕

五月七日（水曜日）旧四月九日

夜八時、セントルイス号に乗船。十時、海上。〔原文はオランダ語、次頁上図版参照〕

＊1『蘭独混合日記』の中に、「夜八時、ボードウィンに見送られ乗船。十時、海上。」という記述がある。日付は一八六一年五月七日であるが、曜日が修正され、内容も「日記風雑記」の記述と同様であることから、これは明らかに一八六二年五月七日に記されたものであろう〔原文はドイツ語、次頁中図版参照〕。

五月十二日（月曜日）旧四月十四日

上海 Shanghai。

五月十五日（木曜日）旧四月十七日

夜、レイエーモーン号に乗船。香港 Hongkong へ。〔原文はオランダ語〕

五月十八日（日曜日）旧四月二十日

福州坡 Fu chu fa を航行。〔原文はオランダ語〕

五月二十一日（水曜日）旧四月二十三日

コロンビア号に乗船。シンガポール Singapore へ。シンガポール滞在。〔原文はオランダ語〕

六月十七日（火曜日）旧五月二十日

五月七日〔旧四月九日〕の晩日本を立ち、六月十七日の朝四時に、バタヴィアの埠頭に到着した。

ロシア政府は、サハリンにある炭鉱を私人に賃貸したほうがよい。そうすれば、政府はそこから利益が得られる。

六月二十八日（土曜日）旧五月三十一日

＊1『蘭独混合日記』の中に、
「ボン〔の家族〕、上海のクルース、ボードウィン、オイネ、アレキサンダー宛に手紙を出す。」

という記述がある。これも五月七日同様、一八六二年六月二十八日に記されたものであろう〔原文はオランダ語・ドイツ語、下図版参照〕。

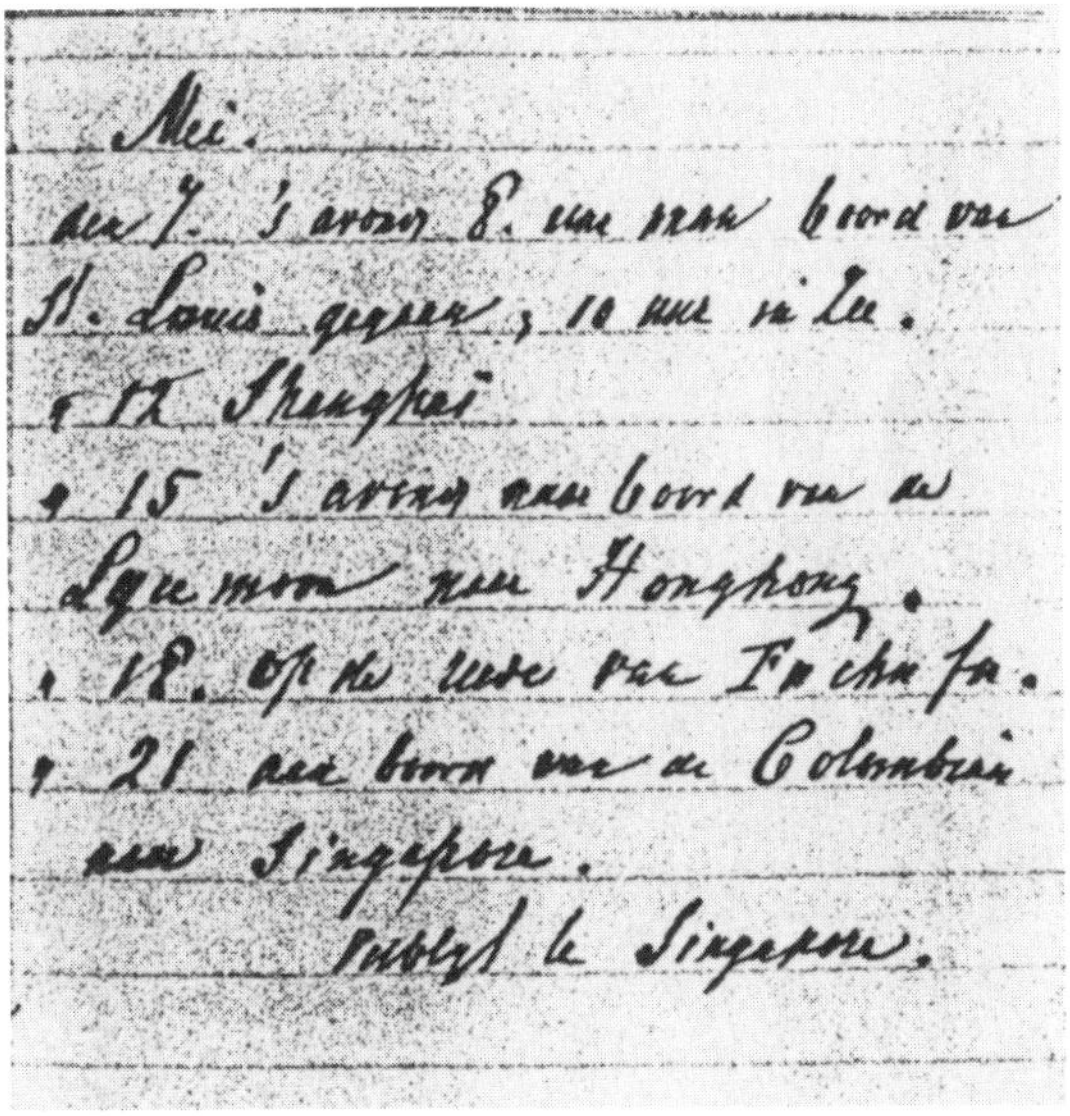
Mei.
den 7. 's avonds 8. uur naar boord van
St. Louis gegaan; 10 uur in Zee.
" 12 Shanghai
" 15 's avonds aan boord van de
Lammermoor naar Hongkong.
" 18. Op de reede van Foochow fu.
" 21 aan boord van de Colombian
naar Singapore.
te Singapore.

1862年5月7日～21日の日記風雑記
（フォン・ブランデンシュタイン家所蔵）

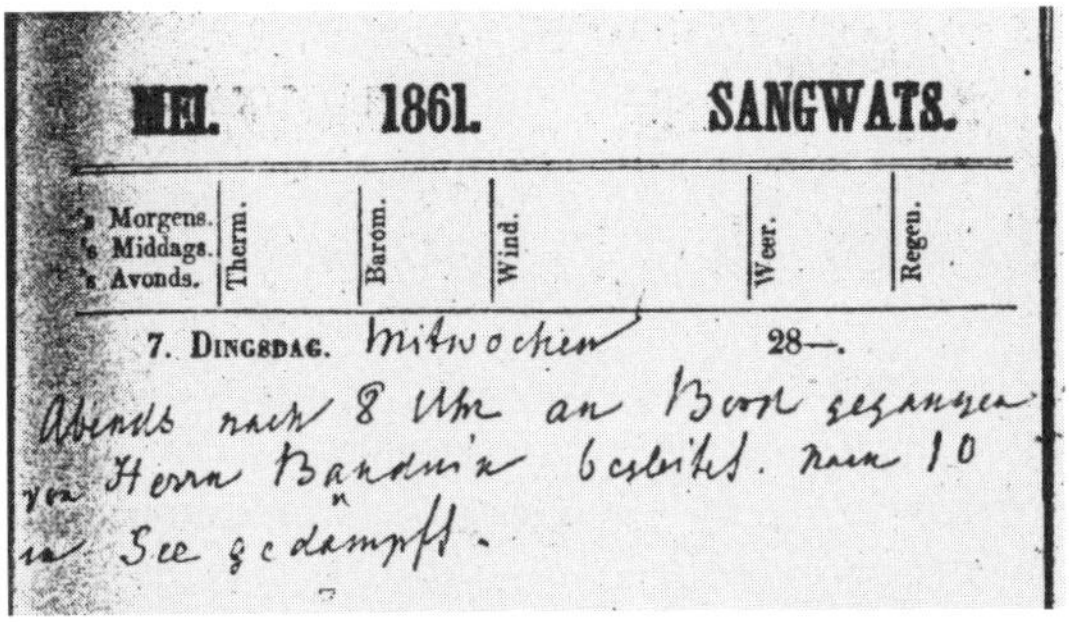
MEI. 1861. SANGWATS.

Morgens. Middags. Avonds. | Therm. | Barom. | Wind. | Weer. | Regen.

7. DINGSDAG. Mitwochen 28—.
Abends nach 8 Uhr an Bord gegangen von Herrn Bauduin begleitet. Um 10 in See gedampft.

蘭独混合日記1861年5月7日の欄に記載された、1862年5月7日の日記。「7日火曜」の横に「水曜」と書き添えられている。

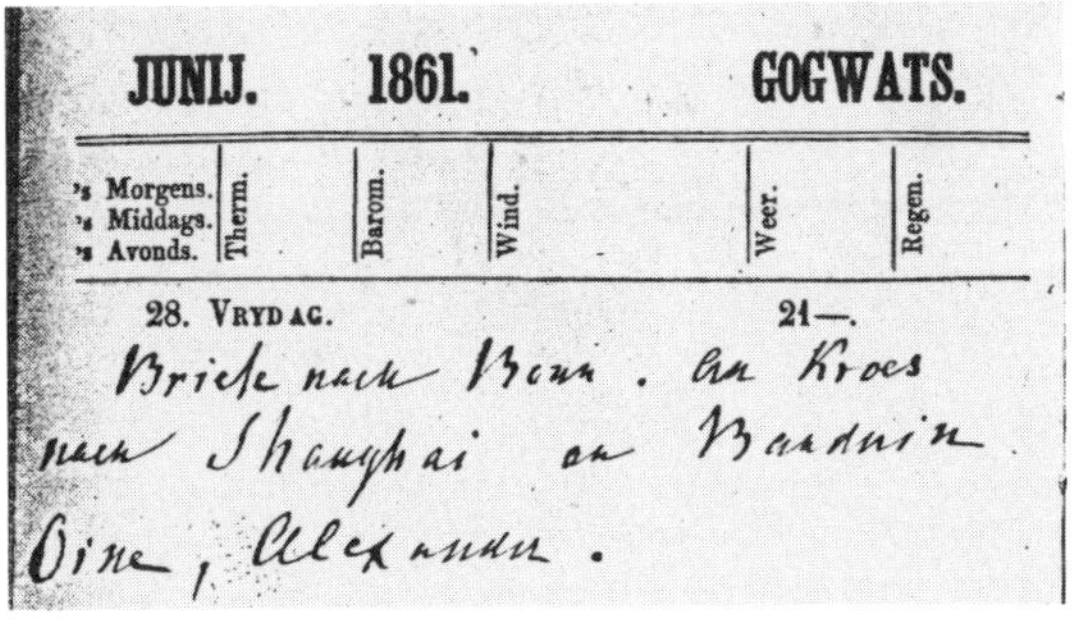
JUNIJ. 1861. GOGWATS.

Morgens. Middags. Avonds. | Therm. | Barom. | Wind. | Weer. | Regen.

28. VRYDAG. 21—.
Briefe nach Bonn. An Kroes nach Shanghai an Bauduin Oine, Alexander.

蘭独混合日記1861年6月28日の欄に記載された、1862年6月28日の日記。

覚書

（日付不明のもの）

「日本の冬、参府旅行」

冬はここでは、われわれの所とは違って、〃荒涼とした自然〃という悲しい印象を与えはしない。たとえ寒さがあちこちで樹木からその葉を剝ぎ取り、他の多くの植物類はかじかんでいるように見えても、この冬景色に温もりを与えるものは、以下の低木である。ゲッケイジュ、カシワ、松柏類、タケ類などの緑、そしてモチノキ類の赤い実、ミカン属の果実、ツバキ属の花、ビワや常緑のバラなどである。朝は雪で覆われていても、種子が播かれてある苗床や野菜畑は、真昼の太陽を浴びて活気ある春の景色になる。

「植物学的なこと」

ユキモヨウ Jukimojo はビャクブ Rupifraga の新しい仲間〔園芸種?〕、シクラン Sikuran はラン Orchidea 、ハクロシタ Hakrosita は?、コウジ Kotsi はヤブコウジ Bladhia、キクノチク Kiknotsik は?。

アオモジ Benzoin citriodorum はアメノドンス Amenodonsu. という名前で呼ばれる。

「長崎の寺」

門は山門 Thor heisst : San mon と呼ばれる。位牌 Ifai の収められている仏壇がある部屋が、額堂 Gaku Kijô と呼ばれている。机に似た木製の鐘を板木 Banki と呼ぶ。人々が坐る部屋は坐禅堂 Sasendo〔位牌堂〕、坐る部屋という。これは回廊で、弥勒仏 Mirok huts と呼ばれる弥勒菩薩の寺に通じている。この像が安置されている台は八角形で、幅一〇・五メートル。像は三・五間の高さ、銅製で金箔が貼られている。

「皓台寺[*1]」

この寺の入口のそばの長い台の上に、銘板が取りつけられている。そこには寺の改修のために寄付をした人々の名前や、その品物が書かれている。このような銘板は寄進板 Kisin futa と呼ばれる。寺には礼拝書の収めてある蔵がある。祈禱書物進上物蔵 Kijoso Buts sin sjo mots kura、すなわち祈禱と神についての本の書庫である。

＊1　曹洞宗皓台寺《こうだいじ》（現在の長崎市寺町一番地）。梵鐘は市文化

財。キリシタン全盛期、仏教の布教を強化し、はじめ小さな庵宅から洪泰寺という大寺となった。のち一六四二（寛永十九）年皓台寺となる。墓域に有名人物の墓碑が多く、楠本家の墓地にはシーボルトの愛妻楠本滝や娘イネ、門人二宮敬作の墓がある。

「トウモロコシ」

トウモロコシMaisの古い日本名は、モロコシMorokosiで、普通は唐黍《とうきび》Tô'kibiと呼ばれる。つまり、中国のキビChinesischer Hirseという意味である。

「絹」

横浜では絹の種類は、次のように区別される。

・飯田Ida　一級　一〇〇ポンド　五〇〇メキシコドル
・前橋Maibasi……〔この部分未記入〕……
・ソーダイSodai　一級　一〇〇ポンド　四四〇～四七〇メキシコドル
・甲州Kosjo　一級　一〇〇ポンド　四五〇メキシコドル
・奥州Ohsjo　一級　一〇〇ポンド　四四〇メキシコドル

野生の蚕の絹も品質が良ければ輸出される。その点については下記に詳述(＊1)。

＊1　下記に詳述とあるが、その記述の原文は見当たらない。あるいは別の箇所にあるのだろうか。今のところ明らかではない。

「江戸における公使館の寺院」

・東禅寺―イギリス公使館
・長応寺―オランダ公使館
・済海寺―フランス公使館
・善福寺―アメリカ公使館

「群生する樹木」

ごく稀に、日本の森に、亜熱帯の国々と同じように、群生する樹木が見つかる。これは温帯気候でよく見られる。ただし松柏類Coniferenのマツ属Pinus、スギ属

Cryptomerien、ヒノキ属Retinospora、そしてタケはその例外である。確かに、そこここの森には、同一種の小グループの樹木、つまり繁殖力のある母から生まれた小さな固有の科Familieに出会える。長崎ではイチイガシQuercus gilva、横浜ではナラQuercus Naraなど。

「**蔓性植物**」

比較的に日本の森には、まだ多くの種類の木のような蔓性植物が見られる。そのうちいくつかのものは、三から四インチ以上の太さになる。最も頻繁に見られるものは、サネカズラKadsura japonica、サンカクヅルVitis flexuosa、ヤブカラシV. japonica、ツタCissus tricuspidata、ナツフジWistaria japonica、スイカズラ属の一種Lonicera spec、アケビAkebia quinata、ミツバアケビA. lobata、ムベStautonia hexaphylla、テイカカズラMalouetia asiatica、クズPachyrhizus Thunbergianus、ツバキRosa camellia、ツルマサキEvonymus rodicansなど。

「**害虫の駆除**」

六月、〃虫追い〃Musi ohi(＊1)、つまり虫の駆除の祭りが行なわれる。これは害虫を寄せつけないように、畑に沿って行進する行事である。いくつかの地方では藁人形が作られる。有名な武士齋藤別当実盛Saito Beto Sanemori(＊2)を表わしている。つまり彼は、稲田で敵に殺され、このために穀物の保護者として崇拝されている。そしてこの藁の英雄をもって農夫らは、鉦や太鼓を打ち鳴らし畑の畔を通って行く。これはドイツの農村でも、今なお行なわれている畔歩きFlurgangである。

＊1　実盛送りともいう。藁で実盛人形を作って、川や村境まで送る。齋藤実盛が稲につまづいて倒れたために討たれて稲虫になったなどと言い伝えている。

＊2　齋藤別当実盛（　―一一八三）平安末期の武将。もと在原氏、のち藤原氏。代々越前に住んだが、武蔵国長井に移り、初め源為義・義朝に、のち平宗盛に仕えた。維盛に従って源義仲を討つ折、鬢髪を黒く染めて奮戦し、手塚光盛に討たれたという。

「シャムの植物」

テイズマン氏[*1]が、一八六一年にシャムで収集した植物のコレクションの中で、日本にも見られる、以下に述べるような種がある。クロデンドロン・ブルウメアヌム〔和名不詳〕Chrodendron blumeanum（近縁）、キツネノゴマ科〔和名不詳〕Nelsonia tomentosa、サルスベリ Lagestroemia londoni、ベニバナ Carthamus tinctorius、カジノキ Broussonetia papyrifera、（カジ kads）、低木のようなキク科 Composita、フジバカマの一種 Eupatorium spec.、ヤマモモ科 Myriosine、ツルザイカチ属 Dalbergia、ヒルギカズラ属の一種 Sonhera spec.、サクラランス属 Hoya、カキノキ属 Diospyros、エノキ属 Celtis は、ウラジロエノキ属? Sponia ?。

＊1　テイズマン（Johannes Elias Teijsmann 1808–1882）
オランダの植物学者（ジャワ植物学）。

「巨大なタコ」

日本のオクトプス Octopus は、タコ Tako と呼ばれ、巨大に生長する。長さ四フィート以上で、その切断された手足の模写が保存されている（同様のものを、江戸にいる私の画家三吉 Sankitsi の父親[*1]が作成した）。そして、巨大なるものの恐ろしい物語が語られている。ある寺には巨大なタコが小舟に乗っている漁師たちを襲っている様が描かれている奉納画が保存されている。。私は、そのような海の怪物の存在を信じて疑わない。また、その大きなタコが手足で一人の裸の男に絡みつき、海の底に引きずり込んだ、という可能性をも信じて疑わない。一八六二年三月二十二日の〃……〔この部分未記入〕……タイムズ〃の次のような記事についても信じて疑わない。

フランスの蒸気船アレクトン号は（オランダの新聞記事に従って語っているが）、以前テネリファ海を航行していて、長さ一八フィートの頭足類 Polyp（タコか?）を発見した。その頭は、オウムのそれに類似していた。その触手は長さ五―六フィート。その明るい眼には縁がついていた。

生きたまま捕えられたタコの本当の眼には、ぞっとするような恐ろしいものがあって、怒った猫や虎の眼と比較できよう。その手足には丸いいぼのようなものが覆っていて、何かを掴むときにはそれを収縮させるが、これによってタコは人の身体に吸いつく。聞いたところでは、ボートから捕え上げた数フィートもある日本のタコは、吸いつくと激しい痛みを引き起こすという。

　タコは強奪欲がとても強い。それ故タコは人工的な魚〔疑似餌〕で捕まえる。その魚の口は棘のある針で覆われ、ボートからその魚に紐をつけ、早く帆走するか、あるいは漕ぐかで、この魚を引っぱる。そうすると、タコはこの魚を何とか捕まえようとし、その長い腕でこれを掴む。すると鋭い釣り針にタコは引っかかり、すぐにボートの中に引き上げられる。ボート上でタコは騙されたと思い、ぐるぐる動き回り、自分を守ろうとするのである。

＊1　三吉の父親は静知齋洞章と称し、狩野洞元の門人で幕府の御抱絵師あった。三吉は、一八四一（天保一二）年に江戸浅草の森下町に生れ、父の画才を受け継ぎ幼い時から画をよくした。十三歳の時狩野（鍛冶橋）の門に入り玉龍と号し、のち清水東谷と称した。一八六一（文久元）年、シーボルトが要求した幕府への写生画家探しの依頼で選ばれ、その任に当たりシーボルトに従い赤羽根接遇所に起居して、専ら植物の写生に従事した。現在、その作品の多くがロシアのサンクト・ペテルブルグのコマロフ研究所に保管されている。

「長崎の作三郎の庭」〔オランダ通詞中山作三郎の庭〕

　今は亡き私の昔の友人の庭は、現在他人の手に渡っていて、全く手つかずの状態だ。そこで私は二、三珍しい植物を見つけた。とくにArecu〔Arecaアレカ属（ビンロウジュ属）か?〕（ツクTsuku〔この意味不明〕）、ラン科OrchideaのオオサギソウOhsakiso、ニッケイCinnamomum Nikeiである。

「新宮涼庭、参府旅行」

　京都に、蘭学および漢学の普及に大変貢献した有名な学者で医師の新宮涼庭[＊1]がいた。彼は中国語とオランダ語に高度の知識を有し、相当の蔵書を所有していた。私は一八二六年京都で彼と知り合ったが[＊2]、若い時からすでに、彼は両言語を教える者として有名で、数多くの門人を回りに集めていた。彼は一八六〇年六八歳で死去、二〇〇〇人以上の門人を教えたといわれる。

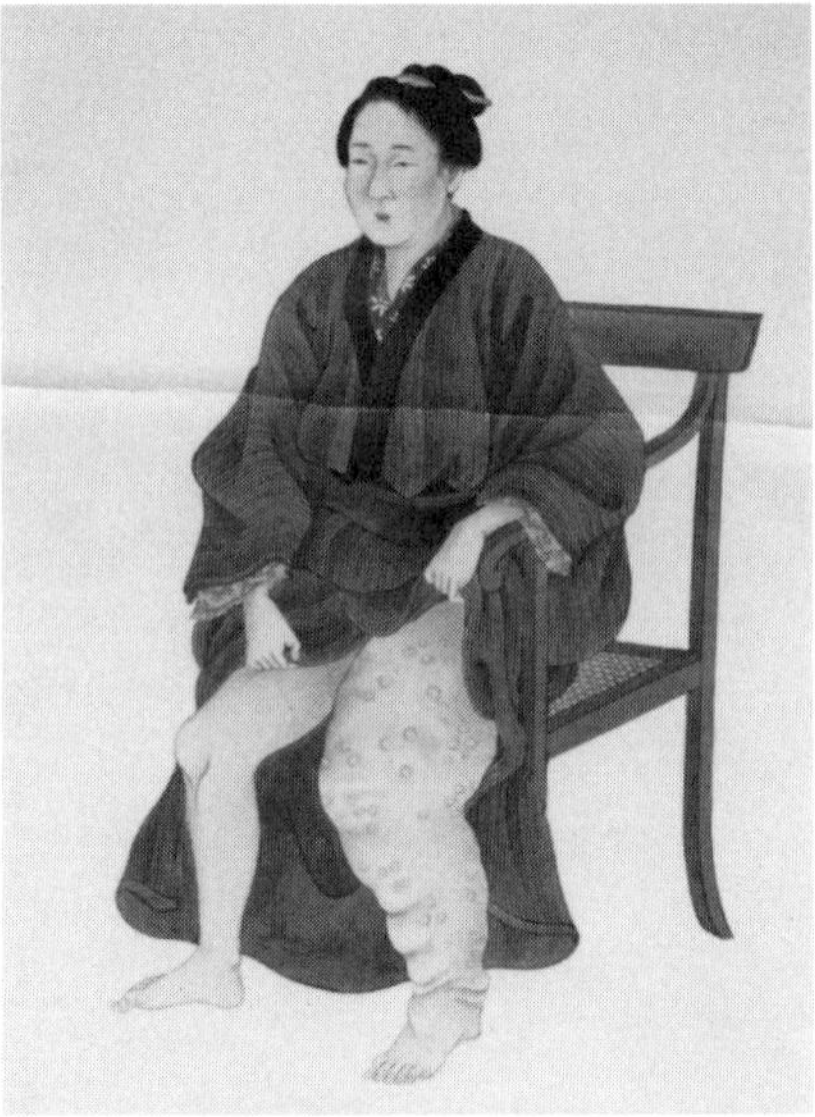

「ベリベリ病（象皮病）の婦人」清水東谷画
（フォン・ブランデンシュタイン家所蔵）

＊1　新宮涼庭（一七八七―一八五四）江戸後期の医師・蘭学者。丹後国由良生まれ。一八一三（文化十）年長崎にいき吉雄権之助らに師事、一八一九（文政二）年京都で開業し名声を博した。一八三九（天保一〇）年順正書院を開いて近代医学教育を行い、大名貸をするなど理財の才にもたけた。著訳書『窮理外科則』『血論』など多い。シーボルトの記述では、一八六〇年六十八歳で死去とあるが、実際は一八五四年六十七歳で死去している。

＊2　シーボルト『日本』第三巻（第四編「一八二六年の江戸参府紀行（二）」によれば、三月十八日〔旧二月十日〕京都到着の記述に「昼食後日本の友人が私を訪ねて来た〔旅宿海老屋〕

が、その中には医師の小森肥後介と涼庭がおり、涼庭はヨーロッパの学問の偉大な信奉者であり、かつ当地で最もはやっている医師のひとりである。彼は日本におけるオランダの書籍の最大のコレクションをもち、その値段は小判三百枚に達する」（二六頁）とある。

「象皮病（＊1）」

象皮病 Elephantiasis は南日本に多く、特に五島列島によく見られる。この五島列島は、一つの村に数名しか住んでいないところもある。多くは膝まで、ときには膝の上、脇腹あたりまで症状が現われる。それにもかかわらず、個々人の体の状態は良く、仕事をし、そのまま年をとっていく。足および下半身はかなりの膨れに達し、まれに通常の太さの二倍にもなる。

＊1　前述（「巨大なタコ」の注＊1）の清水東谷の作といわれる「女性患者図」がブランデンシュタイン家所蔵文書の中にある（請求番号51112、「ベリベリ病の婦人」一枚）〔図版参照〕。「ベリベリ病」（脚気）という表記があるが、象皮病に罹った女性を描いていると思われる。象皮病はフィラリアが人体に寄生してリンパの鬱積が起こり皮膚などが象のように厚

くなる病気である。

「**砂糖菓子**」

肥前地方で米（餅 Motsi）、砂糖、そしてユズ Citrus Jusu の汁からとても美味しい砂糖菓子が作られる。これは柚餅子《ゆべし》 Jubesi と呼ばれる。

「**食べられる竹の子**」

最も良質で最も大きく、ときには長さ〇・五メートル、太さ一デシメートルもあるのがモウソウチク Bambusa Mosô で、聞くところによると、昔中国より輸入され、竹林で栽培され、ほとんど野生化はしなかった。また、アスパラガスほどの太さにしかならない別の竹の子もあって、御前竹 Gosen tsik と呼ばれ、よく食べられている。

「**鰭脚類**」

日本の海で観察された鰭脚類 Robben の中で、われわれにも馴染みのあるものの日本名は、カイダツ〔海獺〕[*1]、Kai dats、アシカ Asika、トド Todo、アザラシ Asarasi、ウミウシ Umi usi[*2] である。

＊1　海獺は、古くは一七四八年に目撃され、一七九二年には捕獲もされている。そこでは「海獺＝アシカ」とされている。

＊2　ウミウシについては不明。

「**魚類**」

アムステルダムのアルティス博物館 Meuseum Artis[*1] では、次のような日本の魚が保存されている。コバンザメ Echneis naucrates Linn、アカグツ Halieutaea stellata. キアンコウ属 Lophius、ニザダイ Prionus scalprum Langsd、スミレヤッコ Holancanthus septentrionalis、タカノハダイ Chelodactylus zonatus Cuv、シナマナガツオ Pelops chinensis などである。

＊1　現在アムステルダム大学に移管され、そこの付属博物館になっている。

「釣り糸」

釣り糸は日本では、毛虫の体内の絹糸腺Corpus sericumからとれる。この毛虫はホトトギスの口Hototogisi Kuts、すなわちカッコウの口Kuckck-Maul、またはモクセイノムシMoksei no mus、すなわちキンモクセイのムシOleae fragrantis insectumと呼ばれる。中国および琉球諸島でも、これらの釣り糸が作られ、相当な交易商品になっている。

「日本の印刷工たち」

日本の印刷工たちは次の通り。O・G・W・ノブノスケO.G.W.Nobunoske、とても良い。S・G・ヨハチロウS.G.Johatsiro、良。N・S・ジョウタロウN.S.Jôtaro、良。

「一八六〇年の幕府の構成メンバー」[＊1]

将軍家茂（一八五八年来の現大君）の下での江戸幕府。

大君は、家茂正一位大臣（御門の宮廷における地位）、征夷大将軍（官職名）。

御大老井伊掃部頭の年収は三五万石、一八六〇年三月三日暗殺された。

老中	年収
一、安藤対馬守（本名、信正）	五万石
二、脇坂中務大輔（本名、安宅）	五万一千八九〇石
三、内藤紀伊守（本名、信思）	五万九千石
四、松平和泉守（本名、乗全）	四万石

＊1　ブランデンシュタイン家所蔵文書に、原資料の「前将軍、大老、老中などの幕閣名簿（請求番号120208　日本語一枚）がある。

「一八六一年の幕府の構成メンバー」

老中	年収
一、久世大和守	五万一千石
二、安藤対馬守	五万石
三、本多美濃守	五万石
四、内藤紀伊守	五万九千石

（注）一石は約一〇オランダギルダー
・老中松平豊前守、（一八六一年）八月六日襲撃される。
・遣欧使節竹内下野守
・桑山左衛門尉と一八六一年五月二十八日会談。
・水野和泉守
・遠藤但馬守
・堀　出雲守
・筑後守（水野）
一八六一年五月十五日に第二階級の老中が横浜に外国人居留地視察のために来る。

一八六一年十一月十一日の私との最後の会談日。幕府の外国掛の高官の構成員は、次の通り。
一、老中大和守〔久世大和守〕
二、老中対馬守〔安藤対馬守〕
・御目付右京亮
外国掛の指導的高官
・筑後守〔水野筑後守〕
その他の高官
・新見伊勢守
・鳥居越前守（七月）来訪。

・野々山丹後守
・根岸肥前守
・竹本隼人正（新任）一八六一年十月〔二十八日〕
・「一八六一年長崎奉行所役人」
・奉行岡部〔岡部駿河守〕
・支配組頭依田克之丞
・「神奈川奉行」
・四月二十三日　小栗豊後守
・五月八日　滝川播磨守
・「一八六二年長崎奉行所役人」
・高橋美作守
・御目付有馬帯刀
・支配組頭兼勘定役岡田安房守
　〃　〃　中台信太郎
　〃　〃　中山誠一郎

「金の値上げ」

周知の通り（日本から私の二番目の公的な書簡）二月十一日には江戸で、二月二十二日には大坂で、小判およびその下の貨幣一分金が次のように値上げした。

○○印の付いた小判は、一分銀十三枚と二分の一。
同じ印の付いた一分金は、一分銀三枚と四分の一。
××印の付いた小判は、一分銀十二枚と四分の三。
同じ印の付いた一分金は、一分銀二枚と四分の三。

＊1　○○、××と記したが、原文のその部分は未記入。

「仏教の祈り」

仏教の祈りはほとんどが、デーヴァナーガリーDewanagari（＊1）と槍のような文字で書かれた言葉の音を、中国の文字と日本語のカタカナで再現したものである。信者であっても、ごく一部の僧侶以外に、その意味を一語さえも分かる者はない。真言宗の祈り、光明は次のようなものである。

〃ヲォン　アボキャ　ビロ　シャノ　マカ　マタラ　マニ　ハンドマ　ジンバラ　ハル　ハリタヤ　ウン Won abokja biro sjano maka matara mani handoma Zinbara haru haritaja un〃

＊1　デーヴァナーガリー Dewanagari 梵語の書字あるいは印刷に普通用いられる印度文字をいう。わが国で知られているいわゆる梵字または悉曇文字と系統を同じくしているが、その源流は遠く北セム系文字の最古形フェニキア文字に発しているという。印度に来てから次第に改良され種々の目的に使用されるに至った。これをブラーフミー文字の起源とする。最初は右から左へ書く特徴を保有していたが、前三世紀ごろにはすでに左から右へ書かれ、字体も地方的に区別を生じた。このブラーフミー文字は南北両系にわかれ、デーヴァーナーガリー文字は北方系に属する（『江戸参府紀行』一八二六年の江戸参府紀行の序（注一四　二六七—二六八頁）より引用。

＊2　フォン・ブランデンシュタイン家所蔵文書に「光明真言経文」（請求番120212　日本語一枚）がある。これはシーボルトが所持していた「光明《コウミョウ》真言《シンゴン》」である。そこには、次のように書かれている。「ヲンアボキヤ　ビーロシヤノ　マカマタラ　マニハンドマ　ジンバラ　ハラハリタヤ　ウン」と墨書してある。さらにその下に、シーボルトの自筆で、Das gebeth Kô mjô Sinkon. Es lautet ; Won abokja, birosja no maka matara, maniban dora Zinbara, haraharitaja un.」と書かれている。

正しくは「オンアボキャベイロシャノウマカボダマニハンドバジンバラハラバリタヤウン」（意訳：帰命し奉る。不空なる大日如来よ。大印よ、宝珠・光明を汝ら展転せしめよ。）なお、光明真言とは、先祖供養に大変功徳力がある真言で「若し衆生あって、この大灌頂光明真言二、三、七反聞て耳根に経ること得ば、即ち十悪五逆四重等の諸罪を除滅することを得ん」と経文に説かれている。つまり一切の罪障を即時取り除き、死者を極楽浄土に導くという強力な真言である。

「**地磁気の偏角の公式**[*1]」

フォン・クルーゼンシュテルンVon Krusenstern[*2]とホルナーHorner[*3]の一八〇五年長崎での観測によれば、偏角は一度四五分三五秒西にあった。

フォン・シーボルトとピストリウスPistorius[*4]の一八二八年の観測によれば、二度一〇分西であった[*5]。

一八四五年E・ベルヒャーE. Belcher[*6]によると、偏角は四五度六分二秒西であった。長崎の……〔この部分未記入〕……N・BとLの東の長崎の偏角は、それによると二七年代は……〔この部分未記入〕……そして四〇年代は西に進んだ。

＊1　偏角は磁気子午線と地理学的子午線とのなす角。すなわち、磁針の指す北と真の北との間の角。方位角。

＊2　フォン・クルーゼンシュテルン（Adam Johann von Krusenstern 1770-1846）ロシア提督、探険旅行家。

＊3　ホルナー（Horner人物・生没年不詳）

＊4　ピストリウス（P. W. Verkerk Pistorius 1802？-？）出島商館筆者。一八二三年初来日。一八二五年一旦バタヴィアに戻り、翌年再来日。再びバタヴィアに戻り、一八二八年三度の来日を数え、一八三二年まで滞在した。

＊5　この記述に関しては、シーボルト『日本』図録第一巻「九州、四国、本州および周辺諸島の主要地点　経緯度測定比較一覧表」一三頁参照。

＊6　ベルヒャー（Sir Edward Belcher 1799-1877）探険旅行家。

「**水路地理**」

九州湾（クルーゼンシュテルン）〔玄界灘〕にある岩島は、古いオランダの地図では〃デ・カペル de Kapel〃と呼ばれているが、これが崩れ、そばを船が通ると……〔この部分未記入〕……のように見える。ボートの索止め用に、多くの岩が海面上にある。

「拷問」

日本にはまだ、疑わしき者、訴えられた者、犯罪者を自白させるための拷問があり、またさまざまな方法がある。

一、御牢責め Goro seme。腕を後ろで縛る。縄を湿らす。縄が収縮し、痛みを引き起こす。何の効果もない時には、受難者は台の上で、後ろ手を縛られて吊るされる。

二、ネト責め Neto seme。溶けた鉛を背中の傷ついた肌に流し込む。

三、雁木責め Gangi seme〔石抱え責め、算盤責め〕。日本的なやり方〔正座〕で足を組んで……〔この部分未記入〕……に坐っている受難者の膝の上に重い石のプレートを重ねていく。看守は受難者の背中で縛っている腕を摑んでいる。

四、水責め Mizu seme。両腕を後ろに縛られ、砂を詰めた米俵を背負わされた受難者の口の中へ、大きな漏斗で大量に水を流し込む。

五、毘沙門返し Bisamon kajesi。強引に足を開かせ、濡れた……〔この部分判読不能〕……また受難者は後ろに腕を縛られ、両足に石を縛りつけられて、拷問台 Bock の上に乗せられる。

「石責めの刑」（アンベール『幕末日本図絵』（1870年）より）

「園芸」

ミツマタDaphne Fortune＝Edgeworythia carthacea S.& Z.、サワグルミFortu-nea chinensis＝Pterocarya rhoifolia S.& Z.、コリンクチナシGardenia grandis、ケヤキPlaneia crenata、ホオノキMagnolia glauca、モクレン科Magnolia Julan、コノテガシワ属Biota aurea〔和名不詳〕、B. glauca〔和名不詳〕、B. pendula〔和名不詳〕、ビャクシン属Juniperus Fortuna〔和名不詳〕、ムベ属Stautonia latifolia〔和名不詳〕、カヤ属Torraea Humboldii〔和名不詳〕。カヤノキ属Torreya taxifolia〔和名不詳〕は、日本産の他の似た種ときちんと区別できる。

「船旅[*1]」

ラス・ベナスRas Benassとアフリカ海岸からおよそ二マイル離れたヨン島Insel Jhonの見える紅海上、つまりエジプトとヌビアの国境では、船室での最高気温は華氏八四度〔摂氏約二八・九度〕、炎天下の甲板の上では華氏一〇四度〔摂氏約四〇度〕。水温は海面で摂氏二三度レアウムReaum（一八五九年四月二十一日）。アフリカの海岸ではわれわれは不毛な痩せた山しか見なかった。

＊1　内容から推察すると、一八五九年四月十三日にマルセーユを出航。日本へ向う船旅の途中、スエズを経てアデン付近を航行中の記述であろう。

「日本の使節団[*1]」

八月十四日[*2]、日本の使節団はロシア皇帝[*3]より歓迎を受けた。竹内下野守のスピーチに対して皇帝は、次のように答えた。

「特別な喜びをもって、私は大君陛下よりの代表団をお迎えいたします。ロシアと日本との関係は、常に友好的なものであります。両国が地理的に隣接していること、そこから生ずる一般的な関心が両国の交流が持続的で、しかも強固なものであることの保証であります。私は、大君が私にこの使節を通じて示している友情と彼が私に知らしめようとする好意の情を高く評価するものであります。どうか、この私の都に留まっていただきたい。そしてロシアと日本との友好的な関係を確信して、乾杯しましょう」〔原文オランダ語〕。

＊1　一八六一（文久元）年十二月、遣欧使節竹内下野守保徳を正使として任命。副使松平石見守康直、福地源一郎、福沢諭吉ら総勢三八人で長崎を出港。仏・英・蘭・露など歴訪し、江戸・大坂の開市・兵庫・新潟開港の延期交渉を行なった。ロシアとは樺太国境問題の交渉を行なったが不調。同年十二月十一日江戸に帰着した。

＊2　一八六二（文久二）年八月十四日、遣欧使節団がロシアに到着した時の様子であるが、シーボルトはこの情報をのちに入手して、「覚書」として記したのであろう。

＊3　ロシア皇帝アレクサンドル二世（Alexsandr. II. 1818-1881）在位一八五五～一八八一年。クリミア戦争の敗北下に即位し、農奴解放その他の大改革を行なったが、ポーランド反乱を弾圧し、ナロードニキに暗殺された。

一八六一年出島版、蘭日便覧付日記帳

(Nederlandsche en Japansche Almanak voor het Jaar 1861,
Desima. ter Nederlandsche Drukkerij 1861)

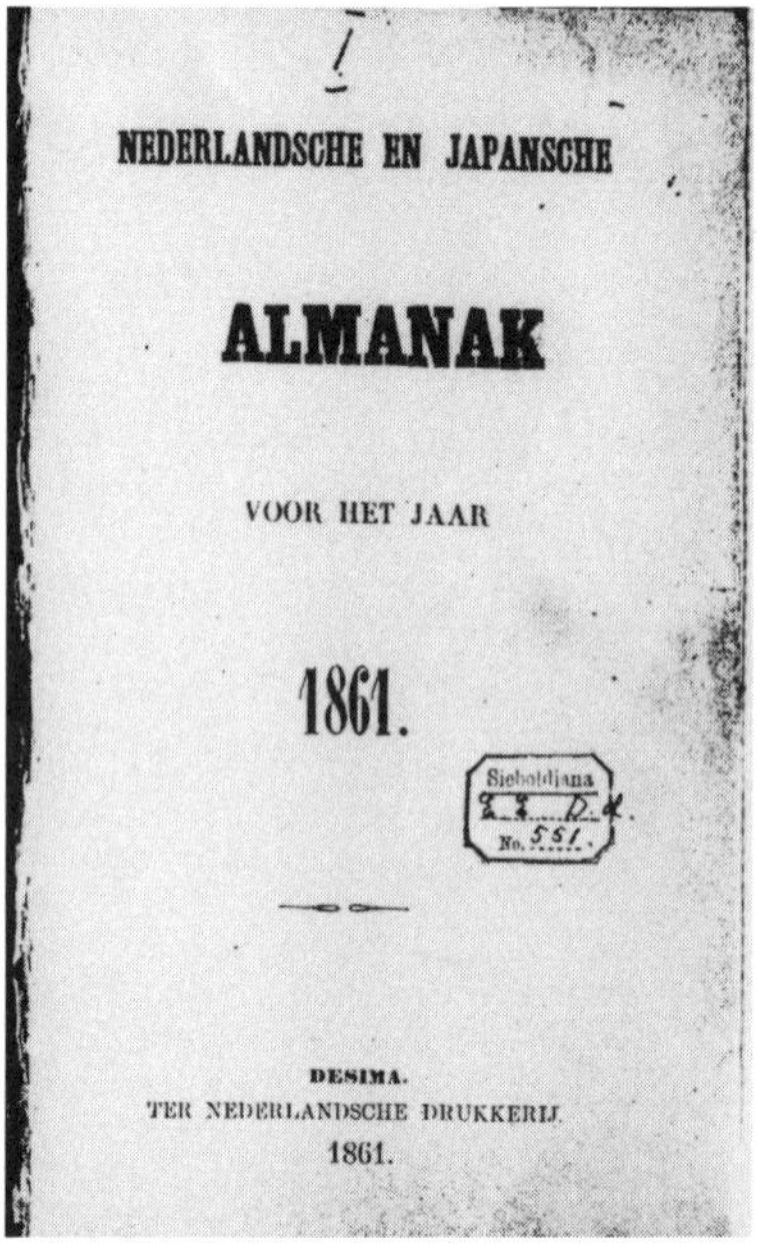

出島オランダ印刷所発行、シーボルト使用の『蘭日便覧付日記帳』の扉

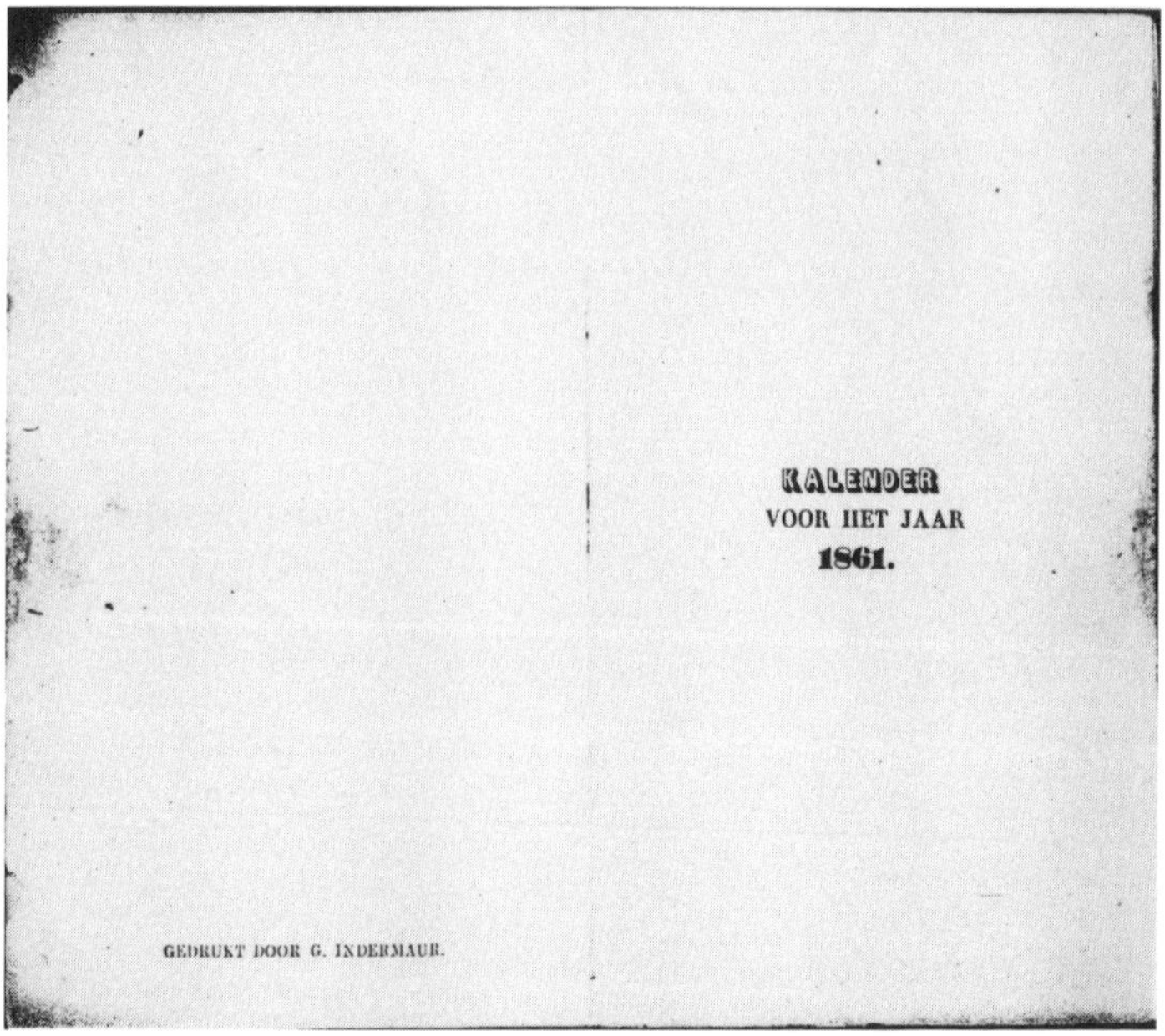

扉裏、1頁目

CHRONOLOGISCHE CIRKELS.

Het Guldengetal.	19.	De Romeinsche Indictie .	4.
De Epacta	18.	De Zondagsletter.	F.
De Zonnecirkel.	22.	De Juliaansche Periode	6574

CHRISTELIJKE FEESTDAGEN.

Drie Koningen. .	6 Jan.	Hemelvaartsdag . .	9 Mei.
Septuagesima . .	3 Febr.	Pinksteren	19 Mei.
Vasten-avond . .	12 Febr.	H. Drievuldigheid .	26 Mei.
Asch-woensdag. .	13 Febr.	H. Sacramentsdag .	30 Mei.
Palm-zondag . .	24 Maart.	St. Jansdag	24 Jun.
Goede vrijdag . .	29 Maart.	Eerste advent . . .	1 Dec.
Paschen	31 Maart.	Kersmis	25 Dec.

TEEKENS DER MAANS-PHASEN.

☽ Eerste kwartier. Ⓥ Volle maan.
☾ Laatste kwartier. ● Nieuwe maan.

2・3頁目

JAPANSCHE FEESTDAGEN.

De 1. 15. en 28. van iedere maand is een feestdag, genoemd *Rei-bi* d. i. bezoekdag, omdat men op deze dagen elkander uit beleefdheid bezoekt. Deze maandelijksche feestdagen zijn in den Kalender met *R. B.* aangemerkt.

De merkwaardigste kerkelijke en volks-feesten worden gevierd.

In de eerste maand: op den 1. dag het Nieuwjaars-feest.

In de tweede maand: op den eersten paarde-dag (*Hats moema*). het feest van *Inari*, beschermheer tegen brand en diefstal en patroon der landlieden; den 15. de sterfdag van *Sjaka* (*Buddha*).

In de derde maand: op den 3. dag het zoogenoemde Poppen-feest (*Momo no sek'*.

In de vierde maand: op den 8. dag de geboortedag van *Sjaka*.

In de vijfde maand: op den 5. dag het zoogenoemde Vlaggen-feest (*Sjóboe no seki*)

In de zesde maand: van den 1. tot 15. het feest van den *Kami* van *Giwon*.

In de zevende maand: op den 7. dag het zoogenoemde Starrenfeest (*Sitsiseki*); op den 15. het feest *Tjoe gen* of van het midden van het jaar; van den 13. tot 15. te *Nagasaki* het Lantaarnenfeest (*Bon-tóro*.)

In de achtste maand; op den 1. de betalingdag van schatting (*Hassak'*); ook het feest van *Hatsiman*; op den 15. het maan-feest (*Tsoeki mi*).

In de negende maand: op den 9. dag het Goudbloemen-feest (*kik no seki*), ook het feest van den *Kami* van *Soewa* (*Soewa matsoeri*).

In de tiende maand: op den eersten varkendag het feest *Inogo*; op den 10. het feest van *Kompira*.

In de elfde maand: op den 20. het feest van *Jebis'*, god des handels (*Hats ga jebis'*).

In de twaalfde maand: op den 15. het feest *Kawawatari* of de overgang van het oude naar het nieuwe jaar. Tegen het einde van deze maand heeft het feest *Sets'boen*, het uitdrijven van de bose geesten plaats.

ZON EN MAANS-VERDUISTERINGEN.

Er Zullen in dit Jaar drie Zons-en eene Maans-verduisteringen plaats hebben:

1. Eene ringvormige Zons-verduistering op den 10*de* Januarij; onzigtbaar te Desima.

2. Eene ringvormige Zons-verduistering op den 7*de* Julij; onzigtbaar te Desima.

3. Eene gedeeltelijke Maans-verduistering op den 16*de* December; onzigtbaar te Desima.

4. Eene totale Zons-verduistering op den 31*ste* December; onzigtbaar te Desima.

Ook heeft een doorgang van den *Mercurius* door de zonneschijf op den 11. November plaats, onzigtbaar te Desima.

4・5頁目

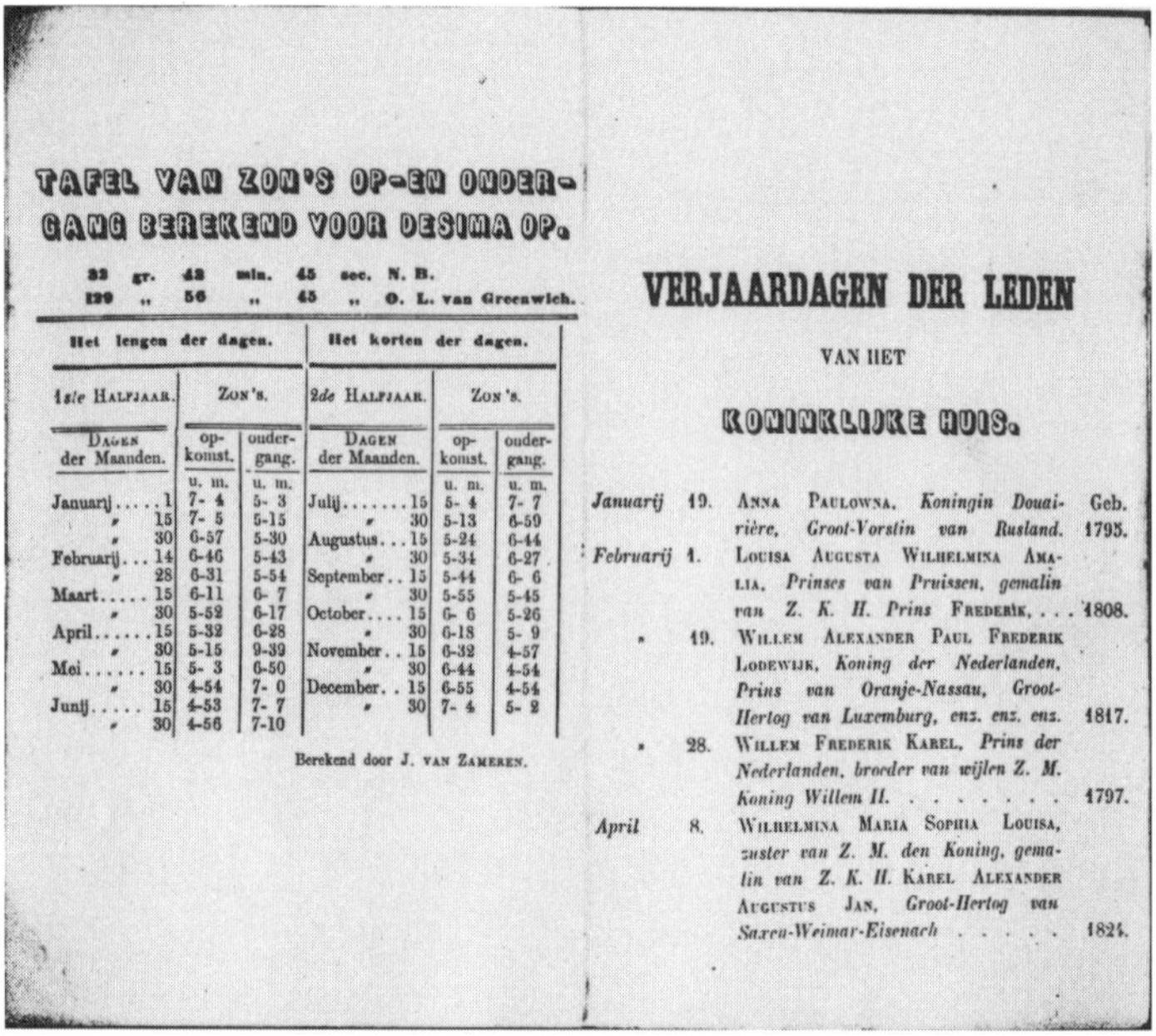

TAFEL VAN ZON'S OP- EN ONDERGANG BEREKEND VOOR DESIMA OP.

32 gr. 42 min. 45 sec. N. B.
129 ,, 56 ,, 45 ,, O. L. van Greenwich.

Het lengen der dagen.			Het korten der dagen.		
1ste Halfjaar.	Zon's.		2de Halfjaar.	Zon's.	
Dagen der Maanden.	op-komst.	onder-gang.	Dagen der Maanden.	op-komst.	onder-gang.
	u. m.	u. m.		u. m.	u. m.
Januarij 1	7- 4	5- 3	Julij 15	5- 4	7- 7
,, 15	7- 5	5-15	,, 30	5-13	6-59
,, 30	6-57	5-30	Augustus . . . 15	5-24	6-44
Februarij . . . 14	6-46	5-43	,, 30	5-34	6-27
,, 28	6-31	5-54	September . . 15	5-44	6- 6
Maart 15	6-11	6- 7	,, 30	5-55	5-45
,, 30	5-52	6-17	October 15	6- 6	5-26
April 15	5-32	6-28	,, 30	6-18	5- 9
,, 30	5-15	9-39	November . . 15	6-32	4-57
Mei 15	5- 3	6-50	,, 30	6-44	4-54
,, 30	4-54	7- 0	December . . 15	6-55	4-54
Junij 15	4-53	7- 7	,, 30	7- 4	5- 2
,, 30	4-56	7-10			

Berekend door J. van Zameren.

VERJAARDAGEN DER LEDEN

VAN HET

KONINKLIJKE HUIS.

Januarij 19. Anna Paulowna, *Koningin Douairière, Groot-Vorstin van Rusland.* Geb. 1795.

Februarij 4. Louisa Augusta Wilhelmina Amalia, *Prinses van Pruissen, gemalin van Z. K. H. Prins* Frederik, . . . 1808.

,, 19. Willem Alexander Paul Frederik Lodewijk, *Koning der Nederlanden, Prins van Oranje-Nassau, Groot-Hertog van Luxemburg, enz. enz. enz.* 1817.

,, 28. Willem Frederik Karel, *Prins der Nederlanden, broeder van wijlen Z. M. Koning Willem II.* . . . . 1797.

April 8. Wilhelmina Maria Sophia Louisa, *zuster van Z. M. den Koning, gemalin van Z. K. H.* Karel Alexander Augustus Jan, *Groot-Hertog van Saxen-Weimar-Eisenach* . . . . . 1824.

6・7頁目

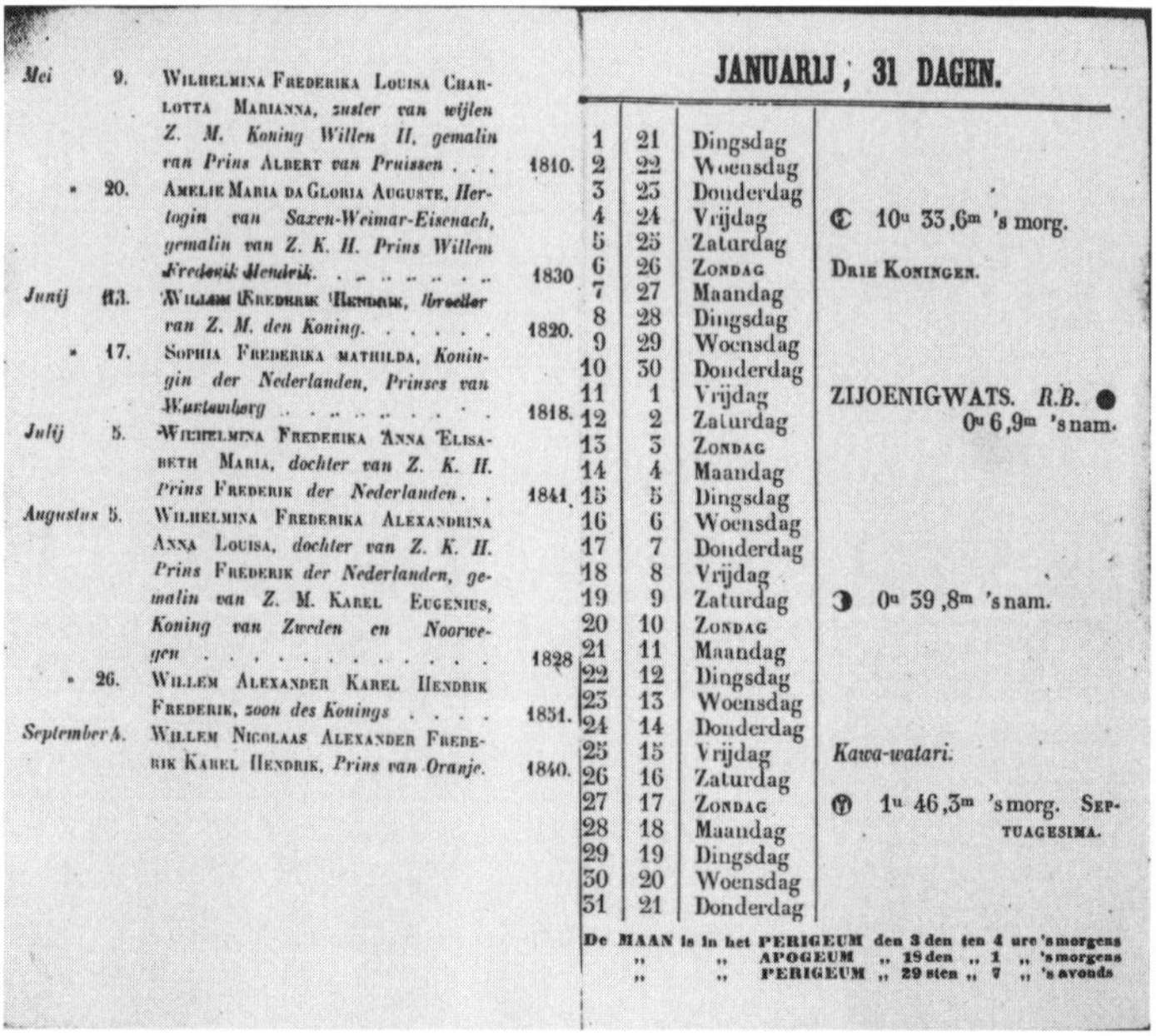

Mei 9. Wilhelmina Frederika Louisa Charlotta Marianna, *zuster van wijlen Z. M. Koning Willem II, gemalin van Prins* Albert *van Pruissen* . . . 1810.

,, 20. Amelie Maria da Gloria Auguste, *Hertogin van Saxen-Weimar-Eisenach, gemalin van Z. K. H. Prins Willem Frederik Hendrik.* 1830

Junij 13. Willem Frederik Hendrik, *broeder van Z. M. den Koning.* . . . . . . 1820.

,, 17. Sophia Frederika mathilda, *Koningin der Nederlanden, Prinses van Wurtemberg* . . . . 1818.

Julij 5. Wilhelmina Frederika Anna Elisabeth Maria, *dochter van Z. K. H. Prins* Frederik *der Nederlanden.* . . 1841.

Augustus 5. Wilhelmina Frederika Alexandrina Anna Louisa, *dochter van Z. K. H. Prins* Frederik *der Nederlanden, gemalin van Z. M.* Karel Eugenius, *Koning van Zweden en Noorwegen* 1828

,, 26. Willem Alexander Karel Hendrik Frederik, *zoon des Konings* . . . . 1851.

September 4. Willem Nicolaas Alexander Frederik Karel Hendrik, *Prins van Oranje.* 1840.

JANUARIJ; 31 DAGEN.

1	21	Dingsdag	
2	22	Woensdag	
3	23	Donderdag	
4	24	Vrijdag	☾ 10u 33,6m 's morg.
5	25	Zaturdag	
6	26	Zondag	Drie Koningen.
7	27	Maandag	
8	28	Dingsdag	
9	29	Woensdag	
10	30	Donderdag	
11	1	Vrijdag	ZIJOENIGWATS. *R.B.* ● 0u 6,9m 's nam.
12	2	Zaturdag	
13	3	Zondag	
14	4	Maandag	
15	5	Dingsdag	
16	6	Woensdag	
17	7	Donderdag	
18	8	Vrijdag	
19	9	Zaturdag	☽ 0u 39,8m 's nam.
20	10	Zondag	
21	11	Maandag	
22	12	Dingsdag	
23	13	Woensdag	
24	14	Donderdag	
25	15	Vrijdag	*Kawa-watari.*
26	16	Zaturdag	
27	17	Zondag	○ 1u 46,3m 's morg. Septuagesima.
28	18	Maandag	
29	19	Dingsdag	
30	20	Woensdag	
31	21	Donderdag	

De MAAN is in het PERIGEUM den 3den ten 4 ure 's morgens
,, ,, APOGEUM ,, 19den ,, 1 ,, 's morgens
,, ,, PERIGEUM ,, 29sten ,, 7 ,, 's avonds

8・9頁目

FEBRUARIJ, 28 DAGEN.

1	22	Vrijdag	☾ 6^u 38, 8^m 's avonds
2	23	Zaturdag	
3	24	Zondag	*Setsboen.*
4	25	Maandag	
5	26	Dingsdag	
6	27	Woensdag	
7	28	Donderdag	*R. B.*
8	29	Vrijdag	
9	30	Zaturdag	
10	1	Zondag	SIJOOGWATS *Jap. Nieuwj.* ●
11	2	Maandag	4^u 44,6^m 's morg.
12	3	Dingsdag	Vastenavond.
13	4	Woensdag	Asch-woensdag.
14	5	Donderdag	
15	6	Vrijdag	
16	7	Zaturdag	
17	8	Zondag	
18	9	Maandag	☽ 8^u 59,2^m 's morg.
19	10	Dingsdag	
20	11	Woensdag	
21	12	Donderdag	
22	13	Vrijdag	
23	14	Zaturdag	*R. B.*
24	15	Zondag	○ 1^u 22,6^m 's nam.
25	16	Maandag	
26	17	Dingsdag	
27	18	Woensdag	
28	19	Donderdag	

De MAAN is in het APOGEUM den 14den ten 7 ure 's avonds.
" " PERIGEUM " 26sten " 9 " "

MAART, 31 DAAGEN.

1	20	Vrijdag	
2	21	Zaturdag	
3	22	Zondag	
4	23	Maandag	☾ 3^u 35,7^m 's morg.
5	24	Dingsdag	
6	25	Woensdag	
7	26	Donderdag	
8	27	Vrijdag	
9	28	Zaturdag	*R. B.*
10	29	Zondag	
11	1	Maandag	NIGWATS *R. B.* ● 10^u 17,3^m
12	2	Dingsdag	's avonds.
13	3	Woensdag	
14	4	Donderdag	
15	5	Vrijdag	
16	6	Zaturdag	
17	7	Zondag	
18	8	Maandag	
19	9	Dingsdag	
20	10	Woensdag	☽ 2^u 11,4^m 's morg.
21	11	Donderdag	
22	12	Vrijdag	*Hats'moema.*
23	13	Zaturdag	
24	14	Zondag	Palmzondag.
25	15	Maandag	*Sterf-dag van Sjaka (Buddha)*
26	16	Dingsdag	○ 10^u 11,7^m 's avonds.
27	17	Woensdag	
28	18	Donderdag	
29	19	Vrijdag	Goede vrijdag.
30	20	Zaturdag	
31	21	Zondag	Paschen.

De MAAN is in het APOGEUM den 14den ten 8 ure 's morgens.
" " PERIGEUM den 27sten " 8 ure "

10・11頁目

APRIL, 30 DAGEN.

1	22	Maandag	
2	23	Dingsdag	☾ 3^u 3,7^m 's nam.
3	24	Woensdag	
4	25	Donderdag	
5	26	Vrijdag	
6	27	Zaturdag	
7	28	Zondag	*R. B.*
8	29	Maandag	
9	30	Dingsdag	
10	1	Woensdag	SANGWATS *R.B.* ● 3^u
11	2	Donderdag	
12	3	Vrijdag	*Momonoseki.*
13	4	Zaturdag	
14	5	Zondag	
15	6	Maandag	
16	7	Dingsdag	
17	8	Woensdag	
18	9	Donderdag	☽ 3^u 25,1 's nam
19	10	Vrijdag	
20	11	Zaturdag	
21	12	Zondag	
22	13	Maandag	
23	14	Dingsdag	
24	15	Woensdag	*R. B.*
25	16	Donderdag	○ 7^u 2,8^m 's morg.
26	17	Vrijdag	
27	18	Zaturdag	
28	19	Zondag	
29	20	Maandag	
30	21	Dingsdag	

De MAAN is in het APOGEUM den 10den ten 11 ure 's m
" " PERIGEUM den 24sten " 7 " 's av

MEI, 31 DAGEN.

1	22	Woensdag	
2	23	Donderdag	☾ 4^u 11,6^m 's morg.
3	24	Vrijdag	
4	25	Zaturdag	
5	26	Zondag	
6	27	Maandag	
7	28	Dingsdag	*R. B.*
8	29	Woensdag	
9	30	Donderdag	Hemelvaartsdag.
10	1	Vrijdag	SANGWATS. *R.B.* ● 7^u47,3^m
11	2	Zaturdag	's morg.
12	3	Zondag	
13	4	Maandag	
14	5	Dingsdag	
15	6	Woensdag	
16	7	Donderdag	
17	8	Vrijdag	*Geboortedag van Sjaka.*
18	9	Zaturdag	☽ 0^u 42,6^m s'morg.
19	10	Zondag	Pinksteren.
20	11	Maandag	
21	12	Dingsdag	
22	13	Woensdag	
23	14	Donderdag	
24	15	Vrijdag	○ 2^u 45,3^m 's nam. *R. B.*
25	16	Zaturdag	
26	17	Zondag	H. Drievuldigheid.
27	18	Maandag	
28	19	Dingsdag	
29	20	Woensdag	
30	21	Donderdag	H. Sacramentsdag.
31	22	Vrijdag	☾ 7^u 4,8^m 's avonds

De MAAN is in het APOGEUM " 7den " 4 " 's namidd.
" " PERIGEUM " 23sten " 2 " 's morgens

12・13頁目

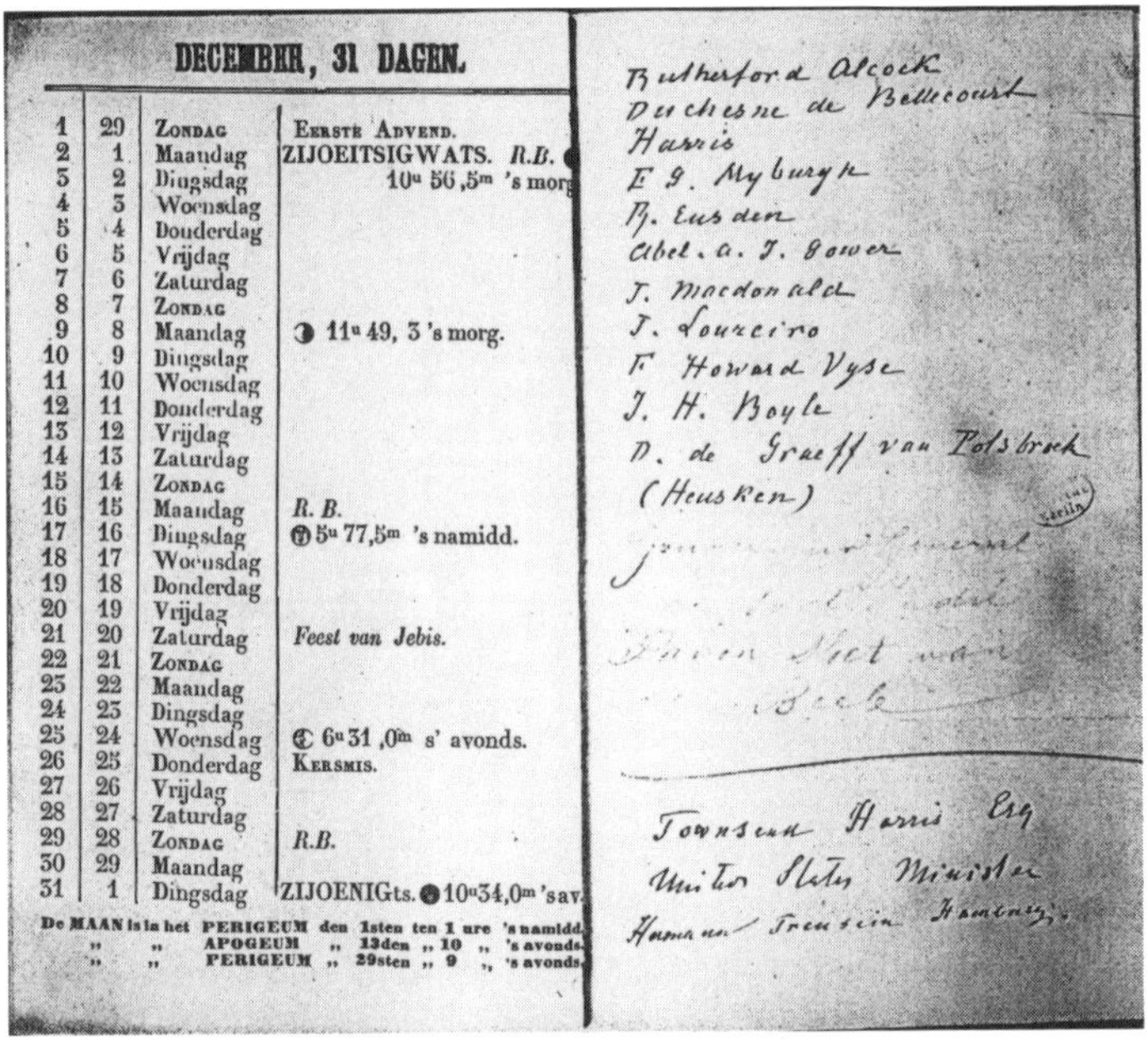

DECEMBER, 31 DAGEN.

1	29	Zondag	Eerste Advend.
2	1	Maandag	ZIJOEITSIGWATS. R.B.
3	2	Dingsdag	10u 56,5m 's morg
4	3	Woensdag	
5	4	Donderdag	
6	5	Vrijdag	
7	6	Zaturdag	
8	7	Zondag	
9	8	Maandag	11u 49, 3 's morg.
10	9	Dingsdag	
11	10	Woensdag	
12	11	Donderdag	
13	12	Vrijdag	
14	13	Zaturdag	
15	14	Zondag	
16	15	Maandag	R. B.
17	16	Dingsdag	5u 77,5m 's namidd.
18	17	Woensdag	
19	18	Donderdag	
20	19	Vrijdag	
21	20	Zaturdag	Feest van Jebis.
22	21	Zondag	
23	22	Maandag	
24	23	Dingsdag	
25	24	Woensdag	6u 31 ,0m s' avonds.
26	25	Donderdag	Kersmis.
27	26	Vrijdag	
28	27	Zaturdag	
29	28	Zondag	R.B.
30	29	Maandag	
31	1	Dingsdag	ZIJOENIGts. 10u34,0m 's av.

De MAAN is in het PERIGEUM den 1sten ten 1 ure 's namidd.
" " APOGEUM " 13den " 10 " 's avonds.
" " PERIGEUM " 29sten " 9 " 's avonds.

Rutherford Alcock
Duchesne de Bellecourt
Harris
E. G. Myburgh
R. Eusden
Abel. A. J. Gower
J. Macdonald
J. Loureiro
F. Howard Vyse
J. H. Boyle
D. de Graeff van Polsbroek
(Heusken)

Townsend Harris Esq
United States Minister

20・21頁目
右頁にシーボルトの書き込み（オールコック、ベルクール、ハリスなどの名前が見える)。

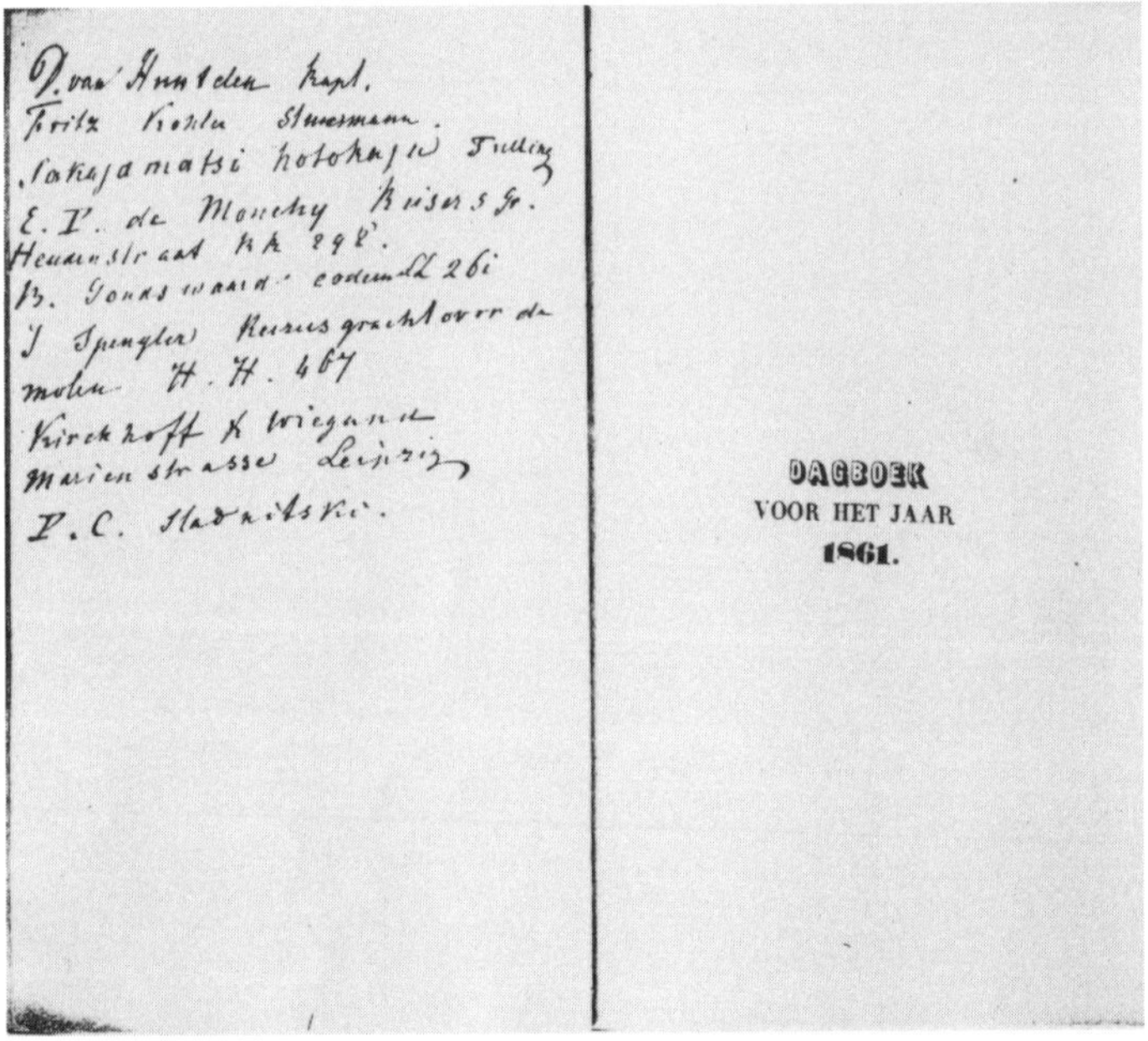

D. van Hunteden Kapt.
Fritz Kohler Stuurmann.
Sakajamatsi Kotokasju
E. P. de Monchy
Heerenstraat
B. Jonkswaard
J. Spengler Keizersgracht over de molen H. H. 467
Kirchhoff & Wigand
Marienstrasse Leipzig
P. C. Hadnitski.

DAGBOEK
VOOR HET JAAR
1861.

22・23頁目
同様に左頁に書き込みあり（交流のあったヨーロッパ人の住所など。ステルマン、スペングラーの名前が見える)。

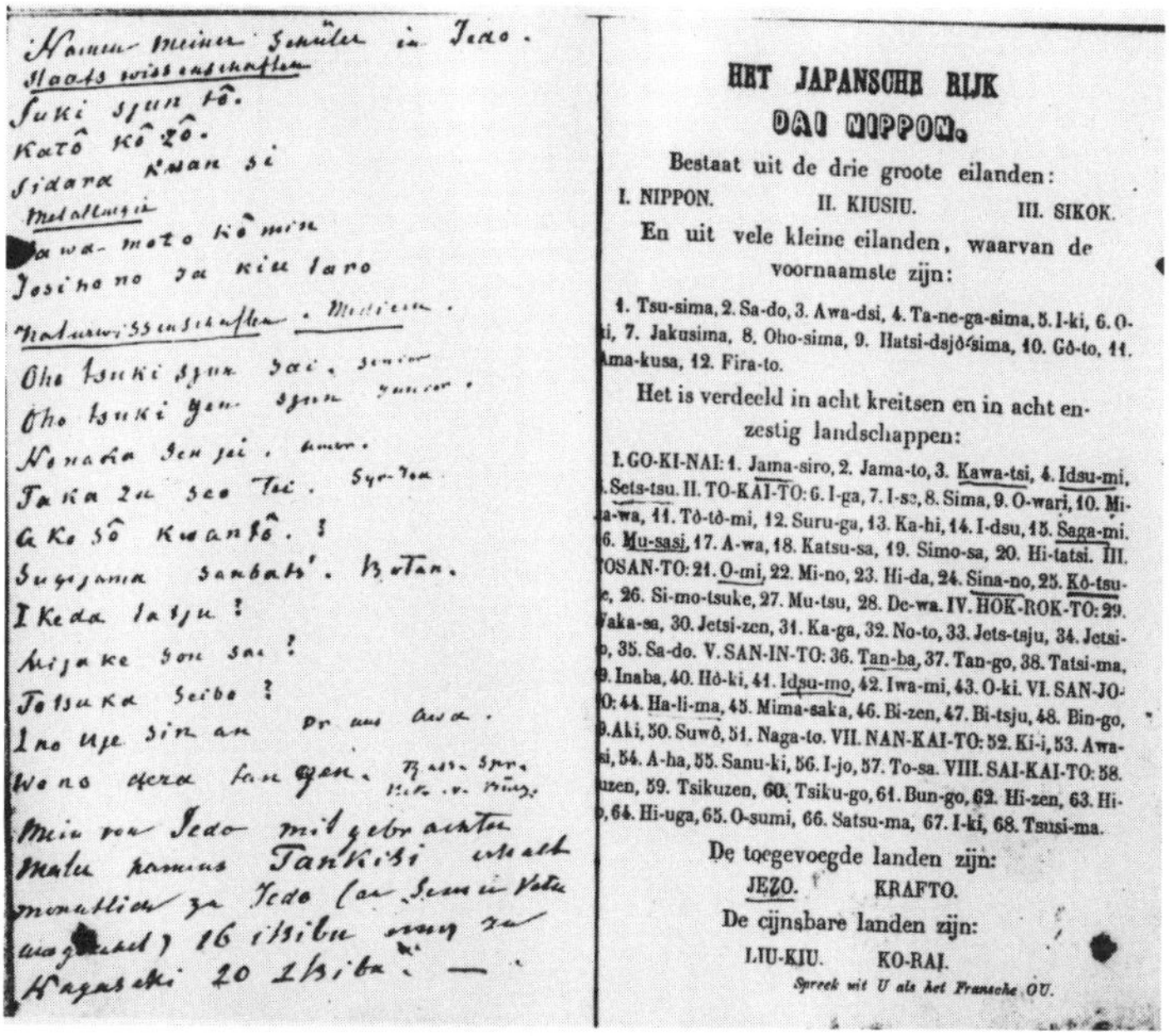
Namen meiner Schüler in Jedo.
Staatswissenschaften
Suki sjun tô.
Katô Kôzô.
Metallurgie
Naturwissenschaften. Medicin.
Oho tsuki sjun sai.
Oho tsuki gen sjun
Ikeda
Mijake
Totsuka
Mein von Jedo mitgebrachter
Tankisi
Nagasaki 20 Itsibu.

HET JAPANSCHE RIJK
DAI NIPPON.
Bestaat uit de drie groote eilanden:
I. NIPPON. II. KIUSIU. III. SIKOK.
En uit vele kleine eilanden, waarvan de voornaamste zijn:

1. Tsu-sima, 2. Sa-do, 3. Awa-dsi, 4. Ta-ne-ga-sima, 5. I-ki, 6. O-ki, 7. Jakusima, 8. Oho-sima, 9. Hatsi-dsjô-sima, 10. Gô-to, 11. Ama-kusa, 12. Fira-to.

Het is verdeeld in acht kreitsen en in acht en-zestig landschappen:

I. GO-KI-NAI: 1. Jama-siro, 2. Jama-to, 3. Kawa-tsi, 4. Idsu-mi, 5. Sets-tsu. II. TO-KAI-TO: 6. I-ga, 7. I-se, 8. Sima, 9. O-wari, 10. Mi-kawa, 11. Tô-tô-mi, 12. Suru-ga, 13. Ka-hi, 14. I-dsu, 15. Saga-mi. 16. Mu-sasi, 17. A-wa, 18. Katsu-sa, 19. Simo-sa, 20. Hi-tatsi. III. TOSAN-TO: 21. O-mi, 22. Mi-no, 23. Hi-da, 24. Sina-no, 25. Kô-tsuke, 26. Si-mo-tsuke, 27. Mu-tsu, 28. De-wa. IV. HOK-ROK-TO: 29. Waka-sa, 30. Jetsi-zen, 31. Ka-ga, 32. No-to, 33. Jets-tsju, 34. Jetsi-go, 35. Sa-do. V. SAN-IN-TO: 36. Tan-ba, 37. Tan-go, 38. Tatsi-ma, 39. Inaba, 40. Hô-ki, 41. Idsu-mo, 42. Iwa-mi, 43. O-ki. VI. SAN-JO-TO: 44. Ha-li-ma, 45. Mima-saka, 46. Bi-zen, 47. Bi-tsju, 48. Bin-go, 49. Aki, 50. Suwô, 51. Naga-to. VII. NAN-KAI-TO: 52. Ki-i, 53. Awa-si, 54. A-ha, 55. Sanu-ki, 56. I-jo, 57. To-sa. VIII. SAI-KAI-TO: 58. Buzen, 59. Tsikuzen, 60. Tsiku-go, 61. Bun-go, 62. Hi-zen, 63. Hi-go, 64. Hi-uga, 65. O-sumi, 66. Satsu-ma, 67. I-ki, 68. Tsusi-ma.

De toegevoegde landen zijn:
JEZO. KRAFTO.
De cijnsbare landen zijn:
LIU-KIU. KO-RAI.

Spreek wit U als het Fransche OU.

日記の後の空白頁（前掲294頁図版のMENGELINGEN.扉裏）を使った書き込み（江戸・赤羽根接遇所で教授した学生たち。杉純道、加藤弘蔵などの名前が見える）。

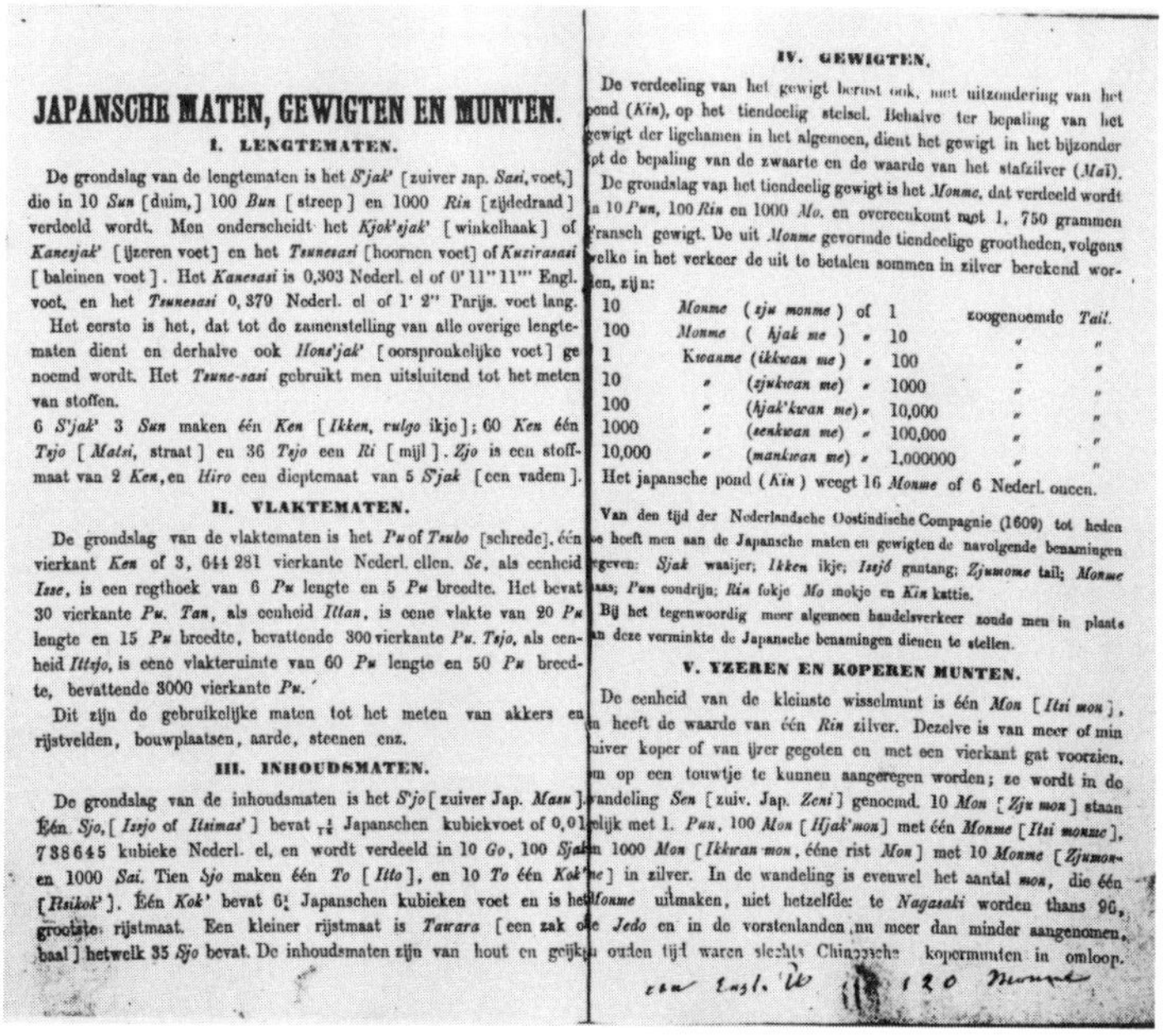
JAPANSCHE MATEN, GEWIGTEN EN MUNTEN.
I. LENGTEMATEN.
De grondslag van de lengtematen is het *S'jak'* [zuiver jap. *Sasi*, voet,] die in 10 *Sun* [duim,] 100 *Bun* [streep] en 1000 *Rin* [zijdedraad] verdeeld wordt. Men onderscheidt het *Kjok'sjak'* [winkelhaak] of *Kanesjak'* [ijzeren voet] en het *Tsunesasi* [hoornen voet] of *Kuzirasasi* [baleinen voet]. Het *Kanesasi* is 0,303 Nederl. el of 0' 11" 11"' Engl. voet, en het *Tsunesasi* 0, 379 Nederl. el of 1' 2" Parijs. voet lang.

Het eerste is het, dat tot de zamenstelling van alle overige lengtematen dient en derhalve ook *Hons'jak'* [oorspronkelijke voet] genoemd wordt. Het *Tsune-sasi* gebruikt men uitsluitend tot het meten van stoffen.

6 *S'jak'* 3 *Sun* maken één *Ken* [*Ikken*, *vulgo* ikje]; 60 *Ken* één *Tsjo* [*Matsi*, straat] en 36 *Tsjo* een *Ri* [mijl]. *Zjo* is een stoffmaat van 2 *Ken*, en *Hiro* een dieptemaat van 5 *S'jak* [een vadem].

II. VLAKTEMATEN.
De grondslag van de vlaktematen is het *Pu* of *Tsubo* [schrede], één vierkant *Ken* of 3, 644 281 vierkante Nederl. ellen. *Se*, als eenheid *Isse*, is een regthoek van 6 *Pu* lengte en 5 *Pu* breedte. Het bevat 30 vierkante *Pu*. *Tan*, als eenheid *Ittan*, is eene vlakte van 20 *Pu* lengte en 15 *Pu* breedte, bevattende 300 vierkante *Pu*. *Tsjo*, als eenheid *Ittsjo*, is eene vlakteruimte van 60 *Pu* lengte en 50 *Pu* breedte, bevattende 3000 vierkante *Pu*.

Dit zijn de gebruikelijke maten tot het meten van akkers en rijstvelden, bouwplaatsen, aarde, steenen enz.

III. INHOUDSMATEN.
De grondslag van de inhoudsmaten is het *S'jo* [zuiver Jap. *Masu*]. Één *Sjo*, [*Issjo* of *Itsimas'*] bevat $\frac{1}{14}$ Japanschen kubiekvoet of 0,01738645 kubieke Nederl. el, en wordt verdeeld in 10 *Go*, 100 *Sjak* en 1000 *Sai*. Tien *Sjo* maken één *To* [*Itto*], en 10 *To* één *Kok'* [*Itsikok'*]. Één *Kok'* bevat $6\frac{1}{4}$ Japanschen kubieken voet en is het grootste rijstmaat. Een kleiner rijstmaat is *Tawara* [een zak of baal] hetwelk 35 *Sjo* bevat. De inhoudsmaten zijn van hout en geijk

IV. GEWIGTEN.
De verdeeling van het gewigt berust ook, met uitzondering van het pond (*Kin*), op het tiendeelig stelsel. Behalve ter bepaling van het gewigt der ligchamen in het algemeen, dient het gewigt in het bijzonder tot de bepaling van de zwaarte en de waarde van het stafzilver (*Maï*).

De grondslag van het tiendeelig gewigt is het *Monme*, dat verdeeld wordt in 10 *Pun*, 100 *Rin* en 1000 *Mo*. en overeenkomt met 1, 750 grammen Fransch gewigt. De uit *Monme* gevormde tiendeelige grootheden, volgens welke in het verkeer de uit te betalen sommen in zilver berekend worden, zijn:

10	*Monme*	(*zju monme*)	of	1	zoogenoemde	*Tail.*
100	*Monme*	(*hjak me*)	"	10	"	"
1	Kwanme	(*ikkwan me*)	"	100	"	"
10	"	(*zjukwan me*)	"	1000	"	"
100	"	(*hjak'kwan me*)	"	10,000	"	"
1000	"	(*senkwan me*)	"	100,000	"	"
10,000	"	(*mankwan me*)	"	1,000000	"	"

Het japansche pond (*Kin*) weegt 16 *Monme* of 6 Nederl. oncen.

Van den tijd der Nederlandsche Oostindische Compagnie (1609) tot heden heeft men aan de Japansche maten en gewigten de navolgende benamingen gegeven: *Sjak* waaijer; *Ikken* ikje; *Issjô* gantang; *Zjumome* tail; *Monme* maas; *Pun* condrijn; *Rin* fokje *Mo* mokje en *Kin* kattie.

Bij het tegenwoordig meer algemeen handelsverkeer zoude men in plaats van deze verminkte de Japansche benamingen dienen te stellen.

V. YZEREN EN KOPEREN MUNTEN.
De eenheid van de kleinste wisselmunt is één *Mon* [*Itsi mon*], en heeft de waarde van één *Rin* zilver. Dezelve is van meer of min zuiver koper of van ijzer gegoten en met een vierkant gat voorzien, om op een touwtje te kunnen aangeregen worden; ze wordt in de wandeling *Sen* [zuiv. Jap. *Zeni*] genoemd. 10 *Mon* [*Zju mon*] staan gelijk met 1. *Pun*, 100 *Mon* [*Hjak'mon*] met één *Monme* [*Itsi monme*], en 1000 *Mon* [*Ikkwan mon*, ééne rist *Mon*] met 10 *Monme* [*Zjumonme*] in zilver. In de wandeling is evenwel het aantal *mon*, die één *Monme* uitmaken, niet hetzelfde: te *Nagasaki* worden thans 96, te *Jedo* en in de vorstenlanden nu meer dan minder aangenomen. In ouden tijd waren slechts Chinesche kopermunten in omloop.

een Engl. Pb 120 Monme

日記の後の付録部分（MENGELINGEN.）の様々な単位の換算（右頁下には ten Engl. Pb 120 monme とシーボルトの書き込みが見える）。

シーボルトの生涯・業績および関係年表

青年時代（ヨーロッパ）

一七九六（寛政八）年　一歳

○二月十七日（一・九）フィリップ・フランツ・バルタザール・シーボルト、バイエルンのヴュルツブルグで生まれる。

一八一五（文化十二）年　十九歳

○十一月十二日（十・十二）ヴュルツブルグ大学入学、医学専攻。自然科学（植物学・化学ほか）、地理学・民族学・探検旅行に関心をもつ。

一八二〇（文政三）年　二十四歳

○九月五日（七・二十八）ヴュルツブルグ大学卒業。ハイディングスフェルトで開業医となる。

一八二二（文政五）年　二十六歳

○六月十一日（四・二十二）オランダへ行き、蘭領東インド陸軍外科少佐（軍医大尉）に任命。

○九月二十三日（八・九）ロッテルダムを出発、ジャヴァに向う。

第一回来日時の活動

一八二三（文政六）年　二十七歳

○四月十八日（三・八）長崎出島のオランダ商館医に任命、日本の総合的学際的研究を委任される。

○六月二十八日（五・二十）バタヴィアを出航、日本に向う。

○八月十一日（七・六）長崎着、出島商館に居住。

○九月其扇（そのぎ・楠本たき十七歳）落籍する。

○十月九日（九・六）論文『日本博物誌』（ラテン文）を脱稿。

一八二四（文政七）年　二十八歳

○六月頃長崎近郊鳴滝に診察と学術研究の塾（鳴滝塾）を開設。

一八二五（文政八）年　二十九歳

○四月十九日（三・二）日本植物研究のため出島の薬園を整備し、園内にケンペルとツュンベリー顕彰の記念碑を建設。

□日本茶の種子をジャヴァに無事送り、同島の茶栽培が始まる。

一八二六（文政九）年　三十歳

○二月十五日（一・九）商館長に従い長崎を出発、江戸に向かう。
○四月十日（三・四）江戸着。
○五月十八日（四・十二）江戸を出発、長崎へ。
○七月七日（六・三）長崎出島着。
○九月十五日（八・十四）長崎近郊の漁村小瀬戸へ調査旅行。

一八二七（文政十）年　三十一歳
○一月十八日（十二・二十一）長崎近郊の一本木へ植物調査。
○三月二十九日（三・三）長崎郊外の岩屋山へ調査旅行。
○五月三十一日（五・六）娘イネ生まれる。
○六月二十五日（六・二）西山御薬園へ薬草木の調査。
○十月長崎郊外の千々山へ調査旅行。

一八二八（文政十一）年　三十二歳
○九月十七日（八・九）長崎地方、猛烈な暴風雨が来襲。入港のオランダ船コルネリウス・ハウトマン号座礁。
○十月シーボルト事件発生。シーボルトは長崎奉行所で尋問される。

一八二九（文政十二）年　三十三歳
○十月二十二日（九・二十五）シーボルトに国外追放の判決が下る。
○十二月三十日（十二・五）ジャヴァ号で出島を出帆。
○十二月三十一日（十二・六）風待ちで小瀬戸に碇泊中妻其扇、娘イネ、門人二宮敬作、高良斎、石井宗謙たちに会う。

一八三〇（天保元）年　三十四歳
○一月一日（十二・七）シーボルト小瀬戸浦に来て妻子、門人たちに別れを告げる。文学的、民族学的コレクション五、〇〇〇点以上のほか、二〇〇の哺乳動物の標本、九〇〇の鳥類、七五〇の魚類、一七〇の爬虫類の標本、五、〇〇〇以上の無脊椎動物の標本、二、〇〇〇種の植物、一二、〇〇〇の植物標本を持ち帰る。

ヨーロッパでの日本研究と活動

○一月三日（十二・八）日本を離れバタヴィアに向かう。
○一月二十八日（一・四）バタヴィア着。
○三月十五日（二・二十一）バタヴィアからオランダに向う。
○七月七日（五・十七）オランダのフリッシンゲン着。ライデンのラーペンブルフに居住。

一八三一（天保二）年　三十五歳

○四月、国王ウィレム一世より勲章を授与。蘭領インド軍管理衛生部将校（軍医少佐）に昇進、植民省日本問題担当の顧問に任命される。

一八三二（天保三）**年**　三十六歳

□ライデンのラーペンブルフ一九番地に家を借用。「日本博物館」を開設し、コレクションの一般公開をする。

□『日本』（シーボルト著）第一分冊出版。以後一八五八／五九年まで二〇分冊を発行。

一八三三（天保四）**年**　三十七歳

□『日本動物誌』第一分冊出版、以後一八五〇年まで発行。

『日本植物誌』第一分冊出版、以後一八七〇年まで発行。

『日本叢書』出版、以後一八四一年まで六冊発行（ホフマンと中国人郭成章の協力による）。

一八三四―三五（天保五―六）**年**　三十八―三十九歳

○ヨーロッパ各地（サンクト・ペテルスブルク、モスクワ、ベルリン、ドレスデン、プラハ、ウィーン、ミュンヘン、ワイマールを旅行し、『日本』の購入、研究資金の援助を要請。バイエルン国王に「国立民族学博物館設立に関する書簡」と「計画草案」を提出。

一八三七（天保八）**年**　四十一歳

○七月十五日（六・十三）オランダ国王に民族学博物館設立を提案。

□『貿易用（シキミ）に関する植物学起源について、ドゥ・フリーゼ氏の論文に回答』をライデンとライプツィヒで刊行。

一八三八（天保九）**年**　四十二歳

□オランダ政府、シーボルトのコレクションを買い上げ、彼の自宅で管理を委託。ライデン民族学博物館の核となる。

一八四二（天保十三）**年**　四十六歳

○十一月十七日（十・十五）オランダ国王ウィレム二世よりヨンクヘール（准男爵）の爵位を授与される。

□オランダのライデルドルプに王立園芸奨励協会を設立。

一八四三（天保十四）**年**　四十七歳

○四月パリ国立図書館部長ジョマールに民族学博物館を提案。バイエルン自然科学アカデミーの正式な在外会員となる。

一八四四（弘化元）**年**　四十八歳

○二月十五日（十二・二十七）日本へ開国勧告のオランダ国王親書を起草。

□『オランダ王立園芸奨励協会年報』(シーボルト、ブルーメ共編)出版(～四五年)。
□『日本植物誌の自然分科篇』第一巻・第二巻(～四六年)出版。

一八四五(弘化二)年 四十九歳
○七月十日(六・六)ヘレーネ・フォン・ガーゲルンと結婚。
○九月二十七日(八・二十六)王立園芸奨励協会第一回総会がライデンのブリード・ストラーと街「ホテル黄金のライオン」で開催。
○十月二十日(九・二十)―十一月五日(十・六)オランダ、ライデン市の貧民救済のため、日本品展覧会」をシーボルト居宅ラーペンブルフ一九番地で開催。

一八四六(弘化三)年 五十歳
○八月十六日(六・二十五)長男アレクサンダーがライデンで生まれる。

一八四七(弘化四)年 五十一歳
□ドイツライン河畔ボッパルトに転居。プロイセン国籍を取得。
□雑誌「蘭領東西インド諸島報知」(シーボルト、カルンペー共編)発行。

一八四八(嘉永元)年 五十二歳
○一月二十四日(十二・十九)オランダ陸軍名誉大佐に任ぜられる。
○九月二十七日(八・十八)長女ヘレーネがボッパルトで生まれる。
□オーストリアのヨハン大公の海軍関係顧問となる。

一八五二(嘉永五)年 五十六歳
○七月三十一日(六・十五)次男ハインリッヒがボッパルトで生まれる。

一八五五(安政二)年 五十九歳
□『日本への薬学の導入と発展の史的概観』ボンの雑誌にを発表。

一八五七(安政四)年 六十一歳
□秋、シーボルトの追放令解除を十二月オランダ領事が本国へ連絡。

一八五八(安政五)年 六十二歳

○十二月八日（十一・四）オランダ植民大臣よりシーボルト宛書簡で、日本の国外追放解除の通知。

第二回来日時の活動

（シーボルト自筆日記、日記風雑記および関係メモを中心に作成）

〈ヨーロッパから日本へ〉

一八五九（安政六）年　六十三歳

○二月、日蘭通商条約改正案を日本に持参せよとの命を受け、直ちに日本への旅の準備に入る。
○四月長男アレクサンダー（十三歳）と共に、ボンを出発。パリを経てマルセーユへ。シーボルトの留守中、彼のコレクションはライデン博物館館長レーマンスが管理。
○四月六日（三・四）草稿『フィリップ・フランツ・フォン・シーボルト自筆遺書』（独文）を妻へレーネ宛にボンで執筆。
○四月十二日（三・十）妻へレーネ宛に大きな瘤《ねぶと》（外科的疾病）ができ、高熱で苦しむと手紙に書く。
○四月十三日（三・十一）マルセーユでイギリス船タイガー号に乗船。その後、アレクサンドリア・スエズ・アデン・ポアンドカルを経由してシンガポールへ。シンガポール滞在時に、中国商人の家の庭で、センニンスギ数株を見る。シンガポールからバタヴィアに赴く。同地でドゥ・フィレネーフェと再会。バイテンゾルフへ旅行。総督公邸と植物園を訪ねる。シンガポールに戻りロシア船ルーシー・ハリエット号で上海に向かう。
○五月二十二日（四・二十）ドゥ・フィレネーフェ、バタヴィアからシーボルト宛に書簡を送る。
○五月二十七日（四・二十五）蘭領インド総督パヒュド、シーボルト宛に書簡を送る。
○六月三日（五・三）ルーシー・ハリエット号フォン・フルテン船長から乗船のシンガポール～上海間の運賃（二名分一二五ドル）の領収書を受け取る。
○七月四日（六・五）オランダ通商会社駐日筆頭代理人ボードウィン、出島からシーボルト宛に書簡を送る。
○七月十七日（六・十八）ロシア東部シベリア提督ムラヴィエフ宛の手紙を書く。シーボルト・コレクションはライデンのブレーストラートの建物内に移管され、「国立シーボルト日本博物館」として一般公開される。
○七月二十三日（六・二十四）上海駐在のオランダ領事T・クルースと会い、数週間上海に滞在。同地で草木や花や種子など一八種を採集し目録を作成。

□雑記帳『シンガポールから上海の旅一八五九年』全四冊（独文・英文）を執筆。

〈長崎滞在〉

○八月四日（七・六）イギリス汽船イングランド号で、オランダ通商会社顧問として、長崎港に入港（三十年ぶりの来日）。

○八月六日（七・八）長男アレクサンダーを伴なって、出島の水門から上陸。商館長ドンケル・クルティウス宅へ。

○八月九日（七・十一）シーボルト、出島から長崎奉行宛に書簡を送る。

○八月十六日（七・十八）長崎奉行岡部駿河守と会見。

○八月二十一日（七・二十三）シーボルト父子、本蓮寺一乗院に移る。

〈本蓮寺一乗院〉

○八月二十六日（七・二十八）勘定奉行所にいるムラカミチヨウゾウが来訪。

○八月二十七日（七・二十九）長崎の町医者吉雄幸載が来訪。

△八月（日付不詳）三瀬周三門人となる。

○九月一日（八・五）医師松本良順来訪。栗本鋤雲のこと、および紙についての簡単な記述。

○九月三日（八・七）気象観測。

○九月四日（八・八）ムラヴィエフ宛の手紙を書く。

○九月六日（八・十）長崎奉行の医師オオゾノリュウコウと大村藩主の侍医尾本公同、筑前藩士河野禎造ら来訪。オランダ通商会社宛に手紙を書く。

○九月九日（八・十三）死体解剖についての記述。

○九月十二日（八・十六）尾本公同来訪。

○九月十三日（八・十七）芸をするヤマガラについての記述。

○九月十四日（八・十八）ボードウィン、出島からシーボルト宛に書簡を送る。出島の植物園についての詳細な記述。

○九月十五日（八・十九）尾本公同から筑前産の銅鉱を貰う。

○九月十七日（八・二十一）愛妻へレーネの誕生日を祝う。

○九月二十一日（八・二十五）河野禎造と尾本公同が来訪。

○九月二十二日（八・二十六）サハリン島がロシア人に割譲されたという噂についての記述。

○九月二十三日（八・二十七）ボンの出版社マルクス宛に、日本の調査研究に意欲を示す手紙を書く。

○九月二十四日（八・二十八）門人二宮敬作が、皮下脂肪の腫瘍手術を施したという記述。

○九月二十七日（九・二）祭についての簡単な記述。

○十月二十五日（九・三十）ドンケル・クルチウス、出島からシーボルト宛に書簡を送る。

○十一月三日（十・九）本蓮寺一乗院の家賃（七・八月分）四〇ドルを支払う。
○十一月九日（十・十五）二宮敬作の門人で、讃岐出身のショウノリョウエイに植物と貝類の収集を依頼。
○十一月十六日（十・二十二）肥後の商人竹崎律次郎に木材の提供を依頼。
○十一月十九日（十・二十五）本蓮寺一乗院の家賃（十月分）一二ドルを支払う。
○十一月二十三日（十・二十九）ボードウィン、出島からシーボルト宛に書簡を送る。
○十一月二十四日（十一・一）シーボルト、東中町の鰻屋へ九貫六六文を支払う（二回払い）。
○十一月二十七日（十一・四）本蓮寺にて、小論文「日本における金の問題について」（第一公開状）執筆（のち他の三篇の小論文とともに、一八六一年出島オランダ印刷所で『日本からの公開状』として出版）。
○十二月一日（十一・八）長崎奉行宛の手紙を書く。
○十二月十二日（十一・十九）オランダ海軍士官カッテンダイケが蒸気船パンダン号船上からシーボルト宛に書簡を送る。
○十二月十八日（十一・二十五）本蓮寺一乗院の家賃一ヵ月分一二ドルを支払う。
○十二月二十八日（十二・五）ボードウィン、出島からシーボルト宛に書簡を送る。
□たき・イネ母子、二宮敬作と再会。
□オランダ通商会社、長崎で業務開始。江戸の長応寺に外交代表部を置く。
□ベルギーのレオポルド勲章上級勲爵士を受ける。
□アントワープの植物学会名誉会員、ハーグのインド協会名誉会員。

一八六〇（万延元年）年　六十四歳

○一月六日（十二・十四）蘭領インド総督、シーボルト宛に書簡を送る。
○一月十日（十二・十八）夜、本蓮寺一乗院の寝室で発生した火災で両手を火傷。同月三十日まで重体で病床につく。
○一月十三日（十二・二十一）山伏たちの冬の修行についての記述。
○一月十七日（十二・二十五）本蓮寺一乗院の家賃一ヵ月分一二ドルを支払う。
○一月十八日（十二・二十六）ボードウィン、出島からシーボルト宛に書簡を送る。
○一月二十二日（十二・三十）三瀬周三、シーボルト宛に書簡を送る。

○二月八日（一・十七）J・シュルツ?、出島からシーボルトへ書簡を送る。
◇二月十三日（一・二十二）遣米使節、アメリカ軍艦ポーハタン号に搭乗し神奈川からアメリカに向かう。
○二月十四日（一・二十三）ボードウィン、出島からシーボルト宛に書簡を送る。
○二月十五日（一・二十四）ボードウィン、出島からシーボルト宛に書簡を送る。
○二月二十日（一・二十九）ボードウィン、出島からシーボルト宛に書簡を送る。
○二月二十一日（一・三十）気象観測の簡単な記述。
○三月五日（二・十三）蘭領インド総督宛の手紙を書く。楢林榮左衛門、シーボルト宛に書簡を送る。
○三月十二日（二・二十）草稿『石炭供給に関するいくつかの質問』（蘭文）を長崎にて執筆。
○三月十七日（二・二十五）本蓮寺一乗院の家賃一ヵ月分一二ドルを支払う。
○三月二十三日（三・二）上海駐在オランダ領事T・クルース、シーボルト宛に書簡を送る。
◇三月二十四日（三・三）大老井伊掃部頭直弼、桜田門外で水戸浪士らに暗殺さる。
○三月二十九日（三・八）ボードウィン、出島からシーボルト宛に書簡を送る。
○四月一日（三・十一）長崎奉行に書簡を送り、保税倉庫の建設を献言。
○四月三日（三・十三）オランダ内務大臣宛の手紙を書く。
○四月九日（三・十九）イギリス船「ヤンツー号」で上海から長崎に到着した香港のジョージ・スミス主教、シーボルトに会い石版刷りの長崎市街の地図を見せてもらい、町の人口や寺院の数などの説明を受ける。
○四月十日（三・二十）本蓮寺にて、小論文「金貨小判の高騰—日本におけるオランダ貿易の現状と予測」〔第二公開状〕執筆。
○四月十五日（三・二十五）本蓮寺一乗院の家賃一ヵ月分一二ドルを支払う。
○四月二十日（改元三・三十）オランダ内務大臣宛の手紙を書く。
○四月三十日（閏三・十）オランダのライデン王立博物館長宛の手紙を書く。同日草稿『日本博物館展示品解説』（蘭文）長崎にて執筆。
○五月八日（三・十八）三瀬周三、シーボルト宛に書簡を送る。
○五月十四日（三・二十四）シーボルト、駐日オランダ領事デ・ウイット宛に書簡を送る。

○五月十五日（三・二十五）本蓮寺一乗院の家賃一ヵ月分一二ドルを支払う。
○五月十九日（三・二十九）戸田亀之助、シーボルト宛に書簡を送る。
○五月三十日（四・十）三瀬周三、シーボルト宛に書簡を送る。
○五月日付不詳（閏三月）シーボルト、（支払先不明）第一の分へラスギ以下九種総額九貫九〇〇文、第二の分ヨコスラン以下五種（小計一貫四九八文）、コッバアキ以下三種（小計八〇〇文）・タニモミジ以下四種（小計八四八文）・ナギノキ以下三種（小計九〇〇文）、惣高〆四貫文支払う。
○六月一日（四・十二）本蓮寺にて、小論文「オランダ王国海軍の分遣隊—日本における海軍士官教育、および創立に関するその実地修練ならびにその王国における一海軍の発達のために—」〔第三公開状〕執筆。
○六月四日（四・十五）シーボルト、「板柳」（屋号）にマツ、スギの板など五種一三貫二四文と他の一種一貫文、合計一四貫二四文支払う。
○六月十四日（四・二十五）ボードウィン、出島からシーボルト宛に書簡を送る。ぎすけ、シーボルト宛に書簡を送る。
○六月二十七日（五・九）ボードウィン、出島からシーボルト宛に書簡を送る。
○六月下旬から七月初旬ごろ、本蓮寺一乗院から鳴滝の旧宅を娘イネの名義で買い戻して移り住み、再び植物園設ける。

〈本蓮寺一乗院から鳴滝の別荘へ〉

○七月一日（五・十三）オランダ人C・ファン・ザメレン、出島からシーボルト宛に書簡を送る。
○七月二日（五・十四）三瀬周三、シーボルト宛に書簡を送る。
○七月四日（五・十六）娘イネ、シーボルト宛「受領の医療用器具」についての書簡を送る。
○七月五日（五・十七）本蓮寺一乗院の家賃半月分六ドルを支払う。
○七月十三日（五・二十五）スイス通商関税局代表・プロシア商人ルドルフ・リンダウ、上海からシーボルト宛に書簡を送る。
○七月十七日（五・二十九）三瀬周三、シーボルト宛に書簡を送る。
○七月十九日（六・二）ドンケル・クルチウス、江戸からシーボルト宛に書簡を送る。
○七月二十日（六・三）駐日オランダ領事宛の手紙を書く。オランダ通商会社のG・インデルマウル、出島からシーボルト宛に書簡を送る。

○七月二十五日（六・八）草稿／リスト『種々の武器リスト』（蘭文）出島にて執筆。
○七月二十六日（六・九）長崎奉行宛に手紙を書く。
○七月三十一日（六・十四）アメリカ人C・M・ウイリアムス、出島からシーボルト宛に書簡を送る。
○七月（日付不詳）ドイツ商人M・H・ギルデマイスター、出島からシーボルト宛に書簡を送る。
○八月二日（六・十六）町田かん助、シーボルト宛に書簡を送る。
○八月三日（六・十七）イギリス人M・ドーメン、神奈川からシーボルト宛に書簡を送る。
○八月十日（六・二十四）ルドルフ・リンダウ、上海からシーボルト宛に書簡を送る。
○八月十二日（六・二十六）鳴滝の別荘にて、小論文「江戸における御大老、最高政治評議員、井伊掃部頭の死について—歴史的、政治的観点からみて—」〔第四公開状〕執筆。
○八月オランダ領インド政府の命により、出島オランダ印刷所を設立。
○八月三十一日（七・十五）息子アレクサンダーと共に長崎の立山渓谷の小さな森を散策。
◇九月四日（七・十九）プロシア遠征艦隊アルコナ号（使節オイレンブルグ伯爵、艦長ズンデヴァル海軍大佐）、江戸沖合に投錨する。
○九月二十日（八・六）長崎奉行宛に手紙を書く。楢林栄左衛門がシーボルト宛に書簡を送る。
○九月二十一日（八・七）大庭渓齋、シーボルト宛に書簡を送る。
○九月二十二日（八・八）ピエール・ルゴウ、オランダのマーストリヒトからシーボルト宛に書簡を送る。
○九月二十四日（八・十）三瀬周三、シーボルト宛に書簡を送る。
○十月二日（八・十八）三瀬周三、シーボルト宛に書簡を送る。
○十月十日（八・二十六）三瀬周三、シーボルト宛に書簡を送る。
○十月十二日（八・二十八）イギリス人園芸学者ロバート・フォーチュンが長崎に到着。滞在中に鳴滝の別荘を訪ねる。
○十月二十日（九・七）ボードウィン、出島からシーボルト宛に書簡を送る。
□幕府において外交問題につきシーボルト招聘の議起こる。
○十月二十四日（九・十一）三瀬周三、シーボルト宛に書簡を送る。
○十一月八日（九・二十六）T・クルース、上海からシーボルト宛に書簡を送る。

○十一月十一日（九・二十九）三瀬周三、シーボルト宛に書簡を送る。
○十一月二十三日（十・十一）小倉の一医師（氏名不詳）、『病症報告書』（「木南の妻の症例」）をシーボルトに提出。
○十一月二十四日（十・十二）楢林栄左衛門、シーボルト宛に書簡を送る。
○十一月二十五日（十・十三）三瀬周三、シーボルト宛に書簡を送る。
○十二月五日（十・二十三）ロシア海軍大佐N・カトナコフ、長崎から、およびオランダ副領事ファン・ポルスブルック、江戸からシーボルト宛に書簡を送る。
○十二月十三日（十一・二）ロシア東洋艦隊司令長官リハチョフ、シーボルト宛に書簡を送る。
○十二月十五日（十一・四）ファン・ポルスブルック、神奈川からシーボルト宛に書簡を送る。
◇十二月十六日（十一・五）リハチョフ、中国から長崎に入港。
◇同日、幕府、老中安藤対馬守に外務担当を命ずる。
◇十二月十七日（十一・六）箱館駐在のロシア領事ゴシケヴィチ、長崎に到着。
○十二月十八日（十一・七）リハチョフが来訪。日本・蝦夷・サハリンの地図を見せる。
◇十二月二十日（十一・九）リハチョフ、長崎を出港し上海に向かう。
○十二月二十四日（十一・十三）江戸幕府より長崎奉行を経て、しばらく日本滞在を命ぜらる。
○十二月二十八日（十一・十七）T・クロース、上海からシーボルト宛に書簡を送る。
□『蘭日便覧付日記帳』出島オランダ印刷所で出版
□小冊子『王立シーボルト日本博物館ガイドブック』（蘭文）ハーグにて出版。
□パリの東洋およびアメリカ人権学会名誉会員。

一八六一（文久元年）年　六十五歳

○一月一日（一八六〇・十一・二十一）長崎奉行、長崎奉行支配組頭、幕府目付に宛て日記帳各一冊と手紙を添えて送る。楢林栄左衛門の病気見舞い。澱粉の標本を入手。
○一月二日（〃十一・二十二）滞在延長を江戸幕府が望む、という件の長崎奉行の手紙に返事を書く。長崎奉行支配組頭に茂木湾、ならびに長崎に通じる街道の防備強化について知らせる。ロシア総領事、ロシアのフレガット艦長を訪問。プロシア参事官が来訪。ファン・ポルスブルック、神奈川からシーボルト宛に書簡を送る。
○一月三日（〃十一・二十三）七面寺の参詣日、および鳴滝の別荘と地代などの記述。ファン・ポルスブルック、神奈川から書簡を送る。
○一月四日（〃十一・二十四）平戸出身の仏教僧侶の両眼の手術。町年寄後藤様を訪ねて、梅毒の手術を施す。
○一月五日（〃十一・二十五）楢林栄左衛門死去（享年三十一歳）。ライデンに送る植物の荷造り。アメリカ使節団の医師スミス来訪。門人たちにフランス語の教授。
○一月六日（〃十一・二十六）長崎奉行、奉行支配組頭、幕府目付と会見。今後の日本滞在について協議。
○一月七日（〃十一・二十七）ライデンに送る植物を入れた四つの箱を上海に送る。オランダ内務大臣、ハーグからシーボルト宛に書簡を送る。
○一月八日（〃十一・二十八）G・インデルマウルに、〔印刷代として〕一分銀一〇〇枚のうち、四〇枚を支払う。
○一月九日（〃十一・二十九）町年寄後藤様を訪問。ロシア艦内に四箱の植物を運ぶ。オランダ副領事J・P・メットマン、出島からシーボルト宛に書簡を送る。
○一月十日（〃十一・三十）後藤様の弟から佐賀の鯉の粕漬け一桶受け取る。T・クルース、上海からシーボルト宛に書簡を送る。
○一月十一日（〃十二・一）長崎奉行、奉行支配組頭、幕府目付から日記帳に対する返礼の品々を受け取る。支配調役と俸給について話し合う。ヘレーネ宛の手紙を送る。ボードウィン、出島からシーボルト宛に書簡を送る。
○一月十二日（〃十二・二）蘭領インド総督とオランダ通商会社々長およびオランダ海軍士官のJ・ウムグローヴェ宛の手紙を書く。小倉の一医師による診療記録「木南の妻の症例」を、三瀬周三が蘭訳してシーボルトに提出。
○一月十三日（〃十二・三）ボードウインを町年寄後藤様に紹介。
○一月十四日（〃十二・四）門松についての記述。
○一月十五日（〃十二・五）七草についての記述。
◇同日アメリカ公使館通訳ヘンリー・ヒュースケン暗殺さる。
○一月十六日（〃十二・六）音頭についての記述。
○一月十七日（〃十二・七）「立ち泳ぎ」についての記述。
○一月十八日（〃十二・八）馬の餌、穀物への施肥についての記述。
○一月十九日（〃十二・九）カタクリの球根から作られる澱粉についての記述。
○一月二十日（〃十二・十）昆布の商人および昆布についての記述。
○一月二十一日（〃十二・十一）マムシおよびその薬用についての記述。
○一月二十三日（〃十二・十三）貿易についての記述。

◇一月二十四日（〃十二・十四）幕府、オイレンブルグと日普修好通商条約を調印。
○一月二十七日（〃十二・十七）ロシア総領事、ビリリョフ、ムラヴィエフの副官来訪。カチカラスについての記述。
○一月二十八日（〃十二・十八）生きた植物一〇箱を、上海駐在のオランダ領事T・クルース宛に送る。財務管理官リボンが来訪。
○一月二十九日（〃十二・十九）茶についての記述。
○一月三十日（〃十二・二十）椎茸についての記述。
○一月三十一日（〃十二・二十一）ファン・デル・カペレン海峡についての記述。
○二月一日（〃十二・二十二）イノンドについての記述。
○二月二日（〃十二・二十三）ツブラジイなどの植物についての記述。
○二月六日（〃十二・二十七）画家のナイトウセイノシン来訪。踏絵と刑罰の絵を購入。
○二月七日（〃十二・二十八）気象観測についての記述。
○二月八日（〃十二・二十九）ヘルマン・トロイザイン、香港からシーボルト宛に書簡を送る。リハチョフ、長崎に到着。三瀬周三がシーボルト宛に（町年寄後藤様の病状悪化）の書簡を送る。
○二月十一日（一八六一・一・二）フランス代理公使ドゥ・ベルクール、横浜からシーボルト宛に書簡を送る。
○二月十二日（一・三）ヤマミミズ、アサガオと洗い粉についての記述。
○二月十三日（一・四）京都からクワイの根がくる。植物についての記述。
○二月十四日（一・五）カモについての記述。
○二月十五日（一・六）昆虫観察の記述。
○二月十六日（一・七）カラスウリの根茎から採れる澱粉についての記述。
○二月十七日（一・八）プロシア遠征艦隊、江戸から長崎に入港。
○二月十八日（一・九）アレクサンダーに日本の地図を持たせてリハチョフを訪問させる。プロシア遠征艦隊の自然科学者マルテンス来訪。楽譜の記述。
○二月十九日（一・十）プロシア遠征艦隊の医師ヴェンツェルと参事官ヴェルナー、徳島藩医関寛斎、佐藤尚中、司馬凌海来訪。
○二月二十日（一・十一）二匹のアナグマ購入。カミキリムシの記述。
○二月二十一日（一・十二）夏の畑仕事をする人の足の腫れについての記述。
○二月二十二日（一・十三）オランダ副領事代理J・P・メ

ットマンと会談。プロシア国使節オイレンブルグ伯を訪問。ロシア軍艦のリハチョフと会見、幕府から江戸に招待されたことを告げる。
○二月二十三日（一・十四）リハチョフとオイレンブルグを訪問。伯爵、鳴滝の別荘まで同行。ともに町年寄後藤様宅を訪ねる。ヒキガエルの観察記述。
○二月二十四日（一・十五）プロイセン艦隊出港、上海を経てシャムへ向かう。同日シーボルト、イギリス船イングランド号で江戸出発予定が、同船のボイラー爆発事故により延期。ロシア陸軍少佐ヒトロヴォ夫妻を訪問。リハチョフ、長崎奉行岡部駿河守を訪問。その後、シーボルトに会う。
○二月二十五日（一・十六）浦上川の川辺でヒマワリを購入。春の植物についての記述。
○二月二十六日（一・十七）ムラヴィエフ宛の手紙を書く。温床についての簡単な記述。
○二月二十七日（一・十八）ツグミ、アナグマなどの記述。
○二月二十八日（一・十九）長崎奉行と江戸におけるアメリカ公使館通訳ヒュースケン暗殺事件、および幕府顧問として江戸に向けての出発に関して会談。
○三月一日（一・二十）植物三箱を上海に送る。オランダ総領事デ・ウイットを訪問。江戸への招待状を受け取る。リハチョフを訪問。長崎奉行、リハチョフにシーボルトをロシア軍艦で横浜まで送り届けることを要請。オランダ通商会社支社長宛の公式書簡の下書きを執筆。
○三月二日（一・二十一）さまざまな物資を注文。
○三月三日（一・二十二）リハチョフを訪問。幕府の招待状を見せる。長崎奉行宛に返書を出す。
○三月四日（一・二十三）カワウソの毛皮を観察。
○三月五日（一・二十四）日本の政治形態についての記述。オランダ通商会社支社長宛の手紙を書く。
○三月六日（一・二十五）リハチョフ、シーボルト宛に書簡を送る。ボードウィン、出島からシーボルト宛に書簡を送る。オランダ通商会社との契約が切れ、無収入となる。唐菜・遅菜の記述。
○三月七日（一・二十六）～九日（一・二十八）日本の刑罰・斬首、江戸の刑吏浅右衛門などの詳細な記述。
○三月十日（一・二十九）フェートン号事件についての詳細な記述。
○三月十一日（二・一）リハチョフ来訪。ロシア軍艦の利用要請を断る。
○三月十二日（二・二）高野長英の自殺について、門人二宮敬作から聞く。その詳細な記述。
◇三月十三日（二・三）ロシア軍艦ポサードニク号、対馬の尾崎浦に停泊（対馬事件の始まり）。

○三月十四日（二・四）澱粉についての記述。
○三月十六日（二・六）アオサギについての記述。
○三月十七日（二・七）蝦夷のシカについての記述。
○三月十八日（二・八）長門地方の石炭層についての記述。
○三月二十日（二・十）町年寄後藤様から二つのブシュカンを貰う。ブシュカンの観察記述。鳴滝の別荘からオランダ王立博物館長宛の手紙を書く。
○三月二十二日（二・十二）狩猟についての記述。
○三月二十三日（二・十三）シカについての記述。
○三月二十四日（二・十四）鳴滝の植物についての記述。
○三月二十六日（二・十六）ウグイスについての記述。
○三月二十七日（二・十七）農耕についての記述。
○三月二十八日（二・十八）大島、桜島、硫黄島などの記述。
○三月二十九日（二・十九）サボテン、バショウなどの記述。
○三月三十日（二・二十）ボードウィン、蘭領インド総督宛に手紙を書く。
○三月三十一日（二・二十一）～二日（二・二十三）胸に乳頭四つを持つ鳴滝村のカジュウという日本人についての医学的記述。
○四月三日（二・二十四）遣欧使節のこと、サクラ、モモについての記述。
○四月四日（二・二十五）サクラ、スモモ、モウソウチク、竹の子などについての記述。
○四月五日（二・二十六）～八日（二・二十九）御大老井伊掃部頭の暗殺に関する記述。
○四月九日（二・三十）新種マンサクの植物学的記述。
○四月十日（三・一）リハチョフからシーボルト宛書簡を送る。
○四月十二日（三・三）漆器についての記述。

〈長崎から横浜へ〉

○四月十三日（三・四）長崎から江戸に向かう乗船券購入。
○四月十四日（三・五）アレクサンダーや三瀬周三、召使伊三郎、新太郎らとイギリス汽船スコットランド号で長崎から出発。
○四月十五日（三・六）午後、ファン・ディーメン海峡を通過。
○四月十六日（三・七）鹿児島湾周辺を一日中航行する。
○四月十八日（三・九）遠州灘を通過。御前崎へ。
○四月十九日（三・十）夕方、横浜港に到着。
○四月二十日（三・十一）長崎奉行からの信任状を通詞末永猷太郎を介して運上所の役人に手渡して上陸。オランダ副領事のところへ行く。同日、ヨコハマ・ホテルへ。

〈ヨコハマ・ホテル滞在〉

○四月二十一日（三・十二）通詞中山作三郎と共に神奈川へ散策。
○四月二十二日（三・十三）リハチョフ、上海からシーボルト宛に書簡を送る。アレクサンダーが母親宛に、四月二十日付の手紙で、横浜到着のことなどを知らせる。
○四月二十三日（三・十四）神奈川奉行松平石見守康直と最初の会見。
○四月二十四日（三・十五）神奈川奉行の邸宅のある丘へ遠出。植物の観察調査をする。M・ドーメン来訪。
○四月二十五日（三・十六）外人墓地とそれに隣接している丘へ遠出。植物の観察調査。ジーブルグからオランダ商人が日本におけるオランダ通商会社の設立を承認しないことなどを聞く。
○四月二十六日（三・十七）競売所に行く。石井宗謙についての記述。
○四月二十七日（三・十八）神奈川奉行から横浜における居宅を指示される。フランス代理公使ドゥ・ベルクールを訪問。小判九枚で屋敷に引越す。

〈ヨコハマ・ホテルから神奈川奉行御役宅へ〉

○四月二十八日（三・十九）ベルクール来訪。オランダ副領事ポルスブルックと晩餐。横浜周辺の丘陵地や谷間の地質調査。
○四月二十九日（三・二十）大君の称号などについての記述。
○四月三十日（三・二十一）インデルマウル、出島からシーボルト宛に書簡を送る。将軍の結婚についての記述。
○五月一日（四・二十二）土佐藩主、水戸藩主、御大老の暗殺、攘夷などについての記述。
○五月二日（四・二十三）神奈川奉行と江戸への出発について会談。
○五月三日（四・二十四）植物調査で遠出。神奈川奉行と江戸滞在、俸給について会談。
○五月四日（四・二十五）横浜から植民大臣宛書簡を送る。
○五月五日（三・二十六）遣米使節団についての記述。
○五月六日（三・二十七）ボードウィン来訪。外国奉行についての記述。
○五月七日（三・二十八）ある日本人医師の家を訪問。
○五月八日（三・二十九）漆器購入。ベルクールと会う。神奈川奉行滝川播磨守を訪問。赤羽根の宿舎についての記述。
○五月九日（三・三十）神奈川奉行とフランス皇帝とオランダ国王宛の将軍の書簡内容について会談。ベルクール来訪。デ・コーニング邸で夕食。
○五月十日（四・一）ベルクール邸で夕食。横浜の輸出入についての記述。

○五月十一日（四・二）長崎奉行宛に横浜到着を知らせ、数種の種子を送る。トルトクラーネン宛に手紙。貨幣制度についての記述。
○五月十二日（四・三）植物調査で遠出。屋根瓦についての記述。
○五月十三日（四・四）珍しい植物を購入。
○五月十四日（四・五）ベルクール、横浜からシーボルト宛に書簡を送る。フランス宣教師ら来訪。琉球諸島についての記述。
○五月十五日（四・六）老中水野和泉守、遠藤但馬守、堀出雲守が横浜に外国人居留地視察のため来る。
○五月十六日（四・七）神奈川奉行、フランス領事館を訪問。ベルクール、シーボルト宛に書簡を送る。
○五月十七日（四・八）神奈川奉行と江戸への出発、将軍の書簡、蒸気・帆船の積荷のこと、海兵の逮捕について会談。リハチョフ宛の手紙。
○五月十八日（四・九）森林の多い丘を散策。日本の鍛冶職人についての記述。
○五月十九日（四・十）神奈川へ遠出。ポルスブルック邸で朝食。植物の観察と調査。田圃についての記述。
○五月二十日（四・十一）カトリック教会設立のための献金について、ムクドリについての記述。
○五月二十一日（四・十二）太田村へ植物調査。横浜周辺の植生についての観察記述。
○五月二十二日（四・十三）神奈川奉行支配組頭来訪。デ・コーニング、ジーブルグ、アメリカ公使館書記官Ａ・Ｌ・Ｃ・ポルトマン来訪。港崎町や吉原まで散策。
○五月二十三日（四・十四）植物調査で遠出。ライスとシュルツを訪問。
○五月二十四日（四・十五）アブラナについての記述。
○五月二十五日（四・十六）動植物調査で遠出。ヒバリやキジについての記述。
○五月二十七日（四・十八）デント商会・イギリス人Ｅ・クラーク、シーボルト宛に書簡を送る。江戸老中宛に江戸への召出しと今後の滞在に関して手紙を書く。
○五月二十八日（四・十九）遣欧使節団に関連して、外国奉行竹内下野守、桑山左衛門尉と会見。
○五月二十九日（四・二十）要請された遣欧使節派遣案を書く。ベルクール来訪。日本の利益をめぐって重要な討議。
○五月三十日（四・二十一）外国奉行に遣欧使節の派遣についての書簡。将軍についての記述。
○五月三十一日（四・二十二）ツツジについての記述。日本貨幣の変動について、奉行宛に手紙を書く。
○六月一日（四・二十三）横浜周辺の植物観察。オオヤマレンゲについての記述。
◇同日イギリス公使オールコック、オランダ総領事デ・ウィットと共に長崎を出発。
○六月二日（四・二十四）ベルクール来訪。ファイアリー・クロス号横浜来港。遣欧使節の外国奉行宛に、この汽船に関する手紙を書く。
○六月三日（四・二十五）ノイバラについての記述。
○六月四日（四・二十六）オオムギ、ビワ、ヒョウタンボクなどの記述。
○六月五日（四・二十七）神奈川奉行から、幕府より生活費として毎月一〇〇両の手当てが贈られる旨の書簡。ベルクールと日本について会談。
○六月六日（四・二十八）神奈川奉行宛に手当ての支払いについての手紙を書く。植民大臣宛書簡を送る。
○六月七日（四・二十九）植物二箱をファイアリー・クロス号に運ぶ。
○六月八日（五・一）N・C・ジーブルグ、シーボルト宛に書簡を送る。オランダ植民大臣宛に日本における学術的・政治的活動についての手紙を書く。瓦職人についての記述。
○六月九日（五・二）、デント商会代表E・クラークと汽船レイエモーン号購入の件で話合う。リハチョフ宛ての手紙。
○六月十日（五・三）遣欧外国奉行竹内下野守の返書。植民大臣、海軍大臣、蘭領インド総督、T・クルース、リハチョフ宛に書簡を送る。
○六月十一日（五・四）周辺の植物調査で散策。昆虫についての記述。
○六月十二日（五・五）ジーブルグ、シーボルト宛に書簡を送る。五月の祝祭日についての記述。
○六月十三日（五・六）近郊へ調査のため遠出。日本婦人についての記述。インデルマウル、出島からシーボルト宛に書簡を送る。
○六月十四日（五・七）神奈川奉行〔松平石見守〕来訪。長崎奉行の書簡など受け取る。
○六月十五日（五・八）永代橋についての記述。
○六月十六日（五・九）暇乞いの訪問。E・クラークと日本使節団の借入れ汽船について会談。ボードウイン、印刷所への手紙を書く。
○六月十七日（五・十）荷を江戸へ向かう船に積み込む。神奈川奉行と別れの面会。

〈横浜から江戸へ〉

○六月十八日（五・十一）午前九時、江戸に向かう。午後六時過ぎ、赤羽根接遇所に着く。外国方支配調役吉川圭三郎、外国奉行首席新見伊勢守来訪。

○六月十九日（五・十二）赤羽根の勤務名簿を受け取る。
○六月二十日（五・十三）愛宕山神社へ散策。クルース、上海からシーボルト宛に書簡を送る。ジーブルグ、横浜からシーボルト宛に書簡を送る。
○六月二十一日（五・十四）アサガオについての観察記述。
○六月二十二日（五・十五）日本橋へ散策。江戸の奥方たちについての記述。
○六月二十四日（五・十七）植物観察。太鼓の音、髪についての記述。
○六月二十五日（五・十八）江戸近郊の庭園へ遠出。長崎奉行から書簡を受け取る。イチイの観察。
○六月二十六日（五・十九）イヌガヤ、ヒガンザクラの観察。江戸の暗殺、処刑などの記述。
○六月二十七日（五・二十）外国奉行鳥居越前守、津田近江守来訪、日本の書生・医者・士官などに教授するよう依頼される。アメリカ公使タウンゼント・ハリスを訪問。ウズラ、キジについての記述。
○六月二十八日（五・二十一）外国奉行宛に要請された事項に対し困難であることを伝える手紙。ハリスを訪問。ナツツバキの観察。江戸の地震についての記述。同日外国奉行竹内下野守、水野筑後守がシーボルトの接待役となる。
○六月二十九日（五・二十二）アメリカ公使館の善福寺境内の大イチョウを観察。光林寺にあるH・C・ヒュースケンと通訳伝吉の墓参り。
◇同日、外国奉行水野筑後守、目付浅野一学が医学伝習、その他の世話役取締役となる。
○六月三十日（五・二十三）門人石井宗謙死去の記述（享年六十五歳）。
○七月一日（五・二十四）愛宕山へ散策。花市、菊の節句などについての記述。
○七月二日（五・二十五）彗星の観察記述。
○七月三日（五・二十六）外国奉行から江戸に召出して、滞在させる書簡を受け取る。
○七月四日（五・二十七）ハリスの書簡で、イギリス公使オールコックが江戸の東禅寺に、オランダ総領事デ・ウイットが神奈川に到着したことを知らせる。
○七月五日（五・二十八）東禅寺事件（江戸高輪東禅寺のイギリス仮公使館襲撃事件）。故郷からの書簡を受け取る。彗星の観察。
○七月六日（五・二十九）東禅寺事件の負傷者を治療。赤羽根接遇所は警備厳重となる。新見伊勢守と会見。ハリスを訪問。デ・ウィットとベルクール宛の手紙を書く。ボードウィン、シーボルト宛に書簡を送る。
○七月七日（五・三十）東禅寺にオールコックを訪問。ベルクールにも会い、事件に関する意見を聞く。外国奉行宛に襲撃事件に関する意見や忠告を外国掛老中に提供できる旨手紙を書く。ジーブルグからの書簡を受け取り、返書を書く。

○七月八日（六・一）外国奉行が来訪、将軍が特別手当月々四〇〇両支給を許可。

○七月九日（六・二）七人の医学者が来訪。彗星の観察。ジーブルグ、横浜からシーボルト宛に書簡を送る。

○七月十日（六・三）外国掛老中の首席久世大和守・次席安藤対馬守・若年寄酒井右京亮・外国奉行新見伊勢守・通訳の森山多吉郎らと会談。ホオズキについての記述。

○七月十一日（六・四）数多くの手紙を書く。信用取引についての記述。

○七月十二日（六・五）植民大臣、蘭領インド総督、ヘレーネ、オランダ通商会社役員ブロス宛とロシア東洋艦隊司令長官リハチョフ宛の手紙を書く。外国奉行鳥居越前守来訪。オールコック来訪。

○七月十三日（六・六）新見伊勢守、水野筑後守、浅野一学来訪。教授のこと、汽船借入れ、オランダ向け品物の輸送について話し合う。インデルマウル、出島からシーボルト宛に書簡を送る。幕府外国奉行宛、アメリカ公使館書記官A・L・C・ポルトマン宛の手紙を書く。

○七月十四日（六・七）気象観測。目付についての記述。

○七月十五日（六・八）外国奉行野々村丹後守来訪。蕃書調所舎密学教官ならびに医師をシーボルトに紹介。珍奇な博物標本を贈られる。

○七月十六日（六・九）東禅寺事件に関する論文作成のため、外国奉行に対して質問状（十四か条）を提出。地震観測。江戸の地震についての記述。

◇同日、ベルクール、横浜から江戸に来てフランス公使館の済海寺に入る。幕府に書簡を送り東禅寺事件の事後処理について意見を述べる。

○七月十七日（六・十）東禅寺事件に関するシーボルトの質問状に対し、外国奉行から回答書（東禅寺事件犯人捜査に関して）届く。採鉱学と冶金学の講義を開始。御使番、火災などについての記述。

○七月十八日（六・十一）新見伊勢守来訪。兵役についての記述。

○七月十九日（六・十二）将軍侍医に辰砂について講義。

○七月二十日（六・十三）東禅寺事件に関する歴史的・政治学的論文を久世大和守と安藤対馬守の両老中へ提出。江戸の人口についての記述。

○七月二十一日（六・十四）東禅寺事件に関してヨーロッパへ手紙を書く。提出論文、一通の手紙とともに戻る。

○七月二十二日（六・十五）植民大臣宛、T・クルース宛の書簡など上海へ郵送するためアレクサンダーがアメリカ公使館へ。神奈川で浪人が捕えられたこと、また口シア人と対馬藩の家臣たちの間で小競合いがあった話などを聞く。
○七月二十三日（六・十六）冶金学の講義続行。御用出役についての記述。E・クラーク、横浜からシーボルト宛に書簡を送る。
○七月二十四日（六・十七）ベルクールから、彼とオールコック、ハリスとの間の調停を依頼され、アメリカ公使館を訪ねたが無駄に終る。遊女についての記述。
○七月二十五日（六・十八）東禅寺襲撃事件に関するいくつかの情報と警告を、外国奉行宛に手紙を書き、協議と提案を行なう。医者と自然科学者への講義。龍涎香とニガキについて実験結果と報告書を受け取る。
○七月二十六日（六・十九）クラーク、ヘレーネ、オランダ植民大臣宛の手紙を書く。アレクサンダーが母親宛に書いた手紙で、東禅寺事件以後の様子を知らせる。浜御殿を現在の外国公使たちに提供する文書の写しを受け取る。ヨーロッパ産、アメリカ産の植物の輸入についての記述。
○七月二十七日（六・二十）外国奉行津田近江守正路と諸大名に宛て出す将軍の布告案文、遣欧使節などについて会見。赤羽根接遇所に新しい警護所を設置。
○七月二十八日（六・二十一）デ・ウイット、シーボルト宛に植物購入についての書簡を送る。ユリ属の植物を探してもらうための庭師を送る。馬の餌についての記述。
○七月二十九日（六・二十二）A・L・ポルトマン、シーボルト宛に書簡を送る。画家にカノコユリの美しい線を描かせる。
○七月三十日（六・二十三）外国奉行小栗豊後守が来訪、浜御殿についての意見を求める。日本人医師来訪。喫煙、ブドウ、江戸のコレラなどの記述。
○七月三十一日（六・二十四）外国奉行に対し、東禅寺事件処理に関する意見書と事件防止のため、諸藩に出す布告案を提出。ヘレーネからの手紙。草案『オランダ国王発幕府将軍宛警告書草案』（蘭文）を江戸赤羽根で執筆。
□草稿『民俗文化の歴史的発展と現在の国家体制の発生と発達』（独文）を江戸で執筆。
□草稿『神奈川奉行との謁見に関する記録抜粋』（蘭文）を執筆。
□草稿『自然科学、医学に関する一八六一年報』（蘭文）を執筆。
○八月一日（六・二十五）ひとりの老中に対する暗殺計画の噂を聞く。直訴についての記述。
○八月二日（六・二十六）外国掛老中から米・英・仏・蘭各

国公使へ浜御殿を滞在場所に提供する旨通達。ムクドリ、カラスの観察記述。
○八月三日（六・二十七）龍涎香について講義。
○八月四日（六・二十八）召使新太郎が箱根山から植物や昆虫を持って戻る。ある浪人が高官を襲撃した噂を聞く。
○八月五日（六・二十九）彗星の観察記述。
○八月六日（七・一）冶金学の講義。老中松平豊前守信義の襲撃についての公式な通知を受け取る。ジーブルグ宛の手紙を書く。クラーク、横浜からシーボルト宛に書簡を送る。
○八月七日（七・二）クラーク宛の手紙を書く。マサキ、ミセバヤなどについての記述。
○八月八日（七・三）外国奉行野々山丹後守来訪。
○八月九日（七・四）ジーブルグ宛に手紙を書く。銅、竜脳などの記述。
○八月十日（七・五）冶金学の講義。ベルクールの秘書来訪。クラーク宛の手紙を書く。砂糖についての記述。
○八月十一日（七・六）オランダ植民大臣宛にイギリス使節襲撃事件に関する手紙を書く。
○八月十二日（七・七）デ・ウイット宛に浜御殿に関する手紙を書く。箱根山のカリヤスについての記述。
○八月十三日（七・八）植民大臣、ヘレーネ宛の手紙を書く。ノウゼンカズラについての記述。
○八月十四日（七・九）横浜のクラークに宛て速達を送る。デ・ウイット、横浜からシーボルト宛に書簡を送る。七月、八月の気象観測についての記述。リハチョフからシーボルト宛に書簡（アレクサンダーの任官許可について）を送る。
○八月十五日（七・十）遣欧使節団についての計画案制作。須田泰嶺、井上伸庵を紹介される。オールコックが浜御殿を視察。外国奉行宛に横浜周辺の風聞（英船の江戸から横浜海路実測）を手紙で密告。
○八月十六日（七・十一）アレクサンダーの誕生日を祝い、マガホニーの箱の入った二連発銃を贈る。
○八月十七日（七・十二）将軍の侍医伊東玄朴と戸塚静海来訪。
○八月十八日（七・十三）善福寺で発砲事件起こる。赤羽根接遇所も武装される。電磁器についての記述。
○八月十九日（七・十四）麻酔、レプラ、天然痘などについての記述。
○八月二十日（七・十五）ハリスを訪問。門人たちが避雷針の使用書をヨーロッパから取り寄せてほしいと申出る。
○八月二十一日（七・十六）戸塚静海、ベルクール、ビダリング博士ら来訪。
○八月二十二日（七・十七）外国掛老中宛に、遣欧使節団に関する計画案を外国奉行を通して書面で提出。

○八月二十三日（七・十八）オトコヨモギ、ニガキ、サルトリイバラなどの記述。外国奉行に書簡を送り、病気のため休暇を願い出る。インデルマウル、出島からシーボルト宛に書簡を送る。
○八月二十四日（七・十九）須田泰嶺の「飲み込んだ煙草の煙管」についての詳細な記述。
○八月二十五日（七・二十）クラーク、横浜からシーボルト宛に書簡を送る。カモメギク、ヤマギクなどについての記述。ヘレーネ、ボードウイン宛の手紙を書く。
○八月二十六日（七・二十一）二十三日の書簡に対する外国奉行からの返書届く。須田泰嶺の「子宮外出産」についての記述。
○八月（日付不詳）アレクサンダーを連れて、泉岳寺の赤穂義士四六人の墓地を訪ねる。

〈江戸から横浜へ〉

○八月二十七日（七・二十二）船で江戸から横浜へ出発。午前六時から夕方の四時ごろまで海上にいる。品川の刑場で火あぶりの刑を見る。火刑、富士山についての記述。
○八月二十八日（七・二十三）ベルクール、クラークを訪問。
○八月二十九日（七・二十四）植物調査で散策。クラーク、横浜からシーボルト宛に書簡を送る。二毛作のこと、森林および山地の植物などについての記述。
○八月三十一日（七・二十六）フランス領事、陸軍大佐v・d・ゴッホを訪問。
○九月一日（七・二十七）クラークを訪問。日本人の飲食についての記述。
○九月二日（七・二十八）古い門人について、赤羽根において教授した学者の名簿についての詳細な記述。
○九月三日（七・二十九）森の中の涼しい農家を訪ねる。
○九月四日（七・三十）畑の値段と年貢についての記述。
○九月五日（八・一）農家についての記述。
○九月七日（八・三）農村の住民についての記述。
○九月八日（八・四）シュロについての記述。
○九月九日（八・五）横浜の外国人についての詳細な記述。
○九月十日（八・六）三瀬周三、シーボルト宛に書簡を送る。
○九月十二日（八・八）～十四日（八・十）虫のコンサートと題した観察記録。幕府要人八名の連名で、江戸からシーボルト宛に書簡を送る。
○九月十四日（八・十）神奈川奉行所に江戸の外国奉行宛に一通の手紙を提出（九月一八日横浜を発って江戸へ戻ることの通知）。
○九月十五日（八・十一）門人でフランス語を話すバダショウイチロウが長崎から来訪。恵比寿についての記述。

○九月十六日（八・十二）旅についての記述。
○九月十七日（八・十三）麦わら細工と参府旅行についての記述。

〈横浜から再び江戸へ〉

○九月十八日（八・十四）朝七時、横浜を出発し、江戸に向かう。東海道や月見の祭りについての記述。
○九月十九日（八・十五）外国奉行宛に、赤羽根に到着し、学生に教授することを知らせた手紙を提出。ボードウィン、出島からシーボルト宛に書簡を送る。クラーク、シーボルト宛に書簡と契約書を送る。
○九月二十日（八・十六）ハリスを訪問。クラーク、シーボルト宛に書簡を送る。
○九月二十一日（八・十七）朝五時半ころ、かなり強い地震。
○九月二十二日（八・十八）外国奉行宛に蒸気帆船レイエーモーン号の石版画を送付。イギリス軍艦リングダブ号でヘレーネ宛とボードウィン宛の手紙、オランダ通商会社にレイエーモーン号買入れについての返事を要求。
○九月二十三日（八・十九）赤羽根接遇所についての記述。クラーク、シーボルト宛に書簡を送る。
○九月二十四日（八・二十）アレクサンダーと浅草寺へ遠出。浅草寺についての詳細な記述。

○九月二十五日（八・二十一）採鉱学の講義。
○九月二十六日（八・二十二）ヘレーネ、ボードウィン、リンダウ、クラーク、二宮敬作、リハチョフ宛の手紙を書く。上海からの手形。青銅器についての記述。
○九月二十七日（八・二十三）津和野藩主亀井隠岐守の侍医池田多仲来訪。
○九月二十八日（八・二十四）リハチョフ宛の手紙を書く。眼鏡職人の磁石と地震の予兆についての記述。
○九月二十九日（八・二十五）夜十一時、激しい地震。
○九月三十日（八・二十六）冶金学の講義。蕃書調所から一〇人の教官が来訪。幕府要人（久世大和守ほか）八名の連名で、シーボルト宛に書簡を送る。カラタチの垣根についての記述。
○十月一日（八・二十七）地震に関する記述。
○十月二日（八・二十八）アメリカ汽船セント・ルイス号に関して、外国奉行宛およびボードウィン宛に手紙を書く。T・クロース、上海からシーボルト宛に書簡を送る。またアメリカ人J・ウィルソン、シーボルト宛に書簡を送る。ハクウンボク、キリについての記述。
○十月三日（八・二十九）召使新太郎、料理人宛に俸給を支払う。江戸城と家康、イギリス人アダムス、オランダ船リーフデ号のことなどの記述。

○十月四日（九・一）幕府要人八名の連名で、シーボルト宛に書簡を送る。シラサギ、カラス、スイレン、ハスなどの記述。
○十月五日（九・二）ジーグブルグ、横浜からシーボルト宛に書簡を送る。奉行所役人についての記述。
○十月六日（九・三）根菜類についての記述。
○十月八日（九・五）江戸の外国奉行ならびに長崎奉行宛に、オランダ産植物五種を贈る手紙を書く。
○十月九日（九・六）ハリス、クラーク来訪。
○十月十日（九・七）レイエーモン号の属具目録を外国奉行宛の文書として作成。遣欧使節に関する私案について想起してもらうようにする。英・仏公使、オランダ総領事が外国掛老中と江戸において商議。その後ハリスを訪問、別離の挨拶。外国奉行からシーボルト宛に七月三十一日付の書簡の返書を送る。
○十月十一日（九・八）ムクドリ、カラスなどの記述。
○十月十二日（九・九）カモについての記述。
○十月十三日（九・十）水野筑後守来訪。幕府が江戸退去を要望している旨伝える（幕府顧問の解任）。外国奉行との重要な会談。アレクサンダーがイギリス公使館の通訳となる。
○十月十四日（九・十一）冶金学・政治学・法律制定の講義を続行。クラークが来訪。ベルクールから老中との会見について問合わせ。
○十月十五日（九・十二）レイエーモン号購入に関する返書を受け取る。外国奉行から十月十七日（九月十四日）と十八日（九月十五日）は神田明神祭で市中雑踏の懸念があるので外出しないようにとの書簡。コチニールについての記述。
○十月十六日（九・十三）十月八日（九・五）の書簡で、オランダ産の植物の種子五種贈呈に関する謝礼の返書が外国奉行から来る。カマキリ、ハリガネムシについての記述。
○十月十七日（九・十四）長崎奉行高橋美作守、インデルマウルが長崎から、クラークが横浜からシーボルト宛に書簡を送る。
○十月十八日（九・十五）冶金学の講義続行。冶金学における学生で、蕃書調所教官大嶋惣左衛門と市川齋宮からの書簡を受け取る。クラーク、横浜からシーボルト宛に書簡を送る。
○十月十九日（九・十六）ジーグブルグ、横浜からシーボルト宛に書簡を送る。法華宗、蓮華往生、貨幣についての記述。
○十月二十日（九・十七）茶店の狸茶屋まで散策。
○十月二十一日（九・十八）午前三時に強烈な地震。
○十月二十二日（九・十九）蘭語処方箋を赤羽根接遇所にて

書く。カッテンダイケ、オランダのヘット・ローデンからシーボルト宛に書簡を送る。トウフジウツギの葉と漁との関係の簡単な記述。
○十月二十三日（九・二十）召使新太郎が箱根から乾燥した植物や種子をもって戻る。
○十月二十四日（九・二十一）ヘレーネ宛の手紙を書く。
○十月二十六日（九・二十三）リハチョフ、上海―香港間の定期船アデン号の船上からシーボルト宛に書簡を送る。ベルクール、クラークが横浜からシーボルト宛に書簡を送る。
○十月二十七日（九・二十四）外国奉行宛にオランダ駐日総領事または公使就任を自薦する手紙を書く。
○十月二十八日（九・二十五）新見伊勢守、新任の外国奉行竹本隼人正、根岸肥後守来訪。
○十月二十九日（九・二十六）戸塚静海来訪。
○十月三十日（九・二十七）赤シソについての記述。
○十月三十一日（九・二十八）草稿『江戸の門人、高名な医師、学者に対する最後の挨拶』（蘭文）を執筆。オイレンブルグ、シーボルト宛に書簡を送る。
○十一月二日（九・三十）外国奉行宛にレイエモーン号購入の取り止めを速やかに発表するよう通知する。同日幕府、シーボルトの雇傭を解く。外国奉行の手紙で、駐日オランダ政府代表として再渡を望んでいるといってくる。
○十一月三日（十・一）外国奉行宛の手紙で、江戸から退去するようになった理由を明らかにしてほしいと書く。
○十一月四日（十・二）戸塚静海、H・オーナーら来訪。桂川甫周が日光から採集の植物一〇種を持参し来訪。クラーク、横浜からシーボルト宛に書簡を送る。
○十一月五日（十・三）クラーク、横浜からシーボルト宛に書簡を送る。同日付「ケルン新聞」に、東禅寺事件に関する論文『歴史的政治的観点より見たる江戸の英国公使館への暗殺計画』（独文）を掲載。
○十一月六日（十・四）新任の外国奉行来訪。十月二十七日（九・二十四）の返書を受け取る。
○十一月八日（十・六）外国奉行宛の手紙を書く（謝辞と老中への会見を乞い、種痘所・蕃書調所などを訪ねたいと申出る書簡）。
○十一月九日（十・七）桂川甫周・戸塚静海その他の門人ら来訪。植物乾燥標本などが贈られる。種痘所の所員から植木鉢を貰う。
○十一月十日（十・八）十一月二日と三日のシーボルトの書簡に対する外国奉行からの返書。真夜中地震が長く続く。
○十一月十一日（十・九）外国掛老中の邸宅で別れの宴。閣老全員が出席、将軍から名誉太刀と錦繍五巻を賜わる。
○十一月十二日（十・十）横浜の大火事。クラーク、横浜からシーボルト宛に書簡を送る。
○十一月十三日（十・十一）アレクサンダー、横浜に向かって出発。シーボルト、桂川甫周に父甫賢の追憶文を贈る。
○十一月十四日（十・十二）永代橋についての記述。
○十一月十五日（十・十三）蕃書調所の所長宛の手紙を書く。ハリス、シーボルト宛に書簡を送る。
○十一月十六日（十・十四）学生たちが別れのため来訪。器具、書物、医薬、筆記用具などを分配、珍しい博物標本などを貰う。アメリカ公使への訪問。
○十一月十七日（十・十五）リハチョフ宛の手紙を書く。十一月十一日（十・九）に老中に宛てて個人的に出した提案の返書を受け取る。ライデンへ発送のキクについての記述。

〈江戸から横浜へ〉

○十一月十八日（十・十六）横浜に向かう。水野筑後守来訪、幕府の名において七〇〇両を贈ると述べる。外国掛老中と幕府目付ならびに外国奉行に高価な武器その他を贈るよう申し出る。
○十一月十九日（十・十七）若干の古い漆器具を購入。護衛に対する謝辞。長崎奉行高橋美作守和貫から、十月八日の書簡に対する返書を受け取る。
◇同日オランダの植民大臣ラオドンが国王ウイレム三世にシーボルトの活動に対する疑念を表明。
○十一月二十日（十・十八）外国奉行宛に七・八・九月と十月十六日までの俸給を支払って貰うよう要請。神奈川奉行と会見。クラークによる晩餐。
○十一月二十一日（十・十九）ベルクールとデ・ウイットを訪問。イギリス海軍の東インド艦隊司令長官ホープ提督と会う。
○十一月に二十二日（十・二十）オールコックを訪問。
○十一月二十三日（十・二十一）オランダ植民大臣宛の手紙を書く。シマガニの観察記述。
○十一月二十五日（十・二十三）竹についての記述。
○十一月二十八日（十・二十六）クラーク邸で晩餐。
○十一月二十九日（十・二十七）オールコックがアレクサンダーをイギリス公使館の日本語通訳に所望していると知らされる。
○十一月三十日（十・二十八）外国奉行宛に長崎へ旅するに際しエンペラー号のような日本汽船を利用させてほしいと要請。
○十二月一日（十・二十九）十月二十九日付で、外国奉行水野筑後守の書簡を受け取る（シーボルトから餞別品を贈ったのを謝し答礼品を贈るという内容のもの）。
○十二月三日（十一・二）外国掛老中と外国奉行からの贈物

を受け取る。三瀬周三が大洲藩主加藤出羽守から江戸に喚問される。横浜での地震の記述。
○十二月四日（十一・三）アレクサンダーが運上所から奉行所に三瀬周三を連れて行く。
○十二月五日（十一・四）アレクサンダーを連れてオールコックを訪問。イギリス公使館の職員として年俸三〇〇ポンドという約束をする。
○十二月十一日（十一・十）伊藤圭介来訪（三三年ぶりの再会）。イギリスの画家ワーグマン来訪。シーボルトの肖像を描く。
○十二月十二日（十一・十一）イギリス公使による晩餐。
○十二月十三日（十一・十二）アメリカ汽船セントルイス号でリンダウとマキシモヴィッチが箱館から来る。
○十二月十四日（十一・十三）植物と種子四箱を上海のT・クルース宛に送る。
○十二月十六日（十一・十五）十一月三十日の書簡について拒絶の返書が来る。新太郎を江戸にいる周三のところへ送る。
○十二月十七日（十一・十六）アムール河と間宮海峡での流氷、気象についての記述。外国奉行からシーボルト宛に書簡を送る。
○十二月十八日（十一・十七）新太郎、江戸から戻る。出発に関する書簡を受け取る。
○十二月二十日（十一・十九）神奈川奉行を訪問、三瀬周三について自分の論文製作に協力させたことを話す。
○十二月二十一日（十一・二十）クネンボについての記述。
○十二月二十二日（十一・二十一）シマガニについての記述。
○十二月二十三日（十一・二十二）神奈川奉行が住居を提示。奉行宛に提供された住居が小さすぎ、状態も悪いという書簡を書く。
○十二月二十六日（十一・二十五）アレクサンダーがイギリス公使に同行して江戸に向かう。
○十二月二十八日（十一・二十七）ヘルマン・トロイザインに託して、一箱の種子とヨシノユリを香港へ。そこから船便でマニラへ送る。ハール、ウォルシュと晩餐。
○十二月二十九日（十一・二十八）動物についての記述。
○十二月三十日（十一・二十九）アレクサンダー宛の手紙を書く。カモ、キンケイ、ギンケイなど手に入れる。
○十二月三十一日（十二・一）セント・ルイス号の甲板で朝食。エゾマツについての記述。
□『日本からの公開状』（蘭文）を出島オランダ印刷所で出版。

一八六二（文久二年）年　六十六歳

○一月一日（十二・二）水戸藩主についての記述。外国奉行宛に蒸気船セント・ルイス号について手紙を書く。

〇一月三日（十二・四）陶器についての記述。

〇一月四日（十二・五）十二月二十三日付のシーボルト書簡に対する神奈川奉行所の返書を奉行所組頭若菜三男三郎、星野金吾より受け取る。

〇一月五日（十二・六）柑橘類についての記述。草稿『幕府による江戸への招聘について』（独文）執筆。

〇一月六日（十二・七）デ・ウイット宛の手紙を書く。

〇一月七日（十二・八）富士山の観測記述。

〇一月八日（十二・九）外国奉行から一月一日付の手紙の返事を受け取る。

〇一月十日（十二・十一）セント・ルイス号に荷物を積み込む。外国掛老中宛に門人三瀬周三の拘留について歎訴の手紙を書く。

〇一月十一日（十二・十二）ボードウィン、出島からシーボルト宛に書簡を送る。伊藤圭介宛に絵像を贈る手紙を書く。

〇一月十二日（十二・十三）横浜カトリック教会献堂式。

〇一月十三日（十二・十四）雨天のため船は沖に停泊したまま。


〈横浜から長崎へ〉


〇一月十四日（十二・十五）セントルイス号にアレクサンダーに伴われて午後四時乗船。夕食会。リンダウ、ポルスブルック、ジラール神父、ポルトマン、船の所有者ウェイケンが参加。八時ごろ、錨が上げられる。

〇一月十五日（十二・十六）大島付近を航行。

〇一月十六日（十二・十七）大王岬と潮岬付近を航行。

〇一月十七日（十二・十八）デ・ウイットとコープマン艦長の船上で会見。淡路島付近。

〇一月十八日（十二・十九）児島付近で停泊。大畠の周辺で植物調査。一一時半に錨が上げられ、夜、航行。

〇一月十九日（十二・二十）沖之島、向島、前島、因島付近を航行。

〇一月二十日（十二・二十一）姫島沖合を航行。十二時ファン・デル・カペレン海峡へ。

〇一月二十一日（十二・二十二）五島と平戸の間を航行。同日遣欧使節団竹内下野守保徳総勢三八名、オーディン号に搭乗し江戸を出発。

〇一月二十三日（十二・二十四）長崎に着く。長崎奉行宛に荷物の税免除願いの手紙。同日、遣欧使節団横浜出発。

〇一月二十四日（十二・二十五）長崎奉行から税免除の返書。

〇一月二十八日（十二・二十九）外国奉行宛にロシア問題について、さらにデ・ウイット宛にも手紙を書く。同日、遣欧使節団長崎到着。

○一月二十九日（十二・三十）江戸の外国奉行宛の手紙を書く（対馬事件その他について、ロシアのリハチョフに書き送った手紙の返書の要約）。
◇一月三十日（一・一）遣欧使節団、長崎を出港。西欧の途に就く。
○二月六日（一・八）カッテンダイケ、オランダのハーグからシーボルト宛に書簡を送る。
○二月九日（一・十一）長崎奉行支配組頭中台信太郎と永持亨次郎が連名で、シーボルト宛に書簡を送る。
○二月十日（一・十二）長崎奉行宛にロシア問題についての手紙。
○二月十二日（一・十四）E・クラーク、横浜からシーボルト宛に書簡を送る。
◇二月十三日（一・十五）老中安藤対馬守信正、坂下門外で襲われ傷つく。
○二月十七日（一・十九）外国掛老中にロシア問題についての手紙を書く。
○二月十八日（一・二十）外国奉行新見伊勢守ほか六名連名でシーボルト宛に返書を送る。
○三月十八日（二・十八）クラーク、横浜からシーボルト宛に書簡を送る。
○三月二十六日（二・二十六）長崎奉行高橋美作守、シーボルト宛に書簡を送る。
○四月一日（三・三）長崎奉行高橋美作守、シーボルト宛に書簡を送る。
○四月四日（三・六）長崎奉行よりジギタリス、ツバキなどの種子を貰いたいとの手紙。
○四月七日（三・九）草稿『長崎近郊の鳴滝にある私の別荘について』（蘭文）を鳴滝の居宅で執筆。
○四月九日（三・十一）フランスの植物学者G・シモン、長崎からシーボルト宛に書簡を送る。同日、デ・ウイット、出島からシーボルトに宛て書簡と蘭領インド総督決定送付の添状を送る。長崎奉行より種子の礼状。
○四月十日（三・十二）G・シモンが鳴滝を訪問。この頃、鳴滝の植物園はすでに一、二〇〇種近くの植物が移植・栽培される。同日G・シモン、シーボルト宛に書簡を送る。外国掛老中宛に手紙を書き、ヨーロッパ出立を知らせ旅費の援助を請う。
△四月十日（三・十二）二宮敬作没する（享年五十八歳）。
○四月十五日（三・十七）J・P・メットマンから「紙に関する価格表」を受け取る。
○四月二十四日（三・二十六）長崎奉行と別離の正式会見。
○四月二十九日（四・一）鉱石コレクションを大君から贈られる。

○四月三十日（四・二）幕府要人からの書簡を受け取る。
○春、ロシアの植物学者マクシモヴィッチと召使長之助来訪。
□小冊子『日本に持参せる書籍目録』（仏文）を出島オランダ印刷所で発行。
○五月一日（四・三）町年寄後藤様（物左衛門）より餞別品「菓子一折」贈られる。同日ボードウィン、出島からシーボルト宛に書簡を送る。
○五月六日（四・八）ボードウィン宛の手紙を書く。長崎奉行高橋美作守から和文の書簡を受け取る。

〈長崎から帰国の途へ〉

○五月七日（四・九）長崎奉行高橋美作守、シーボルト宛に書簡を送る。またボードウィンも出島から書簡を送る。夜八時、セントルイス号にて長崎を離れて帰国の途へ。アレクサンダーはイギリス公使館通訳として残る。
○五月十二日（四・十四）上海到着。
○五月十五日（四・十七）夜、レイエモーン号にて上海出発。香港へ。
○五月（日付不詳）香港滞在。Commercial Hotel に宿泊。
○五月十七日（四・十九）クルース、上海からシーボルト宛に書簡を送る。
○五月十八日（四・二十）福州坡を航行。
○五月二十一日（四・二十三）コロンビア号でシンガポール到着。
○六月中旬シンガポール滞在。Hotel d'Europe に宿泊。
○六月十七日（五・二十）バタヴィアに到着。Hotel Bellevue に宿泊。バタヴィア滞在中に一八二五年と一八二八年に日本から送ったスギの数株をバイテンゾルフ植物園で再び見る機会に接する。
○八月二十四日（七・二十九）シーボルト収集のコレクション、長崎出港のアンナ・マリア・ヴィルヘルマ号に積み替えられ、アムステルダムに向って送り出される。
○九月一日（八・八）バタヴィアからボードウィン宛の手紙を書く。
○十一月十四日（九・二十三）バタヴィアを出発。
○十二月中旬カイロ滞在。Hotel d'Orient に宿泊。帰国の途につく。

晩年（ヨーロッパ）の活動

一八六三（文久三年）年　六十七歳
○一月十日（十一・二十一）ボンの家族のもとに着く。
○二月二十六日（一・九）オランダ領インド陸軍参謀部付名

誉少将に昇進。
○五月十七日（五・二）日本で集めたおよそ二五〇〇点の収集品をアムステルダムの産業振興協会の一室に陳列展示。小冊子『日本の学術芸術および産業に関する展示品観覧のための手引き』（蘭文）をアムステルダムで出版。
□日本で収集した植物二七〇種以上を気候馴化園に移植、その内のいくつかをライデン大学付属植物園にも植える。
○七月一日（五・十六）『日本における園芸状態とライデン気候馴化園に輸入され、栽培された有用植物と観賞用植物の重要性についての報告書』を執筆し、ライデンおよびミュンヘンから出版。

一八六四（元治元）年　六十八歳
□春、オランダの官職を辞してオランダを去り、ヴュルツブルグに帰る。アムステルダムで陳列した収集品をヴュルツブルグに移す。
○五月、パリに来て池田筑後守遣仏使節の対仏交渉を周旋し、助言をする。
□ヴュルツブルグの王立マックス・シューレ大講堂で「日本博物館」を開設。その傍ら、小冊子『日本博物館の概要と所見』を執筆。

一八六五（慶応元）年　六十九歳
○九月初旬パリ旅行。日本政策について会談。
○九月パリで三度目の日本旅行を計画。旅行は十一月、遅くとも翌年一月開始予定で計画。
○十月ナポレオン三世に謁見。

一八六六（慶応二）年　七十歳
○三月「日本博物館」をヴュルツブルグからミュンヘンへ移転。
○五月十九日（四・九）王宮庭園（ホーフ・ガルテン）に隣接する旧絵画館の部屋で収集品を陳列展示。
□小冊子『一八六六年ライデン気候馴化園の日本植物目録』（仏文）をライデンとミュンヘンで出版。
○十月十八日（九・十）シーボルト、ミュンヘンにて死去（七十歳）。
○十月二十一日（九・十三）ミュンヘンのタール教会通りの旧南墓地三三地区一三列五号に埋葬。

（日付）は太陰暦を示す

〔引用史料および参考文献〕（順不同）

・フォン・ブランデンシュタイン家所蔵『シーボルト関係文書マイクロフィルム目録』（長崎市教育委員会・シーボルト記念館）二〇〇一年

・東洋文庫蔵・長崎県立長崎図書館所蔵「シーボルト資料目録」一八五九年より六一年までの日記（要領よく整理された清書）〔独文〕IX. Extrakts from the Siebold's document at Mittelbiberach. 9. Tagebuch 1859-61. (Sachlich geordnete Reinschritt. 3.

・長尾正憲『福沢屋諭吉の研究』（「第三章　シーボルト文久元年の日記について―福沢の外交文書翻訳と渡欧との関連として」四九八〜五二二頁および〔史料〕「シーボルトの一八六一年の日記」五二三〜五四六頁）思文閣出版　一九八八年

・黒田源次「シーボルトの文久元年の日記について」三七〜五五頁（『日独文化講演集』第九輯　シーボルト記念号　昭和十年十月　日独文化協会）

・A・ジーボルト『ジーボルト最後の日本旅行』齋藤信訳　東洋文庫三九八　平凡社　一九八一年

・沓沢宣賢「シーボルト第二次来日時の外交的活動について」（『東海大学文学部紀要』四十一輯、昭和五十九年）

・沓沢宣賢「一八六一年東禅寺事件に関する一資料」（『新・シーボルト研究』Ⅱ　社会・文化・芸術篇）八坂書房　二〇〇三年

・H・ムースハルト編著『ポルスブルック日本報告』生熊文訳　雄松堂出版　一九五十五年

・ロバート・フォーチュン『江戸と北京』三宅馨訳　廣川書店　昭和四十四年

・オールコック『大君の都』―幕末日本滞在記―（上・中・下）山口光朔訳　岩波文庫　昭和四十四年

・日独文化協会『第一回独逸遣日使節日本滞在記』刀江書院　昭和十五年

・今宮新『初期日独通交史の研究』鹿島研究所出版会　昭和四十六年

・中西啓『二人の日本研究家』ケンペル、シーボルト記念顕彰会発行　一九九六年十月

・『横浜居留地の諸相』横浜居留地研究会報告　横浜開港資料館　一九八九年

・澤護『横浜外国人居留地ホテル史』〈敬愛大学学術叢書3〉白桃書房　二〇〇一年

・『横浜浮世絵』横田洋一編　有隣堂　平成元年

・『横浜浮世絵と空とぶ絵師五雲亭貞秀』神奈川県立歴史博物館編・発行　一九九七年

・呉秀三『シーボルト先生其生涯及功業』吐鳳堂　大正十五年

・保田孝一編著『文久元年の対露外交とシーボルト』岡山大学吉備洋学資料研究会　一九九五年

・『長崎オランダ商館日記』四　日蘭学会編　雄松堂出版　一九九二年
・『長崎オランダ商館日記』十　日蘭学会編　雄松堂出版　一九九九年
・『ドゥーフ日本回想録』永積洋子訳　新異国叢書　雄松堂出版　二〇〇三年
・横山伊徳「シーボルトの第二回来日について」要旨（一九九六年四月十四日洋学史学会月例会）
・大鳥蘭三郎『シーボルト関係書翰集』シーボルトより—シーボルトへ　日独文化協会　昭和十六年
・板沢武雄『日蘭文化交渉史の研究』日本史学研究叢書　吉川弘文館　昭和三十六年
・今泉源吉『蘭学の家　桂川の人々』（続巻）篠崎書林　昭和四十三年
・『オイレンブルグ日本遠征記』上・下　中井晶夫訳　雄松堂書店　昭和四十四年
・『ポンペ日本滞在見聞記』沼田次郎、荒瀬進訳　雄松堂書店　昭和四十三年
・『ポンペ顕彰記念会記念誌』ポンペ顕彰記念会実行委員会／財団法人循環器病研究振興財団　一九九一年
・『ギルデマイスターの手紙』—ドイツ商人と幕末日本—　生態文編訳　有隣新書　有隣堂　平成三年
・アレッテ・カウヴェンホーフェン、マティフォラー『シーボルトと日本』その生涯と仕事　ライデンHotei Publishing　二〇〇〇年
・ハルメン・ヴューケルス『フィリップ・フランツ・フォン・シーボルトの功績』—ヒポクラテス日本特使—　アムステルダム　一九九七年
・青木淳一『土壌動物学』—分類・生態・環境との関係を中心に—　北隆館　昭和四十八年
・アニマルライフ『動物の大世界百科』第十九巻〈ミハ—ヤモ〉日本メール・オーダー社　一九七三年
・日本の近代科学に果たしたオランダの貢献『出島の科学』展覧会目録（開催二〇〇〇年十月十八日〜十一月二十六日　開催会場長崎市立博物館）日蘭交流四〇〇周年「出島科学」実行委員会
・林道倫「シーボルト先生の蘭語処方箋」（『実験治療』一五九　一九三五年）
・宮崎正夫「シーボルトの処方箋」（『薬史学雑誌』第二十六巻　第一号　一九九一年）
・宮崎正夫「シーボルト散瞳点眼薬」（『薬史学雑誌』第二十九巻　第三号　一九九四年
・宮崎正夫「シーボルトの処方集（一）」（『薬史学雑誌』第三十巻　第二号　一九九五年）
・鹿子木敏範「ヨーロッパにおけるシーボルト新資料」（『科学医学資料研究』第一一八号　野間科学医学研究資料館　昭和五十九年三月十五日発行）
・『重美　紙本墨書シーボルト処方箋　六通』長崎シーボルト記念館所蔵

・復刻古地図『安政六年（一八五九年）御開港横浜之全図』人文社
・『日本暦西暦月日対照表』野島寿三郎編　日外アソシエーツ　一九八七年
・『日本史広辞典』日本史広辞典編集委員会編　山川出版社　一九九八年
・『広辞苑』第四版　新村出編　岩波書店　一九九一年
・『朝日日本歴史事典』朝日新聞社編　朝日新聞社　一九九四年
・『長崎名所圖繪』長崎史談會　昭和六年
・『洋学史事典』日蘭学会編　雄松堂出版　昭和五十九年
・『増補版　牧野日本植物図鑑』第三二版　北隆館　昭和三十二年
・大井次三郎『日本植物誌』顕花編　至文堂　昭和六〇年
・『横浜の植物』横浜植物会編・刊行　二〇〇三年
・内田亨『新編日本動物図鑑』北隆館　昭和五十九年
・『原色日本昆虫図鑑』上・下　保育社　一九八四―一九八五年
・『植物学ラテン語辞典』豊国秀夫編　至文堂　昭和六〇年
・「シーボルト再渡来時の日本植物観とライデン気候馴化園」石山禎一・金箱裕美子訳（シーボルト記念館『鳴滝紀要』第十号　二〇〇〇年）
・石山禎一編著『シーボルトの日本研究』吉川弘文館　平成九年
・石山禎一『シーボルト』―日本の植物に賭けた生涯―　里文出版　平成十二年
・『F・ベアト幕末日本写真集』横浜開港資料館編　横浜開港資料館　昭和六〇年
・写真集『甦る幕末』―オランダに保存されていた八〇〇枚の写真から―朝日新聞社　一九八六年
・モース・コレクション／写真編『百年前の日本』構成・小西四郎、岡秀行　小学館　一九八四年
・ジャパン・ディレクトリー『幕末明治在日外国人・機関名鑑』第一巻　一八六一―一八七五年　立脇和夫監修　ゆまに書房　一九九六年
・井上幸三『マクシモヴィッチと須川長之助』―日露植物学界の交流史―　岩手植物の会　平成八年
・『神奈川奉行所職員録』―開港当時の役人たち―（よこれき双書第十六巻）横浜郷土研究会　平成九年
・『横浜市史稿』風俗編　横浜市役所　昭和七年
・『新・シーボルト研究』（Ⅰ）自然科学・医学篇、（Ⅱ）社会・文化・芸術編　八坂書房　二〇〇三年
・宮崎道生『シーボルトと鎖国・開国日本』　思文閣出版　一九九七（平成九）年
・『シーボルトと日本の開国・近代化』箭内健次・宮崎道生編　続群書類従完成会　平成九年
・『鎖国日本と国際交流』（上・下）箭内健次編　吉川弘文館　昭和六十三年
・『慶応元年明細分限帳』越中哲也編　長崎歴史文化協会　昭和六十年
・『日本国語大辞典』小学館　昭和四七～五一年
・『園芸植物大事典』小学館　一九八八年
・「シーボルト資料展覧会出品目録」昭和十年四月廿日―廿九日

主催日獨文化協会・日本醫史会・東京科學博物館
・中村元著『佛教語大辞典』上巻アーシ　東京書籍
・加藤僖重『牧野標本館所蔵のシーボルトコレクション』思文閣出版　二〇〇三年
・加藤僖重「平井海蔵作成の標本帖」（『独協大学諸学研究』（一・二）一九九八年
・山口隆男「シーボルトと日本の植物学」（『カラヌス（熊本大学合津臨海実験所報）』特別号一、一九九七年。および同書特別号二、一九九八年
・『本間家書簡集』小川町教育委員会　平成十一年
・「郵政研究月報」総務省郵政研究所　二〇〇二・四
・『角川日本史辞典』高柳光寿・竹内理三編　角川書店　昭和五十一年
・『日本史用語大辞典』柏書房　一九七八年
・『海を越えた日本人名事典』富田仁編集　日外アソシエーツ　一九八五年
・『原色和漢薬図鑑』上・下　難波恒雄著　保育社　昭和五十五年
・『日本貝類学会会誌Venus』三（「近世欧米貝類学者列伝」）一九三二年
・『日本産カミキリムシ検索図鑑』大林延夫・小島圭三編　東海大学出版会　一九九二年
・杉本つとむ『辞書・事典の研究Ⅰ―杉本つとむ著作選集 6』八坂書房　一九九九年
・杉本つとむ『辞書・事典の研究Ⅱ―杉本つとむ著作選集 7』八坂書房　一九九九年
・杉本つとむ『日本英語文化史の研究―杉本つとむ著作選集 8』八坂書房　一九九九年
・杉本つとむ『西洋人の日本語研究―杉本つとむ著作選集 10』八坂書房　一九九九年
・山階芳麿『世界鳥類和名辞典』大学書林　昭和六一年
・平出鏗二郎『東京風俗志』八坂書房　一九九一年
・上野益三『博物学史論集』八坂書房　昭和五九年
・Toshinori Kanokogi und Gregor Paul : Ein Beitrag zur Geschichte der Medizin Philipp Franz von Siebold Tagebuch aus dem Jahr 1861. Text und Kommentar, Erste Teil. Bulletin of the Constitutional Medicin Kumamoto University Band 31 / 3 : 1981. pp.297-379.「フィリップ・フランツ・フォン・シーボルト一八六一年の独文日記　本文と解説」（『熊本大学保健医学研究紀要』第三十二号　一九八一年　二九七―三七九頁）。
・J. Mac Lean, Philipp Franz von Siebold and the Opening of Japan, 1843-1866, PHILIPP FRANZ VON SIEBOLD, A Contribution to the Study of the Historical Relations between Japan and the Netherlands.（The Netherlands Association for Japanese Studies, 1978
・1863. Catalogue Raisonné et Prix-courant des Plantes et Graines du Japon et de la Chine, cultivées dans le Jardin d'Acclimatation. De Ph. F. von Siebold, à Leide de l'imprimerie de C. A. Spin et Fibs, à Amsterdam.

・Prolusio Florae Japonicae. scripsit F. A. Guil Miquel, in universitate reheno-traienctina Botanices professor, MUSEI BOTANICI LUGDUNO-BATABI DIRECTOR Accendunt Tabulaell. MDCCCLX-MDCCCLXVII.

・1866. Extrait du Catalogue Raisonné et Prix-Courant des Plantes du Japon Cultivées dans le Jardin d'Acclimatation de Ph. F. von Siebold. à Leyde (Holland) A. Munich.

・Uerberschicht und Bemerkungen zu von Siebold's Japanischen Museum. C. Naumann's. Frankfurt. a. M.

・Handleiding bij het bezigtigen der verzameling van voorwerpen van wetenschap, kunst en nijverheid en voortregselen van het Rijks Japan bijeengeb ragt, gedurende de jaren 1859 to 1862, door Jhr. Ph. Von Siebold, en tentoonge steld in het lokaal der Vereeniging voor Volkvlijt te Amsterdam. Ter verspreiding van de kennis an Landen. Volkenkunde en van voorwerpen geschikt voor den Uitvoorhandel. [Dartirt: Amsterdam 17. 5, 1863] Amsterdam ; C. A. Spin 1863 S., 8.

・Gustav Spies : Die Preussische Expedition nach Ostasien während der Jahre 1859-1862. Reise-Skizzen aus Japan. China und Siam. Leipzig 1864.

・Die Preuisische Expedition nach Ostasien, Ansichten aus Japan, China und Siam, Berlin MDCCCLXIV.

・Ostasien 1860-1862 in Briefen des Grafen Fritz zu Eulenburg, Königlich Preuschen Gesandten, Berlin 1900.

〔以上〕

——結びにかえて

シーボルトの日記といえば、第一回来日時の『一八二六年江戸参府紀行』は古くは呉秀三博士の訳業によって、近年は斎藤信博士の訳出によって、かなり広く読まれている。しかし再来日における自筆『日記』は、これまで研究者の間でもあまり知られておらず、その所在場所や内容すら明確ではなかった。たとえそれを知っていたとしても、彼の滞在中の記述は、当然のことながら全く推敲を経ていない——自己流の綴り字や誤記、あるいは国内外で交流した人々の人名、国内外の地名、天文学、地理学、動植物学の学術用語、政治、経済、歴史、文学、芸術、宗教、民族学等々のあらゆる分野の記述により——非常に難解で解読しにくい箇所が多くあるので、翻訳をしなかったのではなかろうかと推察している。

訳者は、浅学非才を顧みず、この難事業の自筆『独文日記』、および関係の「覚書」、「メモ類」、「草稿」を含めて、これら未紹介文書にどんな内容のことが書かれているか、これを解読するのも決して無意義ではないと考え、多くの方々のご教示とご援助を賜りながら、あえて翻訳と注釈にふみ切ったのである。

さて、シーボルト再来日の日本研究は、第一回来日時と同じ方法で情報の収集・分析・発信などに努めている。それは本書で紹介の記述からも、その範囲は実に総合的・網羅的であることが読み取れる。

まず自然科学分野では、植物関係が四四件、動物関係三〇件、天文・気象・地震・地質、鉱物関係二四件、医学関係二〇件、食品関係一四件で、次に社会・文化・芸術分野は、政治・外交関係が三八件、産業関係（農業・漁業・工業・商業等）三二件、地理・旅関係二九件、生活・文化関係一〇件、宗教・祭祀関係七件、法、刑罰関係五件、芸術・スポーツ関係四件、歴史関係三件、その他友人・知人・学生・旧門人関係の記述が八件、シーボルトの個人的な記述一二件となっている。

次に再来日時（一八五九年八月六日から帰国する一八六二年五月七日までの滞在二年九ヵ月）に交流した人々は、本書に記載の外国人・日本人関係者だけでも、全体で一三〇人以上に及んでいる。彼らとの交流を通じて、第一回来日と同様に膨大な内外の様々な政治・外交上の情報収集をはじめ、あらゆる分野の学術的課題の史資料を収集していたと思われる。しかしその中には、必ずしも事実といえない風聞や瓦版的内容のもの、あるいは聞き違いによる記事なども見られるが、それはそれとして当時の状況を知る貴重な記事といってよいだろう。

外国人関係は全体で四五人いるが、その内訳はオランダ人が一二人、アメリカ人八人、ロシア人七人、プロシア人六人、イギリス人六人、フランス人三人、ポルトガル人一人、その他（国籍不明）二人となっている。特に交流のあった人々は、オランダ通商会社駐日筆頭代理人ボードウィン、オランダ副領事グラーフ・ファン・ポルスブルック、初代駐日フランス公使デュシェン・ドゥ・ベルクール、イギリス商人（デント商会代表者）エドワード・クラーク、イギリス駐日総領事・全権公使ラサフォード・オールコック、アメリカ初代駐日公使タウンゼント・ハリス、ロシア艦隊司令官リハチョフ、東部シベリア総督ムラヴィエフ等々が挙げられる。

日本人関係は全体で八六人いるが、その内訳は幕府側（老中・外国奉行・目付・長崎と神奈川奉行・通詞等）四四人、蕃書調所教官、学生、友人、知人、旧門人などで四〇人以上に及び、外国人関係の交流に比べて圧倒的に多く、およそ二倍に当たる。特に交流があった人々は、長崎奉行岡部駿河守、同高橋美作守、神奈川奉行松平石見守、同滝川播磨守、外国掛老中安藤対馬守、同久世大和守、外国奉行・遣米使節正使新見伊勢守、外国奉行竹内下野守、同鳥居越前守、同津田近江守、同小栗上野介、同水野筑後守、シーボルトの旧門人・将軍侍医松本良順、同戸塚静海、同伊東玄朴、同竹内玄同、同伊東貫斎、同桂川甫周、阿波藩医井上伸庵、同須田泰嶺の名が挙げられるが、蕃書調所や種痘所の医師・学者関係の人々とは江戸滞在中頻繁に交流している。

また日本研究の協力者として、第一回来日時は出島商館部屋付源之助や同日雇熊吉など数人の日本人召使を使っているが、再来日もシーボルト自身によるフィールド・ワークや植物採集、物品購入などに、新太郎や伊三郎といった人々がこの仕事に携わっている。また、絵師は前回の登与助こと川原慶賀に代わり、今回は三吉（のちの清水東谷）を雇ったことが滞在中の成果ということで見逃しえないところである。さらに門人として、今回はオランダ語の堪能な三瀬周三を利用し、蘭語論文というべき『日蘭英仏辞典』の作成に協力させたり、日本語の文献や幕府からの書簡類を蘭訳させて、それらを『日本』の未完部分に使おうとしたことなど、研究方法は何ら変わっていないのである。ただ云えることは、第一回来日時はまだ鎖国下であるのに対して、再来日時はすでに開国されていたということであろう。

シーボルトはこれまでの研究成果と豊かな知識を縦横に駆使して、ライフワークとしての日本研究を深めるべく、さらに一段と情熱を傾けた。日本の自然はもとより、変わりゆく時代の転換期における人々の生活や文化の面にも眼差しを向け、その関連性を注意深く観察したり、江戸を中心に横浜・長崎における学術上の膨大なコレクションを収集したり、また鳴滝別荘内に再び植物園を設けて多くの薬草や園芸植物を栽培して、これらを毎年オランダに送り、ライデン気候馴化園の発展にも寄与したりした。それと同時に幕府の外交顧問として政治にも関与し、遣欧使節派遣計画の相談役を請け負い、学術教授では従来のような専門分野に限らず、国際関係にも講義を及ぶなどしている。さらに欧米諸国に対しては、日本に平和裡に開国に迫ることを建言し、幕府側にも欧米諸国に対して理解を深めるべきであると進言したりしている。しかしながら、シーボルトの意図する外交は結果的には時すでに遅く、彼の胸中にあった日本における人生と仕事は、もはや夢と化して現実は虚しいものとなってしまった。『独文日記』の最後にシーボルトは、たった一行「もはや未来をもたない者に、現実は嘔吐を催す」と記しているが、これこそが彼の偽ざれる心境を物語っているように思われる。彼は憤慨と虚脱感を抱きながら、失意のうちに帰国を余儀なくされるが、シーボルトにとって日本は、単なる研究の対象であるばかりでなく、生涯を賭けた愛と情熱の対象でもあったのである。

今年は日本とドイツの記念すべき年であるという。すでに全国各地で多彩な行事が催されている。その一貫として、財団法人ドイツ東洋文化研究協会（ＯＡＧ）でもシーボルトセミナーをはじめ、二、三の行事が開かれている。また、シーボルトの江戸参府旅行の年から一八〇年、さらに彼の没後一四〇年にも当る。これを契機にシーボルト再渡来時の業績が、本書を通じて少しでも浮き彫りにされ、再評価につながるものになれば、訳者とってこの上ない喜びである。

なお、本書をまとめるに当って、シーボルト末裔のブランデンシュタイン・ツェッペリン博士の心温まるご好意により、再来日時のシーボルト関係の史料閲覧と写真掲載の許可を賜った。また、ヴュルツブルク・シーボルト協会理事長ヴォルフガング・クライン・ラングナー博士、財団法人ドイツ東洋文化研究協会理事・東洋大学教授エルンスト・ロコバント博士、同協会会員で鳥取大学講師エドガー・フランツ博士、同協会会員オスカー・バルテンシュタイン博士、同じく大胡真人・リロご夫妻、さらに東海大学名誉教授向井晃氏、同大学教授沓沢宣賢氏、長崎純心大学教授兼シーボルト記念館専門員宮坂正英博士、北九州市自然史博物館武石全慈博士、財団法人東洋文庫山村義照氏、長崎県立長崎図書館副館長兼郷土課長本馬貞夫氏、長崎市歴史民俗資料館館長永松実氏、シーボルト記念館館長土肥原弘久氏、神奈川県立教育庁教育局教育政策課主幹梶輝行氏、同県立歴史博物館主任学芸員嶋村元宏氏、同博物館元企画情報部企画普及課北村幹雄氏、高野長英記念館館長阿部信一氏、水沢市教育委員会社会教育課副主幹佐久間賢氏、横浜開港資料館調査研究員平野正裕氏、東京都港区立郷土資料館学芸員吉崎雅規氏、相模原市博物館学芸員河尻清和氏、同秋山幸也氏、所沢市立図書館参考図書室伴野益夫氏、同藤巻幸子氏、横浜在住の長谷川綾子氏、早稲田大学高等学院の先生方など、多数の方からのご支援に負うところが多い。中でも本書を著わすに当って、動植物学関係の記述について獨協大学教授加藤僖重博士、元熊本大学教授山口隆男博士からは絶大なるご教示をいただいた。併せて心からお礼を申し上げたい。加えて今は亡き学兄長尾正憲博士から、生前、数多くの資料提供とご教示を賜った。ここで博士のご冥福を心から祈念するとともに、深甚なる謝意を表したい。

最後に、八坂書房代表取締役八坂立人氏にはご多忙にもかかわらず、企画・編集・校正等にいたるまで大変お世話になった。そのご好意に対し厚く謝意を表したい。

二〇〇五年十一月吉日

石山禎一
牧　幸一

5/21
ヒマワリ Helianthus pelagicus 2/25
ビャクシン属 Junuperus 59/9/14
ヒヤシンス Hyacinth〔Hyacinthus〕orient.〔orientalis〕aemula 5/31
ヒヨス属 Hyosciamus〔Hyoscyamus〕62/4/4
ビワ Mesp. Jap.〔Mespilus japonicum〕6/4
【フ】
フキ Nardosma〔Petasites〕3/24-25
フキ Nardosmia odora 2/25
フクジュソウ属 Adnis 2/25, 3/24-25
フサザクラ Euptelea 5/21
フタナミソウ Scorzonera 7/26
ブッシュカン Citrus medica digitata amomum 3/20
ブドウ Träube 5/21, 7/30, 10/18, 12/21
ブナ（Buche） 2/2, 4/9-10
【ホ】
ボウフウ Pastinak 7/26
ホオズキ Hotsug〔Physalis〕7/10
ホソバカシ（hosowakasi） 5/21
ホソバタブ Machilus japonica 5/21
ホタルブクロ Campanula 6/24
ホトケノザ（Hotokenoza）Lamium amplexicaule（ampletria）1/15, 2/25
ホトトギス Trriechys〔Tricyrtis〕hirta 5/21
ホトトギス属 Tricyrthis〔Tricyrtis〕5/21

【マ】
マサキ Evonymus〔Euonymus〕Japonica 5/21, 8/7
マツカゼソウ属 Boeninghausia〔Boennighausenia〕5/21
マツハダ〔Picea alcokiana〕12/31
マツムシソウ Scabiosa 7/26
マメザクラ Cerasus Mamesakr〔a〕3/24-25
マユミ Eunymus Sieb.〔sieboldianus〕5/21
マルブシュカン Citrus Sarcodatylus mini 3/20
マンサク Hamamelis japonica S.& Z. 4/9-10
マンサク属 Hamamelis（Milletia） 2/25, 4/9-10, 6/24
マンネンロウ Rosmarin 5/19
【ミ】
ミカン Mikan 62/1/5
ミカン属 Citrus 5/21
ミズキ属 Cornus 5/21
ミズナ Cornus 5/19
ミセバヤ属 Sedeum Sieb.〔Sedum Sieboldii〕 5/13, 8/7
ミツバ Sellerie 7/26
ミツバアケビ Akebia clematifolia 5/21
ミツバウツギ属 Staphyleoides〔Staphylea〕 5/21
ミツマタ属 Edgeworthia cuthaica（curthaica） 3/24-25
ミツマタ（Mitsmata）Edgeworthia〔papyrifera S. & Z.〕 5/13
【ム】
ムギワラギク Strooblumen 7/26
ムク Celtis Muku 5/21
ムクノキ Aphananthe aspera 5/21
ムベ Stauntonia hexaphylla 5/21
ムラサキシキブ属 Callicarpa 5/21
ムラサキツメクサ Türkischer Klee 7/26
【メ】
メギ属 Berberis 5/21
メタカラコウ属 Ligularia cylinis 11/17
メタカラコウ属 Ligularia Lassel. 11/17
【モ】
モウソウチク Bambus Mosô 4/4
モクレン Magnolia mokuren flor. alb. 3/24-25
モクレン属 Magnolia nymphaeoides 6/1
モミ Abies bifida（Tanne）5/21, 9/13-14, 10/4, 10/11
モモ Persica Itots momo（Pfirsiche） 3/24-25, 4/3, 4/4, 5/21
【ヤ】
ヤシャブシ Alnus firma〔firmus〕5/21
ヤナギ属 Salix 5/21, 6/11
ヤブカラシ Vitis japonica 5/21
ヤブツバキ Camellia japonica 5/21
ヤブデマリ Viburnum plicatum（Vib.plicat.）5/21, 5/23
ヤブデマリ Viburnum tomentosum 5/12
ヤブニッケイ Cinnamomum（Cinamomum）peduneculatum 60/8/31,5/21
ヤマウグイスカグラ Xylostium philomelae〔phylomelae〕3/24-25
ヤマウコギ Aralia pentaphylla 5/21
ヤマギク Yamakik’ 8/25
ヤマブキ Cydnia japonica 2/25
ヤマラン Epimedium Jamaran 3/24-25
【ユ】
ユキヤナギ Spiraea Thunbergii 3/24-25
【ヨ】
ヨシ Phragmites 9/19
ヨシノユリ Lilium imperiale 12/28
ヨモギ属 Artemisien 62/1/18

【ラ】
ライムギ Secale cereale 7/28
【リ】
リュウノウジュ Dryoblanops sumatrensis 8/9
リンドウ属 Gentiana 5/21
【レ】
レモン Citrus medica 3/20
レンギョウ属 Forsythia suspense 3/24-25
【ロ】
ロドデンドロン、ポンティクム？〔Rhododendron ponticum L.〕5/31
ローマカミツレ römischen Kamillen 8/23, 8/25

センダンMelia Jap〔japonica〕4/27
センノウLychnis senno　6/24
【ソ】
ソテツCiccas〔Cycas〕revoluta　59/9/14, 5/21

【タ】
ダイコン（Daikon）Raphanus sinensis　1/15, 10/6-7
ダイダイCitrus Daidai Jap　3/20
高菜（Takana）　3/6-7
タケ（竹）　2/20, 11/25
橘（Tatsibana）　62/1/5
タツナミソウ属Scutellaria　5/21
ダツラDatura〔チョウセンアサガオ〕　8/19
タニウツギ属Weigelia〔Weigela〕　5/19, 5/21
タブノキ属Machylus　2/13, 60/8/31
タラノキAlalia canescens　5/21
タンポポLeontodon　1/4, 2/25
タンポポ属Taraxacum　2/25
【チ】
チョウセンアサガオDatura　8/19
チョウセンマツPinus Koraiiana　59/9/14
ちりめん玉菜Wirsing　3/6-7
【ツ】
ツクシヤブウツギDiervilla japonica（japonicum）5/21, 5/23
ツクバトリカブトAconitum japonicum　5/21
ツタVitis tricuspidata　5/21
ツツジ属Azalea hyacinthine Sieb.　5/31
ツバキCamelie（Kamellen）5/22, 6/28, 62/4/4
ツメクサKlee　7/26
ツルソバPolygonum chinensis　3/27
ツルマサキEvonymus〔Euonymus〕radicans　5/21
ツルマメDolichus（Soja）hispida　8/29
【テ】
テイカズラ属Maluetia〔Malouetia〕　5/21
テリハニンドウLonicera brachipoda〔brachypoda〕　5/21
【ト】
トウガンCucurbita hispida　3/27
トウガン属Benincasa　3/27
トウフジウツギBudlea Lindliana　10/22
トサミズキ属Corylopsis　3/24-25
トベラPithosporum Tobera 60/8/31, 5/21
トラノオVeronica toranowo　6/24
トラノオモミ〔Picea polita S. & Z.〕　12/31
トリカブト属Aconitum　4/25
トリカブトAconitum sinense　8/19
トンキンニッケイCinamomum Cassia　5/21

【ナ】
ナガバモミイチゴRub. Palmat〔Rubus palmatus〕6/4
ナシBirne（Birnen, Pyrus）　5/12, 5/21, 6/4
ナスSolanum esculentum　2/25, 2/26, 7/28, 8/29
ナズナ（Natsna）Capsella bursa-pastoris　1/15
ナツツバキStuartia〔Stewartia〕grandflora　6/24, 6/28
ナツトウダイEuphorbia sieboldii〔Sieboldiana〕　3/24-25
ナツフジWisteria Japonica　5/21
ナツフジ属Milletia　6/24
ナデシコDianthus japonicus　6/24
ナナカマド属Sorbus　4/25, 5/21
ナラQuercus Nara　4/25, 5/19, 5/21
ナワシロイチゴRubus triphyllus　60/8/31, 62/1/18
【ニ】
ニガギNigaki, Nigagi　5/21, 7/25, 8/23
ニシキウツギDiervilla versicolor　5/12, 5/21
ニレ　9/13-14
ニワトコSambucus　5/21
ニンジン　10/6-7
【ヌ】
ヌルデRhus osbeckii　5/21
【ネ】
ネジバナ属Spiranthes　6/24
ネズCeder　5/22
ネズミモチLigustrum japonicum　60/8/31
ネムノキMimosa Nemu　5/21
【ノ】
ノイバラRosa polyantha S.& Z.　6/3
ノウゼンカズラTecoma thunnbergii　8/13
ノハナショウブIris Kaempferi　6/24
ノボタンMelastoma Nobotan　3/29

【ハ】
バイモFlitillaria cyrhosa〔cirrhasa〕　3/24-25
ハクウンボクStyrax obassia　10/2
ハコベラ（Hakobera）　1/15
ハシバミCorylus diversifolia　3/24-25
バショウMusa Bassjô〔basjoo〕　3/29, 5/21
ハスNelumbium speciosum　10/4
ハス属Nelumbium　10/4
ハスノカズラCoculus〔Cocculus〕Japonicus　5/21
ハゼRhus succedanea　4/27
ハダカムギHimalaia　7/28
ハダカムギHord. hexastich nudum〔Hordeum vulgae L. var. nudum〕　6/4
ハナイカダHelwingia rusciflora　5/21
ハナニラ属Brodia〔Brodiaea〕3/29
ハマエンドウPisum maritimum　5/19
バラ属Rosa　5/21, 62/1/18
ハリギリAralia ricinifolia〔Kalopanax ricinifolia〕　2/13, 5/21
ハリノキAlnus Harinoki　5/21
ハンノキAlnus japonica　5/21
ハンノキの一種Alnus arten　4/25
【ヒ】
ヒカンザクラCerasus Hikansakura　6/26
ヒキオコシOcymum rugos.〔rugosum〕　10/30
ヒサカキ属Eurya　3/24-25
ヒシTrapa bicornis　6/24
ヒノキ属Retinospora〔Retinispora〕

カラスウリ Trichosanthes cucumeria Thb.　1/19
カラスウリ　1/19, 2/13, 2/16
カラスウリ属 Trichosanthes 6/24
カラスムギ Avena sativa　7/28
カラタチ Aegle sepiaria　9/30
カラムシ属 Splitgerbera　5/21
カワラナデシコ Dianthus Superbus 5/23
カンアオイ属 Asarum　4/25
カンザクラ（Kansakura）　3/24-25
ガンピ（Gampi）〔Wikstroemia〕 5/13, 6/24

【キ】

キク Pyrethrum sinense　7/1
キク属 Chrysanthemum Japonicum 8/23, 8/25, 62/1/18
キク属 Chrysanthemum　6/24, 7/1
ギシギシ属 Rumex　62/1/18
キズタ Hedera Helix var. rhombera 5/21
キズタ属 Hedera　62/1/18
キブシ属 Stachyurus　5/21
キャベツの仲間 Kohl　3/6-7
キュウリ Cucummis　2/26
京菜 Kjôna　3/6-7
キリ Paullownia imperial 〔imperialis〕　10/2
キリンソウ属 Sedum　6/24
キンギョウソウ Antirrhinum　7/26

【ク】

クサギ Clerdendron〔Clerodendrum〕 trichotomum　5/21, 5/23
クサボケ Pyrus japonica　2/25
クサボケの一種？Cydonia exilis 5/21
クスノキ Camphora officinarum 〔Cinnamomum camphora〕 5/21, 8/9
クネンボ Citrus nobilis　12/21
クマガイソウ Cypripedium japonicum　5/21
クマガイソウ属 Cypriped 〔Cypripedium〕4/24
クマヤナギ Berghemia〔Berchemia〕 5/21
クマヤナギ属 Berghemia　4/24
グミの一種 Elaegnus spec.　5/21
クリ Castanea vesca　2/2, 6/24
クリ属 Castanen　5/21
クリンソウ Primura Kurinso　4/21
クルミ（Kurumi）4/23, 6/4
クロベ属 Thujae　59/9/14
クロマツ Pinus Mass.〔Massoniana〕 4/18, 5/21
クロモジ Lindera umbellate 3/24-25
クロモジ属 Benzoin　2/25
クワイ Sagitharia　2/13
クワガタソウ属 Veronica 2/25, 4/25

【ケ】

ケイ Cinamomum Cassia　5/21
ケマンソウ Dictythera spectabilis 3/24-25
ケヤキ Ulmus Keaki 4/24, 4/27, 5/21

【コ】

柑子 Kosi　62/1/5
コウモリカズラ属 Menispermum 5/21
コウモリソウ属 Cacalis　6/24
ゴギョウ（Gokio）1/15
コナラ Quercus Serrata　5/21, 6/11, 62/1/18
コノテガシワ Biota orientalis　5/21
コノテガシワ Lebensbaum　5/22
ゴボウ　10/6-7
ゴマ Sesamum orientale　8/29
コマツナギ Indigofera　7/26
コムギ（小麦）1/18, 2/25, 7/28, 8/29
ゴンズイ属 Euscaphis　5/21

【サ】

サクラ（Kirschbaum）4/2, 4/4
サクララン Hoja carnosa　8/7
ササ Sasa（Bambusa sasa）5/21, 62/1/18
サザンカ Camellia Sasankwa　5/21
サツマイモ Batatas odalis　4/4, 8/29
サトイモ Caladium esculentum 8/29
サボテン Cactus revolute　5/21
サボテン Cactus Sapoten　3/29
サルトリイバラ Smilax china　5/21
サルトリイバラ類 Smilax pseudochina　8/23
サンカクヅル Vitis flexuosa　5/21
サンザシ属 Crataegus　4/25, 5/19, 5/21
サンシュユ Cornus officinalis　2/25, 3/24-25

【シ】

シイ Quercus cuspidate　60/8/31, 2/2, 2/15
シイノキ属 Lithocarpus　2/2
シオデ属 Smilax　5/21
ジギタリス Digital.　62/4/4
シソ（Siso）10/30
シダレヤナギ（Trauerweide）59/9/14
シデコブシ Buergeria stellata　3/24-25
シトロン Citoron　3/20
シナノキ Linde　5/22
シノタケ Sinotake　5/21
シバヤナギ Salix Japonica 3/24-25
シモツケ Spiraea callosa（collosa） 5/19, 5/21, 6/1
シモツケ属 Sp.〔Spiraea〕crisp.　6/1
ジャコウソウ Labiata〔Labiatae〕 4/21
シャラ Sjara　6/28
シュウカイドウ Stellata Belgonia 6/24
シュロ Chamaeropsis excelsa （excelsus）5/21, 9/17
ショウブ Calmus〔Kalmus〕6/12
シロダモ Litsea glauca　4/27, 5/21
ジンチョウゲ Daphne odora　2/25, 3/24-25

【ス】

スイカズラ属 Lonicera　5/21
スイカズラ属 Xylosteum biflor　6/4
スイレン Nymphaea　10/4
スイレンの仲間 Nymphaea um. db. 6/24
スカンポ Sauerampfer　7/26
スギ Cryptomeria Japonica　5/21
ススキ Erianthus〔Mascanthus〕 9/18, 9/19
ススキ Erianthus bisetrius　8/12
スズシロ（Sususiro）1/15
スズナ（Susuna）1/15
スズラン属 Convallaria　4/24
スノキ属 Vaccinium　5/21

【セ】

セキチク Dianthus sinensis 〔chinensis〕5/23
セリ Apium seri　1/15

植物名一覧

一八六一年の『独文日記』、および「それ以前」「それ以後」に登場する（注記を含む、日付のない覚書は含まず）植物名を、日付とともに挙げた。明朝体は1861年、ゴシック体は1859、60、62年を表わす。日付不明のものは -- を入れた。学名はシーボルト記述のラテン語。（　）内はシーボルト記述のローマ字読み、ドイツ語、別表記など。

【ア】
アオキ Aukwa〔Aucuba〕Japonica 5/21
アケビ属 Akebia quinata 5/21
アコニット Aconit〔トリカブト〕 8/19
アサガオ Pharbitis heduacea 6/21
Pharbitis nectaris 2/12
アジサイ Hydrangea japonica Azisai 6/24
アジサイ Viburnum macrophyllum 60/8/31
アズキ Phaseolus aurenus Bundo Atsuki., Phaseolus umbellate Bundo. Atsugi. 8/29
アスナロ Thujopsis dolabrata 5/21
アゼリア・シネンシス Azalea sinensis 5/31
アゼリア・ヒヤシンシナ Azalia hyacinthina 5/31
アゼリア・ポンティカ・シネンシス Az. Pontica sinensis 5/31
アツモリソウ属 Cypripedium 5/13
アネモネ属 Anemone 2/25
アビエス・オールコッキアナ Abies Alcockiana 12/31
アビエス・ポリータ Abies polita 12/31
アブラチヤン Benzoin praecox 3/24-25, 5/21
アブラナ属 Brassica 5/24, 8/29
アマ（Lynzaal）62/4/4
アマチャ Hydrangea Thunbergii 5/21, 5/23
アラカシ Quercus glauca 60/8/31
【イ】
イカリソウ Epimedium floribus rubris 3/24-25
イグサ Juncus 9/18
イチイ Taxus cuspid.〔cuspiata〕 5/22, 6/25
イチジク Ficus hirta 5/21
イチヤクソウ属 Pyrola legustrum 5/21, 6/1
イチョウ Salisburia 6/29
イチリンソウ属 Anemone 2/25
イトザクラ Cerasus Itosakura 3/24-25
イヌガヤ属 Cephalotaxus 5/21, 6/26
イヌコリヤナギ Salix integra 5/21, 5/23
イヌナズナ属の一種 Draba spec. 2/25
イヌビワ Ficus erecta 5/21
イヌマキ Podocarpus Maki 59/9/14
イノンド Anethum graveolens 2/1
イブキジャコウソウ Thimian 7/26
イボタノキ Ligustr.〔Ligustrum〕5/21
イボタノキの一種？ Ligustrum spec. 5/21
【ウ】
ヴァリンピの樹 Warimpibaum 6/29
ウイキョウ 2/1
ウコンソウ（Ukonso） 3/24-25
ウツギ Deutzia crenata 5/21
ウツギ Deutzia scabra 6/1
ウメ Prunus Mume 3/24-25
ウメバチソウ属 Parnassia 5/21
【エ】
エゴノキ Styrax japonica 5/21
エノキ Celtis Willdenowiana 5/21
エンドウ Erbsen 62/1/18
【オ】
オオカメノキ Viburnum ditatum 5/21
オオムギ（大麦）Gerste 1/8, 2/25, 3/27, 4/4, 6/4, 6/13, 7/28, 8/29
オオムギ Hordeum hexastichon nudum 7/28
オオヤマレンゲ Magnolia parviflora S. & Z. 6/1
オオルリソウ属 Cynoglossum 4/25, 5/21
オーク（Eiche） 2/2
オケラ属 Atracyrthis〔Tricyrtis〕Jap.〔Japonica〕 4/24
オケラ属の一種 Atractylodes spec. 5/21
オドリコソウ Galeopsis 7/26
オニク属 Boschniakia 5/21

【カ】
カキノキ属 Diospyros alumfelis 5/21
カキノキ属 Diospyros karakaki 4/27
カシ 9/13-14
カシワコナラ Quercus angustifolia〔anguste-lepidota〕 5/21
カタクリ Erythronium dues-canis 1/1
カタクリ Polygonatum Katakuri 3/14
カタバミ Oxalis 7/26
カノコソウ Valeriana stlonifera 5/21
カノコユリ Lilium speciosum 7/29
カノコユリの変種 Lilium speciosum var. patalis ligula medeo suphurea notatis.〔Imperiale nobis〕 5/21
カバノキ Betula 5/21
カブラ Brassica rapa 1/15
ガマズミ Viburnum 5/19, 5/21
ガマズミ Viburnum orient. 6/24
カミツレ Kamille 8/25
カモメギク Kamome Kik 8/25
カモメール Kamomêlu 8/25

人名一覧

人名一覧

一八六一年の『独文日記』、および「それ以前」「それ以後」に登場する（注記を含む、日付のない覚書は含まず）人名を、日付とともに挙げた。明朝体は1861年、ゴシック体は1859、60、62年を表わす。日付不明のものは -- を入れた。

訳者紹介

石山禎一（いしやま・よしかず）

1936年生まれ。東海大学総合教育センター講師。

主著書　『シーボルトの日本研究』1997年（吉川弘文館）

『シーボルト「日本」』（共訳、全9巻）1977年（雄松堂書店）

『シーボルト—日本植物に賭けた生涯』2000年（里文出版）

『新・シーボルト研究』（共編著、全2巻）2003年（八坂書房）

牧　幸一（まき・こういち）

1946年生まれ。早稲田大学高等学院教諭、早稲田大学文学部非常勤講師。日本独文学会会員、高等学校ドイツ語教育研究会会員、洋学史学会会員。

主訳書　『ほんとうはブルーム夫人は牛乳屋さんと知り合いになりたいのだ』スイス文学叢書2、P.ビクセル著、1977年（早稲田大学出版部）

主要論文「スイスの言語問題」1999年（森田安一編『スイスの歴史と文化』刀水書房）

「日欧文化交流史の中のシーボルトⅠ」2005年（『研究年誌』早稲田大学高等学院）ほか。

シーボルト日記——再来日時の幕末見聞記

2005年11月30日　初版第1刷発行
2006年　2月22日　初版第2刷発行

訳　　者　石山禎一
　　　　　牧　幸一

発 行 者　八坂立人

印刷・製本　モリモト印刷(株)

発 行 所　(株)八坂書房

〒101-0064 東京都千代田区猿楽町1-4-11
TEL.03-3293-7975 FAX.03-3293-7977
http://www.yasakashobo.co.jp
郵便振替口座　00150-8-33915

ISBN 4-89694-855-6

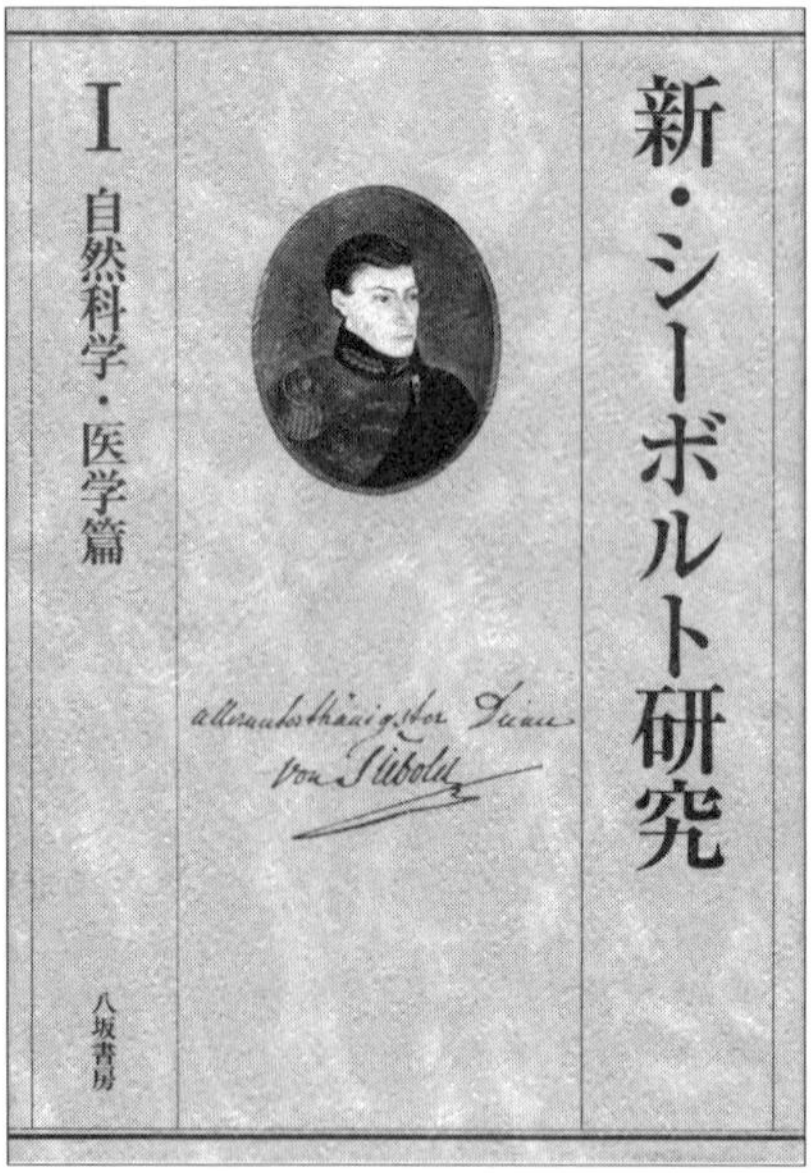
新・シーボルト研究
I
自然科学・医学篇
八坂書房

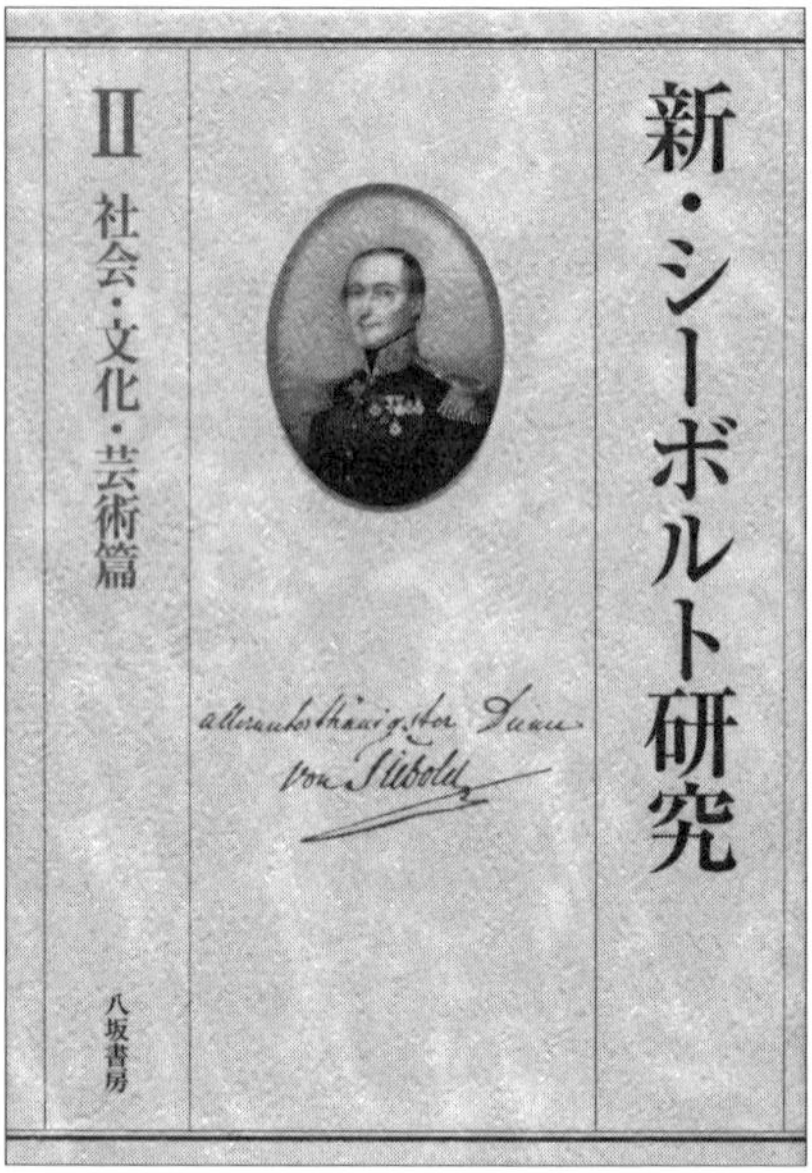
新・シーボルト研究
II
社会・文化・芸術篇
八坂書房